U0930037

亚洲太平洋地区

旅游业发展预测

2007~2009

林赛·W. 特纳　史蒂芬·F. 维特　著

姚延波　王春峰　译

中国旅游出版社

免责声明：

本书中所含任何信息都不应理解为法律、会计、投资或者其他领域的专业建议。对于其中所含信息的精确度、完整度及其用于特定目的或用途的适合性，本书不以任何明确或暗示的方式予以担保。对于任何个人或实体因使用本书提供的信息而直接或间接造成，或者有可能引起的任何损失或危害，本书作者以及亚太旅游协会概不负责。

出版说明：

亚太旅游协会授权本书由中国旅游出版社独家翻译出版。本书对亚太地区 2007 年及随后两年旅游市场动态和旅游业发展趋势进行分析与预测，为各会员国制定本国旅游业发展战略、产品开发和营销计划提供参考，是一本权威性、指导性和实用性很强的著作。

本书的中文版内容，尤其是国家、地区的名称及排序等问题，皆严格尊重原版图书内容，特此说明。

ISBN 1-932171-28-2

前　言

2006年，对于全球旅游业来说又是富有意义的一年，其全球国际旅游接待量达8.42亿人次，连续第三年刷新纪录。

亚太地区也呈现出相似的发展态势，据亚太旅游协会对45个旅游目的地例行跟踪结果显示，其总收入增加了5%，旅游接待量达到3.56亿人次，也是连续第三年创造纪录。

从2006年国际入境旅游者接待量的情况来看，亚太地区一半以上的旅游目的地也呈现出同样的发展势头。

亚太地区内部的强劲需求驱动了地区内国际入境旅游的发展，通往亚洲公路系统的各条道路为入境旅游者提供了更强的可进入性，同时地区航空运营商以前所未有的速度增长，加强了城市间的连接性。

当越来越多的城市间通航成为已扩展了的航线网络的一部分，亚太地区内部连通性也得到提高，这就意味着我们可以期待很多客源市场的游客可以通过新开辟的道路输入和输出。

为了帮助旅游战略家和规划者们对未来的旅游发展进行计划，亚太旅游协会出版了由著名学者林赛·W. 特纳教授和史蒂芬·F. 维特教授共同完成的《亚洲太平洋地区旅游业发展预测2007～2009》。

即使是在这样一个充满了高度不确定性的时代，这份预测报告对亚太地区未来的中短期旅游业的发展仍持乐观态度，预计其增长速度可超过世界旅游业4.1%的长期平均发展速度。

本报告除了对入境旅游接待量进行预测外，还涉及了其他相关的变量，如出境旅游客流量、停留天数和收入——旅游业的货币收益。此外，今年我们还加入了少量的区域旅游预测，因为我们已经认识到这部分客流与日俱增的重要性。随着时间的推移，当越来越多的区域数据可供使用时，我们希望可以扩大本章的范围和覆盖面。

在这样一个希望以较少的投入获得较多回报的时代，我们有必要好好利用对未来趋势最佳而可能的预测结果。尤其是在旅游供给与需求几乎每天都处于动态变化的情况下，如何利用好为数不多的稀缺资源，这一点显得尤为重要。

我们希望，当你为2009年及更长远的旅游发展制订规划时，亚太旅游协会发表的这份预测报告能成为你不可或缺的工具。

戴颂德

亚太旅游协会总裁兼首席执行官

2007年4月

内容简介

《亚洲太平洋地区旅游业发展预测 2007～2009》是亚太旅游协会发布的一份权威报告，也是两位国际知名学者通力合作的结晶。他们是：澳大利亚墨尔本维多利亚大学应用经济学院院长、计量经济学教授、旅游发展预测及旅游经济学领域专家林赛·W. 特纳和英国萨里大学名誉教授、香港理工大学旅游和饭店管理学院客座教授、国际旅游需求和旅游发展预测计量经济模型专家史蒂芬·F. 维特。

本书作者通过严谨的经济学模型，同时结合有关专家的意见，对 2007 年、2008 年和 2009 年 3 年间亚太地区及周边地区的中短期旅游发展进行了预测和评估。本书通过 300 余个详细的图和表，对亚太地区 37 个旅游目的地的入境旅游者人次、15 个旅游目的地的旅游收入、12 个客源市场的出境旅游者人次以及 37 个旅游目的地的旅游发展趋势及市场份额进行了分析和预测。

本书集权威性、专业性、实用性和前瞻性于一身，对及时跟踪和研究国际旅游市场，尤其是亚太地区旅游市场的新需求、新业态的发展变化具有重要的参考价值。本书是各级旅游行政管理部门、旅游行业协会、旅游企事业单位、旅游大专院校等相关单位及旅游界人士的工具书和参考书。

作者简介

林赛·W. 特纳：国际知名学者，旅游发展预测和旅游经济学领域专家，澳大利亚墨尔本维多利亚大学应用经济学学院院长、计量经济学教授，主要研究领域包括：国际旅游需求计量经济模型、国际贸易风险管理战略、跨文化旅游模型。他还是《旅游、文化与沟通》期刊的联合主编。

史蒂芬·F. 维特：国际知名学者，国际旅游需求和旅游发展预测计量经济模型专家，香港理工大学旅游和饭店管理学院客座教授，英国萨里大学名誉教授。主要研究领域包括一系列旅游领域中不同预测方法的准确性评估。

致　谢

在此，衷心感谢亚太旅游协会的约翰·科尔多斯基先生给予我们的帮助，感谢他在获取数据和处理众多疑难问题方面做出的不懈努力。

同时，特别感谢温迪·莱尔女士为我们打印手稿以及本书中的图表，并感谢她的耐心细致和幽默风趣。

目　　录

第一部分　亚洲太平洋地区旅游发展概述

第一章　1997～2005 年旅游总体态势

第二章　研究方法

第三章　2007 年、2008 年和 2009 年旅游业发展总体预测

第二部分　预测与趋势

第四章　2007 年、2008 年和 2009 年年度入境旅游接待量预测

第七章　2007 年、2008 年和 2009 年旅游收入预测

表目录

表目录

表目录

表目录

表目录

表目录

图目录

图目录

图目录

图目录

图目录

第一部分

亚洲太平洋地区旅游发展概述

第一章

1997 ~2005 年旅游总体态势

导　言

本报告针对2007年、2008年和2009年赴亚太地区和亚太地区内部的旅游业发展状况作了短期到中期的预测。目前，旅游预测有可能受到恐怖活动、自然灾害尤其是近来太平洋岛屿政局动荡的影响。然而，对旅游客流构成最大影响的仍然是经济因素。从全球范围来看，当前最大的威胁是H5N1病毒在人类之间传播的可能性。对人类健康的其他威胁以及恐怖活动的影响，在未来短期内仍然有可能出现，每个主要旅游目的地在不同程度上都会受到这类威胁。然而，从近年来的经验以及年度预测结果可以很清楚地看出，旅游业从战争和恐怖活动影响下恢复过来的能力是很强的。“非典”作为一种健康的威胁给人类带来的恐惧远远超过了战争和恐怖活动的威胁，尽管不同的旅游市场从“非典”中恢复过来的程度各不相同，但是“非典”的威胁已经不再存在。本报告中的预测包含了旅游市场恢复到接近历史正常增长水平的一个回升时期。持续的恐怖活动以及长久以来难以解决的政治问题使一些地区仍然处于巨大的风险中，这些问题在预测过程中已被加以考虑，并通过在预测模型中嵌入阻尼变量和虚拟变量的方法加以解决，以免在预测中导致某些客源地和目的地市场的客流量减少，或者另外一些市场的客流量增加。在预测中由于一些地区的政局不稳而影响预测结果的准确性，这些问题在报告中也会被指出。此外，本报告中的预测并不是全部来自于定量模型，而是首先通过严格运用现代预测方法获取预测的初步结果，再结合专家意见进行调整。

恐怖分子的活动所造成的中期影响，在旅游预测过程中已被加以考虑。与整体市场相比，一些旅游市场从恐怖活动的阴影下恢复较慢，而且这并不仅仅导致旅游客流量减少，在很多情况下，旅游客流会以较为复杂的方式转而流向一些被认为是更为安全的替代旅游目的地。旅游客流流向的改变也会受到经济因素的影响，因为对可替代旅游目的地的选择经常是以价格为标准的。

因此，在某些旅游目的地，一系列综合因素都会导致旅游客流量的升高或者降低，而通过对确定性经济因素的慎重选择和对特定事件的特定影响的专业知识，可以将大部分的客流变化情况测量出来。本报告中的预测虽然主要是运用复杂的数学方法计算出来的（第二章将会详细讨论），但是也根据专家的意见进行了调整，这是预测过程中的一个正式程序。正是由于定量模型和专家意见的结合，才使得亚太旅游协会历年发布的旅游预测报告具有相对较高的准确性。

目前，没有一个可靠的方法可以进行长期旅游发展的预测，因而，全面的短期到中期的旅游发展预测是企业能否成功地制订规划的关键所在。旅游客流如同一个复杂的网络，可变性过大，因而难以对4年或5年以后的客流量进行准确预测。本报告整体预测的时间跨度是4年，因此对未来3年进行预测是合理的。预测报告立足于2005年的真实数据，对2007～2009年的旅游发展进行了预测。

这份最新的旅游预测报告对下列分区的37个国家和地区①的入境旅游接待量进行了预测：美洲（加拿大、美国和智利）；东北亚（中国内地、中国台湾、中国香港特别行政区、中国澳门特别行政区、日本、韩国）；大洋洲（澳大利亚、库克群岛、斐济、法属新喀里多尼亚、新西兰、纽埃、美国北马里亚纳群岛、帕劳、巴布亚新几内亚、萨摩亚群岛、塔希提岛、汤加和瓦努阿图）；南亚（孟加拉国、印度、马尔代夫、尼泊尔、巴基斯坦和斯里兰卡）；东南亚（柬埔寨、印度尼西亚、老挝、马来西亚、缅甸、菲律宾、新加坡、泰国和越南）。由于数据的缺乏，一些较小的国家没有被囊括进来。中国香港和中国澳门两个特别行政区，在这里被当做两个独立的旅游目的地。而一些国家中的州，尤其是夏威夷（美国）、关岛（美国）和沙捞越（马来西亚），则首次作为独立的区域，联同中国内地

---

① 报告中“国家和地区”一词的范围包含省、特别行政区、州和地区等。

的31个省、自治区和直辖市以及泰国的一些区域，在本报告中新增的独立的一章（第五章）中，专门对上述各区域的旅游发展进行了预测。在以往的旅游预测报告中，这些区域出现在关于旅游发展趋势预测的章节，在本报告中旅游发展趋势预测的内容被安排在第六章。随着可获得的区域旅游数据的增加，在未来的旅游预测报告版本中，有关区域旅游预测的第五章的内容将会不断扩展。

第二章更为详细地讨论了资料的来源情况。报告中被选取的数据组是从1990～2005年的季度数据。对这些能够获取数据的地区，是以季度为单位进行预测的，之后再汇总为年度预测，并在本报告中呈现出来。在有些国家能获取到的只有年度数据，这些数据被用于预测模型中。由于所有的入境旅游接待量数据都由亚太旅游协会从相关的国家旅游组织（NTO）处获得，因此并不是每一个表格下都注有资料来源。对旅游需求可能具有影响的经济数据主要来自Econ DX数据库，其中包括诸如World Penn表格、世界经济与合作发展组织（OECD）表格、澳大利亚储备银行、世界银行和国际货币基金组织等各种资料来源。

本报告不仅在第四章提供了一系列全面的年度旅游预测，如今还引入了区域旅游预测。第四章的预测结果被用在第六章中来分析市场趋势、旅游收入、住宿水平和需求（在可能的地方）；还用来在第七章进行旅游收入的详细预测；在第八章则被用来反推出出境旅游预测（当初是以目的地旅游入境接待量来进行计算的）。澳大利亚维多利亚大学应用经济学学院的Chau Jo Vu博士进行了泰国区域旅游的最初定量预测，这些区域预测结果也经过了专家评估。

亚洲太平洋地区在全球旅游业中的份额

2005年世界旅游业的数据来自于世界旅游组织（UNWTO）和亚太旅游协会。据表1.1可看出，世界旅游业在2004～2005年间增长了近6%，这是继2003～2004年“非典”后旅游业增长了11%的最高点之后的又一次增长。2004年世界入境旅游接待量为7.64亿人次，2005年达到8.06亿人次。世界各地区入境旅游接待量都处于增长态势，其中非洲增长了9%，处于领先地位，欧洲增长最慢，增长率为5%。亚太地区的增长率从2003～2004年28%的最高点下滑到后“非典”时期的8%，而美洲同期则从11%的增幅下滑到6%。中东地区的增长速度也从2003～2004年的18%的最高峰下降到8%。从长期的角度看，中东地区在1997～2005年间的入境旅游接待量增长速度位居第一，亚太地区位居第二，非洲第三。

表1.1 1997～2005年世界各地区入境旅游接待量（单位：百万人次）

地区	1997	2000	2004	2005	1997～2005 AAGR(%)	2004～2005 AAGR(%)
全球	619.6	686.8	764.4	806.2	3.0	5.5
非洲	23.2	28.2	33.8	36.7	5.2	8.6
美洲	118.9	128.1	125.7	133.5	1.3	6.2
亚太地区	92.8	110.5	144.2	155.4	5.9	7.8
欧洲	369.8	395.8	424.4	441.5	2.0	5.0
中东地区	14.1	24.2	36.3	39.1	12.0	7.7

资料来源：作者根据世界旅游组织统计数字估算。

注：AAGR为年均增长率。

长期（1997～2005年）旅游收入的增长率稳定在5%，但是年度旅游收入的增长率却从2003～2004年的18.9%下降到2004～2005年的7.4%（参见表1.2）。

表 1.2　1997 ~2005 年国际旅游收入（单位：十亿美元）

地区	1997	2000	2004	2005	1997 ~2005 AAGR(%)	2004 ~2005 AAGR(%)
世界	438	481	633	680	5.0	7.4

资料来源：世界旅游组织。
注：AAGR 为年均增长率。

表 1.3 显示了包括北美洲在内的亚太地区各分区的旅游接待状况。长期以来（1996 ~2005 年）亚太地区的东北亚、东南亚和南亚的国际入境旅游业增长速度远远超过世界平均增长速度。大洋洲和北美洲的增长速度则低于世界平均水平。从 2004 ~2005 年的短期发展来看，东北亚地区入境旅游业呈现出两位数的增长速度，其他大多数地区的增长率则处于 4% ~6% 之间。

表 1.3　1996 ~2005 年世界各地区入境旅游接待量（单位：百万人次）

地区	1996	2000	2004	2005	1996 ~2005 年均增长率(%)	2004 ~2005 年均增长率(%)
东北亚	49.2	58.3	79.4	87.6	6.6	10.3
东南亚	31.0	36.9	47.1	49.3	5.3	4.7
大洋洲	8.8	9.2	10.1	10.5	2.0	4.0
南亚	4.4	6.1	7.6	8.0	6.9	5.3
北美洲	85.2	91.4	85.7	89.9	0.6	4.9
中东地区	14.1	24.2	36.3	39.1	12.0	7.7
总计	**192.7**	**226.1**	**266.2**	**284.4**	**3.6**	**6.7**

注：缺少 1997 年的数据。

表 1.4 是 2005 年国际旅游接待量居世界前 10 位的目的地国家排名。这次的排名与 2004 年的排名没有太大的不同（参见《亚洲太平洋地区旅游业发展预测 2006 ~2008》，表 1.4，第 6 页）。

表 1.4　2005 年世界 10 大旅游目的地

排名	国家/地区	2005 年国际入境旅游接待量（百万人次）	2005 年市场份额(%)
1	法国	76.0	9.4
2	西班牙	55.6	6.9
3	美国	49.4	6.1
4	中国内地	46.8	5.8
5	意大利	36.5	4.9
6	英国	30.0	4.5
7	墨西哥	21.9	2.7
8	德国	21.5	2.7
9	土耳其	20.3	2.5
10	奥地利	20.0	2.5

表 1.5 显示了2005 年国际旅游收入居世界前10 位的国家的排名，此次排名与2004 年的排名没有任何变化（参见《亚洲太平洋地区旅游业发展预测 2006 ~2008》，表 1.5，第 7 页）。从经济角度来看，那些接待入境旅游者较少而国际旅游收入较高的国家是值得我们研究的，因为它们以较小的旅游负面影响带来较高的旅游收益，因而是最具效率的旅游市场，这里主要指美国。

表 1.5 2005 年世界 10 大旅游收入国

排名	国家/地区	2005 年国际旅游收入（十亿美元）	2005 年市场份额(%)
1	美国	81.7	12.0
2	西班牙	47.9	7.3
3	法国	42.3	6.6
4	意大利	35.4	5.7
5	英国	30.7	4.4
6	中国内地	29.3	4.4
7	德国	29.2	4.1
8	土耳其	18.2	2.6
9	奥地利	15.5	2.5
10	澳大利亚	15.0	2.1

与上表相反，表 1.6 则显示了旅游支出居世界前 10 位的国家排名，此表可以与表 1.5 对照来看。那些国际旅游收入排名高于旅游支出排名的国家是旅游出口国，而那些旅游收入低于旅游支出的国家则是旅游进口国。例如德国旅游支出 727 亿美元，旅游收入 292 亿美元，因此它是一个世界旅游进口大国。

表 1.6 2005 年世界 10 大旅游支出国

排名	国家/地区	2005 年国际旅游支出（十亿美元）	2005 年市场份额(%)
1	德国	72.7	10.7
2	美国	69.2	10.2
3	英国	59.6	8.8
4	日本	37.5	5.5
5	法国	31.2	4.6
6	意大利	22.4	3.3
7	中国内地	21.8	3.2
8	加拿大	18.4	2.7
9	俄罗斯联邦	17.8	2.6
10	荷兰	16.2	2.4
	世界	680	100.0

表 1.7 显示，在出游的全部旅游者中，有近 50% 的度假旅游者，有大约 16% 的商务旅游者。

表 1.7　2005 年旅游者出游目的

目的	百分比（%）
休闲、娱乐、度假	50
探亲访友、健康、宗教、其他	26
商业及专业目的	16
无具体目的	8

当前与未来旅游业发展的制约因素

价格仍然是国际旅游最重要的决定性因素。但是在不同地区这类经济指标的重要程度大不相同，并且在某些旅游市场，经济指标也会受到安全问题的干扰。例如在印度尼西亚，尽管巴厘岛的入境旅游有所发展，但是巴厘岛爆炸案的影响依然存在，一系列持续的旅游警告使旅游者望而却步。与此同时，泰国和斐济两国的军事政变对各自的冲击和影响程度也各不相同，泰国几乎没有受到影响，而斐济则可能受到严重影响。从另一角度看，原本赴巴厘岛和斐济的旅游者将转而分散到夏威夷和库克群岛这类旅游目的地。这些预测表明整个旅游业已经从除恐怖袭击以外的一系列冲击中恢复过来，并且从恢复期的增长速度过渡到应有的增长速度。除印度尼西亚和斐济以外，还有一些旅游市场仍处于不利冲击的影响之下，例如尼泊尔市场仍然在持续的动荡政局中处于疲软状态，而所罗门群岛由于数据缺乏而完全无法对其进行预测。然而，这一系列旅游预测的主要特点是，包括美国、巴基斯坦、夏威夷在内的所有地区的入境旅游接待总量的增长，而这些市场在过去都遭受过市场增长方面的挫折。

这一系列旅游预测的准确性的最大制约因素，是人们担心某单一旅游市场会再次遭受恐怖袭击，以及某种传染性疾病会在大范围旅游市场传播。恐怖袭击似乎不会再像过去一样那么严重，造成的影响也只是会在一年中的某些时候被限制在一定的地理范围。而另一方面，类似“非典”的传染性疾病的传播却可能造成灾难性影响，造成大部分亚太市场关闭 6 个月，随后是另 9 个月的恢复期。如今，诸如亚太旅游协会一样的组织，根据以往应对冲击的经验，开始向潜在的旅游者和媒体提供清晰而客观的营销指导，使旅游市场从冲击中尽快恢复过来。

针对恐怖活动所采取的新的警戒控制作用，降低了主要旅游目的地的风险。恐怖活动对政治的影响总的说来是失败的，因此旅游者对于恐怖活动的担心已经减轻了许多，态度也乐观了许多。如今，旅游者可以平心静气地把这种风险同生活中常见的风险相提并论。人们逐渐认识到，近年来在人为的蓄意事件中丧生的旅游者数量，大大少于在各种日常事故中丧生的人的数量。本报告一如既往地坚持乐观态度，因此在对那些客流量没有大幅度减少的国家进行预测时，认为直至 2009 年其入境旅游接待量都呈上升趋势。

安全成本的预期增加，并没有达到导致旅游开支的大幅度上升和出游人数的大幅度减少的程度。另外，旅游者现在更加甘愿忍受由于安全问题而导致的航班晚点，对他们的旅行更加有所准备，并能容忍更长的转乘时间。在美国，生物特征检测这种新的入境安检制度并没有阻止旅游者前往该旅游目的地，人们会转而认为，尽管安检会触犯个人隐私，但是享有安全更为重要。

亚太地区仍然是快速增长的世界旅游业中的一大亮点，亚太地区特别流行的旅游目的地和未来的两个大的客源市场——中国内地和印度。旅游预测显示，印度旅游业开始腾飞，现在已经成一个举足轻重的客源市场。很遗憾由于数据的缺乏，我们很难更细致地观察印度的出境旅游状况。

较之以往几年，2007年以后的世界经济前景不太令人担心。人们还在担心美国经济发展的速度减慢，而中国内地则持续驳斥以往几年人们对其表示的负面看法。2007年世界国内生产总值增长率预计会达到近3.8%。欧洲正处于国内生产总值慢速增长的时期，欧元已经升值。这种状况驱使更多的旅游者不再前往欧洲，而亚太地区则成为这部分客流的接待地。尽管一些新欧洲国家如波兰和俄罗斯显示出经济快速发展的迹象，但是来自这些国家的旅游客流增长速度却不如人们预期的那样快。

总体来说，一些主要出境客源市场，如中国台湾、澳大利亚和欧洲，其出境旅游都有所增长，因为它们货币的持续坚挺驱动着出境旅游的发展。目前在货币方面需要关注的严重问题，是如何保持主要货币之间的相对平衡。欧元和美元之间有望保持相对平衡，并可能会持续下去，但是可能会对其出口造成严重的影响，并增大经常项目赤字，因为亚洲主要货币的价值仍然被低估并在短期内失去平衡。现在的问题是，中国内地人民币汇价将何时浮动，以及将会在总体上造成什么影响。另外还存在着一个风险，即人民币汇价的调整，有可能会在平衡货币期间造成中国出境旅游人数的减少。泰国中央银行对于泰铢的过度坚挺是如何考虑的，是一件令人费解的事情，而更让人费解的是其对资本流向的控制。亚太市场应当减少对资本市场的控制，因为旅游和投资之间有着非常紧密的关系。反过来，外国资本的地区性投资战略是一个很重要的方法，通过投资可以使国际入境旅游者分布在地区内各国，增加来访游客在各国的旅游花费，分散游客对基础设施的需求，以及将集中在几个大国的旅游出口收益分布在地区内各国。旅游业对亚太地区的经济影响越来越大，一些大国已经开始考虑到入境旅游业对国内区域的影响。因此，本报告的两位作者已经开始着手进行更宽泛的研究，目的是找到预测区域入境旅游接待量的最好方法，而有关区域入境旅游接待量的预测内容在本报告中则占据了更加显著的地位，已被列入一个新增的独立章节进行论述。

航空业的运载能力仍然是旅游业发展的一个重大的制约因素，因为全球航空机位的利用率已达到近80%。受其影响最大的是一些小型旅游市场，如太平洋岛屿，在这类市场中航空运载力的任何微小的变化都会导致其入境旅游接待量的极大变化。从某种程度上说，在新的远程大型航空客机于2007年开发出来之前，亚太地区廉价航空公司的不断发展填补了航空运载力的不足。大型航空客机运送旅客过程中的延误状况，加速了包租客机和廉价航空公司运载力的成长和壮大，这也许是个好的结果，因为可以使航空运载力在未来有更大的发展空间。廉价航空公司的直接销售的增长还将继续给旅行社造成压力，而基于互联网预订的旅行也将会持续增长。旅游供应商需要继续投资开发更为先进的互联网主页，保持它们在搜索引擎中的显著地位，因为竞争者会不断将其挤出首页。如今住宿的在线预订已经深入人心，面对这种情况，旅行社则应当或者集中精力提供设备供顾客自己在网上预订，或者在实际旅游活动过程中提供额外的专业服务和配套服务。

A380客机在机型上的新变革即将面世。但是当各种新型的777客机已经进入市场时，空中客车和波音“梦想”客机的生产却又一次延迟交付。777客机的远程飞行能力，以及相对较低的噪音和低耗油量的特点，使其成为点对点航空旅行的最佳机型。777客机不仅具有巨大的航空运载能力，还能满足旅游者长期以来不经停直飞目的地的愿望，使其对中程客机市场造成了爆炸性冲击。与满运载量的A380客机相比，乘坐这种新型客机的旅行能带给游客更大的好处，并可能会带来航线的变化，目前这种交通工具真的像被报道的那样是“枢纽克星”。在目前预测其对特定市场的影响还为时过早，但是曼谷和迪拜，尤其对新加坡来说，很明显已经成为航空枢纽的竞争者。

本报告的覆盖范围

2005年包括北美洲和智利在内的亚太地区国家共接待入境旅游者330,907,456人次，本报告对37个国家和地区的旅游发展预测分析覆盖了上述来访人次的92.85%（参见表1.8）。

表1.8　本报告各目的地2005年入境旅游接待量及其在亚太地区接待总量中的份额

目的地	入境旅游接待量(人次)	市场份额(%)
美洲	83,850,259	
加拿大	18,759,464	5.66
智利	2,027,082	0.61
美国	41,148,796	12.44
东北亚	178,850,667	
中国内地	120,292,255	36.35
中国台湾	3,378,118	1.02
中国香港特别行政区	23,359,417	7.05
中国澳门特别行政区	18,711,187	5.65
日本	6,727,926	2.03
朝鲜	na	na
韩国	6,021,764	1.82
蒙古	na	na
东南亚	50,836,062	
文莱达鲁萨兰国	na	na
柬埔寨	1,421,615	0.43
印度尼西亚	5,002,101	1.51
老挝	1,095,315	0.33
马来西亚	16,431,055	4.97
缅甸	232,218	0.07
菲律宾	2,675,631	0.81
新加坡	8,943,029	2.70
泰国	11,567,341	3.50
越南	3,467,757	1.05
南亚	6,254,419	
阿富汗	na	na
孟加拉国	207,662	0.06
不丹	na	0.00
印度	3,914,845	1.18
伊朗	na	na
马尔代夫	395,320	0.12
尼泊尔	375,398	0.11

表1.8　本报告各目的地2005年入境旅游接待量及其在亚太地区接待总量中的份额（续）

目的地	入境旅游接待量(人次)	市场份额(%)
巴基斯坦	798,260	0.24
斯里兰卡	549,308	0.17
大洋洲	11,116,049	
美属萨摩亚	na	na
澳大利亚	5,497,000	1.66
库克群岛	88,381	0.03
斐济	549,911	0.17
基里巴斯	na	na
马绍尔群岛	na	na
密克罗尼西亚	na	na
法属新喀里多尼亚	181,866	0.05
新西兰	2,382,950	0.72
纽埃	2,793	0.00
北马里亚纳群岛(美国)	506,846	0.15
帕劳	80,578	0.02
巴布亚新几内亚	69,250	0.02
萨摩亚群岛	101,807	0.03
所罗门群岛	na	na
塔希提岛	208,067	0.06
汤加	41,862	0.01
图瓦努	na	na
瓦努阿图	62,082	0.02

资料来源：亚太旅游协会年度统计报告（2005年）。

注：na表示数据无法获得。

第二章

研究方法

导　言

在旅游预测体系中有几种很通行的预测方法。然而，大多数商业性旅游报告和国家旅游组织所作的旅游预测都是基于多元回归分析。毋庸讳言，在过去 15 年中，大多数已有的商业性预测报告都是在多元回归分析的基础上，借助由史蒂芬·F. 维特在一篇旅游学术论文中推导出的一系列经济自变量而完成的。学术研究在上述方法基础上有所发展，并实验性和发展性地论述和验证了其他预测方法。本报告中所用的方法是“结构性整合时间序列计量分析法”（简称 SITEA），它吸收了最近以来相关研究中的优点，但并不以多元回归分析模型为基础。下文会对 SITEA 模型作进一步详细讨论。

统计预测方法

在介绍本报告中所使用方法以前，我们有必要先介绍一下作者在研究出本方法时，所面临的预测方法的选择以及催生 SITEA 模型的理论基础，之后再介绍本研究方法。

本章对旅游预测的研究文献未作全面回顾，而是集中于两位作者的观点和经验的介绍，多年来他俩在实用旅游预测方法领域作出了重要贡献。如果想进一步了解作者的近期研究成果以及其他的研究文献，请参阅第九章。从历史的角度看，定量模型方法可以分为时间序列模型方法和计量经济模型方法，然而，就像后文将要讨论的那样，这两种方法可以被纳入到同一模型中。

时间序列模型

移动平均法、指数平滑法以及更复杂一些的 Box Jenkins 预测模型，均可被称为纯时间序列方法，这些方法针对时间序列中的各成分，如趋势、斜率、周期等，模仿已知的实际时间序列中的数据，用函数的方法对其未来的发展进行预测。制作成曲线图后，时间序列模型即会拟合成一条与历史数据序列极为相似的预测曲线，其拟合度的确非常高，几乎可以和原始曲线重合在一起。预测过程的逻辑是这样，当一组预测未来的数据成为高度拟合的曲线时，即可预示出时间序列的走向，至少可预示中短期内二到三年的走向。按照这样的逻辑，预测模型将被视为以明确的时间序列参数呈现的过去的情形，时间序列的内在特征在中短期内不会发生变化，预测结果也不会很快偏离预先设定的模型，但是也可能过一段时间后变异为另一种序列。

每个时间序列模型的复杂程度各不相同，主要取决于针对时间序列各成分所建立的模型的精确程度和数理程度。因此各种时间序列模型可以从简单到复杂进行排序：复杂度最低的是移动平均法，复杂程度再高一些的是各种水平的指数平滑法，复杂程度最高的是 Box Jenkins 回归移动平均模型和神经网络模型。

两位作者经过多次对旅游时间序列模型的试验，发现时间序列模型的精确程度要高于大多数因果模型。然而，在单纯利用时间序列模型进行预测时又存在着重大缺陷。这种缺陷在于外部的经济和社会因素都会间接地对旅游序列产生影响。当然，在一个间接的、难以估量的方法中，时间序列的各成分都确实反映出变化着的经济和社会因素对旅游活动的影响。例如循环周期和投资水平反映了商业活动的变化情况，同时又反过来影响了实际工资水平和消费能力。然而，引起旅游序列变化，并会导致目的地的旅游入境接待量上下波动的变量并不能直接测量到，其所造成的全部影响和直观性也难在时间序列里反映出来。并且“条件分析”（“what if”）也不可能被测量出来，接待量的变化很可能会与一些偶然的因素有直接关系（比如价格），因此当价格发生变化时接待量会随之发生的变化也是不能被测量出的。

计量经济模型

计量经济模型通常是以回归分析为基础的，用一个或多个解释变量（自变量）来解释（理论上的解释）现有的或已知的时间序列。当一组解释变量在很大程度上能够解释被解释变量（因变量）时（大部分成分），利用其相互关系可以推断出序列的未来变化。当然这种推断首先要假设在未来的预测时期这一组解释变量的值是已知的，或者至少是很容易被预知的，但事实上却不是这样，这也是基于回归分析的预测方法的一大缺陷。

在分析的第一阶段，需要挑选解释变量，挑选时要根据适当的经济理论。否则就不能做这样的假设：即解释变量和旅游接待量时间序列之间的因果关系能够一直保持到未知的未来。

解释变量与被解释变量之间因果关系的程度是一个有争议的问题。回归分析中有很多假设，其中一个假设就是：一组自变量一旦被确定后，就成为仅有的、随着时间的变动而变动，从而影响旅游接待量（因变量）的一组变量；换句话说就是，这组变量之外的其他变量都被假设一直保持不变。当然事实可能并不是这样。另一个假设是：自变量和因变量之间的因果关系并不是虚假的，即假设因变量的变化并不是由其他未知的自变量在事实上导致的。当然这也未必是事实。

对自变量的选择大多基于古典效用理论，即假设需求，这里用来访旅游者人数代表（通常被称为“旅游需求”），是潜在购买者收入、产品自身价格和竞争性产品价格的函数。在旅游预测中，史蒂芬·F. 维特将上述变量调整为：

$$\ln \frac{V_{ijt}}{P_{it}} = a_1 + a_2 \ln \frac{Y_{it}}{P_{it}} + a_3 \ln C_{ijt} + a_4 \ln CS_{it} + a_5 \ln EX_{ijt} + a_6 \ln T_{ijt} + a_7 \ln TS_{it} + a_8 Trend + Dummies + U_{ijt}$$

其中：i = 客源国

j = 目的地国

t = 年度

在这里，V_{ijt} = 该年度从该客源国前往该目的地国的旅游者人数

P_{it} = 该年度该旅游客源国人口数量

Y_{it} = 该年度该客源国个人可支配收入（价格水平不变）

C_{ijt} = 该年度该客源国旅游者在该目的地国的生活开支（价格水平不变）

CS_{it} = 该年度该客源国居民到替代性目的地旅游时旅游开支的加权平均数（价格水平不变）

EX_{ijt} = 该年度该目的地国货币和该客源国货币之间的汇率

T_{ijt} = 该年度从该客源国到该目的地国旅游的交通开支（价格水平不变）

TS_{it} = 该年度从该客源国到替代性目的地旅游时交通开支的加权平均数（价格水平不变）

Dummies = 代表特殊事件的虚拟变量

该模型描述了在旅游预测中最为常用的自变量。价格变量是最难以确定的，因为旅游者购买的产品各不相同。在以往的研究中，史蒂芬·F. 维特就曾经指出利用消费者价格指数（CPI）来度量总体价格水平的优势。为了获得价格，林赛·W. 特纳和史蒂芬·F. 维特各自分别，或者共同使用下列方法：

$$C_{ijt} = EX_{ijt} \cdot \frac{CPI_{jt}}{CPI_{it}}$$

在这里　C_{ijt} = 该年度该客源国旅游者在该目的地国的生活开支（价格水平不变）

EX_{ijt} = 该年度该目的地国货币和该客源国货币之间的汇率

CPI_{jt} = 该年度该目的地国的消费者价格指数

CPI_{it} = 该年度该客源国的消费者价格指数

单独使用汇率并不明智。从理论上讲，旅游者可能会更能够意识到潜在汇率的优势，但是目的地国家的通货膨胀则有可能会与有利的汇率相悖。

在旅游序列的定量模型中，趋势问题是重要的。旅游接待量时间序列的独特性，使其有别于其他众多序列。旅游序列具有天然的季节性（通常夏季强，冬天弱），通常是非线性的，并且几乎总是呈正向的成长与上升趋势。旅游业的正向增长是世人皆知的特性。而且，用来度量自变量的数据序列也总是成正向趋势，比如客源国的收入和交通价格。各种旅游序列的共同趋势，可以使回归模型表现出具有极强的解释力（用回归 R^2 模型来度量），而实际上变量自身的解释力要弱很多。使用这种非平稳变量进行回归分析，可能导致回归残值（预测趋势中的误差项）的自相关，这就有可能打破了回归分析的另一个假设，即残值会是一个随机序列。这样的序列相关不仅导致了一个人为的高 R^2 模型（因为标准误差会严重低估残值的变化性），也意味着用来预测因变量序列的回归系数不

精确。

我们需要将旅游序列呈现出非平稳状态的地方标记出来，这是目前被大家接受的做法。通常的解决方法是使用协整和误差修正技术。事实上，这类知识自20世纪90年代早期就已经在有关预测的学术文献中不断出现了。在文献的协整方法中，如上文所述的包含趋势走向变量的一组变量（用来发展旅游计量经济模型的），被称为“非平稳”变量，因为这些变量的平均值和方差会随时间的变化而变化。单位根检验的应用已经表明，许多经济变量都是非平稳的。这也被称为“虚假回归”问题，总之如果被用于模型中的变量是非平稳的，那么所有在回归模型（当然模型使用的是非平稳变量的平均值和方差）中经过计算的统计数据也是随时间变化而变化，并且不能随样本容量的扩大而收敛于其真实数值。因此常规的假设检验结果就会严重偏误，拒绝因变量和自变量不相关的虚拟假设。这个发现意味着所有使用了非平稳变量的旅游多元回归分析都可能是不正确的，且得出的预测结果也是不可靠的。

采用协整和误差修正技术的主要缺陷在于，它们既耗时又复杂。而且，还会存在类似质疑：在使用传统的回归方法时我们究竟会出现多少错误？抛开细节不说，无论从技术上还是理论上说都是使用误差修正模型更好一些。但是，使用误差修正模型（在旅游预测中）在实际预测过程中所取得的准确度方面的进展还是很小。在史蒂芬·F. 维特的相关论文中，他对比了误差修正模型和传统回归模型用于旅游序列时的准确度，并发现误差修正模型更准确一些，但是在改进准确度方面也不是非常令人满意。

区域旅游业发展预测

对国家内的各区域入境旅游接待量进行预测，是一个相对较新的学术研究领域。最初的大型区域旅游预测报告是由本报告的两位作者于2002年为中国内地所做的。这项研究以及后来林赛·W. 特纳为泰国所做的预测研究，都使用了同样的研究方法对国家内各地区的旅游发展进行了预测，这些研究成为本报告中区域旅游发展预测的雏形。该预测结果较为准确，但是也许不能达到最大可能的准确，因为决定国际旅游者到某地区旅游和决定其从一国到另一国之间的远程旅游的关键性因素是不同的。因此，特纳进行了更为深入的研究以发展出专门进行区域旅游预测的模型，这些模型随后即可被应用于本报告的预测工作中。

在诸如中国这样的大国，旅游供应商对于区域旅游发展预测的需求不断增长，驱动了该领域的研究。因此，本书新增加了题为“区域旅游发展预测”的第五章内容，其中包括了已有的泰国和美国等国的区域预测，一旦其他国家的相关资料具有可获取性时，该区域的预测也会被收录进来。在本报告中，中国内地的区域预测是新增加的内容。

结构性整合时间序列计量分析法

结构性整合时间序列计量分析法（SITEA）的设计目的有两个：一是灵活运用这两种方法；二是为了克服前文所述的大部分问题。

时间序列方法的优点在于能够克服与虚假回归相关的问题，并在很多情形下使预测结果更为准确。但是该方法却存在着自身的局限性，尤其表现为对影响客流量序列变化的经济因素的忽视。很显然，至少在某种程度上，这种方法需要与某种非定量的方法结合起来使用。

如图2.1所示的SITEA模型中，首先使用了一个时间序列来克服非平稳问题。在此过程中，原始时间序列被拟合为一个包含季节性、周期性和趋势性等成分的数学映射，然后再将有关经济变量的影响考虑进去，以此来对时间序列的各成分进行调整。之后虚拟变量被当做自变量也被加入，用来说明导致序列变化的特殊经济或政治因素的影响，最终调整预测结果。而每一个附加变量的取舍，取决于该变量自身根据经济理论（例如价格应当为负，而收入应当为正）所具有的特征，以及其统计意义是否处于0.05这个显著的水平之上。

由于在任何一个模型中都有可能包含大量的参数，以此将被加入的经济变量限定为三个，虚拟变量限定为两个，并且在序列中最初要解释的周期不得超过两个。这些限制防止每个模型由于过度参数化而导致预测结果遭受质疑，或者模型失效。

从实际预测的角度来看，由于预测的任务已经非常庞大了，因此对于经济变量数量的限制是有好处的，每一个预测序列都可以被看做是一个独立的建模过程，如此反复，本研究就成为一项规模宏大的预测工作。预测报告涉及了37个国家和地区，包含了586项年度旅游接待量预测序列和用来推导出这些序列的613项季度预测，因而共做了1199份独立预测分析。此外，从理论的角度看，限制自变量的数量也是可行的，因为以往的研究已经清晰地界定了大多数对旅游接待量有影响的重要经济变量。

本报告中所使用的具体经济变量包括：

收入　　（人均个人可支配收入）
价格　　（客源国和目的地国之间的汇率，按照目的地国消费者价格指数除以客源国消费者价格指数进行调整）
经济舱机票票价

当数据缺乏时，可能作为替代的变量包括：

收入　　（人均国内生产总值）
价格　　（目的地国消费者价格指数除以客源国消费者价格指数）
汇率　　（客源国和目的地国货币之间）
机票价格指数

此外，考虑到不同国家与地区各独立市场的特定预测状况，加入了各国特定的虚拟变量和阻尼参数。例如，斯里兰卡和尼泊尔的政局变化。

在很多预测序列中，不能获得某些国家在规定时间范围内的变量，因此就会用一组经检验有替代意义的替代性变量作为备选变量。在某些情况下，如果没有找到替代意义的经济变量，则预测过程只能返回而重新使用纯时间序列模型。有时，只有一个虚拟变量具有使用价值，则预测过程也只能返回使用只有一到两个虚拟变量的纯时间序列模型。在样本国以群体方式出现时（例如“其他国家”），则没有可供使用的经济变量，而仅有一个虚拟变量，这是因为：一来样本国是未知的（或者不全部知道）；二来把各国测量结果的平均值当做经济指标不具有可靠性。

SITEA模型将时间序列模型和计量经济模型相结合，克服了非平稳（和虚假回归）问题。但是经济变量能否被预测问题仍然存在。可以利用时间序列方法对经济变量分别进行预测。

有关每对客源地—目的地的入境旅游接待量的预测，以及样本国群体和“其他国家”入境旅游接待量的预测，在数据允许的情况下，是以季度为单位进行的，数据不允许时，则以年度为单位进行预测。基于季度数据的年度预测结果，是各季度预测结果的总和。世界各地区的“合计”和“总计”预测结果，都是相关国家和地区预测结果的总和。预测过程是迭代的（参见图 2.1），因为经济变量和虚拟变量的组合形式有很多种，且一个迭代决策过程应当基于拟合度指标找到最优模型，然后应用最优模型作出决策。

由定量方法得出的最终预测结果接下来要接受独立专家的评价，评价主要针对在预测中可能出现的错误，这些错误是由一些“不可量化”和不可测量的因素导致的，专家认为可能会升高或将降低了预测数字。根据评价意见，作出进一步的分析或者直接修改，抑或相关注释被加入预测报告的章节中。专家提出意见阶段是一个关键的阶段。经历了一系列严格的专家评价后，作者对这种分析形式的价值更为明晰，这一过程极大地减少了各国旅游预测结果的误差。随着时间的推移，在专家提出意见过程的每一个阶段，都会对预测的准确度进行评估，即从最初的预测模型开始进行评估。在这种方法中，采用专家意见方法的实际价值，根据每个阶段按照专家意见预测结果准确度的增大或减小，用量化的形式进行评估。

四个专家意见阶段为：

第一阶段：研究者独自对异常情况、模型不够精确的地方和明显不现实的预测进行调整。修改 2007 年、2008 年和 2009 年的预测内容。

第二阶段：参考相关专家的预测结果，结合各国家旅游组织针对近期发生的事件对旅游业造成的影响的调查结果，对 2007 年、2008 年和 2009 年的预测内容进行修改。

第三阶段：查验来自国家旅游组织的最新入境旅游接待量数据（预测模型中以前的样本）和住宿业接待量预测数据。将从新数据中推出的趋势预测与几个专家的相关预测进行对比，在报告文本完成之前，对 2007 年、2008 年和 2009 年的预测内容进行修改。

第四阶段：在对报告文本完成之后、最终文本付印之前，查验最新的入境旅游接待量数据、调查报告和其他报告，对 2007 年、2008 年和 2009 年的预测内容进行修改。

这四个阶段历时四个月，贯穿于从预测报告刚刚完成到报告即将出版的整个过程。其间不仅采纳了专家的相关意见，还参考与补充了最新的数据。

由于缺少部分出境旅游的相关数据，因此本报告着重于入境旅游接待量的预测。入境旅游接待量的预测也倾向于对竞争性市场的预测，而不是研究出境旅游者到什么目的地去旅游这样的问题。但是在第七章，也做了一组出境旅游预测，是根据入境旅游接待量反向推算出来的。虽然本报告不能对各个客源市场（因为旅游者在一次出境时可能不只前往一个旅游目的地）的实际出境旅游人数给出精确的估计，但是这些预测却对亚太地区旅游目的地的旅游需求和需求增长情况，提供了有价值的见地。

由于本报告中所使用的假设前提是按照公民的长久居住地来划分来访旅游者，但在一些国家是以国籍而不是以长久居住地为标准对入境旅游者人数进行统计的，因此本报告会存在一定程度的误差。

图 2.1　SITEA 建模过程

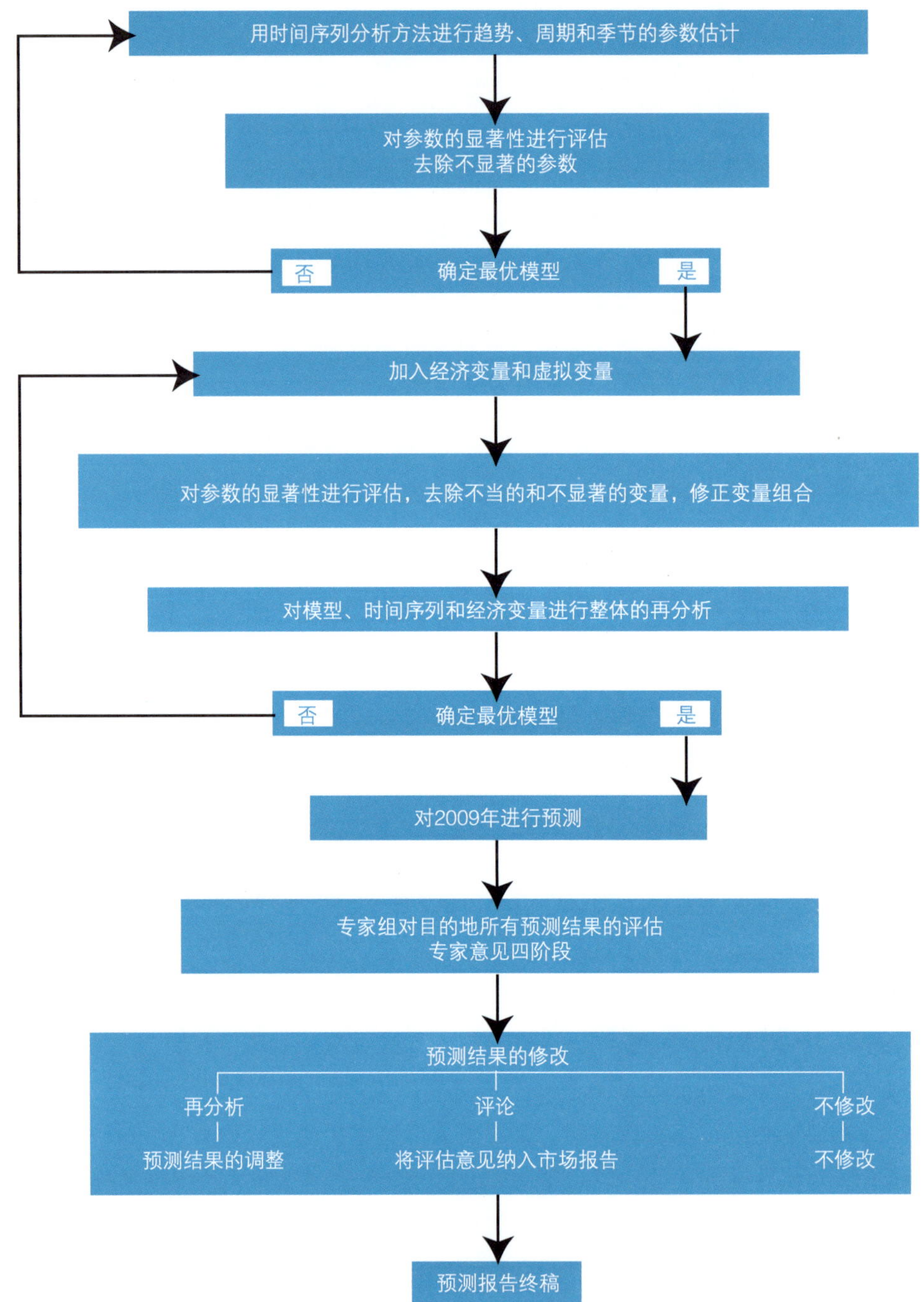

数据来源

各个国家和地区的旅游数据来源包括：目的地国的国家旅游组织、世界旅游组织（UNWTO）、亚太旅游协会、国家旅游组织的网站，以及由各种政府部门和机构所提供的统计数据和银行报告。

经济量度则主要来自于 DX Econ 数据库，其中包括世界经济与合作发展组织、世界银行、国际货币基金组织的各种表格。还来自于 ABC/OAG 世界航空指南，以及一些政府部门的互联网站。

各国有关入境旅游接待量的数据来源不统一。大多数亚太地区国家在边防口岸对入境旅游接待量的数据进行采集。根据定义，旅游者是离开居住地在目的地停留 24 小时以上的人，因此至少在目的地过一夜。在表 2.1 中，有 4 个国家和地区的数据可视作游客来访量——澳大利亚、中国香港特别行政区、韩国和库克群岛。因为根据定义，游客是指不必在目的地过夜的人，他们可以在一天内跨境往返。

事实上，在澳大利亚和库克群岛，旅游者和游客之间几乎没有区别，韩国也基本上如此。因为这些国家没有紧邻的周边客源地，很难进行一日游，因此大多数的“游客”就是“旅游者”。

根据来访者居住地还是根据国籍来统计入境旅游者人次则有很大的不同。在本报告中的 37 个国家和地区中，有 13 个国家和地区根据国籍对客源市场来访者人次进行统计。而且，在亚太地区的国家和地区中，有相当多的居民持有的是其居住地以外国家的护照。

另外需要注意的是，报告中的数据是指来访者人次而不是人数。因为同一个人可以在一年之内来访同一目的地多次，每一次来访都应当被统计为一个新的入境人次。或者一个人在一次旅行中访问几个国家，每访问一个国家，都应当被该国统计为一个新的入境人次。

表 2.1 所有国家和地区——入境旅游接待量数据结构

国家/地区	数据类型	统计方式
美洲		
加拿大	边防入境旅游者人次	按居住地
智利	边防入境旅游者人次	按国籍
美国	边防入境旅游者人次	按居住地
东北亚		
中国内地	边防入境旅游者人次	按国籍
中国台湾	边防入境旅游者人次	按居住地
中国香港特别行政区	边防入境游客人次	按居住地
中国澳门特别行政区	边防入境旅游者人次	按居住地
日本	边防入境旅游者人次	按国籍
韩国	边防入境游客人次	按国籍

表 2.1　所有国家和地区——入境旅游接待量数据结构(续)

国家/地区	数据类型	统计方式
东南亚		
柬埔寨	边防入境旅游者人次	按居住地
印度尼西亚	边防入境旅游者人次	按居住地
老挝	边防入境旅游者人次	按国籍
马来西亚	边防入境旅游者人次	按居住地
缅甸	边防入境旅游者人次	按国籍
菲律宾	边防入境旅游者人次	按居住地
沙捞越(马来西亚)	边防入境旅游者人次	按居住地
新加坡	边防入境旅游者人次	按居住地
泰国	边防入境旅游者人次	按居住地
越南	边防入境旅游者人次	按国籍
南亚		
孟加拉国	边防入境旅游者人次	按国籍
印度	边防入境旅游者人次	按居住地
马尔代夫	边防入境旅游者人次	按国籍
尼泊尔	边防入境旅游者人次	按国籍
巴基斯坦	边防入境旅游者人次	按国籍
斯里兰卡	边防入境旅游者人次	按居住地
大洋洲		
澳大利亚	边防入境游客人次	按居住地
库克群岛	边防入境游客人次	按居住地
斐济	边防入境旅游者人次	按居住地
关岛(美国)	边防入境旅游者人次	按居住地
夏威夷(美国)	边防入境旅游者人次	按居住地
法属新喀里多尼亚	边防入境旅游者人次	按居住地
新西兰	边防入境旅游者人次	按居住地
纽埃	边防入境旅游者人次	按居住地
北马里亚纳群岛(美国)	边防入境旅游者人次	按国籍
帕劳	边防入境旅游者人次	按居住地
巴布亚新几内亚	边防入境旅游者人次	按居住地
萨摩亚群岛	边防入境旅游者人次	按居住地
塔希提岛	边防入境旅游者人次	按居住地
汤加	边防入境旅游者人次	按居住地
瓦努阿图	边防入境旅游者人次	按居住地

数据的时间范围

季度数据是根据下列季度划分标准采集的：

第一季度：一月、二月、三月

第二季度：四月、五月、六月

第三季度：七月、八月、九月

第四季度：十月、十一月、十二月

SITEA 模型根据季度数据分析了 22 个国家和地区：

澳大利亚	马尔代夫	帕劳	孟加拉国
中国内地	关岛（美国）	加拿大	日本
中国台湾	夏威夷（美国）	韩国	新加坡
中国香港特别行政区	巴布亚新几内亚	泰国	库克群岛
中国澳门特别行政区	瓦努阿图	斐济	新西兰
萨摩亚群岛	纽埃		

SITEA 模型根据年度数据分析了 18 个国家和地区：

柬埔寨	缅甸	沙捞越（马来西亚）	智利
尼泊尔	斯里兰卡	印度	法属新喀里多尼亚
塔希提岛	印度尼西亚	北马里亚纳群岛（美国）	汤加
老挝	巴基斯坦	美国	马来西亚
菲律宾	越南		

中国的地区性预测也是根据年度数据进行的。

预测的局限性

本报告采集了 1990～2005 年所能得到的数据。而柬埔寨、中国内地、老挝和缅甸的数据，则是采自 1994～2005 年期间。斐济、法属新喀里多尼亚、纽埃、帕劳、塔希提岛、萨摩亚群岛和瓦努阿图的数据，采自 1996～2005 年期间。澳大利亚客源市场 2000 年的数据不全，而由于 2000 年距离现在时间过近，因此不能用外推法来获取缺失的数据。到目前为止，无法为那些缺失 2000 年数据的国家进行旅游预测。

在某些国家，预测序列特别短（1996～2005 年），其预测结果的可靠性较差。然而，较之历史数据，SITEA 模型在预测中更为重视最近期的数据，因此依靠较短的数据序列进行预测工作的效果还不够明晰。但是近期的预测准确性已经很高了，而且误差也只是出现在少量的客流预测中，而不是出现在短预测序列中。

较之年度预测，季度预测的准确性也不够明晰。在以往的学术著作中，特纳已经发现在一个综合预测过程中，采用季度数据比采用非季度数据的预测结果更为准确。然而，还不能肯定地说采用季度数据的预测比采用年度数据的预测结果更为准确，这种差异还未得到充分的检验，在最近的预测中也没有看到明确的证据。

本报告没有做季度预测。众所周知，数据聚集的水平的提高，可以增加预测的准确性，因为正负误差可以某种程度上相互抵消；所以季度数据较之将季度数据总和而成的年度数据相比，准确度较低，这是因为在总和过程中，预测不足或者过度预测的误差被平衡了。本报告之所以不做季度预测，是因为人们认为季度预测对一个产业来说不如年度预测的用处大，并且不能被证明对误差的增加具有必要的抑制作用。

最后，应当看到，这里使用的数据都是以各国家旅游组织定期修订的数据为基准，这些数据都是本预测进行期间由官方发布的，有的数据后来也许有变动。一些历史数据序列已经被更新，因此可能与以往报告版本中的数据不符，但是这些变化很小，不会对预测结果的方向和力度造成很大影响。

第三章

2007 年、2008 年和 2009 年
旅游业发展总体预测

亚太地区各目的地入境旅游接待量

下表（表3.1）中列出了亚太地区37个国家和地区2005年入境旅游的接待总量，以及对2007年、2008年和2009年入境旅游接待量的预测。报告中“国家和地区”一词的范围包括国家、特别行政区和领土。为了方便预测，在报告中它们都被视为独立的旅游目的地。

请特别注意目的地对目的地之间的数据比较，因为一些旅游目的地使用了不同的统计标准。另外，中国内地与中国香港特别行政区和中国澳门特别行政区之间的客流量特别大，这是因为这些客流本质上应属国内游客，但是却被3个目的地各自划入国际游客的统计范畴。

此外，当把客源市场与其对应的旅游目的地进行比对时，双方是根据来访者居住地还是根据国籍来统计旅游者人次，会影响比对结果的准确度。但本篇总结报告中的总计数字没有涉及这个问题。

表3.1　2005～2009年亚太地区入境旅游接待总量（单位：人次）

国家/地区	2005	2007	2005～2007 AAGR(%)	2008	2007～2008 AAGR(%)	2009	2008～2009 AAGR(%)	2005～2009 AAGR(%)
美洲								
加拿大	18,759,464	19,261,334	1.33	19,805,252	2.82	20,377,728	2.89	2.09
智利	2,027,082	2,462,285	10.21	2,671,106	8.48	2,900,407	8.58	9.37
美国	41,148,796	45,094,808	4.69	47,505,933	5.35	49,985,162	5.22	4.98
小计	**61,935,342**	**66,818,427**	**3.87**	**69,982,291**	**4.74**	**73,263,297**	**4.69**	**4.29**
南亚								
孟加拉国	207,662	219,464	2.80	232,010	5.72	245,029	5.61	4.22
印度	3,914,845	4,745,435	10.10	5,068,635	6.81	5,359,387	5.74	8.17
马尔代夫	395,320	733,696	36.23	809,306	10.31	884,324	9.27	22.30
尼泊尔	375,398	427,124	6.67	457,223	7.05	480,726	5.14	6.38
巴基斯坦	798,260	1,005,766	12.25	1,151,853	14.52	1,313,533	14.04	13.26
斯里兰卡	549,308	652,988	9.03	715,540	9.58	777,861	8.71	9.09
小计	**6,240,793**	**7,784,473**	**11.68**	**8,434,567**	**8.35**	**9,060,860**	**7.43**	**9.77**
东南亚								
柬埔寨	1,421,615	1,901,122	15.64	2,112,445	11.12	2,298,281	8.80	12.76
印度尼西亚	5,002,101	5,268,340	2.63	5,434,744	3.16	5,623,127	3.47	2.97
老挝	1,095,315	1,298,286	8.87	1,445,022	11.30	1,580,250	9.36	9.60
马来西亚	16,431,055	18,547,125	6.24	20,558,888	10.85	21,528,757	4.72	6.99
缅甸	232,218	281,247	10.05	308,309	9.62	334,513	8.50	9.55
菲律宾[1]	2,675,631	3,097,675	7.60	3,377,668	9.04	3,625,792	7.35	7.89
新加坡	8,943,029	10,589,174	8.81	11,295,294	6.67	12,064,144	6.81	7.77
泰国[2]	11,567,341	14,133,506	10.54	15,190,799	7.48	16,262,450	7.05	8.89
越南	3,467,757	3,892,981	5.95	4,207,763	8.09	4,505,922	7.09	6.77
小计	**50,836,062**	**59,009,456**	**7.74**	**63,930,932**	**8.34**	**67,823,236**	**6.09**	**7.47**

表 3.1 2005～2009年亚太地区入境旅游接待总量（单位：人次）（续）

国家/地区	2005	2007	2005～2007 AAGR(%)	2008	2007～2008 AAGR(%)	2009	2008～2009 AAGR(%)	2005～2009 AAGR(%)
东北亚								
中国内地	120,404,905	130,927,879	4.28	137,604,191	5.10	146,250,609	6.28	4.98
中国台湾	3,378,118	3,640,450	3.81	3,818,221	4.88	4,029,577	5.54	4.51
中国香港特别行政区	23,359,417	27,140,493	7.79	29,194,713	7.57	31,079,407	6.46	7.40
中国澳门特别行政区	18,711,187	23,528,110	12.14	25,284,608	7.47	27,579,290	9.08	10.18
日本	6,727,926	7,767,134	7.45	8,537,176	9.91	9,227,124	8.08	8.22
韩国	6,021,764	6,854,457	6.69	7,372,380	7.56	7,890,523	7.03	6.99
小计	**178,603,317**	**199,858,523**	**5.78**	**211,811,289**	**5.98**	**226,056,530**	**6.73**	**6.07**
大洋洲								
澳大利亚	5,497,000	5,761,211	2.38	5,947,779	3.24	6,160,811	3.58	2.89
库克群岛	88,381	97,436	5.00	101,935	4.62	107,753	5.71	5.08
斐济	549,911	477,574	6.81	546,879	14.51	612,188	11.94	2.72
法属新喀里多尼亚	181,866	191,830	2.70	197,944	3.19	203,890	3.00	2.90
新西兰	2,382,950	2,589,613	4.25	2,736,289	5.66	2,882,749	5.35	4.88
纽埃	2,793	3,446	11.08	3,653	6.01	3,843	5.20	8.31
北马里亚纳群岛(美国)	506,846	465,944	4.12	505,369	8.46	528,419	4.56	1.05
帕劳	80,578	90,797	6.15	97,242	7.10	103,659	6.60	6.50
巴布亚新几内亚	69,250	81,110	8.22	86,360	6.47	94,585	9.52	8.11
萨摩亚群岛	101,807	119,308	8.25	130,403	9.30	141,300	8.36	8.54
塔希提岛	208,067	234,260	6.11	251,920	7.54	267,205	6.07	6.45
汤加	41,862	42,597	0.87	48,451	13.74	55,370	14.28	7.24
瓦努阿图	62,082	70,855	6.83	75,696	6.83	81,614	7.82	7.08
小计	**9,773,393**	**10,225,981**	**2.29**	**10,729,920**	**4.93**	**11,243,386**	**4.79**	**3.56**
总计	**307,388,907**	**343,696,860**	**5.74**	**364,888,999**	**6.17**	**387,447,309**	**6.18**	**5.96**

注：AAGR 代表年均增长率。

1. 不包括菲律宾海外居民；2. 包括泰国的海外居民。

上表中显示了亚太地区总体年均增长率（AAGR）和各个时期的实际预测值。从中可以看出，2005～2009年期间，各国入境旅游接待量年均增长率处于1%（北马里亚纳群岛）到22%（马尔代夫）之间。在这期间，任何国家和地区都不会有负增长，只有斐济和北马里亚纳群岛在2007年有短期的负增长。亚太地区2009年入境旅游接待量总体年均增长率预计为6%，低于对2004～2008年的增长率，因为海啸的恢复期已基本过去。

有几个国家的入境旅游接待量预计将以两位数的速度增长，包括迅速从海啸中恢复过来的马尔代夫（22%），还有巴基斯坦（13%）、柬埔寨（13%）、老挝（10%）、缅甸（10%）和中国澳门特别行政区（10%）。这是一种混合的增长模式，预示着亚太地区入境旅游接待量总体呈稳定增长态势，但是要低于以往的增长速度，各国的增长都会呈现小幅的波动。有7个国家和地区的入境旅游接待量呈线性增长趋势，但不是强劲的增长模式。有18个国家和地区在中期会有较高的增长，但是在第三个时期又将出现回落，而另外7个国家和地区的增长速度则会下降到平稳状态。只有6个国家和地区的入境旅游接待量增长速度比以往要低（印度、马尔代夫、中国香港特别行政区、缅甸和纽埃)。马尔代夫、柬埔寨和印度在经历了快速增长之后，增长开始趋向平稳，而纽埃由于客流量小，所以很难估计其未来长期的发展走势。

从地区的角度来看，南亚地区（10%）入境旅游接待量预计增长率较高，但是要低于其2004～2008年的增长速度。大洋洲的增长率最低，而美洲将达到4%。东北亚的增长速度将放缓到6%，东南亚预计增长7.5%。

图3.1　2005～2009年美洲入境旅游接待量（单位：人次）

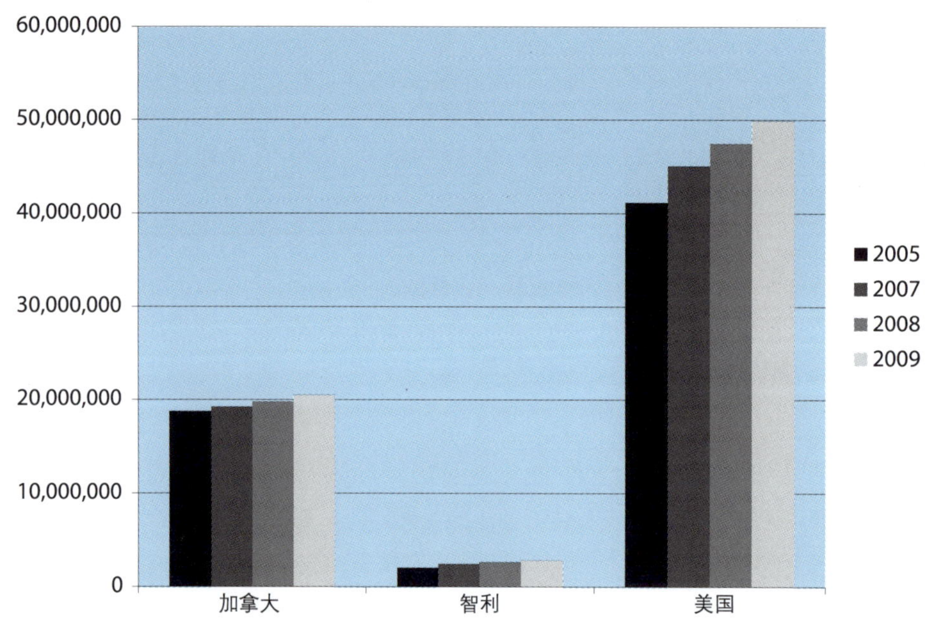

图3.2　2005～2009年南亚入境旅游接待量（单位：人次）

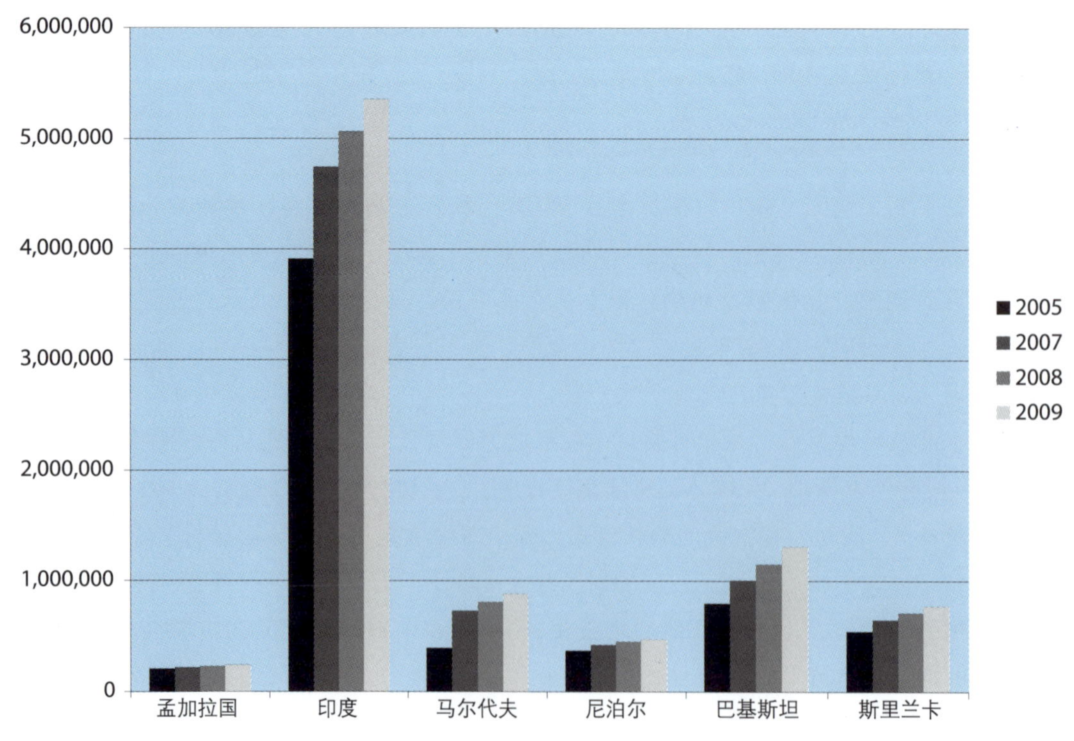

图 3.3　2005～2009 年东南亚入境旅游接待量（单位：人次）

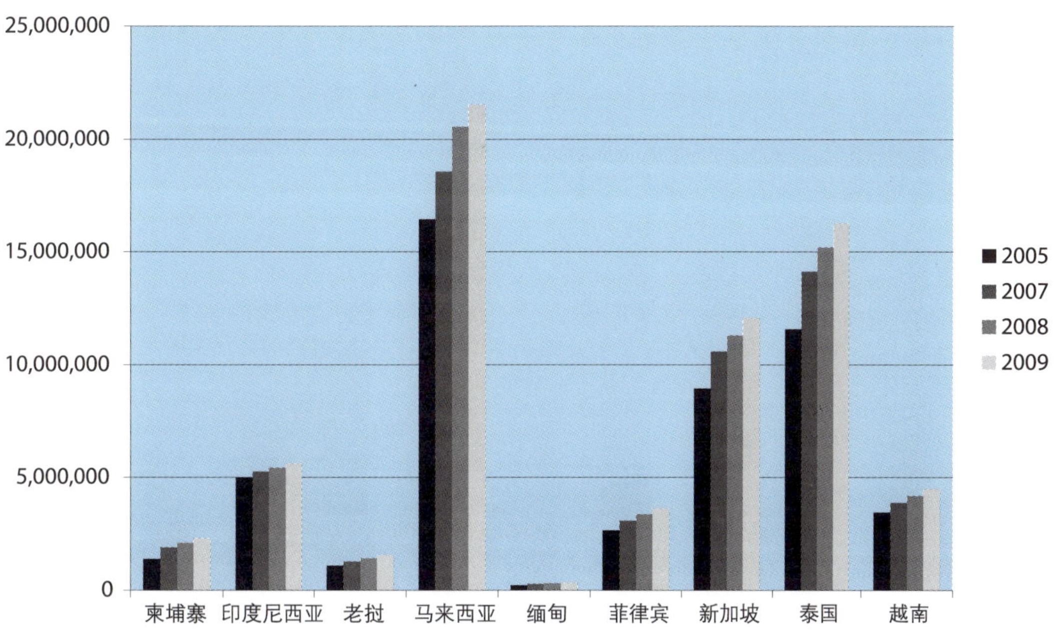

图 3.4　2005～2009 年东北亚入境旅游接待量（单位：人次）

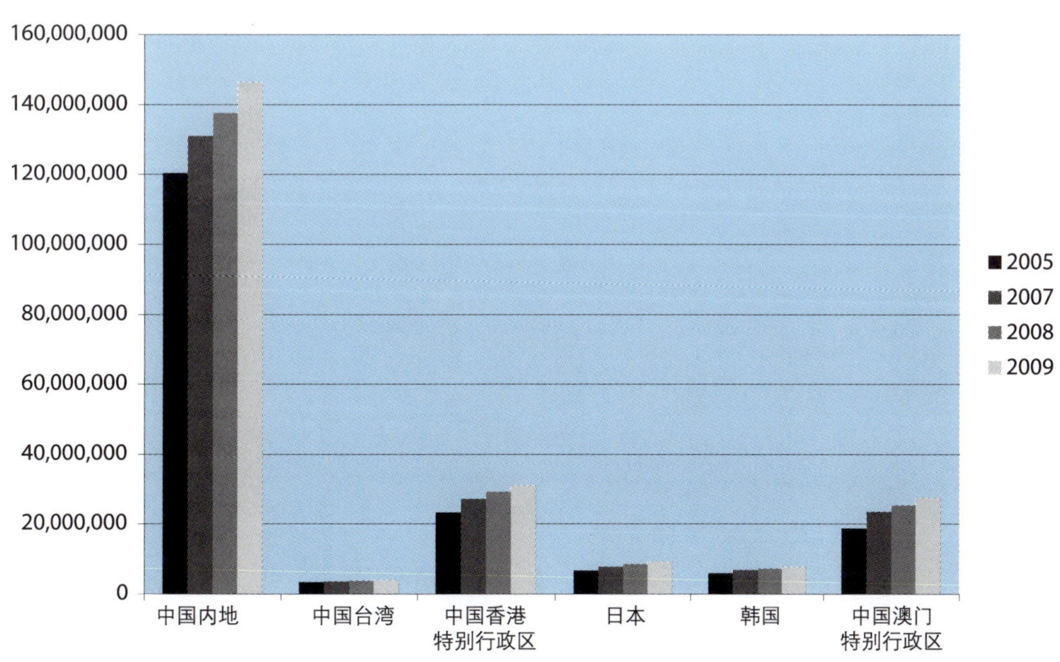

图 3.5A　2005 ~2009 年大洋洲入境旅游接待量（单位：人次）

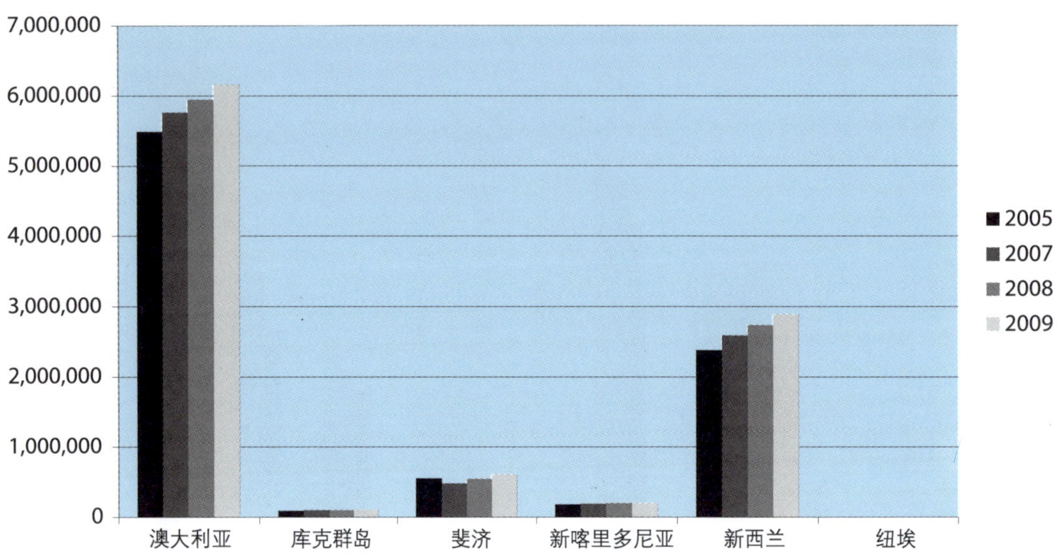

图 3.5B　2005 ~2009 年大洋洲入境旅游接待量（单位：人次）

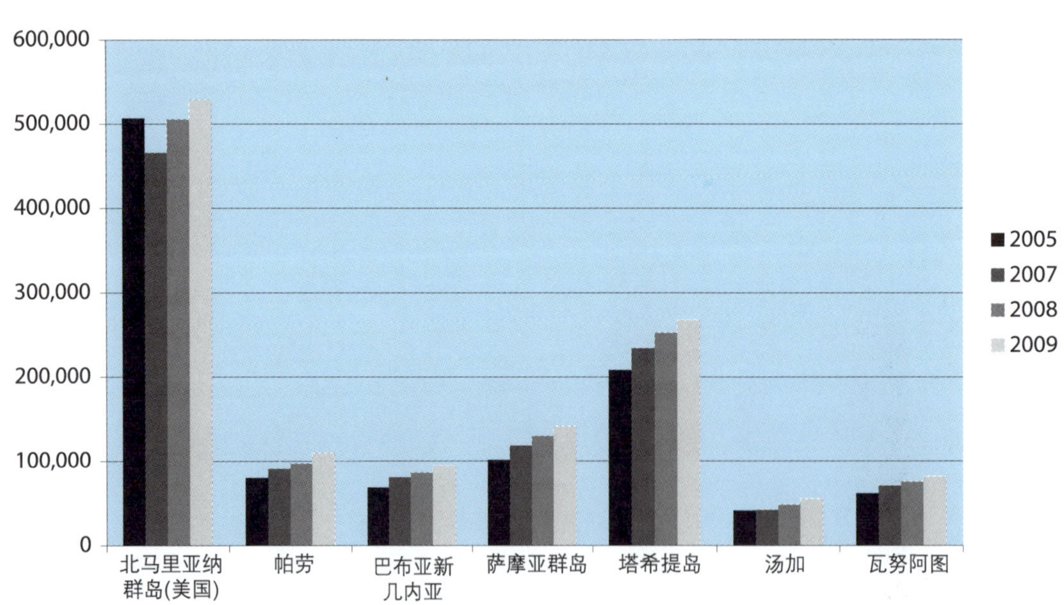

在比较大洋洲的两幅图（图 3.5A 和 3.5B）时需要特别注意，因为两图左纵轴的计量单位是不同的。在对其他地区的图之间进行比较时也要注意这个问题。这些图显示了各分区入境客流量的规模和增长速度，也显示了亚太地区入境旅游接待量的总体稳定增长的趋势，这其中斐济和马尔代夫等很少的国家是例外。表 3.2 列出了亚太地区前 10 大旅游目的地，这个预测结果来自第四章中的入境旅游接待量表，这些表都被汇总在本章的表 3.1 中。

表 3.2　2009 年亚太地区 10 大旅游目的地

排名	国家/地区	2009 年入境旅游接待量（人次）	在 37 个国家和地区中的市场份额(%)
1	中国内地	146,250,609	37.75
2	美国	49,985,162	12.90
3	中国香港特别行政区	31,079,407	8.02
4	中国澳门特别行政区	27,579,290	7.12
5	马来西亚	21,528,757	5.56
6	加拿大	20,377,728	5.26
7	泰国	16,262,450	4.20
9	新加坡	12,064,144	3.11
10	日本	9,227,124	2.38

中国内地、中国澳门特别行政区和中国香港特别行政区的入境旅游接待量包含国内游客人数在内，所以排名也是基于这样的统计结果。2005 年本报告中所包含的 37 个国家和地区共接待国际来访游客 307,388,907 人次，占当年亚太地区入境旅游总接待量的 90% 以上。

亚太地区国际旅游收入

表 3.3 汇总了亚太地区国际旅游收入的增长预测，由于数据方面的限制，预测是在可能的范围内进行的。

表 3.3　2007～2009 年亚太地区国际旅游收入预测（单位：百万美元）

国家/地区	2005	2007	2005～2007 AAGR(%)	2008	2007～2008 AAGR(%)	2009	2008～2009 AAGR(%)	2005～2009 AAGR(%)
美洲								
加拿大	13,662	14,027	1.33	14,424	2.83	14,841	2.89	2.09
美国	102,611	110,723	3.88	116,643	5.35	122,731	5.22	4.58
南亚								
孟加拉国	70	74	2.82	78	5.41	83	6.41	4.35
马尔代夫	516	958	36.26	1,056	10.23	1,154	9.28	22.29
尼泊尔	148	169	6.86	181	7.10	190	4.97	6.44
斯里兰卡	362	431	9.11	472	9.51	513	8.69	9.11
东南亚								
柬埔寨	832	1,113	15.66	1,236	11.05	1,345	8.82	12.76
老挝	147	174	8.80	194	11.49	212	9.28	9.59
马来西亚	8,013	9,051	6.28	10,033	10.85	10,506	4.71	7.01
泰国	9,134	11,160	10.54	11,995	7.48	12,841	7.05	8.89
东北亚								
中国内地	29,296	31,856	4.28	33,481	5.10	35,585	6.28	4.98
中国台湾	4,977	5,363	3.81	5,625	4.89	5,937	5.55	4.51
中国香港特别行政区	68,846	120,263	32.17	129,420	7.61	137,717	6.41	18.93
中国澳门特别行政区	3,555	4,470	12.13	4,804	7.47	5,240	9.08	10.19
韩国	5,650	6,431	6.69	6,917	7.56	7,403	7.03	6.99
大洋洲								
澳大利亚	9,500	10,000	2.60	10,300	3.00	10,600	2.91	2.78
斐济	441	383	6.81	439	14.62	491	11.85	2.72
新西兰	4,553	4,948	4.25	5,228	5.66	5,508	5.36	4.88

注：AAGR 代表年均增长率。

因为数据的缺乏，无法对总收入进行预测，事实上总收入是很应当计算出来的。表 3.3 的预测结果显示，大多数国家和地区旅游外汇收入呈强劲增长态势，达到 5% 以上。其中预计增长速度最快的是马尔代夫，这是因为 2004 年海啸之后的持续恢复期会为其带来入境接待量的增长。在预测期内，国际旅游收入预计会大幅度增长的还包括：中国香港特别行政区（19%）、中国澳门特别行政区（10%）、柬埔寨（13%）和老挝（10%）。

亚太地区国家和地区的出境旅游规模

表 3.4 是对出境旅游者人次的预测，是根据表 3.1 中 12 个国家和地区的入境旅游接待量反向推算出来的。这些国家和地区代表着最大的出境客源市场，和中国内地、印度、泰国等新兴出境旅游市场。由于只有亚太地区的一些国家和地区转变为客源市场，所以下表未按各地区进行划分。

由于表 3.4 中的数据是从入境旅游接待量反推出来的，因此计算其总和数字没有什么意义，因为很多旅游者一次出境会去多个旅游目的地旅游，构成了这些目的地国家和地区的入境旅游接待量，如果加总计算的话，就会对出境旅游人次过高估计。但是这些数字确实能够反映每个主要客源国对每个旅游目的地的总需求，以及需求的年平均增长速度。例如从表中可以看出，虽然澳大利亚的主要出境旅游目的地是新西兰，但是在主要市场中增长最快却是中国内地，其 2005 ~ 2009 年期间总的年均增长率达 13%。再如，对印度来说，其主要出境旅游目的地是中国内地和新加坡，这两个市场增长迅速，增长率分别为 15% 和 13%。

表 3.4　2007 ~ 2009 年亚太地区主要市场出境旅游人次前 5 名预测

国家/地区	2005	2007	2005 ~ 2007 AAGR(%)	2008	2007 ~ 2008 AAGR(%)	2009	2008 ~ 2009 AAGR(%)	2005 ~ 2009 AAGR(%)
澳大利亚赴：								
新西兰	874,738	908,180	1.89	936,390	3.11	961,150	2.64	2.38
新加坡	620,255	718,740	7.65	741,250	3.13	775,180	4.58	5.73
美国	581,773	657,870	6.34	694,280	5.53	728,911	4.99	5.80
中国香港特别行政区	525,577	599,070	6.76	640,540	6.92	682,650	6.57	6.76
中国内地	482,968	598,640	11.33	681,490	13.84	777,820	14.14	12.65
加拿大赴：								
美国	13,849,488	14,634,213	2.79	15,241,781	4.15	15,711,857	3.08	3.20
中国内地	429,784	564,900	14.65	635,090	12.43	711,662	12.06	13.44
中国香港特别行政区	308,842	356,343	7.42	373,939	4.94	399,120	6.73	6.62
泰国	156,618	176,080	6.03	181,877	3.29	186,284	2.42	4.43
印度	156,000	184,162	8.65	201,327	9.32	217,442	8.00	8.66
中国内地赴：								
中国香港特别行政区	12,541,400	14,620,600	7.97	15,829,200	8.27	16,889,700	6.70	7.73
中国澳门特别行政区	10,462,974	12,841,000	10.78	13,518,300	5.27	14,714,200	8.85	8.90
新加坡	857,814	1,217,270	19.12	1,361,737	11.87	1,544,932	13.45	15.85
泰国	776,792	954,470	10.85	1,023,190	7.20	1,103,452	7.84	9.17
越南	752,576	612,689	-9.77	648,183	5.79	683,994	5.52	-2.36
中国台湾赴：								
中国内地	4,109,187	4,661,900	6.51	4,998,600	7.22	5,376,900	7.57	6.95
中国香港特别行政区	2,130,565	2,184,920	1.27	2,224,620	1.82	2,265,040	1.82	1.54

表 3.4　2007～2009 年亚太地区主要市场出境旅游人次前 5 名预测(续)

国家/地区	2005	2007	2005～2007 AAGR(%)	2008	2007～2008 AAGR(%)	2009	2008～2009 AAGR(%)	2005～2009 AAGR(%)
中国澳门特别行政区	1,482,441	1,551,950	2.32	1,684,730	8.56	1,807,720	7.30	5.08
日本	1,274,609	1,339,080	2.50	1,468,370	9.66	1,585,860	8.00	5.61
泰国	365,664	376,357	1.45	366,033	-2.74	368,214	0.60	0.17
中国香港特别行政区赴：								
中国内地	70,193,786	75,236,000	3.53	78,335,000	4.12	82,569,000	5.40	4.14
中国澳门特别行政区	5,614,126	7,221,200	13.41	7,834,800	8.50	8,500,400	8.50	10.93
中国台湾	432,718	460,550	3.17	487,750	5.91	516,530	5.90	4.53
新加坡	313,831	313,319	-0.08	318,843	1.76	327,038	2.57	1.04
日本	298,808	449,740	22.68	511,314	13.69	552,596	8.07	16.61
印度赴：								
新加坡	583,543	751,270	13.46	842,960	12.20	945,840	12.20	12.83
泰国	381,471	457,287	9.49	473,790	3.61	487,058	2.80	6.30
中国内地	356,460	460,010	13.60	530,130	15.24	616,650	16.32	14.69
美国	344,926	424,740	10.97	452,780	6.60	486,310	7.41	8.97
中国香港特别行政区	273,487	340,864	11.64	377,420	10.72	421,958	11.80	11.45
日本赴：								
美国	3,883,906	4,087,000	2.58	4,146,400	1.45	4,216,200	1.68	2.07
中国内地	3,389,976	4,091,550	9.86	4,376,796	6.97	4,771,120	9.01	8.92
韩国	2,439,809	2,523,700	1.70	2,686,390	6.45	2,810,310	4.61	3.60
中国香港特别行政区	1,210,848	1,390,156	7.15	1,448,985	4.23	1,525,999	5.32	5.95
泰国	1,196,654	1,401,910	8.24	1,461,500	4.25	1,511,219	3.40	6.01
韩国赴：								
中国内地	3,545,341	4,127,100	7.89	4,505,800	9.18	4,953,800	9.94	8.72
日本	1,747,171	2,253,520	13.57	2,551,220	13.21	2,765,500	8.40	12.17
泰国	816,407	1,004,610	10.93	1,059,030	5.42	1,113,102	5.11	8.06
美国	705,093	805,280	6.87	860,600	6.87	919,710	6.87	6.87
中国香港特别行政区	642,480	750,820	8.10	807,860	7.60	866,860	7.30	7.78
新西兰赴：								
澳大利亚	1,098,600	1,126,330	1.25	1,152,030	2.28	1,189,901	3.29	2.02
美国	139,780	146,213	2.28	150,248	2.76	153,916	2.44	2.44
新加坡	119,489	127,212	3.18	132,115	3.85	139,202	5.36	3.89
斐济	117,991	89,638	-12.84	102,765	14.64	117,124	13.97	-0.18
中国香港特别行政区	89,522	101,887	6.68	110,589	8.54	117,886	6.60	7.12

表 3.4　2007 ~2009 年亚太地区主要市场出境旅游人次前 5 名预测(续)

国家/地区	2005	2007	2005 ~2007 AAGR(%)	2008	2007 ~2008 AAGR(%)	2009	2008 ~2009 AAGR(%)	2005 ~2009 AAGR(%)
新加坡赴:								
马来西亚	9,634,506	9,974,000	1.75	10,964,000	9.93	11,025,000	0.56	3.43
印度尼西亚	1,359,755	1,489,300	4.66	1,526,311	2.49	1,587,692	4.02	3.95
中国内地	755,883	836,620	5.21	892,630	6.69	955,170	7.01	6.02
中国香港特别行政区	573,330	612,650	3.37	647,260	5.65	683,810	5.65	4.50
泰国	650,559	851,720	14.42	911,950	7.07	973,246	6.72	10.59
泰国赴:								
马来西亚	1,900,839	2,083,900	4.70	2,269,700	8.92	2,489,800	9.70	6.98
老挝	603,189	703,870	8.02	768,120	9.13	828,060	7.80	8.24
中国内地	586,267	615,290	2.45	654,640	6.40	688,861	5.23	4.11
中国香港特别行政区	380,412	427,287	5.98	456,018	6.72	486,670	6.72	6.35
新加坡	379,040	381,066	0.27	393,995	3.39	407,363	3.39	1.8
美国赴:								
加拿大	14,379,608	14,563,120	0.64	14,887,624	2.23	15,223,462	2.26	1.44
中国内地	1,555,450	1,966,170	12.43	2,215,090	12.66	2,495,530	12.66	12.55
中国香港特别行政区	1,143,089	1,265,462	5.22	1,362,890	7.70	1,491,330	9.42	6.87
日本	822,033	832,980	0.66	850,040	2.05	865,430	1.81	1.29
泰国	639,658	739,950	7.55	796,710	7.67	846,814	6.29	7.27

注：AAGR 代表年均增长率。

在第八章，每一个出境游客源国和地区的具体情况都将被以图形的方式表示出来。表 3.4 最为突出的特点就是主要客源国和地区的出境游目的地的相似性。例如，中国香港特别行政区在除自身之外的 11 个主要出境游市场中，均为前 5 大出境游目的地之一。中国内地则是 11 个中的 10 个主要出境游市场中的前 5 大出境游目的地之一，而泰国进入前 5 大出境游目的地排名 8 次。

第二部分

预测与趋势

第四章

2007 年、2008 年和 2009 年 年度入境旅游接待量预测

澳大利亚

表 4.1　澳大利亚——2007 ~2009 年入境旅游接待量预测（单位：人次）

客源市场	2005	2007	2008	2009
非洲				
南非	52,500	61,104	64,089	70,089
非洲合计	**52,500**	**61,104**	**64,089**	**70,089**
美洲				
加拿大	102,500	116,136	123,808	129,885
美国	446,100	462,380	469,354	478,327
美洲合计	**548,600**	**578,516**	**593,162**	**608,212**
欧洲				
奥地利	18,800	20,751	21,233	21,721
比利时	11,900	13,124	13,737	14,380
丹麦	22,400	23,043	23,767	24,510
法国	63,700	70,959	73,224	75,720
德国	146,500	152,372	155,597	157,758
希腊	6,700	6,773	6,861	7,497
爱尔兰	59,800	61,080	63,330	65,600
意大利	51,100	53,999	54,661	55,202
荷兰	49,700	52,046	54,797	57,637
挪威	16,500	16,776	17,854	18,995
瑞典	35,300	38,210	39,984	41,841
瑞士	41,300	41,900	42,482	43,128
英国	708,100	718,120	735,800	756,350
其他国家和地区	71,400	71,759	73,323	74,631
欧洲合计	**1,303,200**	**1,340,912**	**1,376,650**	**1,414,970**
亚太地区				
文莱	7,100	7,550	8,010	9,350
中国内地	284,900	358,362	390,417	427,000
中国台湾	110,700	112,920	119,504	126,690
中国香港特别行政区	159,500	164,792	169,393	175,425
印度	68,000	95,925	106,386	118,086
印度尼西亚	78,800	85,750	93,047	99,971
以色列	15,600	16,119	17,356	18,872
日本	685,400	695,640	708,572	722,283
韩国	250,400	254,218	262,806	268,531
马来西亚	166,000	165,862	168,465	171,389
中东地区	56,700	64,860	67,430	69,719
法属新喀里多尼亚	37,800	39,072	41,760	43,520
新西兰	1,098,600	1,126,330	1,152,030	1,189,901
巴布亚新几内亚	27,700	29,100	29,839	30,310
菲律宾	33,700	38,380	40,372	42,394
新加坡	265,200	267,839	272,925	279,264
泰国	77,200	77,853	79,056	80,971
亚太地区合计	**3,423,300**	**3,600,572**	**3,727,368**	**3,873,676**

表 4.1 澳大利亚——2007～2009 年入境旅游接待量预测（单位：人次）（续）

客源市场	2005	2007	2008	2009
俄罗斯联邦	11,700	12,400	13,310	14,203
其他国家和地区	112,500	116,533	118,766	122,876
总计	**5,451,800**	**5,710,037**	**5,893,345**	**6,104,026**

图 4.1 澳大利亚——2005～2009 年入境旅游接待量（单位：人次）

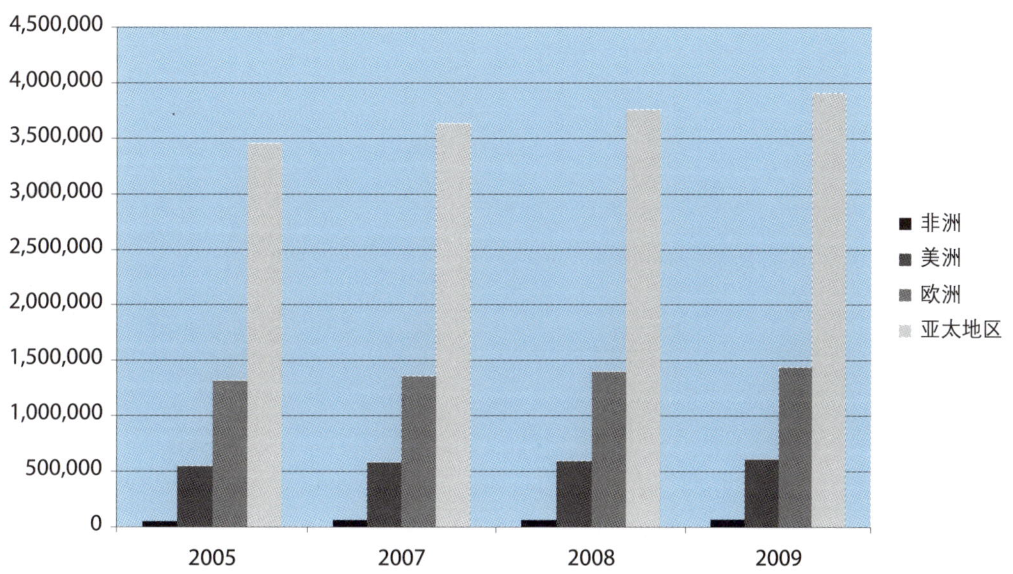

澳大利亚的入境旅游接待量在经历了 2001 年的下滑后，于 2002 年得到恢复，但是由于“9·11”事件和“非典”的影响，2003 年又有所下降。从总体来看是处于稳定增长状态，但是增长率较低。2004 年澳大利亚入境旅游接待量达到 500 万人次，但是仍以缓慢速度增长，预计 2009 年达到 600 万人次。由于澳大利亚统计局无法提供 2000 年的入境旅游统计数字，因此只能对有限的市场作 2000 年之后的预测，有相当多的市场被列入到“其他国家和地区”之内，只能在很长一段时期之后才能对其中更多的市场进行预测。

上述预测最为突出的特点是，预计来访的新西兰客流量将持续猛增，将远远超过日本、英国、美国和中国内地客流量的增长速度。日本客流量的增长速度较慢，日本曾经是澳大利亚的第一大客源国，但现在却屈居新西兰和英国之后，排在第三位。

孟加拉国

表 4.2　孟加拉国——2007 ~2009 年入境旅游接待量预测（单位：人次）

客源市场	2005	2007	2008	2009
非洲				
南非	691	720	742	768
其他国家和地区	3,276	3,519	3,956	4,448
非洲合计	**3,967**	**4,239**	**4,698**	**5,216**
美洲				
加拿大	4,519	5,477	6,691	7,595
美国	13,422	15,857	17,205	18,650
其他国家和地区	270	268	272	288
美洲合计	**18,211**	**21,602**	**24,168**	**26,533**
欧洲				
奥地利	881	896	1,002	1,123
比利时	1,080	1,001	1,093	1,163
丹麦	1,137	1,374	1,425	1,479
芬兰	355	337	345	354
法国	2,736	2,568	2,632	2,699
德国	3,128	3,553	3,699	3,851
意大利	1,800	2,063	2,128	2,194
荷兰	2,431	2,247	2,344	2,445
挪威	1,025	992	1,058	1,130
西班牙	1,091	975	1,063	1,177
瑞典	2,364	2,257	2,388	2,527
瑞士	1,264	1,226	1,279	1,381
英国	24,955	25,341	25,975	26,732
其他国家和地区	1,801	1,686	1,788	1,958
欧洲合计	**46,048**	**46,516**	**48,219**	**50,213**
亚太地区				
澳大利亚	3,686	4,242	4,800	5,303
中国内地	6,982	7,879	8,206	9,550
中国台湾	2,127	2,563	2,991	3,490
中国香港特别行政区	103	137	147	156
印度	86,232	88,200	90,990	93,186
印度尼西亚	2,107	2,237	2,285	2,621
日本	6,269	5,886	5,963	6,040
韩国	5,332	5,109	5,423	5,758
马来西亚	1,045	3,239	3,457	3,690
中东地区	2,195	2,578	2,791	2,996
缅甸	541	483	501	513
尼泊尔	3,378	3,142	3,289	3,442

表 4.2　孟加拉国——2007～2009 年入境旅游接待量预测（单位：人次）（续）

客源市场	2005	2007	2008	2009
新西兰	1,480	1,618	2,031	2,052
巴基斯坦	5,671	6,178	7,381	8,492
菲律宾	1,627	1,683	1,856	2,048
新加坡	1,562	1,950	2,173	2,400
斯里兰卡	2,322	2,564	2,745	2,938
泰国	2,955	3,408	3,716	4,053
越南	88	156	195	216
其他国家和地区	1,407	1,403	1,504	1,612
亚太地区合计	**137,109**	**144,655**	**152,444**	**160,556**
其他国家和地区	2,327	2,452	2,481	2,512
总计	**207,662**	**219,464**	**232,010**	**245,030**

图 4.2　孟加拉国——2005～2009 年入境旅游接待量（单位：人次）

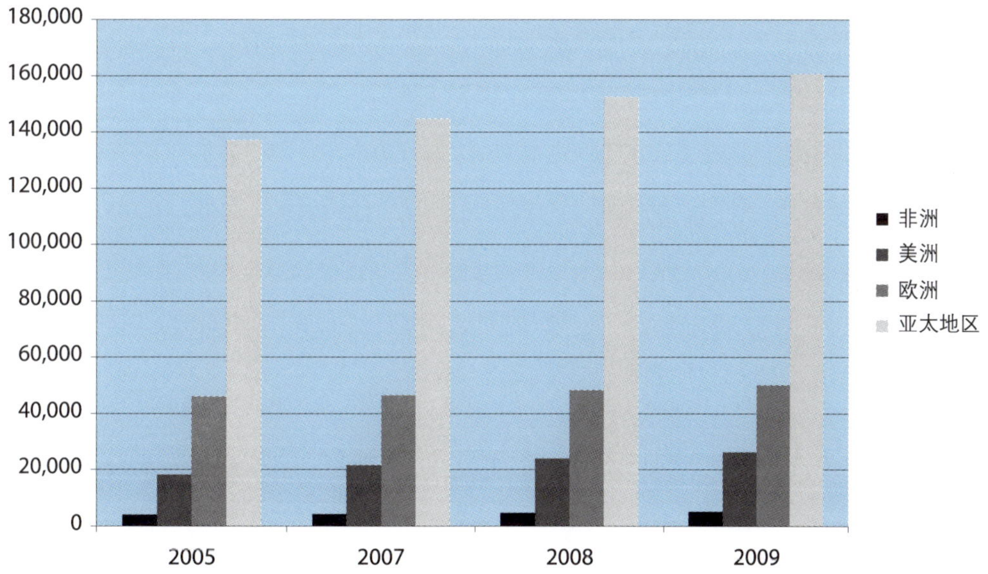

赴孟加拉国的美洲和亚太地区的客流量发展势头迅猛，而欧洲客流增长缓慢。印度和英国是孟加拉国的前两大客源国，客流量在预测期内还会稳定增长，美国排在第三位，而中国内地则成为第四位。

柬埔寨

表 4.3　柬埔寨——2007～2009 年入境旅游接待量预测（单位：人次）

客源市场	2005	2007	2008	2009
美洲				
加拿大	24,110	32,311	36,345	39,911
美国	109,419	132,320	144,647	157,774
美洲合计	**133,529**	**164,631**	**180,992**	**197,685**
欧洲				
澳大利亚	4,092	5,716	6,512	7,347
比利时	9,199	11,415	12,314	13,374
丹麦	5,519	7,157	7,984	8,602
芬兰	3,145	3,886	4,447	4,969
法国	68,947	71,899	73,170	74,052
德国	35,560	41,868	45,211	48,244
意大利	11,408	13,969	15,152	15,903
荷兰	13,843	17,511	19,233	20,825
挪威	4,498	5,421	5,710	6,084
西班牙	11,429	12,862	13,412	14,200
瑞士	10,612	11,867	12,482	13,150
英国	66,535	74,074	78,690	81,020
欧洲合计	**244,787**	**277,645**	**294,317**	**307,770**
亚太地区				
澳大利亚	47,465	60,029	66,366	71,021
文莱	226	587	719	885
中国内地	59,153	101,926	124,725	145,018
中国台湾	54,771	84,418	97,167	109,540
中国香港特别行政区	3,421	4,621	5,368	5,794
印度	6,938	9,458	10,813	12,137
印度尼西亚	5,611	9,486	11,364	13,786
日本	137,849	171,220	192,341	209,506
韩国	216,584	293,621	329,500	351,312
老挝	2,780	7,982	10,610	12,233
马来西亚	36,876	108,846	126,218	144,702
缅甸	1,586	1,980	2,237	2,416
新西兰	9,484	11,670	12,824	13,077
菲律宾	40,261	59,868	67,783	73,644
新加坡	18,966	36,020	41,622	46,844
泰国	63,631	85,428	96,091	107,537
越南	49,642	95,114	112,861	133,744
亚太地区合计	**755,244**	**1,142,274**	**1,308,609**	**1,453,196**
暹粒直达航班	440,125	579,728	621,654	662,127
其他国家和地区	288,055	316,572	328,527	339,63
总计	**1,421,615**	**1,901,122**	**2,112,445**	**2,654,741**

注：暹粒直达航班包含在亚太地区入境旅游接待量总计人次中，但是被单独列出。

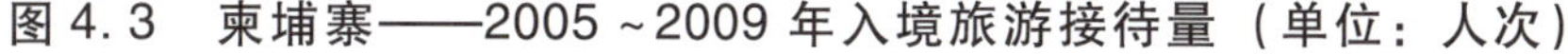

图 4.3 柬埔寨——2005 ~ 2009 年入境旅游接待量（单位：人次）

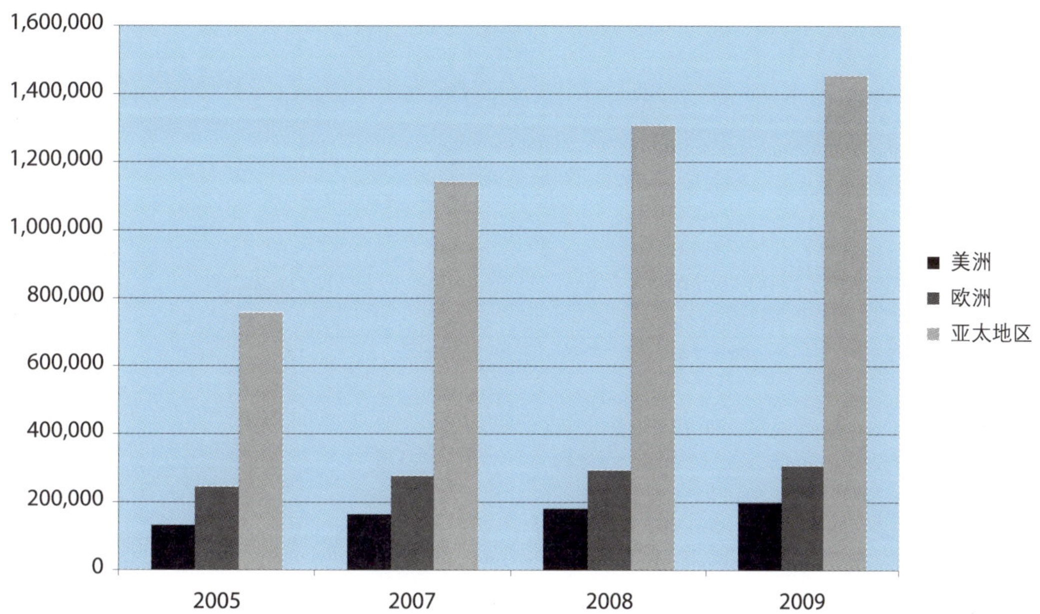

对柬埔寨的入境旅游接待量来说，来访的客源国和地区的范围越来越大，而且对暹粒直达航班客流的依赖性也越来越小。到 2009 年，预计来自所有地区的客流量都会大幅度增长，尤其是来自亚太地区和中国内地、韩国、日本、马来西亚和美洲的美国等客源市场的客流量。新加坡和泰国市场预计也会增长。

加拿大

表 4.4 加拿大——2007～2009 年入境旅游接待量预测（单位：人次）

客源市场	2005	2007	2008	2009
美洲				
阿根廷	13,927	18,829	21,915	25,508
巴西	61,118	70,891	75,209	79,790
哥伦比亚	11,149	16,650	18,498	20,395
美国	14,379,608	14,563,120	14,887,624	15,223,462
委内瑞拉	11,946	13,822	14,671	15,877
美洲合计	**14,477,748**	**14,683,312**	**15,017,917**	**15,365,032**
欧洲				
奥地利	31,912	33,115	33,955	34,657
比利时	43,335	46,568	47,823	48,493
丹麦	26,259	30,579	31,824	33,121
芬兰	15,271	16,307	16,893	17,380
法国	356,489	373,589	384,961	397,262
德国	324,373	335,730	351,645	368,807
希腊	13,714	12,985	14,095	15,199
爱尔兰	42,673	47,837	52,488	57,114
意大利	90,585	92,621	97,341	102,633
荷兰	118,805	127,592	131,295	134,055
挪威	20,113	23,128	25,201	27,460
葡萄牙	19,867	20,845	21,611	22,407
新加坡	47,252	59,943	64,996	68,134
瑞典	32,099	33,638	34,421	35,844
瑞士	96,547	98,548	104,403	108,008
英国	906,179	914,738	932,621	958,866
欧洲合计	**2,185,473**	**2,267,763**	**2,345,573**	**2,429,440**
亚太地区				
澳大利亚	201,939	208,568	217,238	225,683
中国内地	117,490	173,855	200,440	237,935
中国台湾	98,238	103,076	106,566	109,117
中国香港特别行政区	111,415	110,673	116,923	124,420
印度	77,849	96,816	108,923	117,680
印度尼西亚	11,363	13,876	14,963	16,123
以色列	80,082	85,674	88,151	93,677
日本	423,881	436,754	466,047	489,305
韩国	179,961	207,510	221,996	237,493
马来西亚	10,027	12,832	14,793	16,417
新西兰	38,868	39,401	40,464	41,392
菲律宾	42,560	53,248	55,868	59,917
新加坡	24,570	25,135	25,876	27,107
泰国	13,048	15,496	17,392	19,050
亚太地区合计	**1,431,291**	**1,582,914**	**1,695,640**	**1,815,316**
其他国家和地区	664,952	727,345	746,122	767,940
总计	**18,759,464**	**19,261,334**	**19,805,252**	**20,377,728**

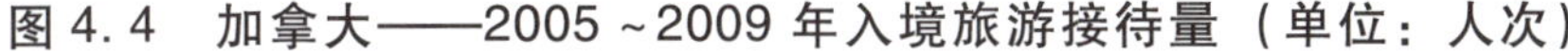

图 4.4　加拿大——2005～2009 年入境旅游接待量（单位：人次）

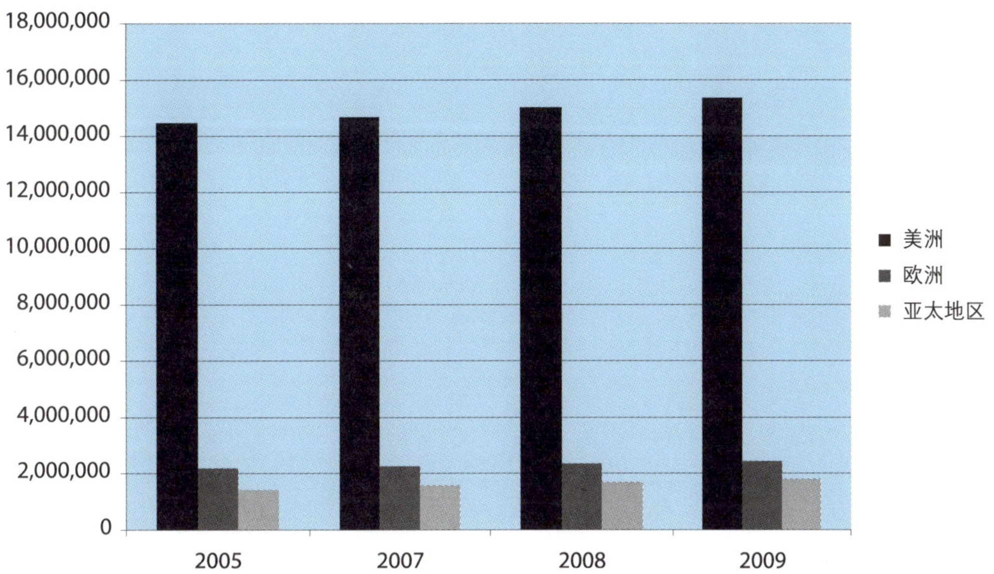

加拿大的入境旅游客源国和地区范围很广，遍布三大地区。但是，其入境旅游接待量的大小仍然取决于美国市场。经历了近期的冲击之后，加拿大入境旅游市场预计会恢复到以往的常规状态，并稳定增长。中国内地和韩国将会成为未来两个显著增长的市场。至 2009 年，在这种放缓的、稳定增长的状态下，加拿大的入境旅游接待量预计为 2,000 万人次。

智利

表 4.5 智利——2007～2009 年入境旅游接待量预测（单位：人次）

客源市场	2005	2007	2008	2009
非洲				
非洲合计	2,815	3,116	3,342	3,688
美洲				
阿根廷	606,567	759,560	798,500	834,340
玻利维亚	177,278	198,710	210,370	222,730
巴西	167,291	252,610	310,420	381,450
加拿大	33,618	46,582	54,833	64,545
加勒比海地区	4,533	5,127	5,213	5,416
哥伦比亚	33,740	44,400	50,911	58,377
萨尔瓦多	1,735	1,968	2,155	2,347
厄瓜多尔	23,755	29,423	32,726	36,401
墨西哥	36,325	46,649	52,864	59,907
巴拿马	3,075	3,122	3,287	3,416
巴拉圭	13,497	15,637	17,211	19,344
秘鲁	221,384	236,640	245,080	254,717
乌拉圭	24,954	27,297	28,985	30,777
委内瑞拉	13,417	16,196	18,154	20,349
美国	183,833	211,730	227,230	243,870
美洲合计	1,545,002	1,895,651	2,057,939	2,237,986
欧洲				
奥地利	7,359	8,974	9,832	10,116
比利时	9,096	10,116	10,482	10,992
丹麦	5,349	5,987	6,455	6,979
法国	53,492	66,163	73,582	81,834
德国	68,225	79,264	85,784	92,841
意大利	26,060	29,466	31,333	33,318
荷兰	13,997	15,682	16,831	17,742
挪威	5,527	6,122	6,416	6,830
西班牙	60,078	72,240	79,216	86,865
瑞典	13,113	15,846	16,982	18,413
瑞士	16,659	18,413	18,973	19,854
英国	52,809	62,060	69,303	77,343
欧洲合计	331,764	390,333	425,189	463,127
亚太地区				
澳大利亚	31,121	36,477	39,821	42,755
中国内地	6,397	6,588	6,712	6,937
印度	3,474	3,682	3,947	4,251
以色列	18,715	20,310	22,416	24,737
日本	13,882	14,561	14,847	15,108

表 4.5　智利——2007～2009 年入境旅游接待量预测（单位：人次）（续）

客源市场	2005	2007	2008	2009
韩国	5,951	6,433	6,714	6,831
中东地区	20,786	22,844	24,016	24,859
新西兰	6,979	7,842	8,122	8,568
菲律宾	5,356	5,793	6,084	6,370
亚太地区合计	**112,661**	**124,530**	**132,679**	**140,416**
俄罗斯联邦	2,391	2,968	3,032	3,416
其他国家和地区	32,449	45,687	48,925	51,774
总计	**2,027,082**	**2,462,285**	**2,671,106**	**2,900,407**

图 4.5　智利——2005～2009 年入境旅游接待量（单位：人次）

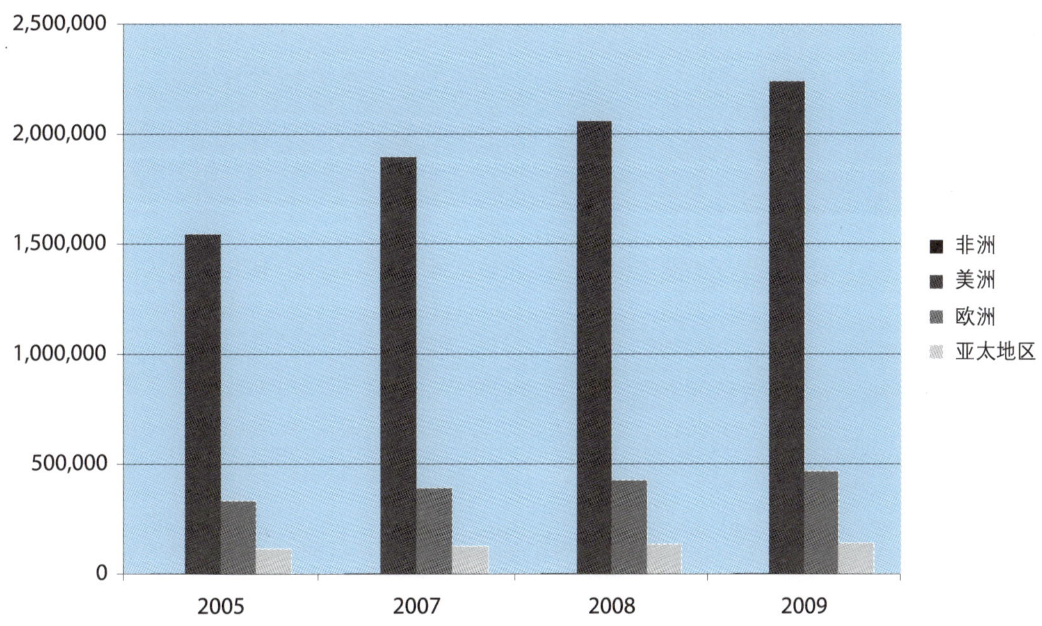

在至 2009 年的预测期内，智利的入境旅游接待量将会继续稳定而强劲增长。美洲仍会是其首要的客源市场，而欧洲和亚太市场也会持续增长，其中欧洲的法国、德国和英国，亚太地区的澳大利亚，都将是迅猛发展的市场。此外，航空运载能力的提高已经成为促进亚太市场增长一个重要因素。

中国内地

表 4.6 中国内地——2007～2009 年入境旅游接待量预测（单位：人次）

客源市场	2005	2007	2008	2009
美洲				
加拿大	429,784	564,900	635,090	711,662
墨西哥	31,303	41,298	48,377	52,569
美国	1,555,450	1,966,170	2,215,090	2,495,530
其他国家和地区	129,221	153,922	168,483	184,517
美洲合计	**2,145,758**	**2,726,290**	**3,067,040**	**3,444,278**
欧洲				
奥地利	53,832	74,280	85,264	97,873
比利时	50,510	68,067	77,061	87,243
法国	371,987	479,320	549,630	626,234
德国	454,859	582,340	654,290	730,310
意大利	176,989	228,153	258,471	292,819
荷兰	145,823	199,551	225,898	259,813
挪威	45,127	59,672	68,826	79,384
葡萄牙	43,781	45,069	45,546	46,025
西班牙	114,758	166,636	210,913	252,289
瑞典	110,253	149,230	162,482	185,356
瑞士	51,385	64,311	70,208	76,648
英国	499,629	614,660	680,500	753,360
其他国家和地区	442,128	612,150	708,270	791,560
欧洲合计	**2,561,061**	**3,343,439**	**3,797,359**	**4,278,914**
亚太地区				
澳大利亚	482,968	598,640	681,490	777,820
中国台湾	4,109,187	4,661,900	4,998,600	5,376,900
中国香港特别行政区	70,193,786	75,236,000	78,335,000	82,569,000
中国澳门特别行政区	25,734,145	26,695,300	27,355,700	28,509,600
朝鲜	125,800	132,400	145,926	156,712
印度	356,460	460,010	530,130	616,650
印度尼西亚	377,622	455,340	497,360	558,760
日本	3,389,976	4,091,550	4,376,796	4,771,120
韩国	3,545,341	4,127,100	4,505,800	4,953,800
马来西亚	899,643	930,250	986,859	1,042,427
蒙古	641,985	684,210	726,240	752,610
尼泊尔	29,016	37,539	41,573	45,041
新西兰	78,365	100,995	115,372	131,793
巴基斯坦	83,813	96,353	102,063	108,110
菲律宾	654,000	733,740	787,290	839,950
新加坡	755,883	836,620	892,630	955,170
斯里兰卡	23,461	27,763	29,138	31,413

表 4.6　中国内地——2007～2009 年入境旅游接待量预测（单位：人次）（续）

客源市场	2005	2007	2008	2009
泰国	586,267	615,290	654,640	688,861
亚洲其他国家和地区	1,037,035	1,105,440	1,303,960	1,473,287
太平洋其他国家和地区	12,246	12,954	13,398	13,876
亚太地区合计	**113,116,999**	**121,639,394**	**127,079,965**	**134,372,900**
俄罗斯联邦	2,223,875	2,745,150	3,126,610	3,561,110
其他国家和地区	119,166	132,564	139,855	148,794
总计	**120,404,905**	**130,927,879**	**137,604,191**	**146,250,609**

图 4.6　中国内地——2005～2009 年入境旅游接待量（单位：人次）

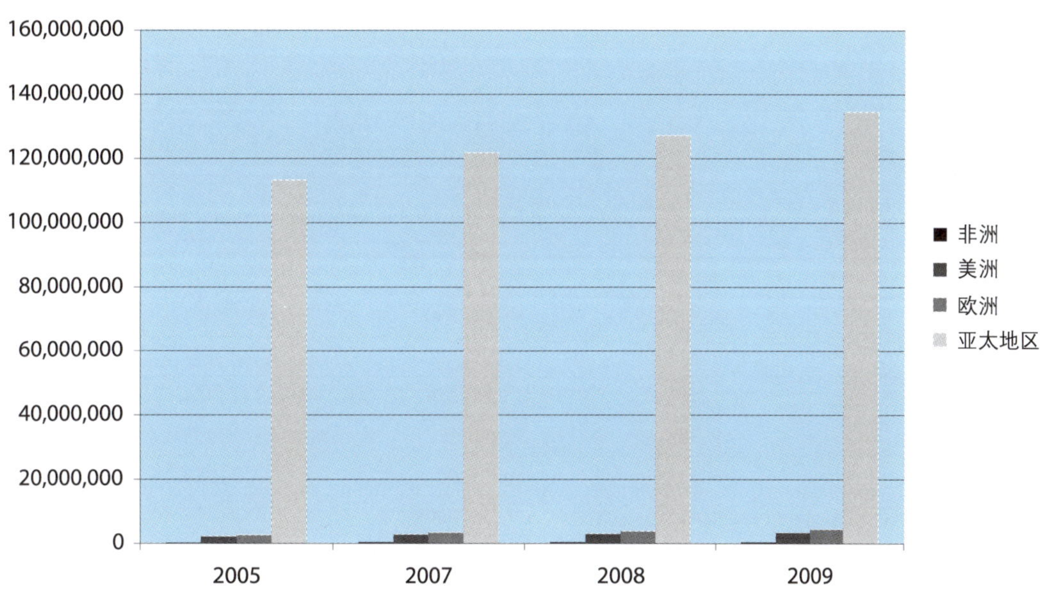

中国内地的入境客流主要来自其内部的中国香港特别行政区和中国澳门特别行政区，因此就形成了亚太地区为其首要客源市场的总体市场格局。从很多方面看，这种非本地中国人客流具有重要意义，因为他们代表了其国际旅游业的真实运作模式。据预测，中国内地的世界各地的客源市场都将显著增长，尤其是占份额最大的来自中国香港特别行政区和中国澳门特别行政区的内部客源市场。但是增长速度与恢复期相比，将会逐渐缓慢下来，成为稳定增长的模式。

中国内地要在 2020 年成为世界旅游强国，因而在发展国内旅游的同时，将把入境旅游作为经济支柱来大力发展。但是仍然存在的问题是，现行的出境旅游制度是否会减少出境旅游客流量，如果是的话，将是市场对世界旅游业的人为制约性制度的自然反应。

中国台湾

表 4.7 中国台湾——2007～2009 年入境旅游接待量预测（单位：人次）

客源市场	2005	2007	2008	2009
非洲				
南非	5,775	6,239	6,509	6,889
其他国家和地区	3,426	3,805	4,262	4,791
非洲合计	**9,201**	**10,044**	**10,771**	**11,680**
美洲				
阿根廷	729	692	774	838
巴西	3,024	3,337	3,718	4,204
加拿大	54,464	56,329	59,855	62,596
墨西哥	2,023	1,884	1,920	1,957
美国	390,929	403,897	415,653	427,760
其他国家和地区	5,987	6,588	7,111	7,675
美洲合计	**457,156**	**472,727**	**489,031**	**505,030**
欧洲				
奥地利	5,067	6,189	6,866	7,451
比利时	4,226	4,111	4,548	5,051
法国	21,967	24,230	26,047	27,999
德国	39,821	39,624	40,161	40,706
希腊	1,288	1,374	1,484	1,652
意大利	10,955	10,590	11,055	11,731
荷兰	12,117	11,991	12,086	12,183
西班牙	4,614	4,460	4,513	4,569
瑞典	5,597	5,741	6,277	7,000
瑞士	6,401	6,703	7,036	7,398
英国	35,950	34,708	35,644	36,385
其他国家和地区	24,491	27,560	29,237	31,014
欧洲合计	**172,494**	**177,281**	**184,954**	**193,139**
亚太地区				
澳大利亚	46,394	46,176	48,341	51,825
中国香港特别行政区	432,718	460,550	487,750	516,530
印度	17,512	19,252	20,343	21,496
印度尼西亚	88,464	98,342	103,510	109,864
日本	1,124,334	1,204,220	1,238,790	1,274,360
韩国	182,517	219,735	245,482	279,958
马来西亚	107,549	123,758	134,814	146,858
中东地区	13,534	13,338	13,835	14,141
新西兰	8,174	8,959	9,472	10,011
菲律宾	92,074	88,231	93,853	98,148
新加坡	166,179	199,097	224,664	253,517

表 4.7　中国台湾——2007～2009 年入境旅游接待量预测（单位：人次）（续）

客源市场	2005	2007	2008	2009
泰国	93,568	110,772	116,194	129,227
其他国家和地区	1,164	1,421	1,651	1,917
亚太地区合计	**2,374,181**	**2,593,851**	**2,738,699**	**2,907,852**
其他国家和地区	365,086	386,547	394,766	411,876
总计	**3,378,118**	**3,640,450**	**3,818,221**	**4,029,577**

图 4.7　中国台湾——2005～2009 年入境旅游接待量（单位：人次）

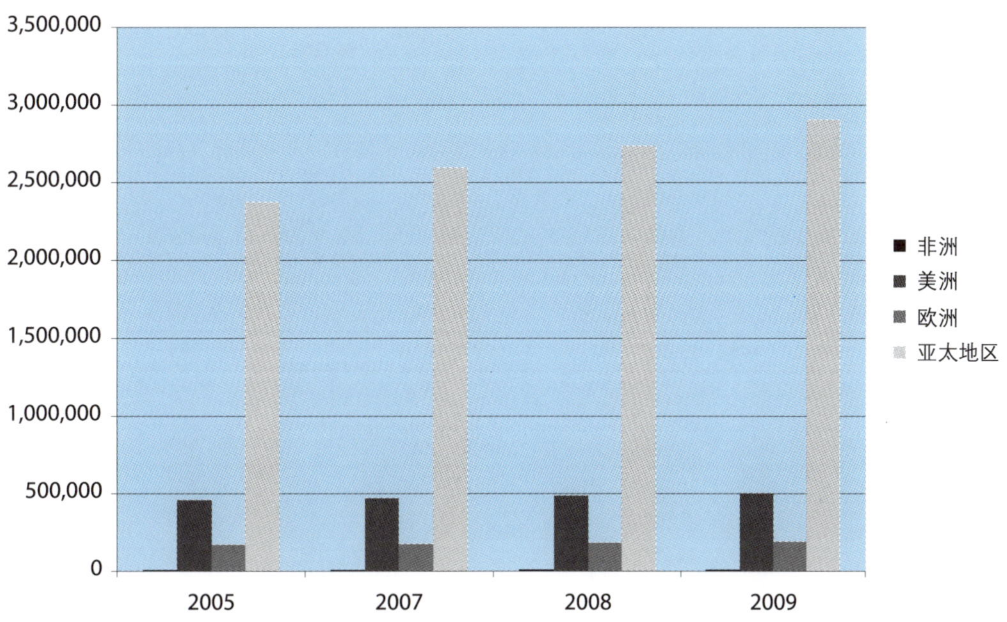

经历了“非典”恢复期的快速增长阶段的中国台湾入境旅游接待市场，将进入放缓的、稳定的增长时期。据预测，其所有的客源市场都将呈增长态势，亚太地区仍然是首要市场并将显著增长，尤其是韩国和新加坡市场。但是欧洲市场将继续保持慢速增长，几个最初呈下降趋势的市场将出现缓慢回升。

中国香港特别行政区

表 4.8　中国香港特别行政区——2007～2009 年入境旅游接待量预测（单位：人次）

客源市场	2005	2007	2008	2009
非洲				
埃及	9,616	15,367	19,445	23,645
南非	77,520	89,520	100,928	112,588
其他国家和地区	129,223	168,326	189,832	212,919
非洲合计	**216,359**	**273,213**	**310,205**	**349,152**
美洲				
阿根廷	7,530	9,308	10,633	11,671
巴西	23,906	36,460	44,304	53,818
加拿大	308,842	356,343	373,939	399,120
洪都拉斯	1,125	1,232	1,317	1,425
墨西哥	26,231	35,737	42,453	48,435
美国	1,143,089	1,265,462	1,362,890	1,491,330
委内瑞拉	7,258	8,590	9,341	10,158
中美洲其他国家和地区	18,513	19,585	19,945	20,151
南美洲其他国家和地区	28,856	40,996	49,005	57,612
美洲合计	**1,565,350**	**1,773,713**	**1,913,827**	**2,093,720**
欧洲				
奥地利	19,443	20,665	21,328	22,013
比利时	26,245	31,743	33,736	35,766
丹麦	23,920	30,174	35,912	42,739
芬兰	14,235	21,426	25,784	29,153
法国	185,601	215,867	238,587	257,026
德国	204,625	226,196	234,854	252,516
意大利	97,926	131,607	161,181	197,399
荷兰	89,067	112,280	124,847	133,854
挪威	14,856	19,339	21,762	23,527
葡萄牙	22,922	22,730	24,127	26,604
西班牙	49,304	62,055	68,306	73,242
瑞典	37,575	45,094	49,932	53,858
瑞士	40,784	44,709	47,615	51,480
土耳其	26,830	39,108	45,620	50,788
英国	464,601	539,755	575,130	540,980
其他国家和地区	106,863	146,787	167,348	188,348
欧洲合计	**1,424,797**	**1,709,535**	**1,876,069**	**1,979,293**
亚太地区				
澳大利亚	525,577	599,070	640,540	682,650
巴林	2,158	2,247	2,396	2,672
中国内地	12,541,400	14,620,600	15,829,200	16,889,700
中国台湾	2,130,565	2,184,920	2,224,620	2,265,040
中国澳门特别行政区	510,031	636,110	685,255	721,835

表 4.8　中国香港特别行政区——2007～2009 年入境旅游接待量预测（单位：人次）（续）

客源市场	2005	2007	2008	2009
印度	273,487	340,864	377,420	421,958
印度尼西亚	260,487	429,055	468,852	498,991
以色列	46,785	56,732	64,193	72,634
日本	1,210,848	1,390,156	1,448,985	1,525,999
约旦	7,017	8,942	10,380	11,845
韩国	642,480	750,820	807,860	866,860
科威特	2,004	2,929	3,852	4,404
马来西亚	392,047	499,632	536,205	573,461
新西兰	89,522	101,887	110,589	117,886
菲律宾	391,049	499,273	541,237	571,349
沙特阿拉伯	9,348	11,501	12,800	14,277
新加坡	573,330	612,650	647,260	683,810
泰国	380,412	427,287	456,018	486,670
阿拉伯联合酋长国	8,056	10,964	12,824	14,997
亚洲其他国家和地区	102,115	108,057	114,891	121,028
中东其他国家和地区	9,028	10,120	10,963	11,885
太平洋其他国家和地区	5,118	6,557	7,237	7,866
东南亚其他国家和地区	40,047	73,659	81,035	89,425
亚太地区合计	**20,152,911**	**23,384,032**	**25,094,612**	**26,657,242**
总计	**23,359,417**	**27,140,493**	**29,194,713**	**31,079,407**

图 4.8　中国香港特别行政区——2005～2009 年入境旅游接待量（单位：人次）

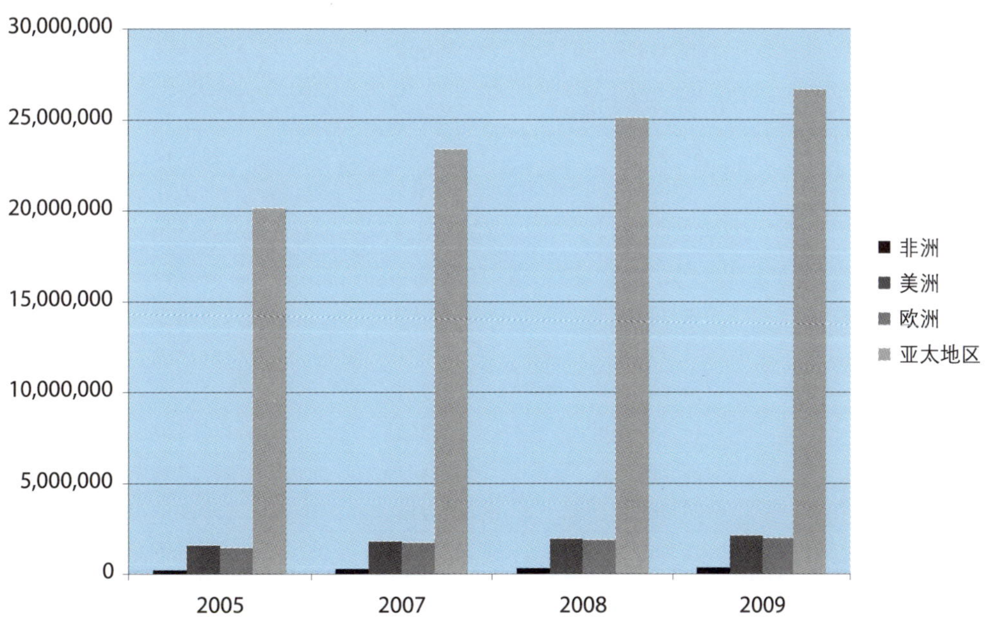

中国香港特别行政区的入境旅游接待量预计将以极为迅猛之势增长，尤其是亚太地区市场，其中包括中国内地、澳大利亚、印度尼西亚、日本、韩国、中国澳门特别行政区、马来西亚和菲律宾等客源市场。其他世界各地的客源市场也将会强劲增长。

中国澳门特别行政区

表 4.9 中国澳门特别行政区——2007～2009 年入境旅游接待量预测（单位：人次）

客源市场	2005	2007	2008	2009
美洲				
巴西	5,033	7,489	9,398	11,791
加拿大	46,467	62,186	70,886	80,804
墨西哥	2,066	3,834	4,465	5,477
美国	121,930	157,669	174,472	193,067
美洲合计	**175,496**	**231,178**	**259,221**	**291,139**
欧洲				
奥地利	2,757	3,826	4,337	4,917
法国	25,983	31,793	34,954	38,069
德国	18,091	24,391	31,990	39,624
爱尔兰	2,568	3,579	4,049	4,583
意大利	6,770	8,759	9,942	11,283
荷兰	7,495	10,342	11,799	13,461
葡萄牙	11,854	13,616	14,375	15,173
西班亚	4,152	5,978	6,720	7,355
瑞典	3,841	5,272	5,760	6,292
瑞士	4,034	4,764	5,081	5,420
英国	49,528	59,057	63,412	68,002
其他国家和地区	23,282	32,312	37,062	42,514
欧洲合计	**160,355**	**203,689**	**229,481**	**256,693**
亚太地区				
澳大利亚	61,695	83,287	98,452	110,420
孟加拉国	2,989	4,357	5,037	5,822
中国内地	10,462,974	12,841,000	13,518,300	14,714,200
中国台湾	1,482,441	1,551,950	1,684,730	1,807,720
中国香港特别行政区	5,614,126	7,221,200	7,834,800	8,500,400
朝鲜	1,709	1,591	1,964	2,346
印度	20,889	39,725	52,273	62,908
印度尼西亚	46,184	88,802	116,330	149,532
日本	169,196	237,873	273,389	314,210
韩国	120,767	206,718	253,135	309,975
马来西亚	98,461	287,543	342,586	361,555
尼泊尔	4,453	7,537	8,844	10,213
新西兰	9,104	11,648	12,839	14,153
巴基斯坦	1,766	2,206	2,471	2,749
菲律宾	93,974	202,453	233,760	265,342
新加坡	82,304	155,087	187,145	216,087

表 4.9　中国澳门特别行政区——2007～2009 年入境旅游接待量预测（单位：人次）（续）

客源市场	2005	2007	2008	2009
泰国	57,920	99,702	116,244	127,479
其他国家和地区	940	822	787	682
亚太地区合计	**18,331,892**	**23,043,501**	**24,743,086**	**26,975,793**
其他国家和地区	40,217	45,329	47,642	49,803
总计	**18,707,960**	**23,523,697**	**25,279,430**	**27,573,428**

图 4.9　中国澳门特别行政区——2005～2009 年入境旅游接待量（单位：人次）

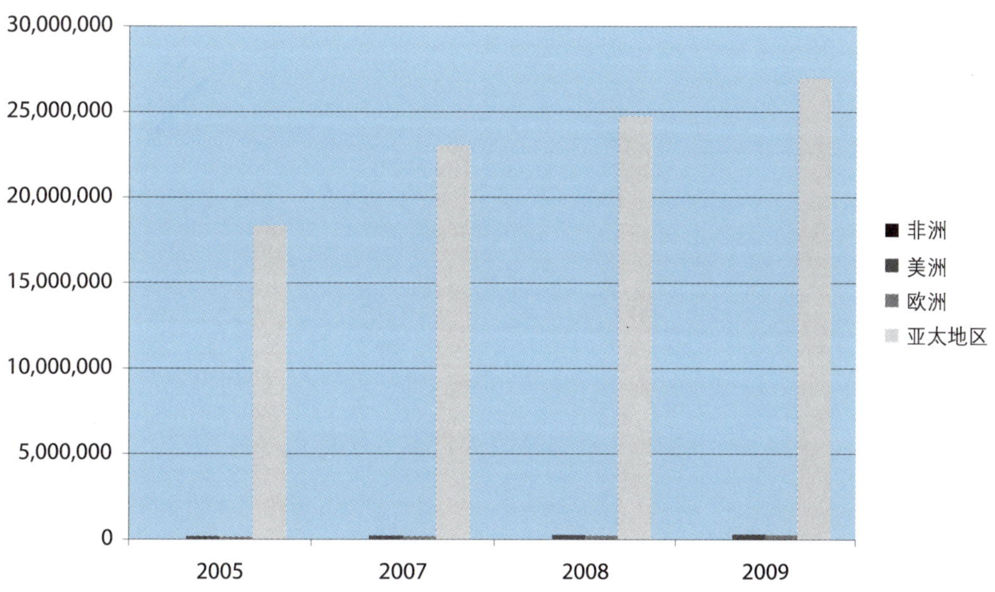

中国澳门特别行政区的主要客源市场依次为：中国内地、中国香港特别行政区和中国台湾，预计至 2009 年，这三大市场各自都将会有突飞猛进的全面增长。而其他包括非洲、美洲、欧洲在内的市场，以及许多亚太地区的国家，如澳大利亚、日本、韩国、马来西亚、菲律宾和泰国等，也将会有大幅度增长。另外它的博彩业、拉斯维加斯式的酒店、邻近的中国内地和中国香港特别行政区的迪士尼乐园，增加了中国澳门特别行政区的吸引力，并将成为重要的影响因素，刺激游客需求量不断增长。

库克群岛

表 4.10　库克群岛——2007～2009 年入境旅游接待量预测（单位：人次）

客源市场	2005	2007	2008	2009
美洲				
加拿大	2,036	2,682	2,913	3,315
美国	4,437	6,774	7,946	9,149
美洲合计	**6,473**	**9,456**	**10,859**	**12,464**
欧洲				
英国	18,144	18,926	19,507	20,599
欧洲合计	**18,144**	**18,926**	**19,507**	**20,599**
亚太地区				
澳大利亚	11,312	11,440	11,915	12,542
新西兰	49,067	53,773	55,471	57,653
塔希提岛	1,318	1,328	1,417	1,487
亚洲其他国家和地区	542	559	567	576
太平洋其他国家和地区	1,031	1,333	1,515	1,696
亚太地区合计	63,270	68,433	70,885	73,954
其他国家和地区	494	621	684	736
总计	**88,381**	**97,436**	**101,935**	**107,753**

图 4.10　库克群岛——2005～2009 年入境旅游接待量（单位：人次）

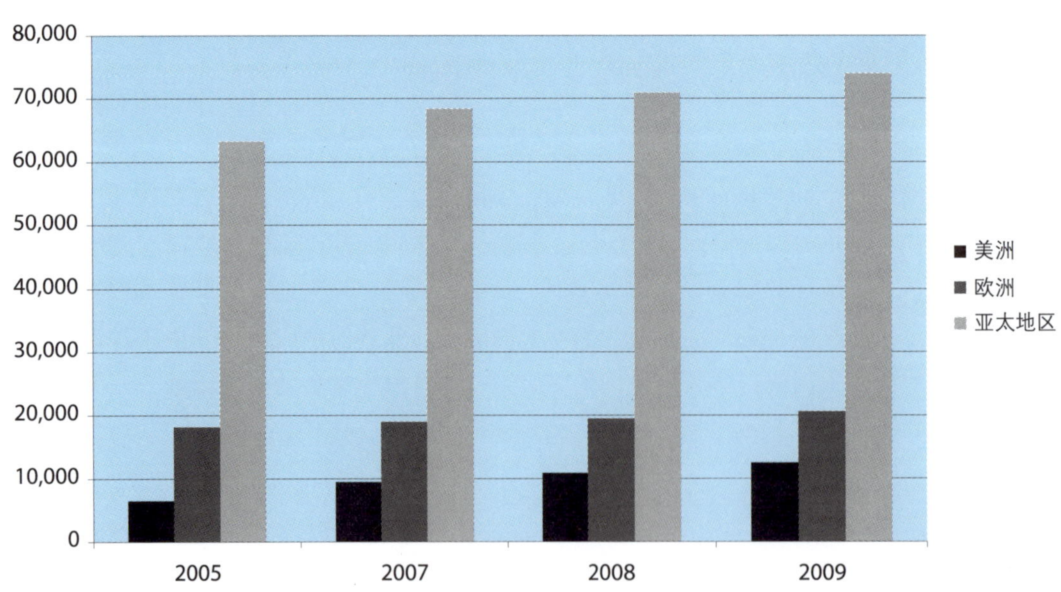

库克群岛的入境旅游接待量继 2002 年以前的快速增长之后，总体市场将进入一个稳定增长的局面。但是美洲市场将会迅猛增长，增长幅度更大的将是其最大的客源市场新西兰以及亚太市场。库克群岛入境旅游市场的发展得益于斐济的政局不稳，大部分市场份额来自于原本前往斐济的澳大利亚和新西兰的客流，而来自美洲的客流则得益于航空运载能力的提高。

斐济

表 4.11　斐济——2007～2009 年入境旅游接待量预测（单位：人次）

客源市场	2005	2007	2008	2009
美洲				
加拿大	13,564	15,561	16,269	17,091
美国	71,972	65,442	78,275	84,521
美洲合计	**85,536**	**81,003**	**94,544**	**101,612**
欧洲				
英国	54,754	50,801	62,889	72,239
其他欧洲国家	23,753	22,170	24,166	27,939
欧洲合计	**78,507**	**72,971**	**87,055**	**100,178**
亚太地区				
澳大利亚	184,996	169,790	186,841	203,672
中国台湾	1,005	780	840	1,104
日本	27,380	20,036	22,912	28,655
韩国	10,339	9,266	10,587	12,373
马来西亚	332	327	366	382
新西兰	117,991	89,638	102,765	117,124
亚洲其他国家和地区	13,577	9,208	12,216	14,458
太平洋其他国家和地区	28,071	22,436	26,586	30,415
亚太地区合计	**383,691**	**321,481**	**363,113**	**408,183**
其他国家和地区	2,177	2,119	2,167	2,215
总计	**549,911**	**477,574**	**546,879**	**612,188**

图 4.11　斐济——2005～2009 年入境旅游接待量（单位：人次）

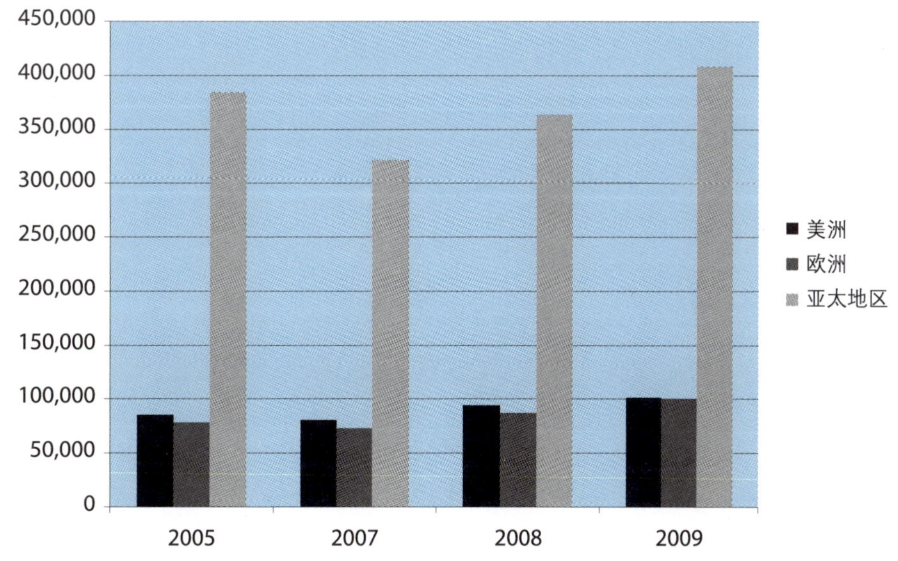

上述预测已将斐济的军事政变带来的影响考虑其中。虽然以往的政变之后入境旅游接待量都会快速恢复，但是此次政变与以往不同，似乎要改变民主制度。近期其他海岛度假地处理类似事件获得的进展，预计未来一段时间内也会丧失。

印度

表 4.12 印度——2007～2009 年入境旅游接待量预测（单位：人次）

客源市场	2005	2007	2008	2009
美洲				
加拿大	156,000	184,162	201,327	217,442
美国	618,000	824,311	870,216	901,602
美洲合计	**774,000**	**1,008,473**	**1,071,543**	**1,119,044**
欧洲				
奥地利	27,187	35,709	36,614	39,813
比利时	25,596	28,714	30,412	33,715
丹麦	20,170	24,396	26,916	28,974
法国	151,000	193,641	194,213	198,611
德国	129,000	172,384	183,910	194,644
意大利	70,112	85,211	94,102	101,213
西班牙	45,247	52,588	56,417	60,371
瑞典	28,799	39,455	44,832	49,164
瑞士	34,311	42,605	44,813	47,520
英国	647,000	774,136	836,919	892,813
欧洲合计	**1,178,422**	**1,448,839**	**1,549,148**	**1,646,838**
亚太地区				
澳大利亚	96,000	118,321	122,614	126,911
日本	102,000	123,644	135,014	141,720
韩国	49,895	69,211	75,479	83,266
马来西亚	98,000	119,533	126,422	132,714
尼泊尔	77,024	90,326	94,650	97,311
新西兰	20,463	25,842	27,651	29,322
新加坡	71,000	98,452	112,930	118,520
斯里兰卡	137,000	155,213	163,096	170,294
泰国	41,978	60,271	68,391	71,073
亚太地区合计	**693,360**	**860,813**	**926,247**	**971,131**
其他国家和地区	1,269,063	1,427,310	1,521,697	1,622,374
总计	**3,914,845**	**4,745,435**	**5,068,635**	**5,359,387**

图4.12　印度——2005～2009年入境旅游接待量（单位：人次）

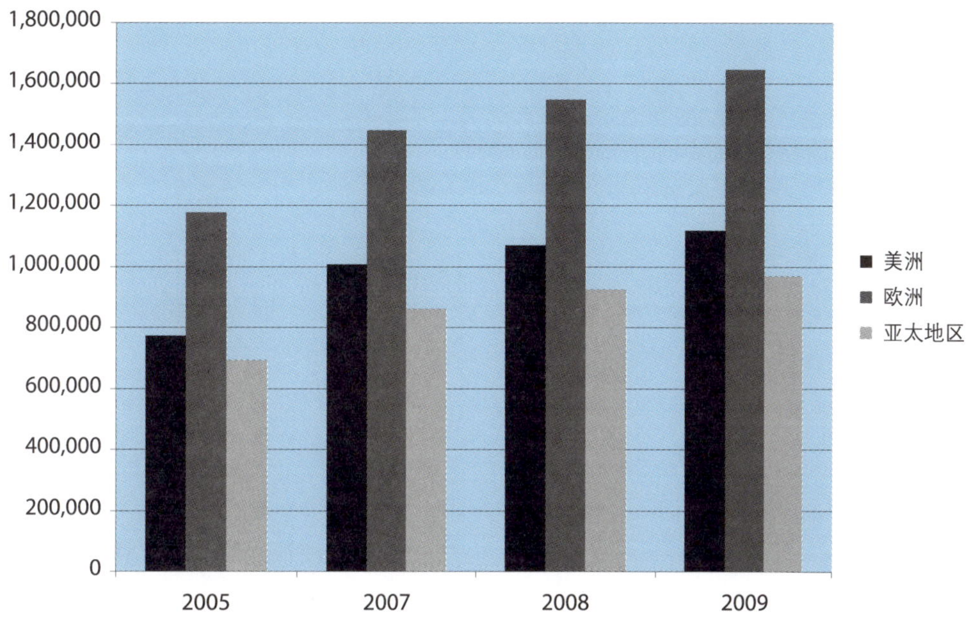

印度的主要客源市场以及其他各客源市场预计都将显著增长，由于印度可用于预测的市场数据过少，因此“其他国家和地区”的范围过大。目前的发展迹象表明，印度作为旅游市场开始迅速扩展，平衡了不断增长的美洲和亚太地区的客流，甚至摆脱了欧洲的统治地位。

印度尼西亚

表 4.13 印度尼西亚——2007～2009 年入境旅游接待量预测（单位：人次）

客源市场	2005	2007	2008	2009
美洲				
加拿大	30,172	32,254	33,168	33,947
南美洲	14,857	16,342	17,541	18,923
美国	160,760	170,630	173,120	175,896
美洲合计	**205,789**	**219,226**	**223,829**	**228,766**
欧洲				
奥地利	20,076	20,868	22,364	24,873
比利时	28,904	34,180	37,169	40,420
丹麦	20,044	22,496	23,833	25,248
法国	94,671	108,070	113,350	119,790
德国	143,468	158,240	168,730	176,880
意大利	40,599	46,550	47,280	48,597
荷兰	115,162	124,440	129,350	134,460
西班牙/葡萄牙	38,552	43,393	46,115	49,163
瑞典	26,102	30,817	32,621	34,530
瑞士	32,428	33,681	34,396	35,128
英国	137,232	145,410	151,070	158,790
欧洲合计	**697,238**	**768,145**	**806,278**	**847,879**
亚太地区				
澳大利亚	407,193	385,644	394,530	401,802
中国内地	52,796	70,468	76,343	81,134
中国台湾	356,263	351,490	349,216	347,308
中国香港特别行政区	79,095	80,446	83,961	86,505
印度	35,354	41,665	44,955	49,429
日本	622,315	597,810	607,550	617,440
韩国	262,622	280,880	300,190	320,840
马来西亚	520,067	537,300	552,390	567,910
新西兰	23,064	20,991	19,609	18,317
巴基斯坦	6,690	6,907	7,118	7,298
菲律宾	81,690	94,269	98,381	102,446
沙特阿拉伯	34,547	35,117	37,337	39,558
新加坡	1,359,755	1,489,300	1,526,311	1,587,692
斯里兰卡	5,577	5,741	5,864	5,991
泰国	46,563	59,106	62,842	65,604
太平洋其他国家和地区	1,889	2,287	2,416	2,553
亚太地区合计	**3,895,480**	**4,059,421**	**4,169,013**	**4,301,827**
其他国家和地区	203,594	221,548	235,624	244,655
总计	**5,002,101**	**5,268,340**	**5,434,744**	**5,623,127**

图 4.13 印度尼西亚——2005～2009 年入境旅游接待量（单位：人次）

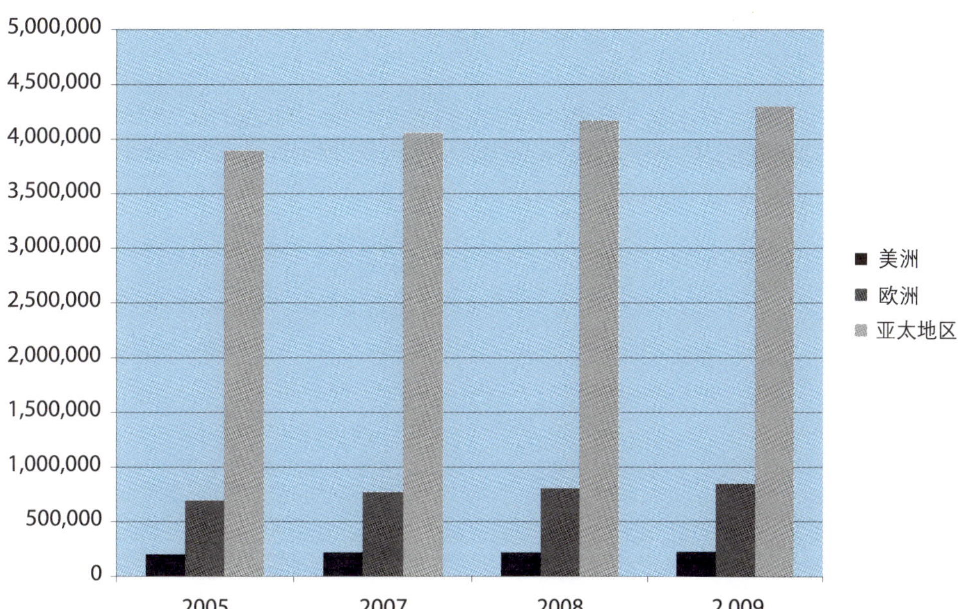

由于美国持续不断的有关可能的恐怖袭击和挟持人质的报道，印度尼西亚仍然会遭受安全问题的负面影响。没有迹象表明这些影响不会继续，因而在预测过程中被纳入考虑之中。印度尼西亚的入境旅游者的游览范围被集中在少数几个地区，这也许有利于游客的安全，但是也给恐怖分子提供了几个一目了然的目标。因此印度尼西亚入境旅游接待量预计总体将小幅增长，部分客源市场将处于停滞状态，另一部分处于下降状态。尤其是其两大客源市场澳大利亚和日本的客流量将显著减少。

日本

表 4.14　日本——2007 ~ 2009 年入境旅游接待量预测（单位：人次）

客源市场	2005	2007	2008	2009
美洲				
巴西	17,201	17,860	18,806	19,582
加拿大	150,012	155,206	162,597	170,419
墨西哥	18,623	19,488	20,916	22,021
美国	822,033	832,980	850,040	865,430
美洲合计	**1,007,869**	**1,025,534**	**1,052,359**	**1,077,452**
欧洲				
奥地利	12,320	12,340	12,947	13,675
比利时	14,162	14,275	14,788	15,322
丹麦	12,382	13,189	14,338	15,451
芬兰	12,895	15,773	17,802	20,073
法国	110,822	117,405	125,866	134,916
德国	118,429	119,994	127,234	136,001
爱尔兰	13,712	14,443	15,171	15,834
意大利	44,691	45,229	47,522	49,929
荷兰	30,507	30,808	31,658	32,785
挪威	8,696	8,855	9,725	10,461
西班牙	25,729	26,343	29,124	33,661
瑞典	23,097	25,093	26,804	28,195
瑞士	23,230	24,840	26,265	27,680
英国	221,535	224,545	231,436	239,607
欧洲合计	**672,207**	**693,132**	**730,680**	**773,590**
亚太地区				
澳大利亚	206,178	208,435	212,434	218,175
中国内地	652,820	907,900	1,060,640	1,239,080
中国台湾	1,274,609	1,339,080	1,468,370	1,585,860
中国香港特别行政区	298,808	449,740	511,314	552,596
印度	58,572	63,522	69,004	76,345
印度尼西亚	58,974	59,456	62,964	66,010
以色列	11,334	11,834	12,409	13,081
韩国	1,747,171	2,253,520	2,551,220	2,765,500
马来西亚	78,173	83,056	88,327	94,809
新西兰	34,981	33,660	34,361	35,075
菲律宾	139,572	102,564	116,725	128,995
新加坡	94,161	125,170	134,405	141,963
泰国	120,238	130,499	142,509	155,546
亚太地区合计	**4,775,591**	**5,768,436**	**6,464,682**	**7,073,035**
俄罗斯联邦	63,609	64,595	68,669	74,281
其他国家和地区	208,650	215,437	220,786	228,766
总计	**6,727,926**	**7,767,134**	**8,537,176**	**9,227,124**

图 4.14　日本——2005～2009 年入境旅游接待量（单位：人次）

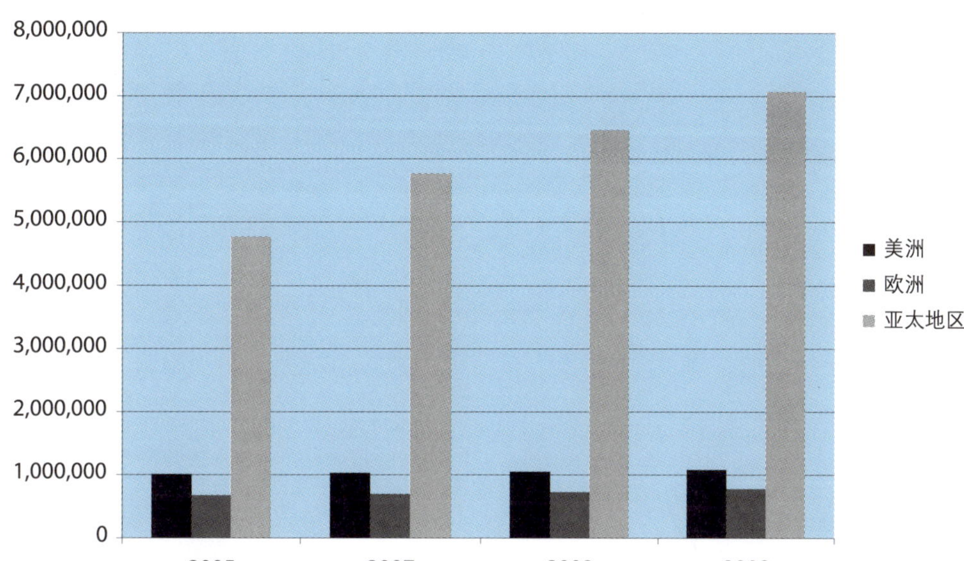

据预测，来访日本的美洲市场将以小幅度增长，欧洲市场将以中等幅度增长，而亚太地区市场将大幅度增长。日本经济发展速度的放缓，使物价水平相对下降，日元的贬值是人们前往日本旅游的一个重要动力。日本被视作一个安全的旅游目的地，亚太地区其他国家和地区对日本可能有一种被抑制的需求需要释放。韩国就代表了一个重要的快速增长的客源市场。

韩国

表 4.15　韩国——2007～2009 年入境旅游接待量预测（单位：人次）

客源市场	2005	2007	2008	2009
非洲				
埃及	2,623	4,323	5,196	5,912
利比亚	1,078	1,385	1,560	1,738
南非	4,534	5,141	5,492	5,678
其他国家和地区	9,929	12,226	13,193	14,073
非洲合计	**18,164**	**23,075**	**25,441**	**27,401**
美洲				
阿根廷	1,707	1,989	2,177	2,372
巴西	6,324	6,645	6,766	6,834
加拿大	86,399	101,795	111,516	122,209
美国	530,629	580,490	605,410	630,110
其他国家和地区	14,984	16,966	17,696	18,875
美洲合计	**640,043**	**707,885**	**743,565**	**780,400**
欧洲				
奥地利	5,488	6,959	7,670	8,361
丹麦	7,989	8,657	9,105	9,574
法国	44,439	50,816	54,500	56,452
德国	74,962	82,805	87,869	93,243
希腊	7,833	8,514	9,317	10,445
意大利	15,711	21,461	23,858	25,275
荷兰	18,248	20,329	21,132	21,966
挪威	7,274	8,529	9,206	9,788
波兰	9,497	10,558	11,122	11,801
西班牙	6,789	7,444	7,928	8,444
瑞典	10,097	14,300	16,585	18,479
瑞士	7,657	8,964	9,509	10,086
英国	72,582	74,805	78,042	81,466
其他国家和地区	76,438	95,975	105,907	112,669
欧洲合计	**365,004**	**420,116**	**451,750**	**478,049**
亚太地区				
澳大利亚	63,464	74,604	80,303	87,372
中国内地	709,836	1,130,560	1,293,500	1,482,210
中国台湾	337,772	361,298	388,650	419,870
中国香港特别行政区	179,853	167,471	175,841	183,323
印度	58,545	65,992	70,404	74,234
印度尼西亚	62,282	63,696	65,667	67,779
日本	2,439,809	2,523,700	2,686,390	2,810,310
马来西亚	96,583	103,738	114,514	125,223

表 4.15　韩国——2007～2009 年入境旅游接待量预测（单位：人次）（续）

客源市场	2005	2007	2008	2009
中东地区	46,713	53,818	55,076	57,367
蒙古	23,937	41,641	44,073	48,471
新西兰	16,418	18,539	20,574	21,771
菲律宾	222,622	267,115	282,414	306,540
新加坡	81,751	94,844	99,959	105,349
泰国	112,724	143,950	154,320	167,097
越南	45,439	53,170	58,375	64,110
亚洲其他国家和地区	71,182	82,643	87,254	92,601
太平洋其他国家和地区	5,318	6,516	7,048	7,682
亚太地区合计	**4,574,248**	**5,253,295**	**5,684,362**	**6,121,309**
俄罗斯联邦	143,768	146,635	152,384	161,820
其他国家和地区	280,537	303,451	314,878	321,544
总计	**6,021,764**	**6,854,457**	**7,372,380**	**7,890,523**

图 4.15　韩国——2005～2009 年入境旅游接待量（单位：人次）

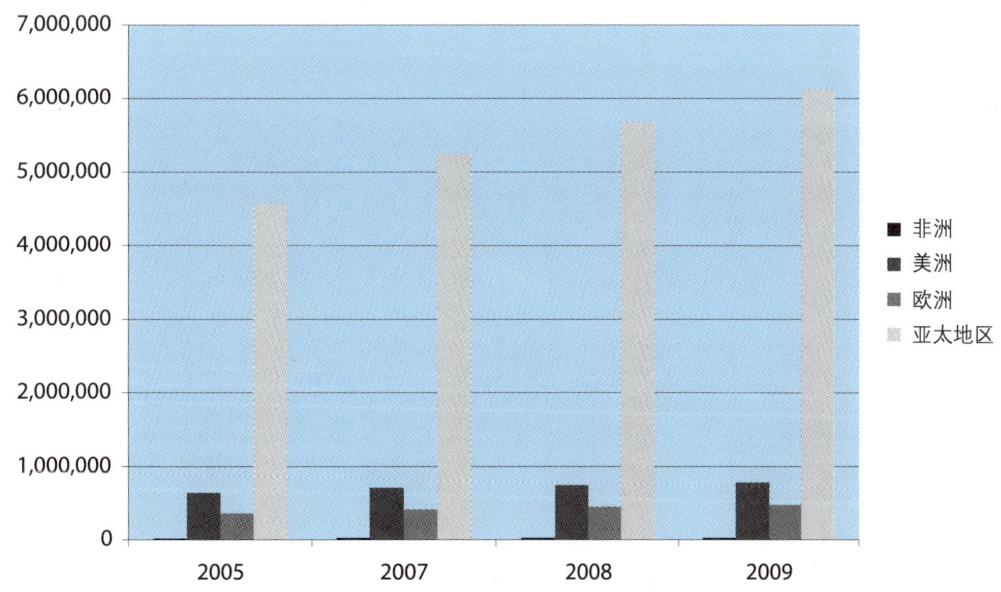

韩国的入境旅游接待量预计将以极为迅猛之势增长，这要归功于他们大力的营销工作。至 2009 年，韩国所有的客源市场都将增长，这种增长表现得很一致，这就意味着韩国大量的客源市场都处于持续的、均衡的增长状况。

老挝

表 4.16　老挝——2007～2009 年入境旅游接待量预测（单位：人次）

客源市场	2005	2007	2008	2009
美洲				
加拿大	11,447	15,325	18,185	21,335
美国	47,427	56,362	62,740	71,190
其他国家和地区	1,187	1,909	2,398	3,013
美洲总计	**60,061**	**73,596**	**83,323**	**95,538**
欧洲				
奥地利	1,687	2,338	2,708	3,135
比利时	4,256	4,750	5,042	5,342
丹麦	2,852	4,110	4,867	5,418
芬兰	1,494	3,633	4,447	5,384
法国	35,371	38,417	41,218	45,061
德国	16,752	22,150	25,470	29,288
希腊	271	527	612	710
意大利	5,032	7,170	8,028	9,381
荷兰	7,796	9,753	11,946	14,546
挪威	2,176	2,785	3,160	3,427
西班牙	2,560	4,911	6,661	9,034
瑞典	6,460	9,259	11,086	13,273
瑞士	5,190	6,333	6,813	7,413
英国	29,977	38,680	42,726	47,646
其他国家和地区	7,780	8,571	8,940	9,482
欧洲合计	**129,654**	**163,387**	**183,724**	**208,540**
亚太地区				
澳大利亚	20,323	25,615	28,317	32,341
文莱	385	400	426	452
柬埔寨	5,179	4,882	5,312	5,710
中国内地	39,210	48,414	54,562	60,741
中国台湾	4,739	3,575	4,488	5,621
印度	2,096	2,482	2,651	2,833
印度尼西亚	2,784	3,268	3,892	4,116
以色列	3,146	6,216	7,420	8,497
日本	22,601	26,501	28,967	31,663
韩国	9,189	13,216	15,410	17,266
马来西亚	6,609	8,240	10,902	12,037
缅甸	1,632	1,994	2,883	3,811
新西兰	3,778	4,351	5,369	6,480
菲律宾	5,247	6,421	7,282	7,980
新加坡	3,868	4,336	5,113	5,836
泰国	603,189	703,870	768,120	828,060

表4.16 老挝——2007~2009年入境旅游接待量预测（单位：人次）（续）

客源市场	2005	2007	2008	2009
越南	165,151	188,688	216,512	230,820
其他国家和地区	3,293	3,844	4,316	4,827
亚太地区合计	**902,419**	**1,056,313**	**1,171,942**	**1,269,091**
俄罗斯联邦	1,672	2,484	2,762	3,113
其他国家和地区	1,509	2,506	3,271	3,968
总计	**1,095,315**	**1,298,286**	**1,445,022**	**1,580,250**

图4.16 老挝——2005~2009年入境旅游接待量（单位：人次）

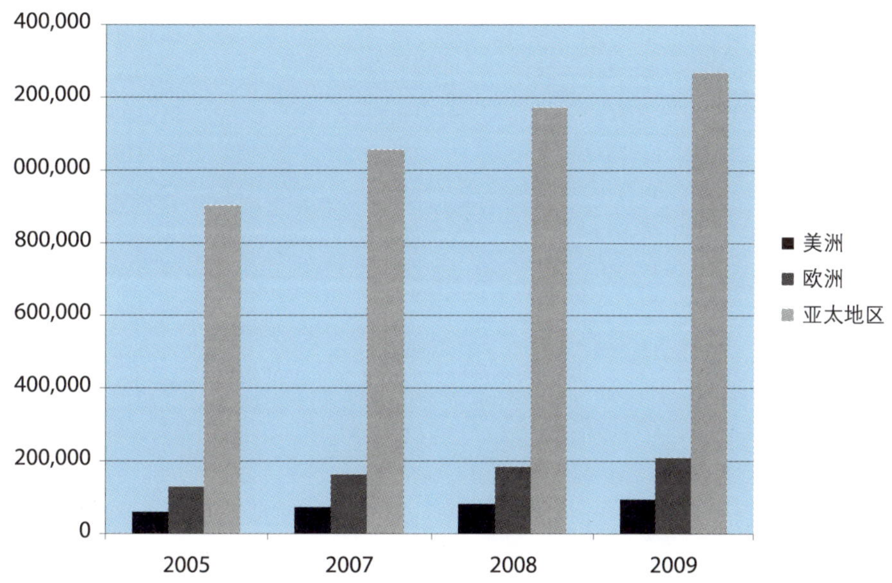

老挝的入境旅游接待量在预测期内预计会稳步增长。至2009年，其世界各地的客源地都会大幅度增长，它的邻近市场泰国和越南是其首要客源市场。

马来西亚

表 4.17 马来西亚——2007 ~2009 年入境旅游接待量预测（单位：人次）

客源市场	2005	2007	2008	2009
美洲				
加拿大	31,167	37,080	40,850	43,610
加勒比海地区	36,072	39,216	41,844	44,116
美国	151,354	197,470	226,130	255,240
美洲合计	**218,593**	**273,766**	**308,824**	**342,966**
欧洲				
丹麦	11,681	13,722	14,976	16,155
芬兰	13,172	22,625	27,018	31,536
法国	40,473	71,173	82,148	93,211
德国	59,344	83,103	92,071	99,100
爱尔兰	13,742	18,644	21,482	24,520
意大利	21,561	36,399	43,416	49,788
荷兰	40,493	54,959	62,963	69,163
挪威	9,823	12,511	13,697	14,535
西班牙	17,064	24,722	28,219	31,255
瑞典	32,408	39,805	43,255	46,868
瑞士	17,700	24,655	28,544	33,318
英国	240,030	268,930	280,770	292,370
欧洲合计	**517,491**	**671,248**	**738,559**	**801,819**
亚太地区				
澳大利亚	265,346	283,410	297,270	311,830
孟加拉国	29,540	41,998	50,076	59,709
文莱	486,344	721,490	839,510	921,550
中国内地	352,089	471,560	534,490	573,760
中国台湾	172,456	197,870	209,547	222,321
中国香港特别行政区	77,528	105,998	117,707	127,451
印度	225,789	319,510	368,220	408,270
印度尼西亚	962,957	1,417,800	1,641,700	1,803,500
日本	340,027	379,210	400,470	422,920
韩国	158,177	218,200	266,620	303,230
新西兰	33,846	40,778	44,337	47,963
巴基斯坦	20,882	26,645	30,165	33,792
菲律宾	178,961	245,020	272,400	298,100
沙特阿拉伯	53,682	86,408	100,634	115,346
新加坡	9,634,506	9,974,000	10,964,000	11,025,000
斯里兰卡	17,001	20,337	22,045	23,779
泰国	1,900,839	2,083,900	2,269,700	2,489,800
阿拉伯联合酋长国	29,606	55,945	74,885	96,980
越南	52,543	87,263	112,460	144,920

表 4.17 马来西亚——2007 ~2009 年入境旅游接待量预测（单位：人次）（续）

客源市场	2005	2007	2008	2009
亚太地区合计	14,992,119	16,777,342	18,616,236	19,430,221
俄罗斯联邦	8,386	18,748	23,321	26,611
其他国家和地区	678,085	785,523	849,342	902,432
总计	16,414,674	18,526,627	20,536,282	21,504,049

图 4.17 马来西亚——2005 ~2009 年入境旅游接待量（单位：人次）

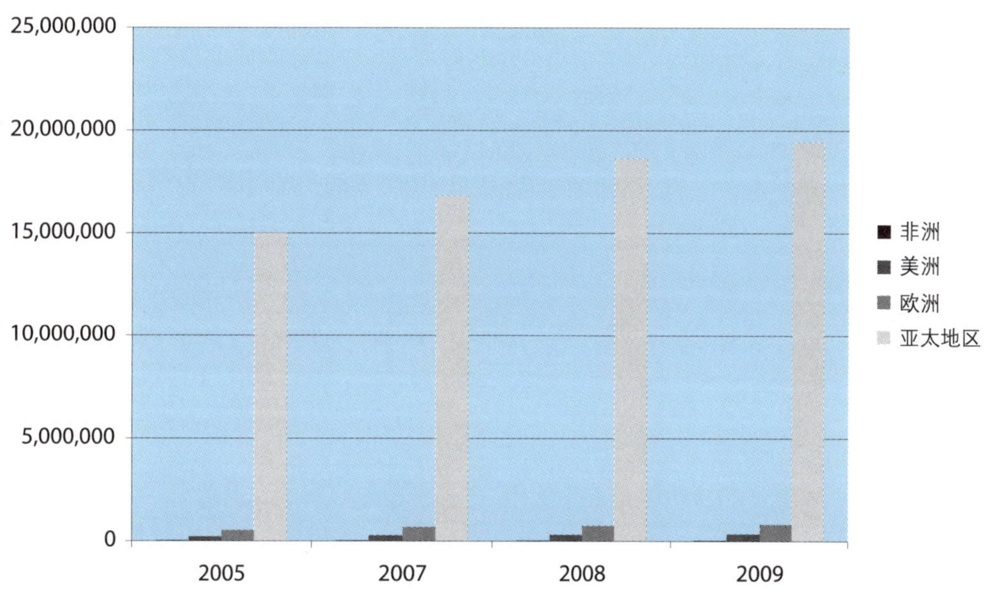

据官方数字显示，马来西亚近年来入境旅游接待量的增长引人注目，使马来西亚超过了泰国，成为东南亚最大的旅游市场。据预测，巨大的客流量将来自新加坡（基于官方入境旅游人数的统计），来自泰国和印度尼西亚的客流量也将很大，各地区的客源市场都将有大幅增长。另外马来西亚还有数量庞大的各种类型的客源国家和地区被纳入统计，因而“其他国家和地区”一栏中的数字非常大。需要注意的是，官方入境旅游接待量的统计数字，包括采用公路、铁路、海路和航空等所有交通方式的来访者。

马尔代夫

表 4.18 马尔代夫——2007 ~2009 年入境旅游接待量预测（单位：人次）

客源市场	2005	2007	2008	2009
非洲				
南非	2,392	3,572	4,168	4,775
其他国家和地区	1,068	1,374	1,579	1,814
非洲合计	**3,460**	**4,946**	**5,747**	**6,589**
美洲				
巴西	429	630	691	744
加拿大	1,426	3,112	3,762	4,325
美国	4,833	8,492	9,511	9,964
其他国家和地区	556	1,129	1,412	1,634
美洲合计	**7,244**	**13,363**	**15,376**	**16,667**
欧洲				
奥地利	9,358	16,508	18,745	22,677
比利时	1,595	4,994	5,759	6,253
捷克共和国	1,433	2,714	3,125	3,598
丹麦	1,095	1,947	2,443	3,044
芬兰	357	620	737	857
法国	21,640	57,646	63,315	68,449
德国	55,782	82,185	88,683	95,186
希腊	1,703	4,253	4,857	5,361
意大利	70,112	153,339	166,775	178,822
荷兰	4,151	11,862	14,049	16,380
挪威	1,141	1,990	2,396	2,828
波兰	1,019	2,424	2,852	3,394
葡萄牙	2,238	4,533	4,978	5,342
西班牙	3,510	8,630	9,220	10,562
瑞典	1,318	2,883	3,867	4,240
瑞士	19,321	37,246	42,623	46,069
土耳其	869	2,783	3,181	3,596
英国	87,264	119,103	127,898	139,690
其他国家和地区	8,368	19,801	23,405	25,684
欧洲合计	**292,274**	**535,461**	**588,908**	**642,032**
亚太地区				
澳大利亚	5,087	8,952	9,655	10,077
中国内地	11,609	32,341	37,742	45,072
印度	10,260	12,889	13,431	14,200
印度尼西亚	520	901	1,160	1,324
日本	23,269	48,887	54,292	57,873
韩国	6,543	16,916	19,027	21,519

表 4.18　马尔代夫——2007～2009 年入境旅游接待量预测（单位：人次）（续）

客源市场	2005	2007	2008	2009
马来西亚	2,366	3,630	4,013	4,441
新西兰	697	1,304	1,509	1,725
巴基斯坦	940	1,882	2,181	2,490
新加坡	3,258	4,879	5,308	5,777
斯里兰卡	7,165	8,474	8,967	9,489
泰国	1,114	3,401	3,789	4,241
亚洲其他国家和地区	3,650	8,332	8,965	10,063
太平洋其他国家和地区	74	94	102	111
亚太地区合计	**76,552**	**152,882**	**170,141**	**188,402**
俄罗斯联邦	14,582	25,160	26,971	28,188
其他国家和地区	1,208	1,884	2,163	2,446
总计	**395,320**	**733,696**	**809,306**	**884,324**

图 4.18　马尔代夫——2005～2009 年入境旅游接待量（单位：人次）

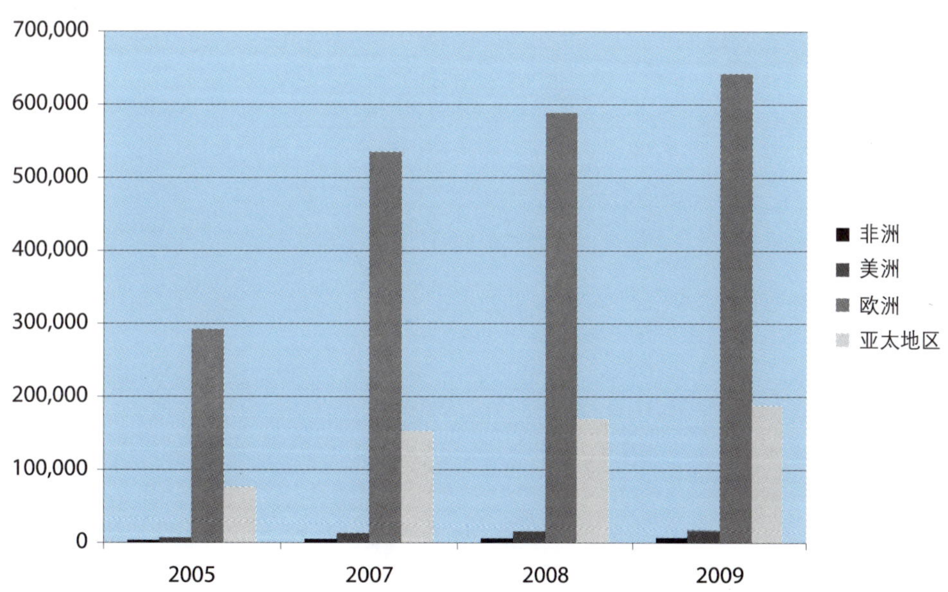

2001 年，马尔代夫总体入境旅游接待量呈下降趋势，但是 2003 年受“非典”的影响却相对较小。之后，在“非典”过后的恢复期，马尔代夫的入境旅游接待量猛烈回升，但是海啸的影响却很严重，并一直持续到 2005 年。现在马尔代夫入境旅游接待量已经开始恢复，它是为数不多的几个处于恢复期并将能够达到稳定增长状态的市场之一。马尔代夫所有的地区性客源市场都会强劲增长，就连以前较弱的欧洲市场都将会有最大幅度的回升。马尔代夫入境旅游接待量到 2007 年预计恢复增长，到 2009 年将以正常的增长率稳定增长。

缅甸

表 4.19　缅甸——2007～2009 年入境旅游接待量预测（单位：人次）

客源市场	2005	2007	2008	2009
非洲				
非洲	488	612	686	768
非洲合计	**488**	**612**	**686**	**768**
美洲				
加拿大	2,911	3,250	3,423	3,605
南美洲	1,192	1,790	1,907	2,031
美国	16,598	16,037	17,184	18,413
美洲合计	**20,701**	**21,077**	**22,514**	**24,049**
欧洲				
奥地利	3,156	6,380	6,852	7,236
比利时	2,859	3,353	3,668	3,981
法国	15,295	19,700	22,329	25,309
德国	13,689	14,120	14,988	15,672
意大利	7,083	6,384	6,955	7,387
西班牙	4,947	7,126	8,863	9,984
瑞士	3,942	4,847	5,227	5,638
英国	8,126	8,530	8,740	8,955
西欧其他国家和地区	5,434	8,109	8,502	8,961
欧洲合计	**64,531**	**78,549**	**86,124**	**93,123**
亚太地区				
澳大利亚	6,342	6,827	7,017	7,246
孟加拉国	1,506	2,293	2,503	2,732
中国内地	19,596	23,599	25,897	28,419
中国台湾	17,600	19,834	20,644	21,386
中国香港特别行政区	2,593	3,377	3,896	4,495
印度	7,679	8,346	8,701	9,071
日本	19,584	19,453	20,909	21,846
韩国	10,934	22,435	26,849	31,303
马来西亚	9,858	10,361	11,828	12,325
中东地区	1,920	2,092	2,145	2,286
新西兰	922	997	1,037	1,089
新加坡	9,674	10,720	11,388	11,966
泰国	27,199	37,971	42,872	48,406
亚太地区合计	**135,407**	**168,305**	**185,686**	**202,570**
俄罗斯联邦	1,032	1,740	1,974	2,127
其他国家和地区	10,059	10,964	11,325	11,876
总计	**232,218**	**281,247**	**308,309**	**334,513**

图 4.19 缅甸——2005～2009年入境旅游接待量（单位：人次）

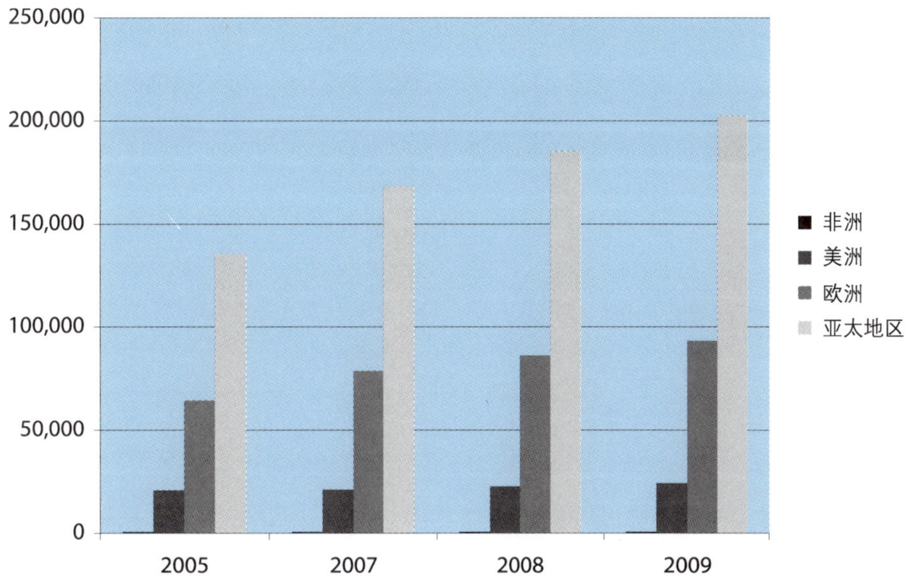

缅甸的入境旅游接待量的基数很小，但是其所有的地区性客源市场预计都将适度增长。一些市场，特别是欧洲，将会缓慢增长或者下降，但是亚太地区市场，特别是中国内地、韩国和泰国市场将会增长，法国市场将会大幅增长。

尼泊尔

表 4.20　尼泊尔——2007～2009 年入境旅游接待量预测（单位：人次）

客源市场	2005	2007	2008	2009
美洲				
加拿大	4,314	4,949	5,793	6,477
美国	18,539	22,957	24,688	25,781
美洲合计	**22,853**	**27,906**	**30,481**	**32,258**
欧洲				
奥地利	2,506	4,035	4,256	4,466
比利时	3,538	3,979	4,719	5,534
丹麦	1,807	2,025	2,169	2,313
法国	14,128	15,797	16,832	17,956
德国	14,444	16,299	17,558	18,898
意大利	8,892	8,915	9,160	9,346
荷兰	8,947	9,279	9,944	10,323
挪威	1,303	1,469	1,582	1,696
西班牙	8,891	11,537	12,319	13,415
瑞典	875	1,202	1,475	1,606
瑞士	3,163	4,258	4,638	4,992
英国	25,151	27,018	30,066	32,765
欧洲合计	**93,645**	**105,813**	**114,718**	**123,310**
亚太地区				
澳大利亚	7,035	8,518	8,820	9,076
以色列	6,173	7,019	8,686	9,742
印度	96,434	101,390	104,370	107,440
日本	18,460	25,668	27,274	29,107
新西兰	1,231	1,680	1,843	2,009
巴基斯坦	1,753	2,005	2,120	2,215
斯里兰卡	18,770	22,468	26,318	28,733
亚太地区合计	**149,856**	**168,748**	**179,431**	**188,322**
其他国家和地区	109,044	124,657	132,593	136,836
总计	**375,398**	**427,124**	**457,223**	**480,726**

图 4.20　尼泊尔——2005～2009 年入境旅游接待量（单位：人次）

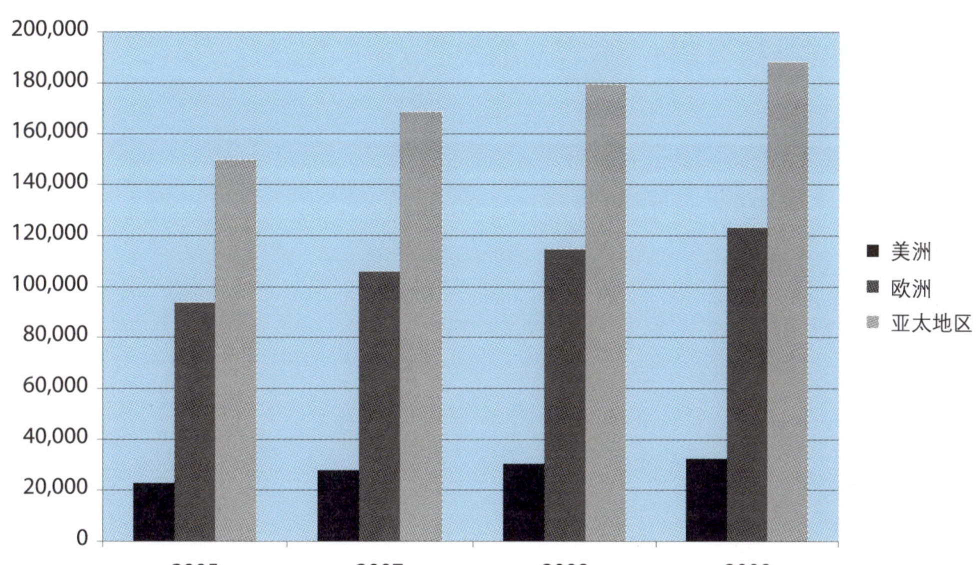

由于政局不稳，尼泊尔是一个很难进行预测的市场。在不发生任何重大政治问题的前提下，尼泊尔的入境接待量将会显著增长。人们对于尼泊尔的旅游需求在于山区和自然旅游资源，这些旅游者可能是冒险家，一旦发生政治动荡会马上返回。日本市场预计会有显著增长，但是也是一个在任何旅行中的问题发生时，都格外脆弱的市场。印度和斯里兰卡这样的本地市场将有较大增长，但也一样脆弱。但是欧洲的几个客源市场将处于停滞状态。

法属新喀里多尼亚

表 4.21 法属新喀里多尼亚——2007～2009 年入境旅游接待量预测（单位：人次）

客源市场	2005	2007	2008	2009
非洲				
非洲	637	867	955	1,035
非洲合计	**637**	**867**	**955**	**1,035**
美洲				
加拿大	609	1,041	1,237	1,470
美国	807	891	960	1,030
其他国家和地区	369	345	376	404
美洲合计	**1,785**	**2,277**	**2,573**	**2,904**
欧洲				
法国	27,727	29,095	29,896	30,371
德国	339	349	379	413
意大利	359	444	537	620
瑞士	403	387	424	472
英国	468	678	752	877
其他国家和地区	972	1,054	1,071	1,089
欧洲合计	**30,268**	**32,007**	**33,059**	**33,842**
亚太地区				
澳大利亚	16,062	16,598	16,990	17,502
法属波利尼西亚	4,227	4,256	4,371	4,491
日本	31,486	32,325	33,515	34,751
新西兰	6,328	7,775	8,235	8,700
瓦努阿图	2,267	2,352	2,378	2,430
瓦利斯和富图纳群岛	5,179	6,953	7,467	7,887
亚洲其他国家和地区	1,477	1,962	2,052	2,147
太平洋其他国家和地区	727	735	803	869
亚太地区合计	**67,753**	**72,956**	**75,811**	**78,777**
其他国家和地区	81,423	83,723	85,546	87,332
总计	**181,866**	**191,830**	**197,944**	**203,890**

注：不包括海上巡游游客。

图 4.21　法属新喀里多尼亚——2005 ~ 2009 年入境旅游接待量（单位：人次）

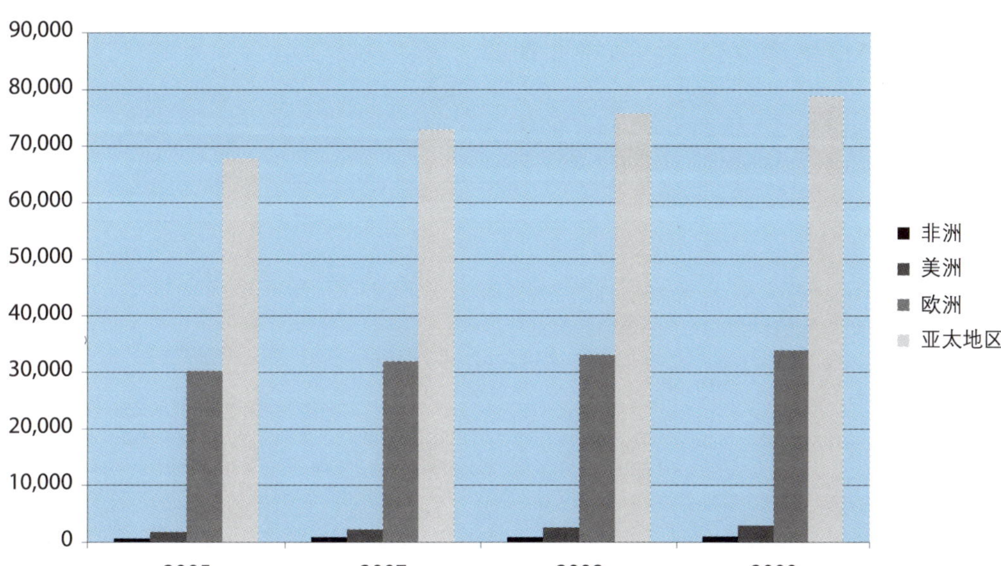

法属新喀里多尼亚入境旅游接待量预计持续缓慢但是稳定增长。2007 年，来自美洲其他国家和地区的客流量，以及瑞士的客流量将轻微下跌，并随后恢复。法属新喀里多尼亚的前三大客源国依次为日本、法国和澳大利亚，这部分客流占全部客流量的 40%。

新西兰

表 4.22 新西兰——2007～2009 年入境旅游接待量预测（单位：人次）

客源市场	2005	2007	2008	2009
非洲				
南非	17,072	20,298	21,673	22,855
南非合计	**17,072**	**20,298**	**21,673**	**22,855**
美洲				
加拿大	42,182	46,410	48,400	50,476
美国	214,507	239,675	248,714	258,095
其他国家和地区	19,525	21,342	22,045	22,984
美洲合计	**276,214**	**307,427**	**319,159**	**331,555**
欧洲				
法国	16,977	20,327	22,118	24,066
德国	57,549	61,478	62,502	63,546
荷兰	26,122	28,169	29,135	30,132
瑞典	12,520	14,373	15,104	15,870
瑞士	14,270	14,750	15,275	15,850
英国	306,815	333,625	363,491	396,041
欧洲合计	**434,253**	**472,722**	**507,625**	**545,505**
亚大利亚				
澳大利亚	874,738	908,180	936,390	961,150
中国内地	87,850	137,709	167,495	203,723
中国台湾	28,455	29,781	30,819	31,700
中国香港特别行政区	26,289	26,307	26,823	27,512
印度尼西亚	7,213	7,055	6,913	6,775
日本	154,925	152,549	154,388	158,457
韩国	112,005	131,324	141,316	152,282
马来西亚	23,671	23,556	25,057	26,680
新加坡	29,735	29,722	30,050	30,383
泰国	19,122	18,218	18,704	19,260
亚太地区合计	**1,364,003**	**1,464,401**	**1,537,955**	**1,617,922**
其他国家和地区	291,408	324,765	349,877	364,912
总计	**2,382,950**	**2,589,613**	**2,736,289**	**2,882,749**

图 4.22　新西兰——2005～2009 年入境旅游接待量（单位：人次）

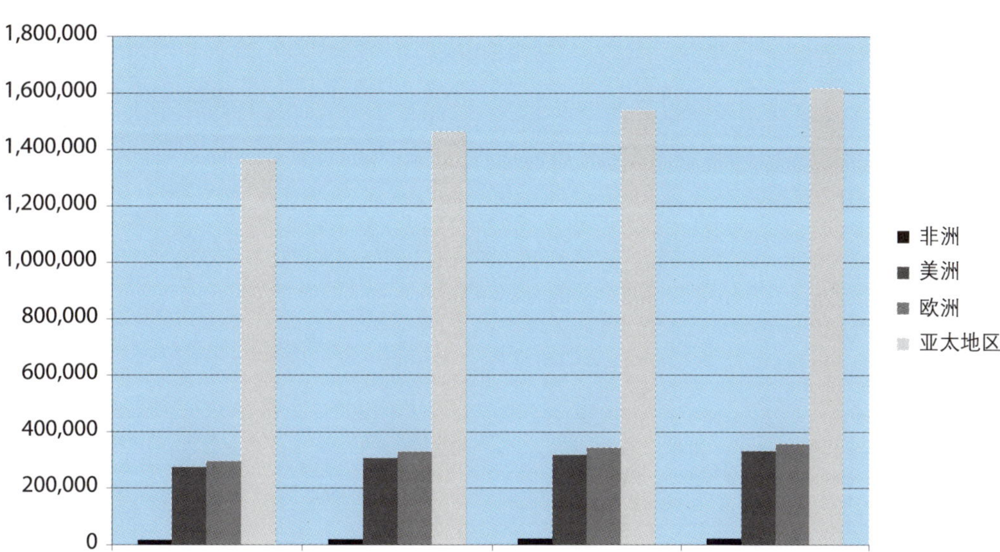

至 2009 年，新西兰所有的地区性客源市场都将持续并相当稳定地增长。其主要市场澳大利亚预计将适度增长，日本市场的增长则预计放缓为稳定状态。美国和英国市场仍将处于增长态势，中国内地市场将迅速增长。韩国市场直至 2009 年都将迅猛发展，并有望挑战日本，取代其第五名的位置。

纽埃

表 4.23 纽埃——2007～2009 年入境旅游接待量预测（单位：人次）

客源市场	2005	2007	2008	2009
美洲				
加拿大	45	68	75	83
美国	136	172	184	190
美洲合计	**181**	**240**	**259**	**273**
欧洲				
法国	37	56	68	79
德国	31	45	52	59
英国	99	189	211	220
其他国家和地区	128	216	231	258
欧洲合计	**295**	**506**	**562**	**616**
亚太地区				
澳大利亚	304	428	466	502
日本	8	12	14	16
新西兰	1,529	1,648	1,692	1,733
亚洲其他国家和地区	36	63	71	84
太平洋其他国家和地区	395	489	523	551
亚太地区合计	**2,272**	**2,640**	**2,766**	**2,886**
其他国家和地区	45	60	66	68
总计	**2,793**	**3,446**	**3,653**	**3,843**

图 4.23 纽埃——2005～2009 年入境旅游接待量（单位：人次）

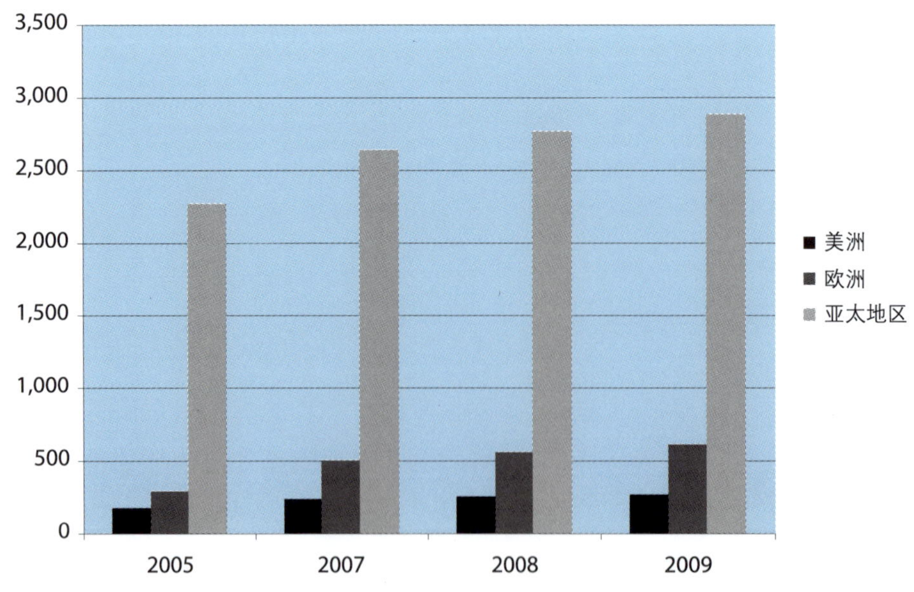

纽埃的入境旅游接待量过小，因此很难准确预测。然而至 2009 年，纽埃的入境旅游接待量将以相当稳定的模式增长。

北马里亚纳群岛（美国）

表 4.24 北马里亚纳群岛（美国）——2007～2009 年入境旅游接待量预测（单位：人次）

客源市场	2005	2007	2008	2009
美洲				
美国	14,821	13,739	12,789	13,458
美洲合计	**14,821**	**13,739**	**12,789**	**13,458**
亚太地区				
中国内地	32,920	43,053	50,766	58,432
中国台湾	2,588	527	550	581
中国香港特别行政区	2,810	1,612	1,872	2,188
关岛（美国）	22,845	22,593	23,555	24,159
日本	351,739	268,564	289,872	294,884
韩国	69,952	104,008	112,486	119,993
菲律宾	3,168	4,347	5,193	5,991
亚太地区合计	**486,022**	**444,704**	**484,294**	**506,228**
其他国家和地区	6,003	7,501	8,286	8,733
总计	**506,846**	**465,944**	**505,369**	**528,419**

图 4.24 北马里亚纳群岛（美国）——2005～2009 年入境旅游接待量（单位：人次）

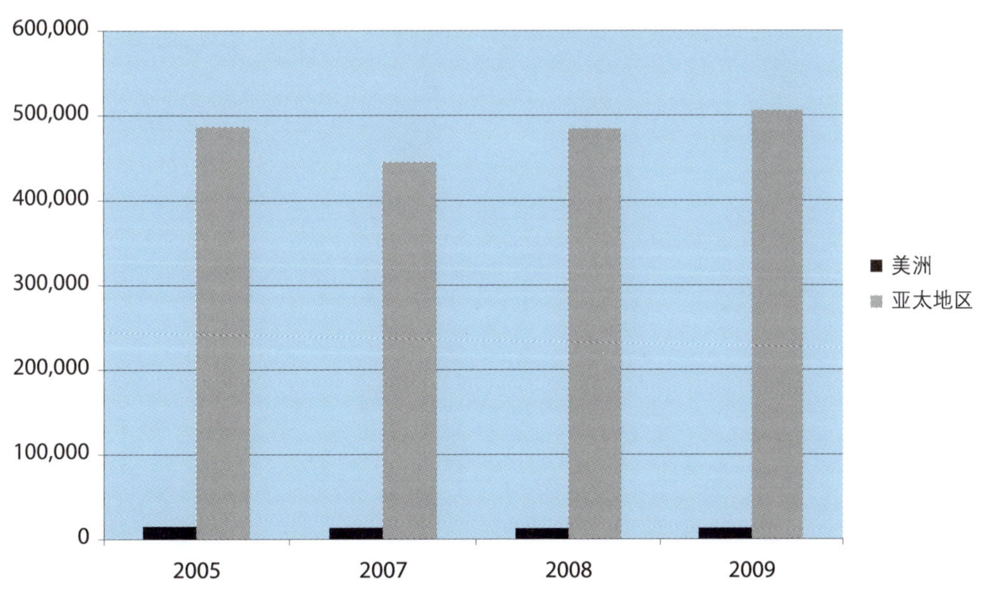

北马里亚纳群岛遭受了严重的航空运载能力不足问题，2007 年其主要市场日本预计来访旅游者数量锐减，之后会缓慢回升。来自美国市场的客流量预计也将减少，而关岛（美国）市场将稳定发展并小幅增长。虽然中国内地和韩国市场将大幅度增长，但是增加的入境旅游者数量不足以弥补上述市场中减少的入境旅游者数量，因此，在 2007 年入境旅游市场已经处于总体下降趋势的北马里亚纳群岛，预计到 2009 年也不能得到恢复。

巴基斯坦

表 4.25　巴基斯坦——2007～2009 年入境旅游接待量预测（单位：人次）

客源市场	2005	2007	2008	2009
非洲				
南非	4,864	6,066	6,774	7,566
其他国家和地区	12,651	14,213	15,344	16,091
非洲合计	**17,515**	**20,279**	**22,118**	**23,657**
美洲				
加拿大	22,953	25,638	27,106	29,163
美国	121,557	149,200	183,120	220,600
其他国家和地区	2,038	2,258	2,464	2,610
美洲合计	**146,548**	**177,096**	**212,690**	**252,373**
欧洲				
奥地利	2,355	2,386	2,517	2,720
比利时	3,039	4,821	5,133	6,421
丹麦	7,880	9,295	10,010	11,165
法国	10,062	11,014	11,523	12,055
德国	24,726	36,181	44,716	55,264
意大利	4,759	5,045	5,189	5,338
荷兰	10,670	11,832	12,407	13,008
挪威	13,461	15,622	16,813	18,916
西班牙	2,980	4,627	5,382	6,102
瑞典	4,648	5,480	5,844	6,239
瑞士	2,906	5,390	6,479	7,696
土耳其	5,271	7,306	8,127	9,846
英国	248,631	323,180	369,520	422,510
其他国家和地区	13,384	23,478	28,734	33,091
欧洲合计	**354,772**	**465,657**	**532,394**	**610,371**
亚太地区				
阿富汗	77,639	97,658	115,630	132,050
澳大利亚	9,632	10,810	11,509	12,264
巴林	1,941	2,780	3,010	3,384
孟加拉国	5,981	6,922	6,985	7,049
中国内地	29,601	42,416	48,211	56,642
印度	59,560	65,662	68,944	72,390
印度尼西亚	2,039	2,840	3,026	3,228
伊朗	9,107	10,994	12,130	13,393
日本	14,136	16,279	18,444	20,610
约旦	2,034	3,066	3,947	4,856
韩国	5,765	6,922	7,433	7,986
科威特	536	814	2,964	3,560

表 4.25　巴基斯坦——2007 ~2009 年入境旅游接待量预测（单位：人次）（续）

客源市场	2005	2007	2008	2009
马来西亚	8,172	10,570	11,369	12,226
尼泊尔	1,663	2,274	2,588	2,891
新西兰	1,324	1,414	1,458	1,472
阿曼	7,835	8,431	8,714	9,029
菲律宾	2,990	4,050	4,685	5,476
沙特阿拉伯	8,050	9,777	10,798	11,987
新加坡	3,811	4,742	5,316	5,584
斯里兰卡	4,114	4,591	4,851	5,125
泰国	3,562	4,461	4,971	5,542
阿拉伯联合酋长国	4,564	6,070	7,000	8,073
太平洋其他国家和地区	3,951	4,866	5,247	5,737
亚太地区合计	**268,007**	**328,409**	**369,230**	**410,554**
其他国家和地区	11,418	14,325	15,421	16,578
总计	**798,260**	**1,005,766**	**1,151,853**	**1,313,533**

图 4.25　巴基斯坦——2005 ~2009 年入境旅游接待量（单位：人次）

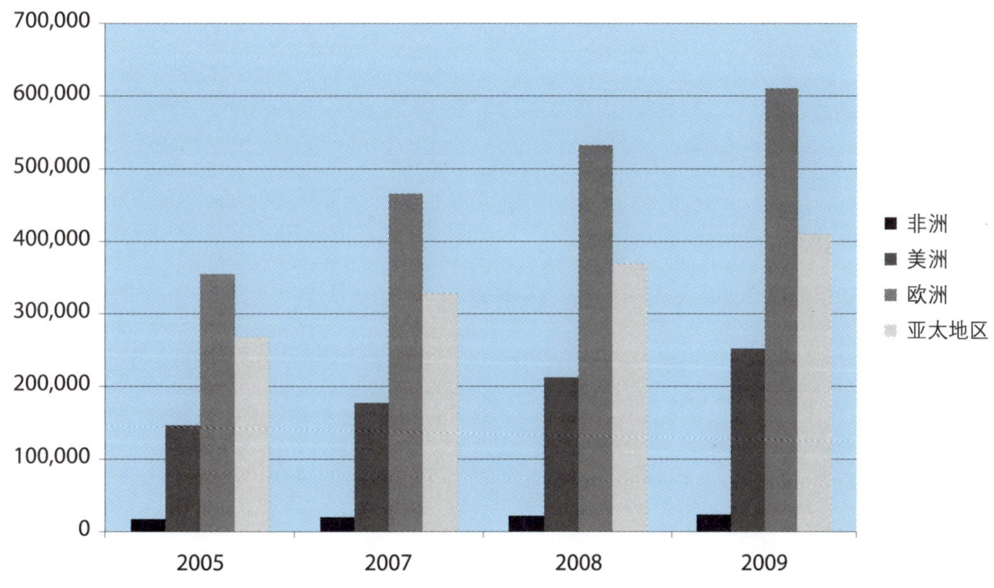

直至 2009 年，巴基斯坦入境旅游接待量都将稳定增长，其世界各客源市场都有望增长，英国和美国市场尤其强劲。巴基斯坦的客源市场在世界各地分布很广，且各主要地区市场增长均衡。

帕劳

表 4.26　帕劳——2007～2009 年入境旅游接待量预测（单位：人次）

客源市场	2005	2007	2008	2009
美洲				
美国大陆/加拿大	5,532	6,197	6,380	6,511
美洲合计	**5,532**	**6,197**	**6,380**	**6,511**
欧洲				
德国	606	588	613	637
意大利	284	482	555	645
瑞士	188	181	190	201
英国	292	308	327	347
欧洲合计	**1,370**	**1,559**	**1,685**	**1,830**
亚太地区				
澳大利亚/新西兰	818	827	916	984
中国内地	336	363	393	421
中国台湾	34,101	30,562	31,984	33,464
中国香港特别行政区	1,387	521	539	545
关岛（美国）	3,012	2,962	3,176	3,279
日本	26,281	27,663	29,480	31,318
韩国	2,169	13,890	15,575	17,424
密克罗尼西亚	2,292	2,112	2,314	2,487
菲律宾	776	1,888	2,122	2,459
亚太地区合计	**71,172**	**80,788**	**86,499**	**92,381**
其他国家和地区	2,504	2,253	2,678	2,937
总计	**80,578**	**90,797**	**97,242**	**103,659**

图 4.26　帕劳——2005～2009 年入境旅游接待量（单位：人次）

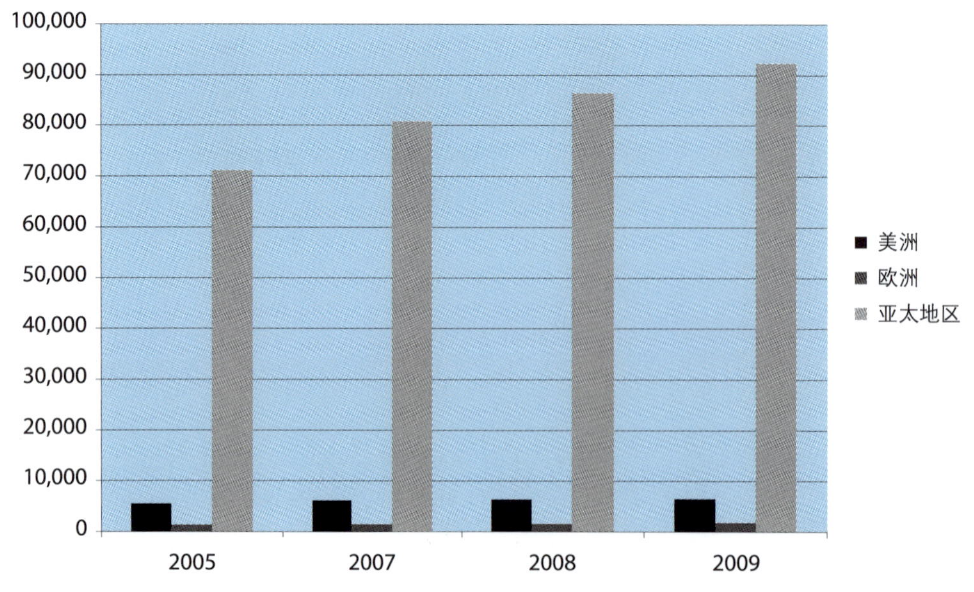

帕劳的总体入境旅游接待量已经稳定在缓和的增长速度上。各地区性客源市场都将有所增长，日本和菲律宾市场尤其强劲，由于航空运载能力的增强，新兴的韩国市场将会迅速发展。由于航空运载能力的下降，来自中国内地和中国香港特别行政区的客流量将减少，而韩国新增的客流量将足以弥补这部分损失。

巴布亚新几内亚

表4.27　巴布亚新几内亚——2007～2009年入境旅游接待量预测（单位：人次）

客源市场	2005	2007	2008	2009
非洲				
非洲	352	520	593	658
非洲合计	**352**	**520**	**593**	**658**
美洲				
加拿大	660	1,387	1,621	1,886
美国	5,709	6,426	6,790	7,207
美洲合计	**6,369**	**7,813**	**8,411**	**9,093**
欧洲				
法国	217	323	362	399
德国	597	814	858	918
英国	1,476	1,758	1,840	1,988
其他国家和地区	1,475	2,294	1,568	2,829
欧洲合计	**3,765**	**5,189**	**4,628**	**6,134**
亚太地区				
澳大利亚	36,662	39,262	40,841	42,730
中国内地	1,267	3,140	3,727	4,333
印度	736	1,195	1,416	1,657
日本	5,401	5,521	6,102	6,743
马来西亚	2,443	3,870	4,540	5,186
新西兰	2,386	2,695	2,806	3,009
菲律宾	3,344	4,090	4,815	5,577
亚洲其他国家和地区	3,495	4,546	4,933	5,596
太平洋其他国家和地区	2,518	2,698	2,946	3,236
亚太地区合计	**58,252**	**67,017**	**72,126**	**78,067**
其他国家和地区	512	571	602	633
总计	**69,250**	**81,110**	**86,360**	**94,585**

图 4.27　巴布亚新几内亚——2005～2009 年入境旅游接待量（单位：人次）

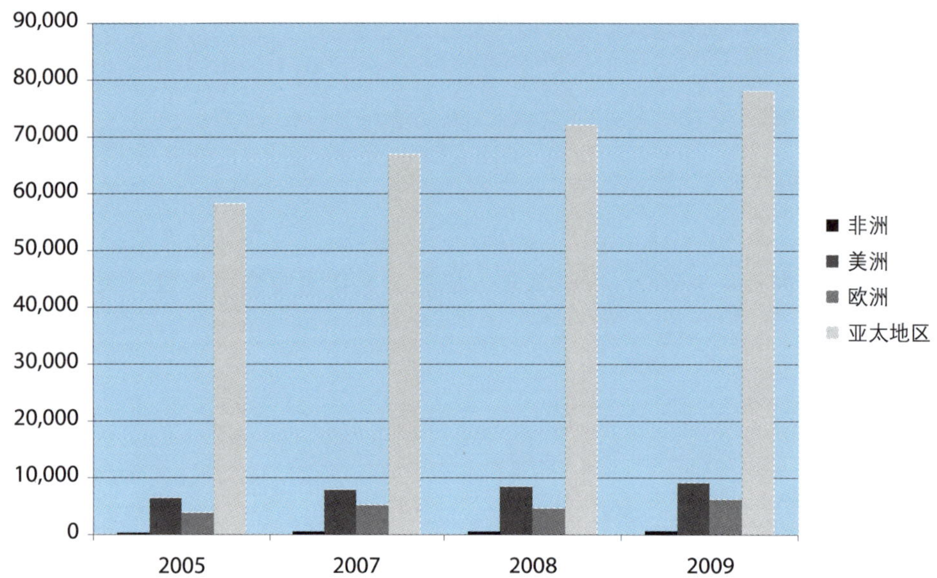

巴布亚新几内亚的入境旅游接待量在预测期内将适度增长，除欧洲以外的其他地区都将稳步增长，其中包括首要市场澳大利亚，而第二大市场美国也将会显著增长。虽然欧洲只有少数市场增长较为迅猛，但是欧洲整体市场也有所进展。

菲律宾

表 4.28　菲律宾——2007～2009 年入境旅游接待量预测（单位：人次）

客源市场	2005	2007	2008	2009
非洲				
南非	1,799	2,318	2,622	2,933
非洲合计	**1,799**	**2,318**	**2,622**	**2,933**
美洲				
加拿大	72,853	84,617	89,527	95,634
墨西哥	904	1,002	1,084	1,116
南美洲	2,543	3,106	3,338	3,647
美国	528,493	598,270	638,540	670,420
美洲合计	**604,793**	**686,995**	**732,489**	**770,817**
欧洲				
奥地利	9,318	10,177	10,802	11,465
比利时	7,142	7,889	8,312	8,741
丹麦	9,712	10,938	11,705	12,525
东欧地区	1,340	1,630	1,697	1,728
芬兰	2,053	2,460	2,639	2,856
法国	14,315	16,132	17,082	18,133
德国	50,411	52,699	54,452	56,264
希腊	1,311	1,927	2,248	2,566
爱尔兰	3,568	4,522	5,217	5,713
意大利	10,904	12,676	13,255	13,872
荷兰	15,367	17,638	18,533	19,476
挪威	10,162	11,450	12,394	13,415
葡萄牙	772	992	1,106	1,214
西班牙	8,737	9,587	10,259	10,979
瑞典	15,184	18,824	20,176	22,549
瑞士	15,184	17,234	18,754	19,231
英国	63,002	77,893	89,530	98,860
欧洲合计	**238,482**	**274,668**	**298,161**	**319,587**
亚太地区				
澳大利亚	96,465	110,323	117,510	122,900
巴林	2,067	2,648	2,955	3,217
孟加拉国	1,797	2,147	2,315	2,527
文莱	2,579	3,462	3,972	4,412
中国内地	107,456	165,700	190,440	216,600
中国台湾	122,496	128,810	133,310	136,860
中国香港特别行政区	107,195	109,650	114,897	119,642
关岛（美国）	37,249	41,386	44,160	47,241
印度	21,034	24,803	26,637	28,611

表 4.28 菲律宾——2007～2009 年入境旅游接待量预测（单位：人次）（续）

客源市场	2005	2007	2008	2009
印度尼西亚	20,055	23,960	25,944	27,972
伊朗	1,022	1,202	1,300	1,387
以色列	2,521	4,402	5,341	6,172
日本	415,456	444,690	463,710	483,550
约旦	351	427	458	482
韩国	489,465	605,210	717,010	810,190
科威特	2,339	2,977	3,241	3,380
马来西亚	43,059	61,341	66,830	70,502
缅甸	5,127	6,200	6,855	7,766
尼泊尔	1,055	1,108	1,215	1,302
新西兰	8,798	10,262	10,819	11,508
巴基斯坦	1,270	1,011	1,112	1,156
沙特阿拉伯	14,141	17,041	18,512	19,830
新加坡	69,435	82,782	90,538	97,720
斯里兰卡	2,307	3,268	3,594	3,977
泰国	26,934	30,678	32,504	34,447
阿拉伯联合酋长国	5,070	7,438	8,823	10,590
越南	9,878	13,106	15,895	17,766
亚太地区合计	**1,616,621**	**1,906,032**	**2,109,897**	**2,291,707**
俄罗斯联邦	10,253	14,205	16,877	18,915
其他国家和地区	203,683	213,457	217,622	221,833
总计	**2,675,631**	**3,097,675**	**3,377,668**	**3,625,792**

图 4.28 菲律宾——2005～2009 年入境旅游接待量（单位：人次）

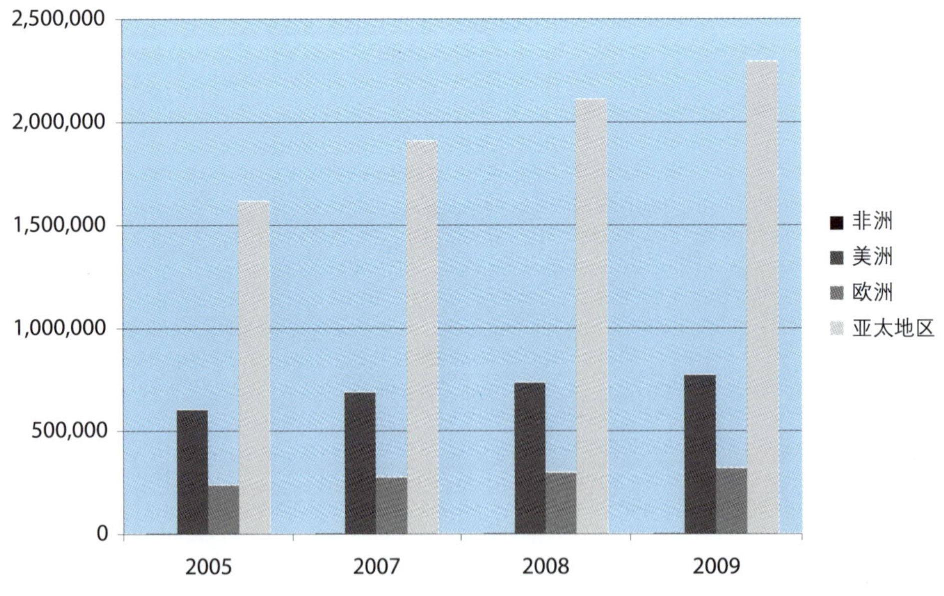

到 2009 年，菲律宾的入境旅游接待量会稳步增长。其主要客源市场美国、澳大利亚、中国内地、日本和韩国，都将显著增长。其世界各地区的客源市场预计都会增长。

萨摩亚群岛

表 4.29　萨摩亚群岛——2007～2009 年入境旅游接待量预测（单位：人次）

客源市场	2005	2007	2008	2009
美洲				
加拿大	445	451	479	500
美国	9,237	9,345	9,641	9,950
美洲合计	**9,682**	**9,796**	**10,120**	**10,450**
欧洲				
比利时/荷兰/卢森堡	168	286	336	372
德国	1,212	1,332	1,484	1,639
斯堪的纳维亚	671	646	692	732
英国	1,562	1,611	1,674	1,738
欧洲其他国家和地区	1,019	1,242	1,316	1,370
欧洲合计	**4,632**	**5,117**	**5,502**	**5,851**
亚太地区				
美属萨摩亚	23,433	28,306	30,847	33,048
澳大利亚	17,724	24,774	28,556	33,257
库克群岛	205	235	247	264
斐济	2,430	3,033	3,251	3,409
日本	661	857	928	990
新西兰	36,179	40,436	43,856	46,567
亚洲其他国家和地区	2,424	2,484	2,570	2,689
太平洋其他国家和地区	4,161	3,933	4,165	4,386
亚太地区合计	**87,217**	**104,058**	**114,420**	**124,610**
其他国家和地区	276	337	361	389
总计	**101,807**	**119,308**	**130,403**	**141,300**

图 4.29　萨摩亚群岛——2005 ~ 2009 年入境旅游接待量（单位：人次）

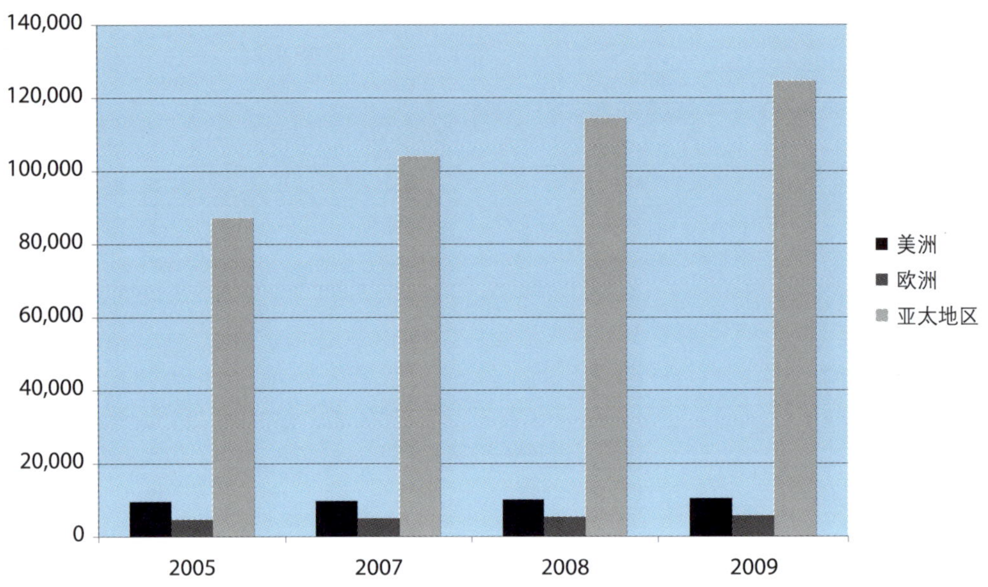

萨摩亚群岛的入境旅游接待量预计会稳步增长。亚太地区作为首要客源市场，与所有其他市场一样，都将会大幅度增长。

新加坡

表 4.30　新加坡——2007～2009 年入境旅游接待量预测（单位：人次）

客源市场	2005	2007	2008	2009
非洲				
毛里求斯	11,997	11,832	12,135	12,424
南非	35,981	42,585	44,689	46,896
非洲合计	**47,978**	**54,417**	**56,824**	**59,320**
美洲				
加拿大	76,924	89,343	92,858	98,401
美国	371,440	418,097	443,618	465,391
其他国家和地区	22,129	28,338	30,287	32,267
美洲合计	**470,493**	**535,778**	**566,763**	**596,059**
欧洲				
奥地利	14,135	16,918	17,711	18,509
比利时/卢森堡	16,941	19,017	20,103	21,394
独联体	37,823	67,365	81,067	99,350
丹麦	29,158	28,589	29,486	30,184
芬兰	14,467	16,906	17,313	17,730
法国	80,924	108,650	133,905	162,536
德国	154,779	167,886	171,497	175,186
希腊	9,570	10,966	11,126	11,516
爱尔兰	24,728	30,362	33,175	35,192
意大利	30,651	39,754	41,591	43,776
荷兰	66,480	68,372	69,058	69,750
挪威	23,591	27,274	28,146	29,047
波兰	7,699	12,582	16,105	20,613
西班牙	17,181	24,093	26,391	28,766
瑞典	33,607	36,301	37,370	39,117
瑞士	47,103	54,646	56,632	58,637
土耳其	15,871	18,770	19,520	20,301
英国	467,154	501,910	530,150	559,900
东欧其他国家和地区	23,079	26,667	27,410	28,253
欧洲合计	**1,114,941**	**1,277,028**	**1,367,756**	**1,469,757**
亚太地区				
澳大利亚	620,255	718,740	741,250	775,180
孟加拉国	54,353	74,170	78,170	82,383
文莱	47,860	47,820	48,686	49,669
中国内地	857,814	1,217,270	1,361,737	1,544,932
中国台湾	213,959	218,754	238,389	251,423
中国香港特别行政区	313,831	313,319	318,843	327,038
印度	583,543	751,270	842,960	945,840
印度尼西亚	1,813,569	2,119,590	2,230,940	2,348,410

表 4.30　新加坡——2007～2009 年入境旅游接待量预测（单位：人次）（续）

客源市场	2005	2007	2008	2009
伊朗	6,983	12,013	14,232	16,863
以色列	10,670	11,694	12,214	12,756
日本	588,535	604,660	629,294	643,616
韩国	364,206	505,068	522,654	539,101
科威特	4,977	5,325	5,950	6,468
马来西亚	577,987	651,120	683,210	719,027
缅甸	37,871	53,441	57,999	61,579
尼泊尔	14,674	15,740	16,823	17,894
新西兰	119,489	127,212	132,115	139,202
巴基斯坦	15,945	24,783	28,536	32,216
菲律宾	319,971	430,037	479,520	523,626
沙特阿拉伯	6,993	12,746	15,448	18,986
斯里兰卡	68,024	77,702	80,567	83,543
泰国	379,040	381,066	393,995	407,363
阿拉伯联合酋长国	28,062	37,883	40,344	42,966
越南	150,626	174,718	184,308	191,304
中东其他国家和地区	13,167	16,467	17,754	19,135
东北亚其他国家和地区	12,487	15,617	17,305	19,305
南亚其他国家和地区	7,732	9,271	10,072	10,942
东南亚其他国家和地区	14,797	27,912	32,293	37,362
亚太地区合计	**7,247,420**	**8,655,408**	**9,235,608**	**9,868,129**
其他国家和地区	62,197	66,543	68,343	70,879
总计	**8,943,029**	**10,589,174**	**11,295,294**	**12,064,144**

图 4.30　新加坡——2005～2009 年入境旅游接待量（单位：人次）

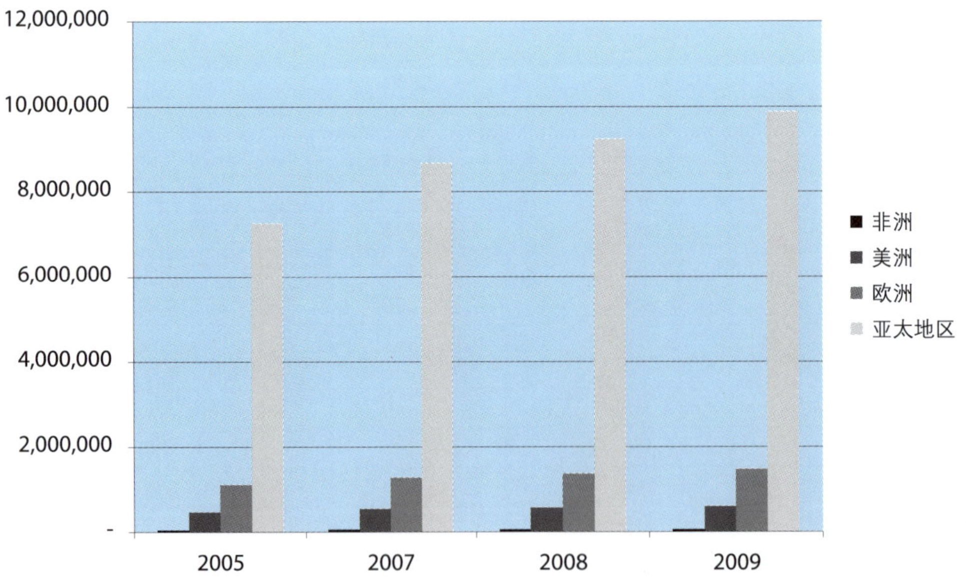

至 2009 年，新加坡所有地区性客源市场都将强劲而稳健地增长，尤其是亚太地区旅游市场。据预测，将以极为迅猛态势增长的除了中国内地和印度尼西亚市场外，还包括很多名列前茅的亚太地区其他客源市场。

斯里兰卡

表4.31 斯里兰卡——2007~2009年入境旅游接待量预测（单位：人次）

客源市场	2005	2007	2008	2009
非洲				
南非	1,107	1,556	1,813	2,113
其他国家和地区	1,233	2,892	3,449	3,935
非洲合计	**2,340**	**4,448**	**5,262**	**6,048**
美洲				
加拿大	21,185	20,551	22,223	24,136
南美洲/加勒比海地区	705	749	769	790
美国	25,272	26,619	29,948	32,121
美洲合计	**47,162**	**47,919**	**52,940**	**57,047**
欧洲				
奥地利	4,127	5,924	6,406	6,848
比利时	3,855	6,465	7,691	8,978
丹麦	3,781	4,364	4,688	5,037
芬兰	1,150	1,964	2,488	3,037
法国	26,653	28,128	31,644	34,510
德国	46,350	55,916	60,832	64,211
意大利	10,192	14,444	16,216	18,182
荷兰	15,156	20,018	23,033	28,108
挪威	4,330	4,107	4,385	4,790
西班牙	1,781	3,076	3,441	3,909
瑞典	5,402	8,846	9,732	10,830
瑞士	8,399	9,675	10,245	10,892
英国	92,629	97,050	99,090	101,720
其他国家和地区	8,972	11,305	12,234	13,241
欧洲合计	**232,777**	**271,282**	**292,125**	**314,293**
亚太地区				
澳大利亚	25,986	27,552	29,515	31,608
孟加拉国	2,316	2,569	2,733	2,956
中国内地	9,668	20,878	26,071	31,867
中国台湾	2,720	3,025	3,386	3,704
中国香港特别行政区	1,069	1,391	1,716	2,005
印度	113,323	142,850	156,150	168,150
印度尼西亚	1,669	6,895	8,024	8,962
日本	17,148	17,537	19,266	21,054
韩国	6,056	6,726	7,388	8,115
马来西亚	11,578	12,036	13,260	14,386
马尔代夫	24,576	27,265	29,842	32,216
中东地区	10,236	12,374	13,440	14,685

表 4.31　斯里兰卡——2007～2009 年入境旅游接待量预测（单位：人次）（续）

客源市场	2005	2007	2008	2009
尼泊尔	1,071	1,349	1,516	1,703
新西兰	3,617	3,996	4,380	4,739
巴基斯坦	11,029	12,397	13,166	13,941
菲律宾	2,366	4,375	4,918	5,471
新加坡	11,156	9,166	10,215	11,588
泰国	5,424	5,832	6,263	6,521
亚洲其他国家和地区	2,182	2,899	3,222	3,663
太平洋其他国家和地区	135	152	160	171
亚太地区合计	**263,325**	**321,264**	**354,631**	**387,505**
俄罗斯联邦	3,704	8,075	10,582	12,968
总计	**549,308**	**652,988**	**715,540**	**777,861**

图 4.31　斯里兰卡——2005～2009 年入境旅游接待量（单位：人次）

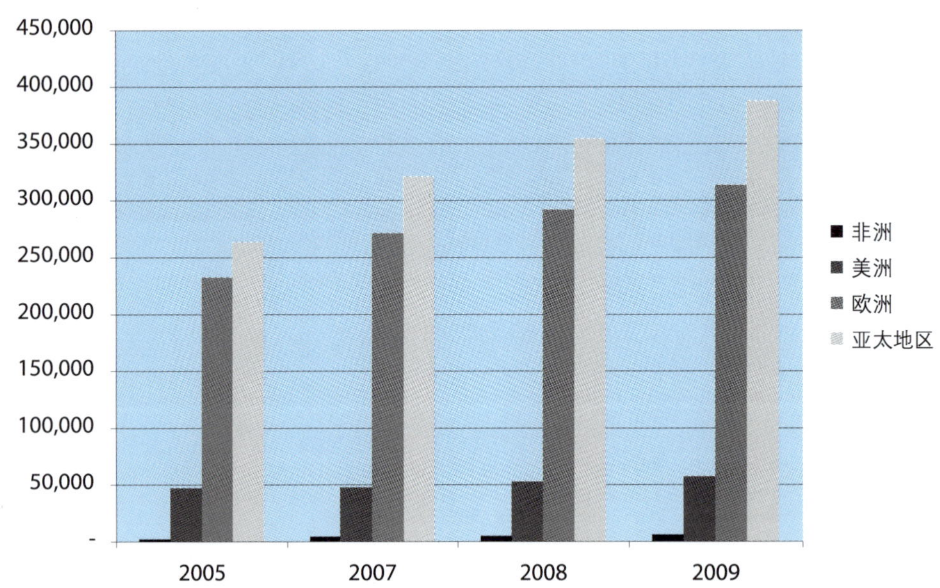

尽管有泰米尔伊拉姆猛虎解放组织摇摆不定的休战问题的影响，至 2009 年，斯里兰卡入境旅游接待量将适度增长。来自美国的客流量将小幅增长，而亚太地区客流增长幅度最大，来自中国内地和印度的客流量将迅速增加。不是所有的客源市场都会增长，据预测显示，新加坡市场在经历了最初的衰落后，明显地将会缓慢增长。如果政局相对稳定的话，将有大量的移居国外的人希望回国访问，至 2009 年，这部分客流量将持续上升。

塔希提岛

表 4.32　塔希提岛——2007～2009 年入境旅游接待量预测（单位：人次）

客源市场	2005	2007	2008	2009
美洲				
加拿大	5,554	8,642	9,813	10,968
墨西哥	1,252	1,566	1,786	1,920
美国	68,326	75,321	80,985	85,366
其他国家和地区	4,935	6,846	7,399	7,698
美洲合计	**80,067**	**92,375**	**99,983**	**105,952**
欧洲				
奥地利	755	796	870	938
比利时	1,030	1,080	1,127	1,156
丹麦	213	284	321	348
芬兰	256	387	452	508
法国	45,264	45,968	46,521	47,102
德国	3,952	4,968	5,484	6,197
意大利	10,970	12,388	13,822	14,160
卢森堡	199	231	270	302
荷兰	613	707	784	956
挪威	372	896	1,155	1,591
葡萄牙	613	614	702	884
西班牙	3,976	4,777	5,594	6,237
瑞典	384	447	468	484
瑞士	2,392	2,866	3,084	3,231
英国	7,932	8,266	8,473	8,694
其他国家和地区	2,084	2,466	2,687	2,833
欧洲合计	**81,005**	**87,141**	**91,814**	**95,621**
亚太地区				
澳大利亚	9,609	12,513	14,644	16,876
中国台湾	153	164	189	213
中国香港特别行政区	267	321	346	368
库克群岛	562	881	1,024	1,146
日本	21,986	22,880	24,039	24,868
韩国	581	512	602	689
法属新喀里多尼亚	3,607	4,027	4,284	4,473
新西兰	7,587	9,547	10,521	11,968
新加坡	210	229	238	245
亚洲其他国家和地区	665	733	790	869
太平洋其他国家和地区	497	481	562	631
亚太地区合计	45,724	52,288	57,239	62,346
其他国家和地区	1,271	2,456	2,884	3,286
总计	**208,067**	**234,260**	**251,920**	**267,205**

图 4.32　塔希提岛——2005～2009 年入境旅游接待量（单位：人次）

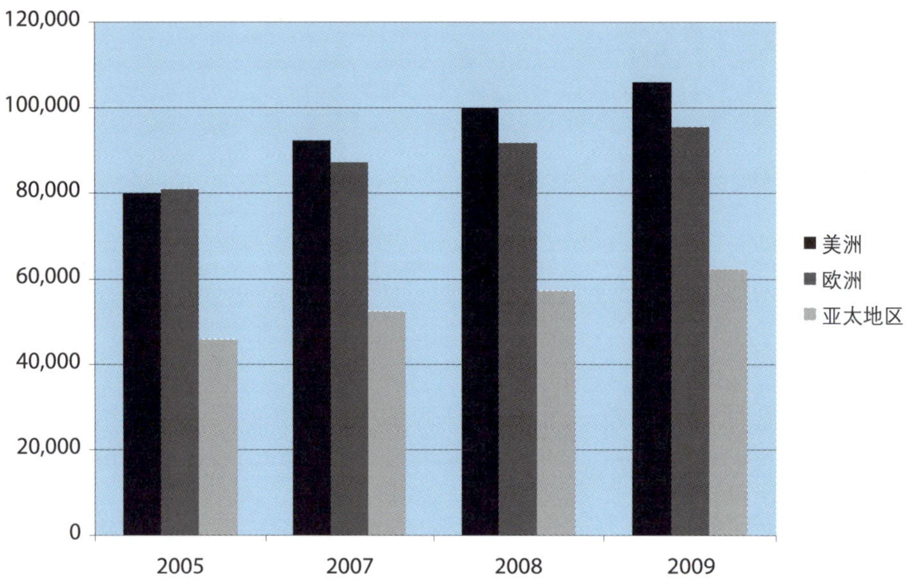

至 2009 年，塔希提岛的入境旅游接待量预计将缓和而稳健地增长。其世界各地区客源市场将平衡发展，亚太地区市场应进一步发展，未来与世界其他地区市场持平。澳大利亚至塔希提岛航线运载能力的提高，将会使澳大利亚和新西兰的客流量显著增加，另外由于印度尼西亚和斐济的问题，来自这两国的客流也会有少量增加。来自主要市场美国的客流量将大幅度增长，而来自加拿大的客流量在预测期内将增加两倍。塔希提岛主要的欧洲市场是法国，其客流量将稳定下来，而众多的欧洲其他市场将缓和增长。

泰国

表4.33 泰国——2007~2009年入境旅游接待量预测（单位：人次）

客源市场	2005	2007	2008	2009
非洲				
南非	35,748	38,203	39,924	41,216
其他国家和地区	49,988	57,977	60,711	64,028
非洲合计	**85,736**	**96,180**	**100,635**	**105,244**
美洲				
阿根廷	3,487	4,493	4,865	5,266
巴西	9,013	11,545	12,385	13,127
加拿大	156,618	176,080	181,877	186,284
美国	639,658	739,950	796,710	846,814
其他国家和地区	25,038	35,613	39,755	43,391
美洲合计	**833,814**	**967,681**	**1,035,592**	**1,094,882**
欧洲				
奥地利	58,978	67,467	69,274	71,674
比利时	57,466	62,700	64,673	66,388
丹麦	103,787	132,361	145,327	158,202
芬兰	85,632	120,479	135,590	151,687
法国	276,840	292,782	301,794	310,468
德国	441,827	506,182	519,934	532,866
意大利	120,237	146,732	149,746	154,391
荷兰	152,493	171,914	182,251	194,457
挪威	85,551	123,750	152,310	181,215
西班牙	51,135	64,177	69,020	74,112
瑞典	222,932	238,654	244,667	250,438
瑞士	120,438	141,628	145,405	150,202
英国	773,843	905,340	993,170	1,081,756
其他国家和地区	71,391	74,244	76,879	78,321
欧洲合计	**2,622,550**	**3,048,410**	**3,250,040**	**3,456,177**
亚太地区				
文莱	9,499	15,633	16,447	17,521
澳大利亚	428,521	700,720	825,950	951,640
孟加拉国	42,739	51,800	57,809	62,810
柬埔寨	105,367	129,503	138,519	147,216
中国内地	776,792	954,470	1,023,190	1,103,452
中国台湾	365,664	376,357	366,033	368,214
中国香港特别行政区	274,402	590,650	648,540	704,320
印度	381,471	457,287	473,790	487,058
印度尼西亚	186,259	227,499	243,085	260,321
以色列	98,380	135,018	147,891	158,425

表 4.33　泰国——2007～2009 年入境旅游接待量预测（单位：人次）（续）

客源市场	2005	2007	2008	2009
日本	1,196,654	1,401,910	1,461,500	1,511,219
韩国	816,407	1,004,610	1,059,030	1,113,102
科威特	29,773	36,607	39,186	41,288
老挝	203,748	247,552	298,386	348,027
马来西亚	1,373,946	1,402,450	1,520,450	1,637,428
缅甸	53,769	76,398	82,555	88,453
尼泊尔	23,081	28,216	29,422	31,216
新西兰	85,726	103,824	114,445	125,826
巴基斯坦	42,069	48,740	52,226	56,674
菲律宾	186,529	275,556	311,550	346,822
沙特阿拉伯	10,474	14,396	15,245	16,388
新加坡	650,559	851,720	911,950	973,246
斯里兰卡	38,740	48,295	51,751	54,611
阿拉伯联合酋长国	48,802	95,480	108,822	132,640
越南	179,243	235,686	257,453	279,840
亚洲其他国家和地区	18,359	23,256	24,373	25,474
太平洋其他国家和地区	1,976	3,105	3,171	3,209
亚太地区合计	**7,628,949**	**9,536,738**	**10,282,769**	**11,046,440**
俄罗斯联邦	102,783	174,976	209,182	243,680
其他国家和地区	293,509	309,521	312,581	316,027
总计	**11,567,341**	**14,133,506**	**15,190,799**	**16,262,450**

图 4.33　泰国——2005～2009 年入境旅游接待量（单位：人次）

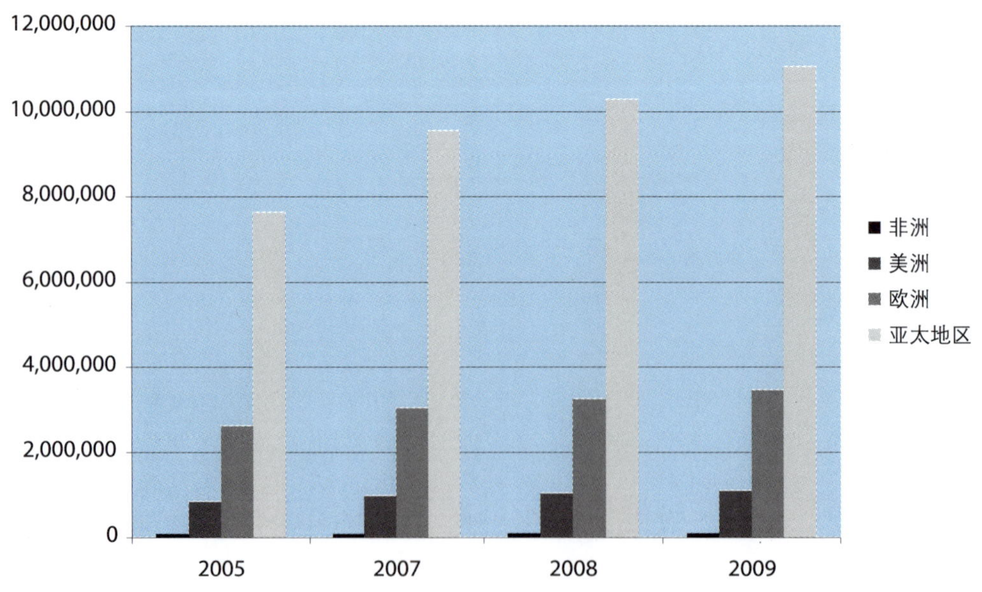

泰国的入境旅游接待量在预测期内将快速增长，其世界各地区客源市场预计都将增长，尤其是美国、英国、澳大利亚、中国内地、中国香港特别行政区、日本、韩国和新加坡市场，将以迅猛之势增长。尽管中国台湾市场在中期有所下降，但是预计整个亚太地区的客流量将会大幅度增加。

汤加

表 4.34　汤加——2007 ~ 2009 年入境旅游接待量预测（单位：人次）

客源市场	2005	2007	2008	2009
美洲				
加拿大	286	315	348	366
美国	7,861	8,106	9,061	9,430
美洲合计	**8,147**	**8,421**	**9,409**	**9,796**
欧洲				
德国	868	830	818	801
英国	943	900	1,127	1,347
其他国家和地区	1,097	1,261	1,813	2,079
欧洲合计	**2,908**	**2,991**	**3,758**	**4,227**
亚太地区				
澳大利亚	8,854	9,260	10,785	11,678
斐济	1,535	1,655	1,738	1,852
日本	661	516	647	792
新西兰	17,495	17,261	19,117	23,908
亚洲其他国家和地区	283	250	341	368
太平洋其他国家和地区	1,311	1,468	1,672	1,751
亚太地区合计	**30,139**	**30,410**	**34,300**	**40,349**
其他国家和地区	668	775	984	998
总计	**41,862**	**42,597**	**48,451**	**55,370**

图 4.34　汤加——2005 ~ 2009 年入境旅游接待量（单位：人次）

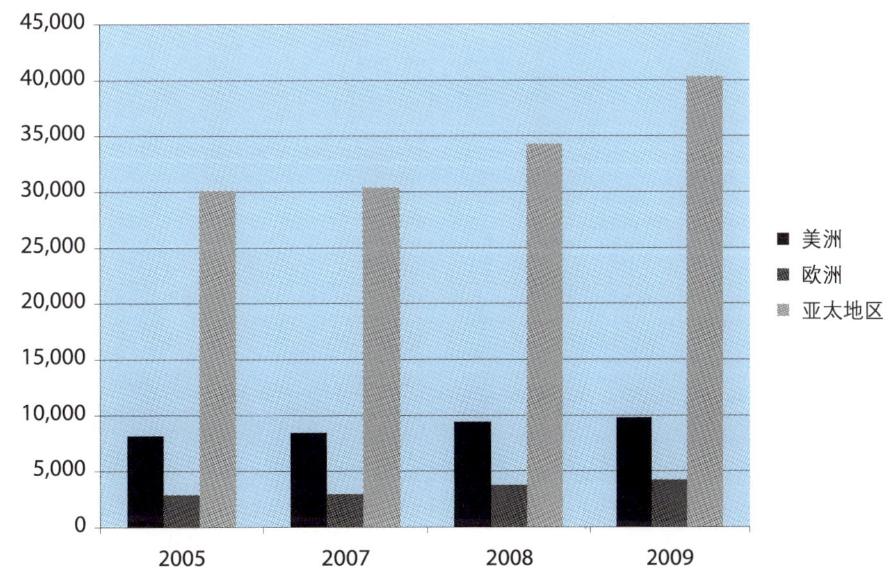

在整个预测期内，汤加在世界各地区的客源市场都将温和而稳步增长。这个岛屿上的政局动荡使其入境旅游接待量不会急剧增加，同时还使其主要市场新西兰的客流量在 2007 年有所下降，到 2008 年则有望回升。其他市场预计在 2007 年也会衰落。

美国

表 4.35　美国——2007～2009 年入境旅游接待量预测（单位：人次）

客源市场	2005	2007	2008	2009
非洲				
埃及	24,048	31,278	35,672	38,683
象牙海岸	1,463	1,533	1,498	1,525
肯尼亚	14,118	15,411	16,631	17,844
摩洛哥	13,430	15,404	16,498	17,669
尼日利亚	47,397	53,920	56,411	60,277
塞内加尔	4,804	4,657	4,718	4,738
南非	89,102	114,990	130,630	142,400
非洲合计	**194,362**	**237,193**	**262,058**	**283,136**
美洲				
阿根廷	188,865	230,230	259,770	282,920
巴哈马	237,140	250,290	255,614	260,823
巴巴多斯	51,233	52,227	54,731	56,240
玻利维亚	21,786	26,740	28,404	30,261
巴西	485,373	622,740	705,370	798,970
英属维尔京群岛	19,487	24,196	26,905	28,447
加拿大	13,849,488	14,634,213	15,241,781	15,711,857
智利	101,550	127,150	143,590	162,891
哥伦比亚	325,398	394,920	435,070	479,300
哥斯达黎加	133,820	147,420	154,730	162,400
多米尼加共和国	221,449	267,980	284,720	301,410
厄瓜多尔	143,073	153,500	159,760	166,280
萨尔瓦多	164,492	189,000	204,450	219,850
危地马拉	171,176	178,240	182,530	186,930
圭亚那	16,091	18,069	19,433	20,914
海地	63,970	70,386	76,413	81,544
洪都拉斯	89,718	99,721	105,660	109,312
牙买加	175,351	193,700	203,520	213,110
墨西哥	4,605,268	5,835,260	6,324,841	6,878,213
尼加拉瓜	38,713	40,907	42,233	46,521
巴拿马	78,855	84,195	86,999	89,896
巴拉圭	10,326	13,014	14,155	15,068
秘鲁	151,823	155,490	158,217	164,321
苏里南	5,665	5,693	5,727	5,874
特立尼达和多巴哥	128,392	136,000	139,970	144,060
乌拉圭	29,741	33,486	35,300	37,717
委内瑞拉	340,315	393,960	423,630	454,710
美洲合计	**21,848,558**	**24,378,727**	**25,773,523**	**27,109,839**

表4.35 美国——2007~2009年入境旅游接待量预测（单位：人次）（续）

客源市场	2005	2007	2008	2009
欧洲				
奥地利	117,688	127,770	133,140	138,710
比利时	191,596	223,400	241,230	258,480
塞浦路斯	9,698	10,821	11,368	11,844
丹麦	174,581	190,320	198,720	207,480
芬兰	89,125	114,560	127,880	136,250
法国	878,648	928,600	989,100	1,061,300
德国	1,415,530	1,490,800	1,614,600	1,743,000
希腊	49,835	58,097	62,728	67,729
匈牙利	37,308	44,229	48,157	52,433
冰岛	38,929	47,632	50,946	54,490
爱尔兰	383,400	430,130	469,160	502,371
意大利	545,546	594,950	658,660	708,470
卢森堡	12,243	16,040	18,363	21,023
荷兰	448,650	463,440	471,020	478,720
挪威	139,043	147,111	151,320	155,643
波兰	134,430	160,570	175,480	191,790
葡萄牙	68,111	85,112	95,143	106,360
罗马尼亚	37,627	43,960	47,516	51,360
西班牙	385,640	431,340	458,360	484,613
瑞典	290,530	328,412	340,211	352,484
瑞士	256,730	286,120	302,060	318,880
土耳其	84,434	93,376	98,196	103,260
英国	4,344,957	4,403,200	4,593,200	4,891,000
欧洲合计	**10,134,279**	**10,719,990**	**11,356,558**	**12,097,690**
亚太地区				
澳大利亚	581,773	657,870	694,280	728,911
中国内地/中国香港特别行政区	405,380	540,615	598,216	669,318
中国台湾	318,886	354,980	403,880	456,490
斐济	4,893	6,497	7,688	8,977
印度	344,926	424,740	452,780	486,310
印度尼西亚	51,566	63,411	67,315	71,266
伊朗	5,330	6,467	6,603	6,889
以色列	284,310	300,330	308,670	315,250
日本	3,883,906	4,087,000	4,146,400	4,216,200
约旦	14,656	16,866	17,944	18,833
韩国	705,093	805,280	860,600	919,710
科威特	18,367	21,007	22,466	23,826
黎巴嫩	15,543	16,525	17,039	17,590
马来西亚	51,442	66,632	69,470	72,300
新西兰	139,780	146,213	150,248	153,916

表 4.35　美国——2007～2009 年入境旅游接待量预测（单位：人次）（续）

客源市场	2005	2007	2008	2009
巴基斯坦	33,234	35,680	36,290	37,100
菲律宾	153,821	162,790	167,460	172,280
沙特阿拉伯	25,119	32,450	35,684	37,804
新加坡	115,939	125,320	130,330	135,540
叙利亚	4,015	4,221	4,868	5,216
泰国	66,833	73,418	76,844	79,288
亚太地区合计	**7,224,812**	**7,948,312**	**8,275,075**	**8,633,014**
俄罗斯联邦	84,780	98,261	105,200	119,621
其他国家和地区	1,662,005	1,712,325	1,733,519	1,741,862
总计	**41,148,796**	**45,094,808**	**47,505,933**	**49,985,162**

图 4.35　美国——2005～2009 年入境旅游接待量（单位：人次）

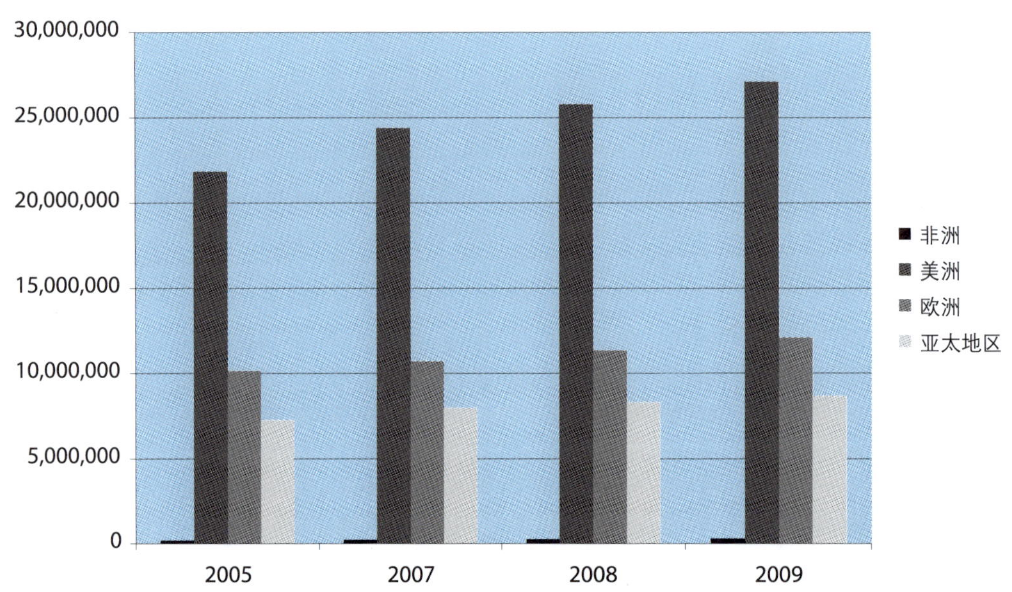

至 2009 年，美国在世界各地区的客源市场将迅猛而稳健地增长，这种发展态势标志着美国入境市场已从以往的冲击中恢复过来。除去加拿大和墨西哥这两个邻邦客源市场外，巴西、中国内地、澳大利亚和日本这几个客源市场将会有显著增长。

瓦努阿图

表 4.36　瓦努阿图——2007～2009 年入境旅游接待量预测（单位：人次）

客源市场	2005	2007	2008	2009
美洲				
北美洲	1,625	2,053	2,230	2,461
美洲合计	**1,625**	**2,053**	**2,230**	**2,461**
欧洲				
欧洲	3,503	3,990	4,206	4,426
欧洲合计	**3,503**	**3,990**	**4,206**	**4,426**
亚太地区				
澳大利亚	38,073	41,763	44,178	47,642
日本	583	740	805	870
法属新喀里多尼亚	6,815	7,412	7,620	7,834
新西兰	7,651	10,563	11,831	13,008
太平亚其他国家和地区	2,731	3,003	3,424	3,895
亚太地区合计	**55,853**	**63,481**	**67,858**	**73,249**
其他国家和地区	1,101	1,331	1,402	1,478
总计	**62,082**	**70,855**	**75,696**	**81,614**

注：不包括海上巡游游客。

图 4.36　瓦努阿图——2005～2009 年入境旅游接待量（单位：人次）

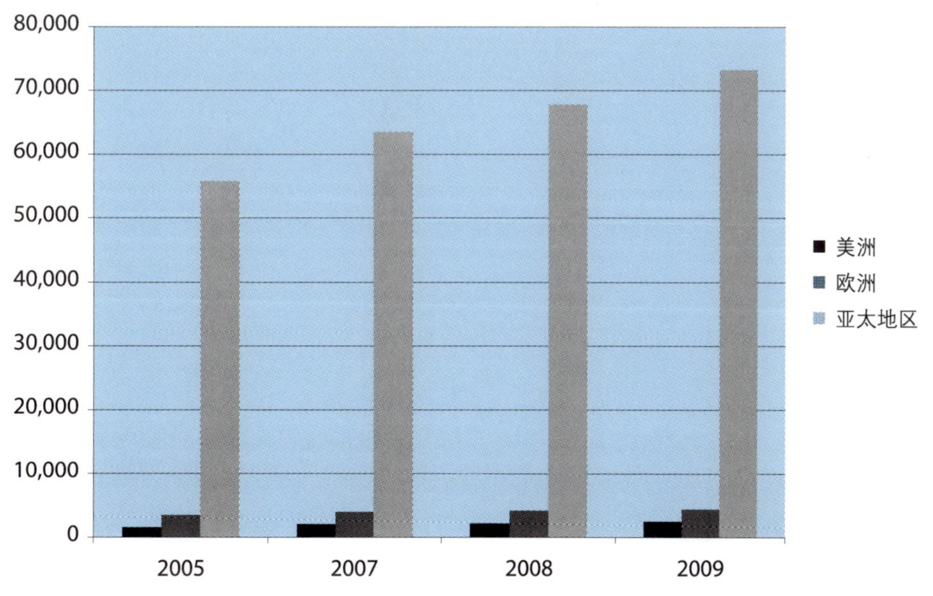

瓦努阿图的入境旅游接待量继续保持稳定。至 2009 年，作为其主要客源市场的澳大利亚，以及作为其首要的地区性客源市场的亚太地区，赴瓦努阿图的客流量预计都将稳定增长，在这两大市场的带动下，瓦努阿图的整体入境旅游市场将缓和而稳步增长。

越南

表 4.37　越南——2007～2009 年入境旅游接待量预测（单位：人次）

客源市场	2005	2007	2008	2009
美洲				
加拿大	63,431	78,906	87,362	99,521
美国	333,566	399,956	438,292	455,510
美洲合计	**396,997**	**478,862**	**525,654**	**555,031**
欧洲				
比利时	11,654	13,327	14,588	15,942
丹麦	14,470	16,870	18,244	19,836
芬兰	4,659	5,832	6,427	6,899
法国	126,402	137,630	144,288	151,614
德国	64,448	83,473	92,126	102,924
荷兰	22,318	27,422	31,615	35,721
挪威	9,229	11,106	12,184	13,396
西班牙	19,962	25,860	28,741	32,923
瑞典	16,866	18,495	19,654	20,837
瑞士	14,367	17,706	19,059	20,318
英国	80,884	89,242	93,648	97,775
欧洲合计	**385,259**	**446,963**	**480,574**	**518,185**
亚太地区				
澳大利亚	145,359	182,580	199,560	213,020
柬埔寨	186,543	193,460	215,454	230,644
中国内地	752,576	612,689	648,183	683,994
中国台湾	286,324	295,651	316,387	331,773
印度尼西亚	21,830	30,396	35,867	42,324
日本	320,605	418,462	445,314	482,468
韩国	317,213	464,489	512,624	566,104
老挝	44,462	58,621	64,422	70,396
马来西亚	76,755	95,066	104,515	112,322
缅甸	2,423	3,242	3,723	4,117
新西兰	13,867	15,921	18,608	20,713
菲律宾	31,675	40,673	45,821	51,167
新加坡	77,676	99,392	112,024	121,415
泰国	84,100	107,327	118,643	126,291
亚太地区合计	**2,361,408**	**2,617,969**	**2,841,145**	**3,056,748**
俄罗斯联邦	23,796	29,644	33,715	37,689
其他国家和地区	300,297	319,543	326,675	338,269
总计	**3,467,757**	**3,892,981**	**4,207,763**	**4,505,922**

图 4.37　越南——2005～2009 年入境旅游接待量（单位：人次）

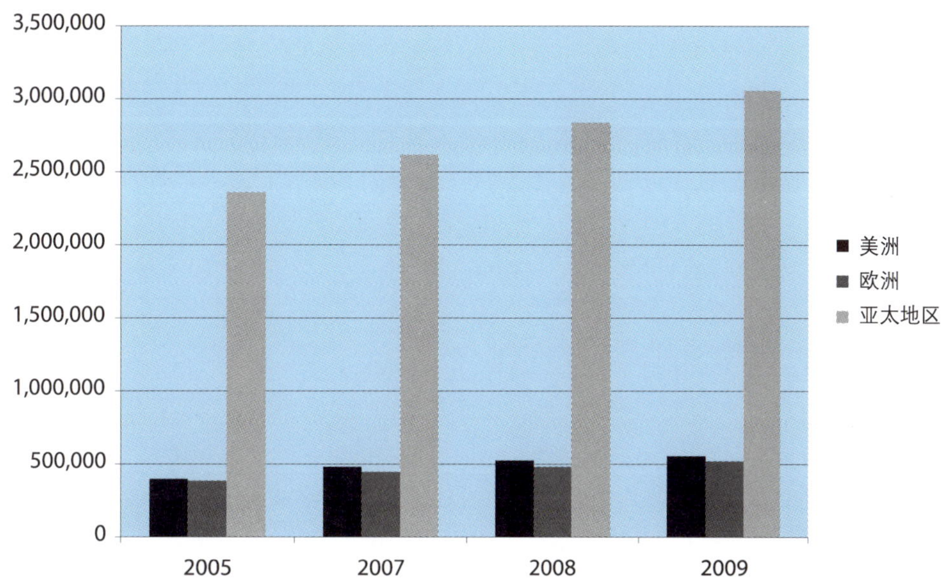

至 2009 年，越南在世界各地区的客源市场都将迅猛增长。来自澳大利亚和美国等国家、以探亲访友（VFR）为目的的客流量将大幅度增加，这些客源市场预计将迅速增长。2009 年，来自韩国和日本的客流量会大幅度增加，而来自中国内地的客流量则预计会减少，之后会有所回升，但是仍将低于 2005 年的数字。

第五章

2007 年、2008 年和 2009 年区域入境旅游接待量预测

导　言

一直以来，对入境旅游接待量的预测主要是在国家这一层面上进行的。但是现在至少较大的国家的一些主要区域中心，对细分化的入境旅游接待量统计信息有越来越强烈的需求。旅游者不再只是大批涌入目的地国家的首都所在地，而是越来越愿意分散到各类地区旅游。因而，对国家内各区域的入境旅游接待量统计信息的需求不断增加，目的是为地区旅游基础设施规划提供参考。各区域都希望招徕大量的旅游者，目的是通过赚取旅游者的旅游花费来促进地方发展。一些区域的旅游业是在探险旅游者的口碑宣传基础之上发展起来的，这些旅游者对体验地方文化非常感兴趣。

可持续的和有计划的区域国际旅游业为一国的发展带来的益处是显而易见的。旅游收入的涓滴经济效应更为迅速，区域中心能够获得直接的经济效益，并引导旅游影响的发挥。地区要受到上级政府的管理以及旅游收入的分配的干涉，地区和中央政府之间的矛盾也会延伸到地方和市政府之间。然而，那些接待了大量国际旅游者的区域，发展会更迅速一些。

对区域入境旅游接待量的预测通常很少有人尝试，这是预测分析中的一个新领域。其主要原因在于数据的可获取性。在大多数国家中有关区域入境旅游接待量的数据尚未大范围地公布，在亚太地区内仍然仅限制在几个国家的范围内。数据通常通过住宿设施来收集，因为在一国内部不存在区域入境关卡和边境以采集入境人数。这种方式采集到的数据（与在边境采集的数据相比）也存在着自身的问题，且需要经过处理。此外，控制着流向各区域的客流量的解释变量也难以被测定，因此，两位作者已经开始进行一项区域预测的重要研究，正在探索预测区域入境旅游接待量的更先进的方法。模型的开发需要时间，为了能够现在就提供预测的结果而不是等待更尖端的方法，大多数的区域预测是利用时间序列分析方法完成的。但是关岛（美国）、夏威夷（美国）和沙捞越（马来西亚）的预测不是这样做的，因为这几个区域的预测几年来都是运用计量经济方法和SITEA方法完成的，对关岛（美国）、夏威夷（美国）和沙捞越（马来西亚）的每一个主要客源市场的客流量进行了预测。希望将来中国内地和泰国的区域旅游预测也能够用这种方法来进行。

我们预期，当这种预测方法的可用性越来越大时，可用于各国区域预测的时间序列也会越来越多，在报告的未来版本中本章的范围将会扩大，将包含更多国家的区域预测。

中国内地

中国内地是亚太地区最大的旅游目的地之一，伴随着新的经济发展和对世界贸易经济开放，中国内地已成为对区域入境旅游接待量预测需求最迫切的旅游目的地之一。

在报告中，是第一次尝试为中国内地建立区域预测模型，这个模型还有待于未来的进一步优化。中国内地区域国际旅游业的增长可以极大地促进该区域的发展，目前主要集中在沿海地区。

以省（自治区、直辖市）旅游组织为节点形成一个统筹的、全国性联结的系统是必要的，这样可以协同开发和营销新的旅游产品，向旅游者展示当地文化，用国家标准来规范住宿业，开发娱乐产品，为各省（自治区、直辖市）的旅游吸引物进行营销，将地方旅游吸引物提升到全国和国际水平。

省（自治区、直辖市）旅游机构也可以通过旅游数据的采集推广本地区的教育与研究，查明就业需求方面的资格和培训情况。

有必要增强国际旅游者在区域之间转移的能力，这就需要使用国际通用的标志，提高公路、铁路和航空运输之间的联系。反过来，这些问题的解决需要各区域旅游组织之间不断加强协调。各区域旅游组织还需要推进在公共场所建立一系列旅游信息中心的工作，以便为旅游者提供更广泛的包括住宿服务在内的区域旅游产品。区域旅游信息中心只是为方便国内和国际散客与自驾车旅游者出行的第一步。此外位于边境的区域还可以增加和邻国之间的旅游机会。

表 5.1　中国内地——2007～2009 年区域入境旅游接待量预测（单位：人次）

区域	2005	2007	2008	2009	2005～2009 年均增长率（%）
北京市	3, 629, 177	4, 109, 500	4, 307, 800	4, 518, 400	5. 63
天津市	740, 071	1, 000, 300	1, 149, 600	1, 232, 110	13. 59
河北省	626, 484	714, 430	729, 980	740, 970	4. 29
山西省	421, 458	521, 870	548, 321	588, 370	8. 70
内蒙古自治区	1, 001, 635	1, 355, 000	1, 576, 100	1, 833, 100	16. 31
辽宁省	1, 301, 955	1, 565, 900	1, 822, 600	2, 288, 700	15. 15
吉林省	373, 249	404, 100	441, 960	483, 360	6. 68
黑龙江省	821, 532	946, 500	1, 029, 700	1, 120, 300	8. 06
上海市	4, 445, 428	6, 581, 000	7, 027, 316	7, 597, 216	14. 34
江苏省	3, 783, 023	4, 624, 800	5, 170, 600	5, 693, 200	10. 76
浙江省	3, 480, 469	5, 347, 700	5, 834, 500	6, 380, 802	16. 36
安徽省	632, 895	748, 730	789, 316	831, 270	7. 05
福建省	1, 973, 894	2, 265, 400	2, 443, 500	2, 635, 600	7. 50
江西省	372, 513	431, 120	486, 150	530, 980	9. 27
山东省	1, 551, 056	1, 877, 500	2, 102, 300	2, 296, 015	10. 30
河南省	600, 529	708, 460	771, 260	840, 430	8. 77
湖北省	825, 700	938, 770	997, 210	1, 268, 334	11. 33
湖南省	719, 829	1, 069, 600	1, 181, 700	1, 308, 700	16. 12
广东省	18, 969, 850	22, 351, 000	23, 897, 615	24, 911, 689	7. 05

表 5.1　中国内地——2007～2009 年区域入境旅游接待量预测（单位：人次）（续）

区域	2005	2007	2008	2009	2005～2009 年均增长率（%）
广西壮族自治区	1,477,099	1,769,800	1,980,000	2,215,100	10.66
海南省	431,907	745,810	796,321	842,615	18.18
重庆市	523,872	675,560	771,910	881,990	13.91
四川省	1,062,759	1,563,800	1,908,800	2,329,800	21.68
贵州省	276,194	280,800	319,640	363,850	7.13
云南省	1,502,787	2,026,400	2,430,100	2,914,200	18.01
西藏自治区	121,308	149,560	159,670	173,812	9.41
陕西省	928,351	1,171,700	1,364,800	1,587,216	14.35
甘肃省	288,484	412,290	456,310	497,215	14.58
青海省	35,187	40,760	44,878	49,411	8.86
宁夏回族自治区	8,162	10,780	12,245	13,164	12.69
新疆维吾尔自治区	331,145	358,230	384,540	412,780	5.66

马来西亚

马来西亚的沙捞越地区在地理上位于婆罗洲岛，远离马来西亚半岛。沙捞越是一个重要的旅游目的地，但是无法分享邻近的马来西亚本土上的基础设施。

沙捞越

表5.2 沙捞越（马来西亚）——2007～2009年入境旅游接待量预测（单位：人次）

市场	2005	2007	2008	2009
美洲				
加拿大	9, 011	10, 761	11, 491	12, 271
美国	11, 202	12, 421	13, 181	13, 988
美洲合计	**20, 213**	**23, 182**	**24, 672**	**26, 259**
欧洲				
东欧	2, 031	2, 905	3, 475	4, 156
英国和爱尔兰	42, 383	44, 442	46, 061	47, 739
其他西欧国家和地区	22, 593	33, 628	40, 170	46, 528
欧洲合计	**67, 007**	**80, 975**	**89, 706**	**98, 423**
亚太地区				
澳大利亚	27, 752	30, 633	32, 550	34, 588
文莱	1, 318, 792	1, 635, 300	1, 827, 500	2, 042, 300
中国内地	18, 927	27, 637	33, 397	40, 356
中国台湾	7, 966	8, 812	8, 956	9, 102
中国香港特别行政区	584	550	484	497
印度	12, 219	14, 806	16, 869	19, 125
印度尼西亚	428, 570	509, 640	555, 760	606, 050
日本	9, 753	9, 996	10, 321	10, 588
马来西亚半岛	2, 217, 758	2, 665, 437	2, 858, 648	2, 996, 354
菲律宾	97, 288	106, 080	127, 840	153, 950
新加坡	42, 659	45, 938	47, 830	49, 801
泰国	17, 431	27, 145	30, 589	34, 075
亚太地区合计	**4, 199, 699**	**5, 081, 974**	**5, 550, 744**	**5, 996, 786**
其他国家和地区	192, 535	241, 630	262, 260	284, 660
总计	**4, 479, 454**	**5, 427, 761**	**5, 927, 382**	**6, 406, 128**

图 5.1　沙捞越（马来西亚）——2005～2009 年入境旅游接待量（单位：人次）

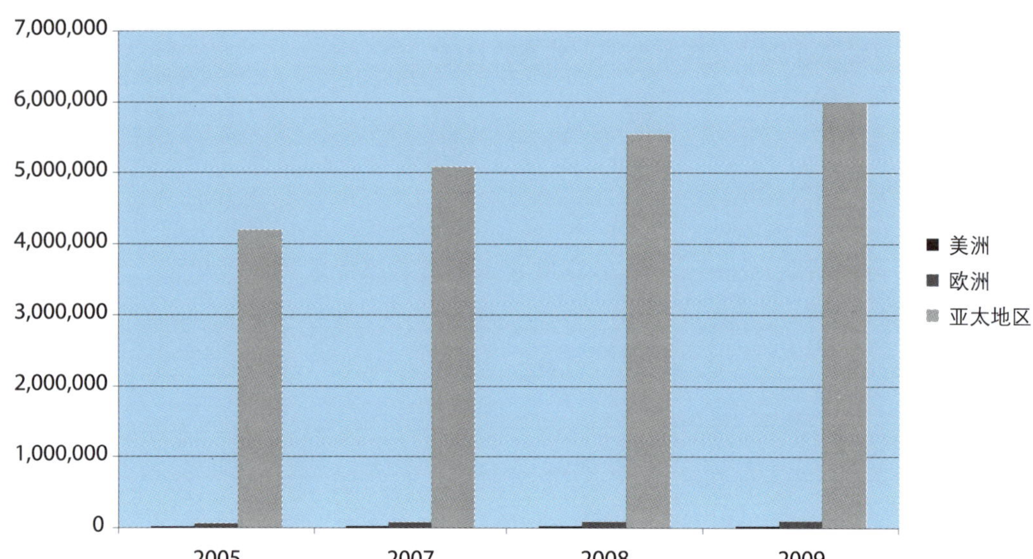

沙捞越有多种吸引人的旅游资源，入境旅游接待量非常大。据预测至 2009 年，沙捞越所有的客源地区和市场的来访人数都会稳定增长，尤其是来自中国内地、文莱、印度尼西亚和马来西亚半岛的客流量。

“非典”导致的增长率低迷期过后，入境旅游接待量强劲回升，之后在 2005 年增长趋势开始放缓。根据预测，2007～2009 年的增长率将更高一些。

表 5.3　沙捞越（马来西亚）——1997～2009 年入境旅游接待量增长率

年份	入境旅游接待量(人次)	年均增长率(%)
1997	3, 227, 896	5. 30
1998	3, 266, 322	1. 19
1999	3, 307, 467	1. 26
2000	3, 284, 215	-0. 70
2001	3, 492, 315	6. 34
2002	3, 673, 835	5. 20
2003	3, 283, 119	-10. 64
2004	4, 273, 444	30. 16
2005	4, 479, 454	4. 82
2007	5, 427, 761	10. 08
2008	5, 927, 382	9. 20
2009	6, 406, 128	8. 08

马来西亚半岛（本土）以及沙捞越的邻国文莱，占有沙捞越最大的客源市场份额，而马来西亚半岛的市场份额从现在至 2009 年预计会有些减少。新加坡、英国和爱尔兰的市场份额预计也会减少。其余客源市场的份额则预计会增长。与 2004 年相比，新加坡的排名提前了一位，领先英国和爱尔兰。

表 5.4　沙捞越（马来西亚）——1997～2009 年主要客源市场所占份额（%）

国家/地区	1997	1998	1999	2000	2001	2002	2003	2004	2005	2007	2008	2009
马来西亚半岛	64.4	57.7	56.7	54.5	52.2	52.8	49.2	47.5	49.5	49.1	48.2	46.8
文莱	21.0	25.9	25.8	25.7	28.4	27.8	27.9	29.4	29.4	30.1	30.8	31.9
印度尼西亚	5.8	6.9	7.7	8.3	8.6	8.7	10.8	9.4	9.6	9.4	9.4	9.5
菲律宾	0.7	1.1	1.1	1.0	1.4	1.6	2.1	2.4	2.2	2.0	2.2	2.4
新加坡	1.0	0.9	1.0	1.0	0.9	0.9	0.9	1.0	1.0	0.8	0.8	0.8
英国和爱尔兰	1.0	1.0	1.0	1.0	1.0	1.0	1.0	1.0	0.9	0.8	0.8	0.7

图 5.2　沙捞越（马来西亚）——2004～2005 年入境旅游的季节性（单位：人次）

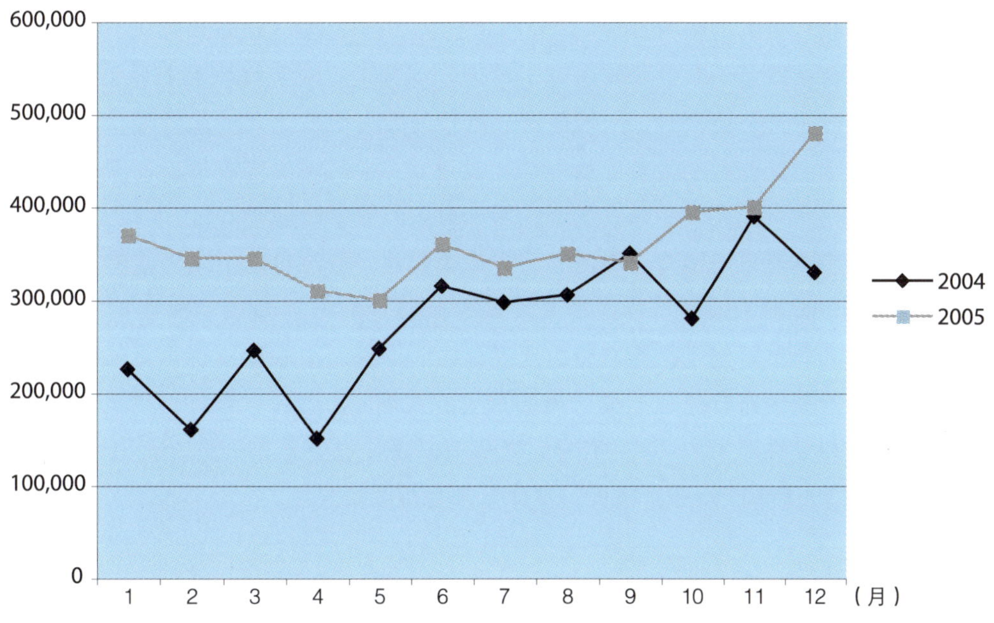

沙捞越入境旅游的旺季在 10～12 月之间。

泰国

区域预测

区域预测已将 2004 年 12 月的海啸以及南部地区政治问题造成的持续困扰考虑在内。2003 年至 2004 年海啸之前的恢复期内，泰国的入境旅游接待量增长强劲，然而，2005 年大部分区域的入境旅游接待量锐减。预计今年泰国区域入境旅游接待量将以较低的基数增长，这个预测比往年的预测更为保守。但是在 2005 ~ 2009 年整个时期，入境旅游接待量的增长都会保持迅猛。南部的合艾省增长率预计最低，为 4%，这是由于南部持续的政局动荡所致。普吉岛和勘察纳布日由于从海啸的影响中恢复过来，预计增长率最高。

清迈的入境旅游接待量预计将以 10% 的速度迅速增长。作为旅游胜地，芭提雅、苏眉岛与双溪哥乐的入境旅游接待量预计增长平缓。在进行增长率比对时，要考虑到客流量相对规模的大小。例如，曼谷的入境旅游接待量的增幅为 6.9%，要小于清迈，但是这一增长率是基于一个较大的客流量基数，曼谷入境旅游接待量的数量增长超过了清迈。同样地，对芭堤雅和其他区域（如苏眉岛）的入境旅游接待量增长率进行比较时，入境旅游接待量的数量增长比入境旅游接待量比率的增长所能预示的内容更为重要。这些数字代表着从一个区域到另一个区域的客流量，而不是直接进入区域的入境旅游接待量，这也可能尤其会导致芭堤雅和苏眉岛的数字被轻微低估。

海啸导致了芭堤雅客流量的锐减，却使苏眉岛从中获益，且与包括中国香港特别行政区在内的地区之间的航空联系也得到了加强。苏眉岛入境旅游接待量的增加有赖于持续扩展的航空运载能力，如果泰国航空公司仍然行使飞往苏眉岛的选择权的话，则入境旅游接待量可能被低估。在泰国所有的旅游区域中，勘察纳布日受"非典"威胁最大，入境旅游接待量预计会以迅猛之势回升。双溪哥乐的入境旅游接待量在经历了 2004 年的低迷期后，预计也会强劲回升，而那空叻差是玛地区的入境旅游接待量在 2005 年已经迅速增长，预计未来会持续增长。

表 5.5　泰国——2007 ~ 2009 年区域入境旅游接待量预测（单位：人次）

区域	2005	2007	2008	2009	2005 ~ 2009 年均增长率（%）
曼谷	13, 393, 738	15, 462, 311	16, 398, 261	17, 458, 691	6. 85
清迈	2, 984, 173	3, 856, 142	3, 965, 259	4, 374, 526	10. 03
勘察纳布日	899, 862	1, 562, 682	1, 953, 281	2, 587, 361	30. 22
芭堤雅	4, 541, 670	5, 134, 204	5, 306, 781	5, 698, 922	5. 84
普吉岛	1, 971, 181	4, 358, 496	4, 521, 788	4, 935, 200	25. 79
合艾	1, 494, 050	1, 620, 430	1, 688, 314	1, 733, 892	3. 79
苏眉岛	837, 495	920, 876	976, 843	1, 023, 642	5. 15
双溪哥乐	254, 292	265, 899	291, 478	322, 561	6. 13
那空叻差是玛	817, 933	958, 345	1, 068, 231	1, 154, 367	8. 99

美国

作为一个极为大型的旅游目的地，美国非常适合进行区域旅游预测，关岛和夏威夷各自的旅游预测已进行了多年。未来期望能获得更多的数据以扩展美国区域旅游预测。

关岛

表 5.6　关岛（美国）——2007～2009 年入境旅游接待量预测（单位：人次）

市场	2005	2007	2008	2009
美洲				
加拿大	503	727	878	1, 001
夏威夷（美国）	9, 029	9, 710	10, 369	11, 073
美国本土	36, 830	35, 830	36, 155	36, 484
美洲合计	**46, 362**	**46, 267**	**47, 402**	**48, 558**
欧洲				
欧洲	1,750	1,772	1,815	1,856
欧洲合计	**1,750**	**1,772**	**1,815**	**1,856**
亚太地区				
澳大利亚	2, 546	2, 781	2, 997	3, 229
中国内地	840	1, 401	1, 661	1, 905
中国台湾	23, 386	20, 503	19, 267	18, 033
中国香港特别行政区	4, 518	6, 987	8, 419	9, 276
密克罗尼西亚联邦	8, 394	8, 644	8, 871	8, 966
日本	955, 245	961, 134	968, 486	976, 040
韩国	109, 335	127, 069	138, 234	150, 382
瑙鲁	5	17	25	31
北马里亚纳群岛（美国）	18, 042	18, 872	19, 822	20, 601
帕劳	3, 296	3, 239	3, 380	3, 529
菲律宾	7, 051	9, 325	11, 628	13, 445
马绍尔群岛共和国	958	1, 122	1, 221	1, 352
泰国	170	223	257	281
越南	21	44	84	101
亚太地区合计	**1, 133, 807**	**1, 161, 361**	**1, 184, 352**	**1, 207, 171**
其他国家和地区	3, 009	4, 181	5, 028	5, 970
总计	**1, 184, 928**	**1, 213, 581**	**1, 238, 597**	**1, 263, 555**

注：不包括海上巡游旅客。

图 5.3　关岛（美国）——2005～2009 年入境旅游接待量（单位：人次）

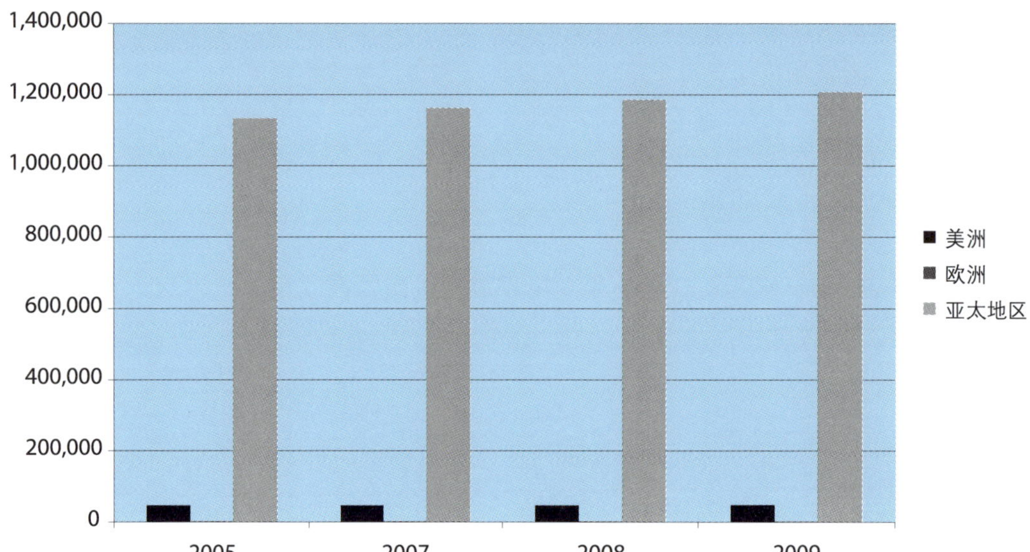

关岛的入境旅游接待量大小主要取决于日本和韩国，其次是美国本土、北马里亚纳群岛和中国台湾。最近，韩国至关岛的航空运载力提高，预计来自韩国客源市场的客流量将会显著增加。据预测，来自日本、中国香港特别行政区和菲律宾的入境旅游者也会大幅度增加。

关岛也会遭受台风的袭击并会使旅游业遭受影响。

日本对关岛的入境旅游接待量有着决定性的影响，这一客源市场的变化决定着关岛整体入境旅游接待量增长比率的大小。另一个重要的客源市场是韩国，其航空运载能力是一个大问题，如果运载能力提高，随着韩国出境旅游市场的扩展，赴关岛的韩国旅游者将会极大增加。关岛会受到台风的袭击，并已经遭受了台风 Pongsona、"非典"和伊拉克战争的影响，导致 2003 年入境旅游接待量的下降。接下来的两年，关岛入境旅游接待量均为负增长，虽然 2004 年还未能恢复到历史最高水平，但是 2004 年增长率的提高表明入境旅游接待量已恢复增长。考虑了天气影响，增长可望持续到 2009 年。

表 5.7　关岛（美国）——1997～2009 年入境旅游接待量增长率

年份	入境旅游接待量（人次）	年均增长率（%）
1997	1, 373, 210	1. 54
1998	1, 128, 855	-17. 79
1999	1, 155, 563	2. 37
2000	1, 245, 909	7. 82
2001	1, 124, 198	-9. 77
2002	1, 031, 161	-8. 28
2003	857, 432	-16. 85
2004	1, 120, 676	30. 70
2005	1, 184, 928	5. 73
2007	1, 213, 581	1. 20
2008	1, 238, 597	2. 06
2009	1, 263, 555	2. 02

注：仅为乘飞机来访的游客。

市场份额预测的结果显示，韩国市场的市场份额有了很大增长。北马里亚纳群岛、夏威夷和菲律宾的市场份额也可望提高。主要客源市场日本，以及美国本土和中国台湾的市场份额预计有所减少，而密克罗尼西亚的市场份额则趋于稳定。

表 5.8　关岛（美国）——1997～2009 年主要客源市场所占份额（%）

国家/地区	1997	1998	1999	2000	2001	2002	2003	2004	2005	2007	2008	2009
日本	80.6	76.6	82.9	84.2	80.2	76.3	76.9	80.9	80.6	79.2	78.2	77.2
韩国	8.6	1.8	4.1	7.0	8.0	12.4	10.2	8.0	9.2	10.5	11.2	11.9
美国本土	na	na	2.8	2.7	2.9	3.2	3.8	3.3	3.1	3.0	2.9	2.9
中国台湾	1.6	1.8	3.6	3.2	2.8	1.9	2.2	2.2	2.0	1.7	1.6	1.4
北马里亚纳群岛(美国)	2.1	2.3	2.0	1.8	2.0	1.9	2.2	1.7	1.5	1.6	1.6	1.6
夏威夷(美国)	0.7	0.8	0.8	0.7	0.8	0.8	1.0	0.8	0.8	0.8	0.8	0.9
密克罗尼西亚联邦	1.1	1.3	1.0	1.8	0.9	0.8	1.1	0.8	0.7	0.7	0.7	0.7
菲律宾	0.5	0.6	0.5	0.5	0.5	0.6	0.8	0.6	0.6	0.8	0.9	1.1

注：na 代表数据无法获得。

季节性

图 5.4　关岛（美国）——2004～2005 年入境旅游的季节性（单位：人次）

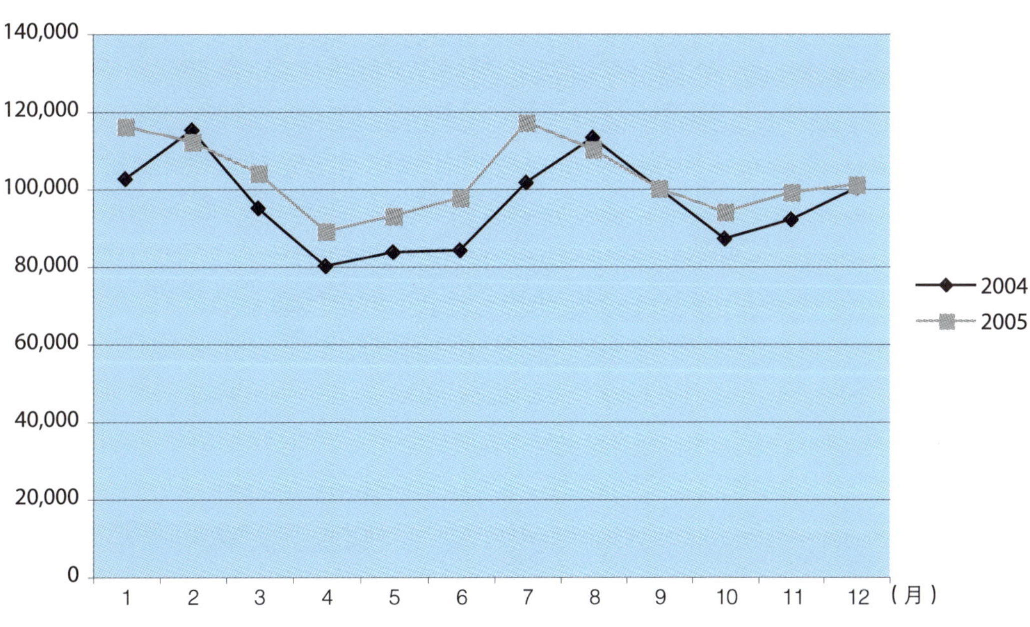

7 月至 8 月是关岛入境旅游接待量的高峰，10 月下跌，1 月至 2 月回升到第二个高峰。

夏威夷

表 5.9 夏威夷（美国）——2007～2009 年入境旅游接待量预测（单位：人次）

市场	2005	2007	2008	2009
美洲				
加拿大	248, 617	298, 160	330, 570	366, 490
美国	4, 961, 786	5, 413, 600	5, 687, 900	5, 892, 030
美洲合计	**5, 210, 403**	**5, 711, 760**	**6, 018, 470**	**6, 258, 520**
欧洲				
法国	8, 165	10, 150	10, 843	11, 412
德国	28, 061	37, 783	42, 476	48, 332
意大利	6, 080	7, 902	8, 416	8, 891
瑞士	5, 722	5, 645	5, 252	5, 089
英国	66, 921	68, 320	71, 665	74, 854
欧洲合计	**114, 949**	**129, 800**	**138, 652**	**148, 578**
亚太地区				
澳大利亚	122, 940	165, 080	192, 290	223, 980
中国内地	42, 526	43, 112	45, 449	47, 913
中国台湾	20, 174	27, 081	28, 170	28, 970
中国香港特别行政区	5, 363	5, 909	6, 217	6, 685
日本	1, 517, 439	1, 534, 600	1, 588, 500	1, 632, 127
韩国	35, 008	34, 420	35, 216	36, 210
新西兰	19, 451	22, 995	23, 321	23, 537
新加坡	4, 050	4, 641	4, 803	5, 067
亚太地区合计	**1, 766, 951**	**1, 837, 838**	**1, 923, 966**	**2, 004, 489**
其他国家和地区	326, 849	342, 591	350, 346	356, 874
总计	**7, 419, 152**	**8, 021, 989**	**8, 431, 434**	**8, 768, 461**

图 5.5　夏威夷（美国）——2005～2009 年入境旅游接待量（单位：人次）

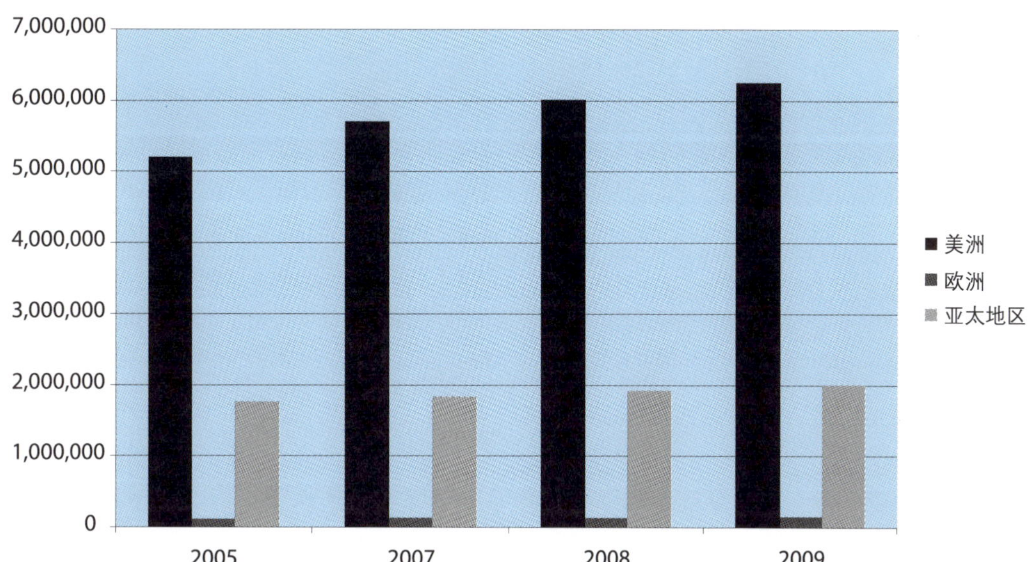

最近，夏威夷遭受了长时间的入境旅游接待量的下降。夏威夷入境旅游市场主要受美国国内市场和日本国际市场控制。美元相对贬值和安全问题的好转使得最重要的日本市场开始扭转，并促进了澳大利亚市场的强劲增长。而斐济和印度尼西亚的问题也将对澳大利亚和新西兰游客有直接的影响。

伊拉克战争、“非典”以及对恐怖活动的担心，明显减弱了夏威夷入境旅游接待量的初步复苏，使 2002 年处于接待量增长的低迷期。2004 年的复苏比预想的程度高，入境旅游接待量几乎回升为 2000 年的历史最高水平。在预测期内，夏威夷入境旅游接待量的增长预计会显著而稳定，并且 2004 年已经打下一个坚实的增长基础，未来会达到一个新的高峰。

表 5.10　夏威夷（美国）——1997～2009 年入境旅游接待量增长率

年份	入境旅游接待量（人次）	年均增长率（%）
1997	6, 761, 135	0. 57
1998	6, 595, 790	-2. 45
1999	6, 741, 037	2. 20
2000	6, 948, 595	3. 08
2001	6, 303, 790	-9. 28
2002	6, 389, 055	1. 35
2003	6, 380, 439	-0. 13
2004	6, 912, 094	8. 33
2005	7, 416, 574	7. 30
2007	8, 003, 738	3. 88
2008	8, 405, 508	5. 02
2009	8, 735, 527	3. 93

表 5.11 夏威夷（美国）——1997～2009 年主要客源市场所占份额（%）

国家/地区	1997	1998	1999	2000	2001	2002	2003	2004	2005	2007	2008	2009
美国本土	52.0	55.1	58.0	59.7	62.8	63.9	66.8	66.8	66.9	67.6	67.7	67.4
日本	32.8	30.4	27.1	26.2	24.2	23.2	21.0	21.0	20.5	19.2	18.9	18.7
加拿大	3.1	3.5	3.7	3.6	3.4	3.0	3.2	3.2	3.4	3.7	3.9	4.2
澳大利亚	1.2	1.1	1.2	1.1	1.1	1.4	1.2	1.2	1.7	2.1	2.3	2.6
英国	1.1	1.2	1.3	1.3	1.2	1.1	1.0	1.0	0.8	0.8	0.7	0.7
中国内地	0.4	0.5	0.4	0.5	0.5	0.6	0.4	0.4	0.6	0.5	0.5	0.5
中国台湾	0.9	0.6	0.6	0.5	0.2	0.2	0.2	0.2	0.3	0.3	0.3	0.3
韩国	1.6	0.3	0.6	0.9	0.7	0.8	0.8	0.8	0.5	0.4	0.4	0.4
德国	1.2	1.0	1.0	0.7	0.5	0.4	0.4	0.4	0.4	0.3	0.3	0.3
新西兰	0.6	0.6	0.5	0.3	0.2	0.3	0.3	0.3	0.3	0.3	0.3	0.3

美国本土和日本占据了整个客源市场绝大多数的市场份额，在预测期内，美国本土的份额有望增长，而日本的市场份额则预计减少。加拿大和澳大利亚的市场份额预计也会增长。中国台湾和新西兰的市场份额预计保持稳定，十大客源市场中其余的几个市场预计会丧失一部分份额。中国内地和中国台湾的排名自 2004 年起提高了一个名次。

来访目的

图 5.6 夏威夷（美国）——2005 年入境旅游者的来访目的

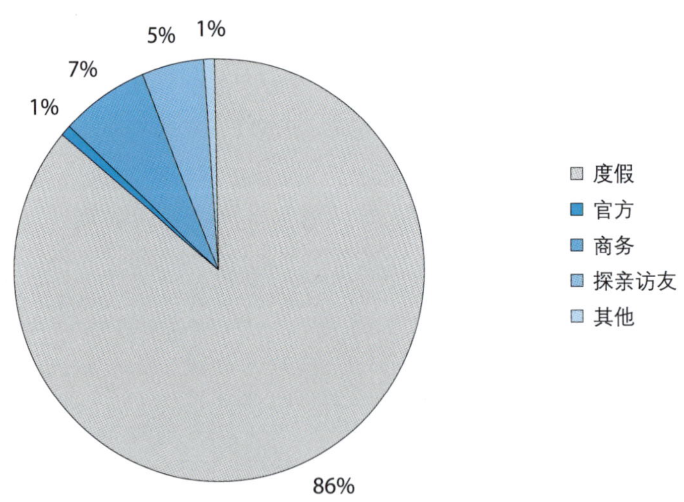

在入境旅游接待量中，度假旅行占据主要地位，而商务旅行和探亲访友旅行则占有相对较少的份额。虽然购物收入高于正常的收入水平，但是夏威夷的旅游收入类型还是处于一个相对正常的分布状况，这显示出旅游收入的分布处于良好的状态。

图 5.7　夏威夷（美国）——2005 年各类旅游消费总额（单位：百万美元）

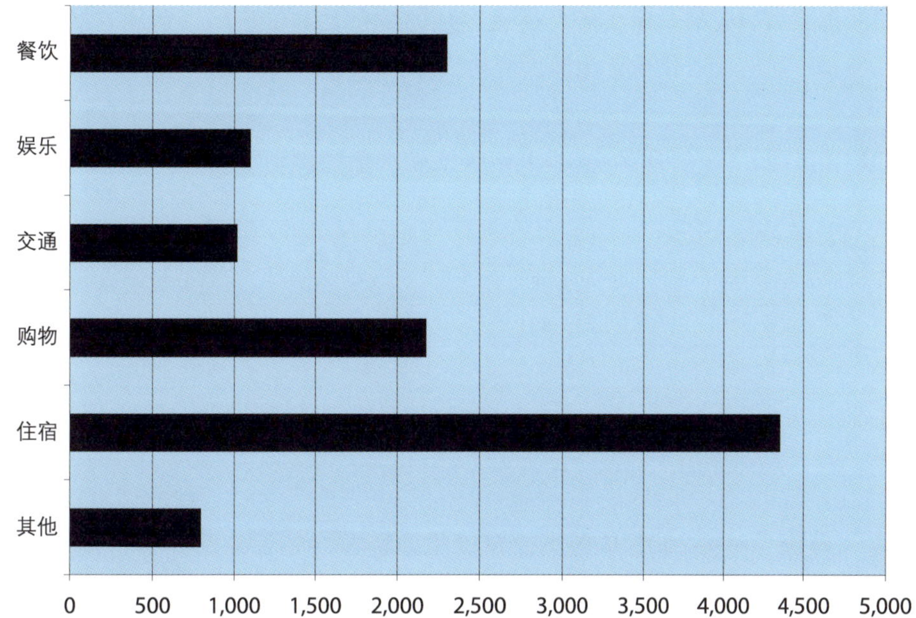

住宿

2005 年夏威夷可供使用的客房数为 72，889 间。除了饭店以外，很多旅游者还使用了各种各样的住宿设施，如汽车旅馆和公寓式旅馆等，因此客房的数量足够供应。据预测，至 2009 年入境旅游接待量将迅猛增长，届时将对住宿设施的供应构成压力。

表 5.12　夏威夷（美国）——2007～2009 年床位需求量预测

年份	入境旅游接待量(人次)	床夜次	停留天数	客房需求量(间)	出租率(%)
2007	8, 003, 738	56, 426, 353	7. 05	110, 423	70
2008	8, 405, 508	59, 258, 831	7. 05	115, 966	70
2009	8, 735, 527	61, 585, 465	7. 05	120, 520	70

注：预测期内的停留天数由作者估算。

图 5.8　夏威夷（美国）——2005 年各类住宿设施的游客（停留意图）接待量（单位：人次）

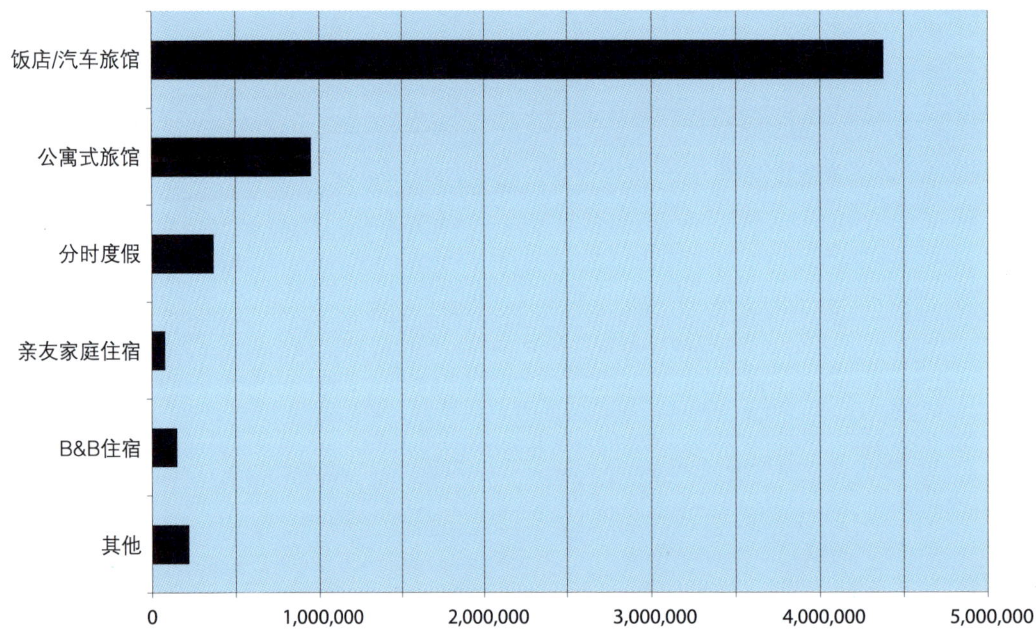

季节性

夏威夷正常的旺季为 7 月和 12 月。

图 5.9　夏威夷（美国）——2004～2005 年入境旅游的季节性（单位：人次）

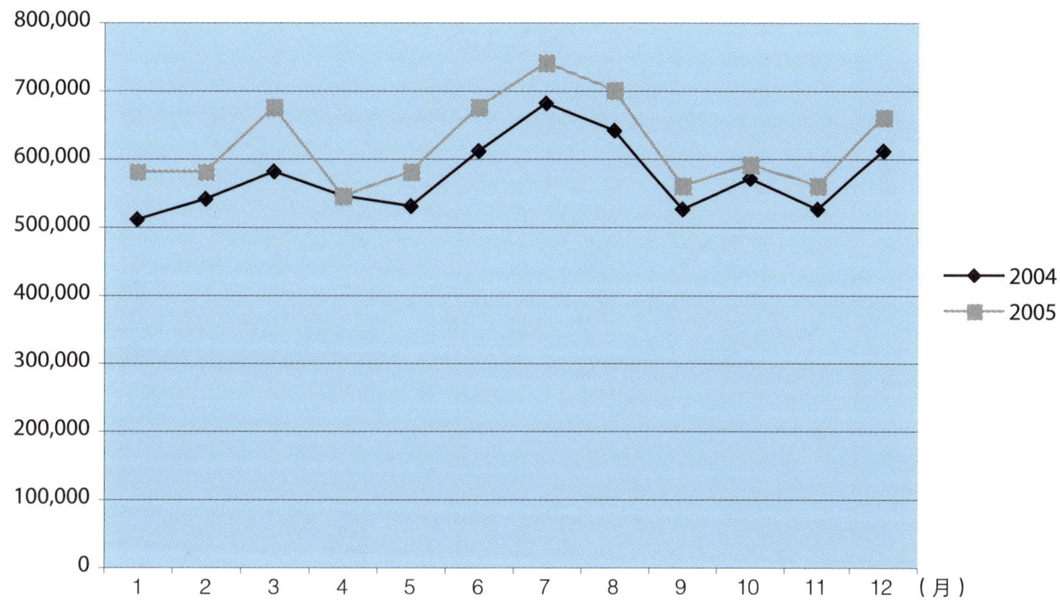

第六章

1997～2009 年
旅游发展总体趋势

澳大利亚

在2000年悉尼奥运会和2004年“非典”过后的恢复期，澳大利亚入境旅游接待量的增长相当强劲，2005年则以5%的强度适中的年均增长率（AAGR）增长。尽管每年都期待接待量以更强而不是缓和的势头增长，但结果却有些令人失望。在整个预测期内，澳大利亚入境旅游接待量将以的很低的幅度增长，这种状况会持续到2009年，届时预计能达到6百万人次的基准。澳大利亚一直遭受本土长距离运载能力短缺的困扰，随着维珍蓝航空公司（Virgin Blue）和澳航（Qantas）捷星廉价航空公司（Jetstar）的扩张，澳大利亚的航空运载力已有明显提高。在2001年“9·11”恐怖袭击事件中破产的安捷航空公司（Ansett）是澳大利亚国内唯一的星空联盟（Star Alliance）成员，安捷航空公司的破产给澳大利亚入境旅游造成了长期影响，使本来就表现欠佳的澳大利亚目的地市场雪上加霜。在澳大利亚，持有“天宇一家”的国际客票可以进行区域间长距离飞行，但持有星空联盟机票在澳大利亚国内乘坐联盟成员公司的客机却是有限制的。一些非传统的广告宣传对入境旅游增长率没有什么帮助。澳大利亚传统的市场营销常规性地延续过去成功的理念，如澳大利亚北领地的“世外桃源”广告宣传，以及昆士兰的享受冲浪和好天气生活方式的广告宣传。澳大利亚在与多种货币兑换方面拥有优势，其中包括美元、欧元、日元，但对于亚太地区的许多客源市场来说，由于距离较远和住宿价格，使得澳洲之旅相对昂贵。在本报告预测期内，新型波音和空中客车等大型客机也将交付并投入运营，使远程旅行更为便捷，这将成为澳大利亚市场的优势。

表6.1 澳大利亚——1997～2009年入境旅游增长率

年份	入境旅游接待量(人次)	年均增长率(%)
1997	4,317,860	3.68
1998	4,167,210	-3.49
1999	4,459,500	7.01
2000	4,946,196	10.91
2001	4,816,800	-2.62
2002	4,841,400	0.51
2003	4,745,800	-1.97
2004	5,215,100	9.89
2005	5,497,000	5.41
2007	5,761,211	2.38
2008	5,947,779	3.24
2009	6,160,811	3.58

在澳大利亚的入境旅游客源国中，日本从以往的第二名跌落至第三名，英国则回复到第二名。经历了上世纪90年代后期日本独霸榜首的时期，新西兰再次确定了第一名的位置。在过去几年来，新西兰一直是澳大利亚排名第一的客源市场，直至2005以前年，其每年所占的市场份额比重都在不断增加。在本次预测期间，预计新西兰所占市场份额的主导地位会有所减弱，但也只是从20%轻微下降至19%。其余的客源市场排名没有变化，在这次预测期间，尽管中国内地客源市场将有显著增长，但预计中国内地不会超过美国。由于更新广告宣传，美国市场的突起令人瞩目，而新型远程客机的投入使用，使美国东海岸将成为澳大利亚的新型客源市场。虽然通过日本和美国之间的对比

可看出，同样的市场营销策略在两国的效果有所不同，但是日本大力营销使其成为深具潜力的客源市场。

未来，另外一个潜在问题是水资源的供给不能适应人口增长的需要。最近发生的干旱使这个长期性问题成为焦点，对澳大利亚的旅游目的地造成了影响。从长远看，这个问题很可能会影响到入境旅游接待量，从中期角度看，可以采取诸如在东部省份普降暴雨以结束干旱，或者是海水淡化等方法来解决这个问题。

表6.2　澳大利亚——1997～2009年主要客源市场所占份额（%）

国家/地区	1997	1998	1999	2000	2001	2002	2003	2004	2005	2007	2008	2009
新西兰	15.9	17.0	16.0	16.6	15.1	16.3	17.7	19.8	20.0	19.6	19.4	19.3
英国	9.5	11.2	12.3	11.7	12.7	13.3	14.2	13.0	12.9	12.5	12.4	12.3
日本	18.9	18.0	16.0	14.6	14.1	14.8	13.2	13.6	12.5	12.1	11.9	11.7
美国	7.6	9.0	9.5	9.8	9.3	9.0	8.9	8.3	8.1	8.0	7.9	7.8
中国内地	3.1	3.9	2.2	2.5	3.6	3.9	3.7	4.8	5.2	6.2	6.6	6.9
新加坡	5.5	5.9	5.7	5.6	5.6	5.9	5.3	4.8	4.8	4.6	4.6	4.5
韩国	5.5	5.4	1.6	2.4	3.2	3.7	3.9	4.1	4.6	4.4	4.4	4.4
马来西亚	3.3	2.7	3.1	3.1	3.2	3.3	3.3	3.2	3.0	2.9	2.8	2.8

来访目的

图6.1　澳大利亚——2005年入境旅游者的来访目的

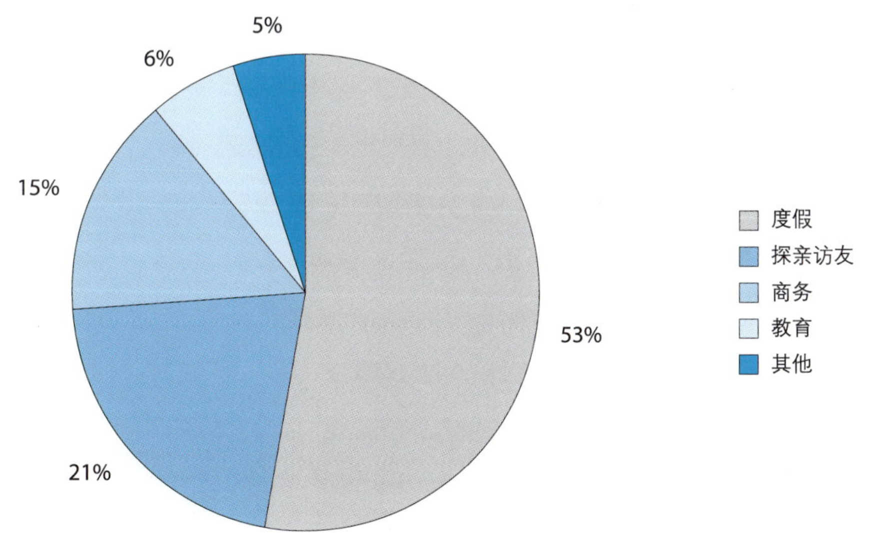

澳大利亚的旅游类型极为广泛，教育旅行（尤其是来自中国内地的旅游者）是其中的重要组成部分，来自各个移民输出国家的探亲访友旅游者数量也很大，包括英国、新西兰和南亚地区。

旅游收入

澳大利亚的旅游收入预计将随着入境旅游接待量的增加而增加。

表 6.3　澳大利亚——2003～2009 年旅游收入

年份	旅游收入（十亿美元）
2003	8.4
2004	8.9
2005	9.5
2007	10.0
2008	10.3
2009	10.6

注：预测期内的收入按 2005 年美元价值计算。

图 6.2　澳大利亚——2005 年部分客源市场的人均消费情况（单位：美元）

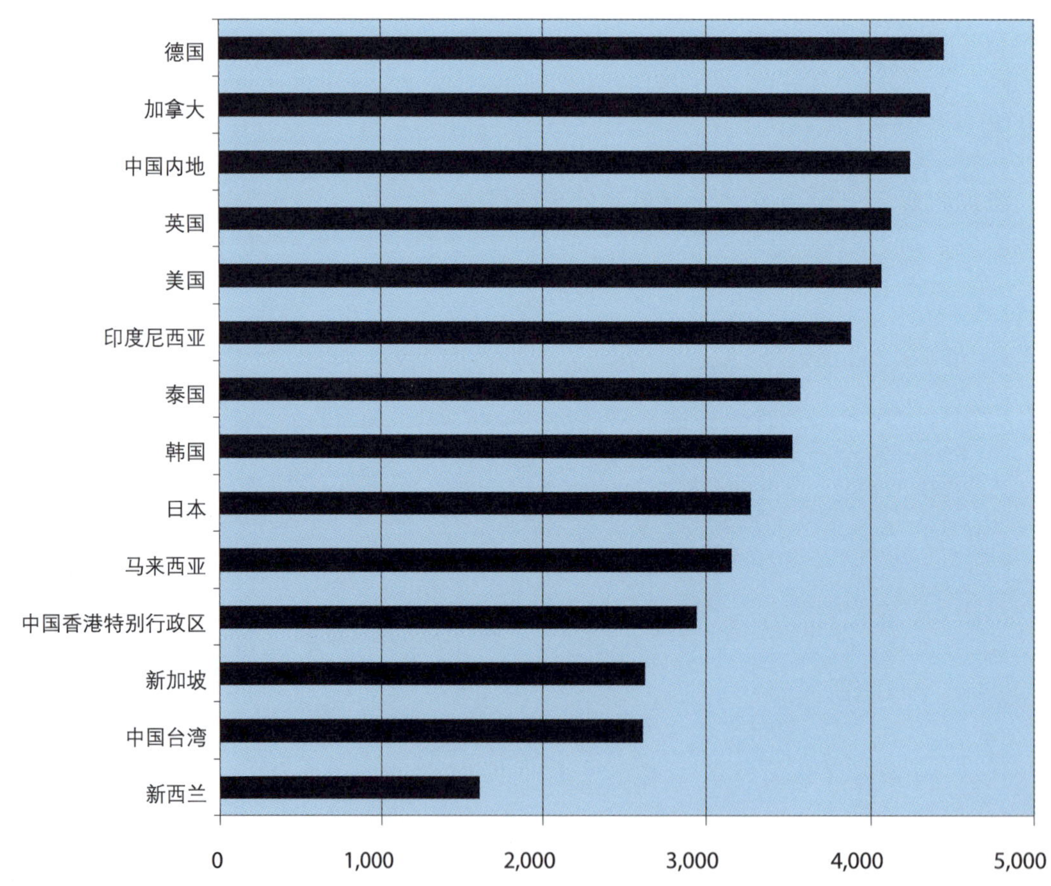

与其他远程市场相比，作为高消费的客源市场，日本的地位已出现明显的下降。这很可能是因为如今日本人更倾向于自助和背包旅游。新西兰是消费最低的市场，原因是前来探亲访友的游客居多。

住宿

表 6.4　澳大利亚——2007～2009 年床位需求量预测

年份	入境旅游人次	床夜次	停留天数	客房需求量(间)	出租率(%)
2007	5, 761, 211	155, 552, 697	27	304, 408	70
2008	5, 947, 779	160, 590, 033	27	314, 266	70
2009	6, 160, 811	166, 341, 897	27	325, 522	70

2004 年客房供给总量为 205,495 间（无 2005 年最新数据），出现了供不应求的状况。然而，由于探亲访友的旅游者大多居住在亲朋好友家中，从而对成本相对较高的饭店或汽车旅馆的需求量下降，且由于入境旅游接待量的缓慢增长，使得客房供大于求，出租率维持在 40%～70% 之间。

季节性

图 6.3　澳大利亚——2004～2005 年入境旅游的季节性

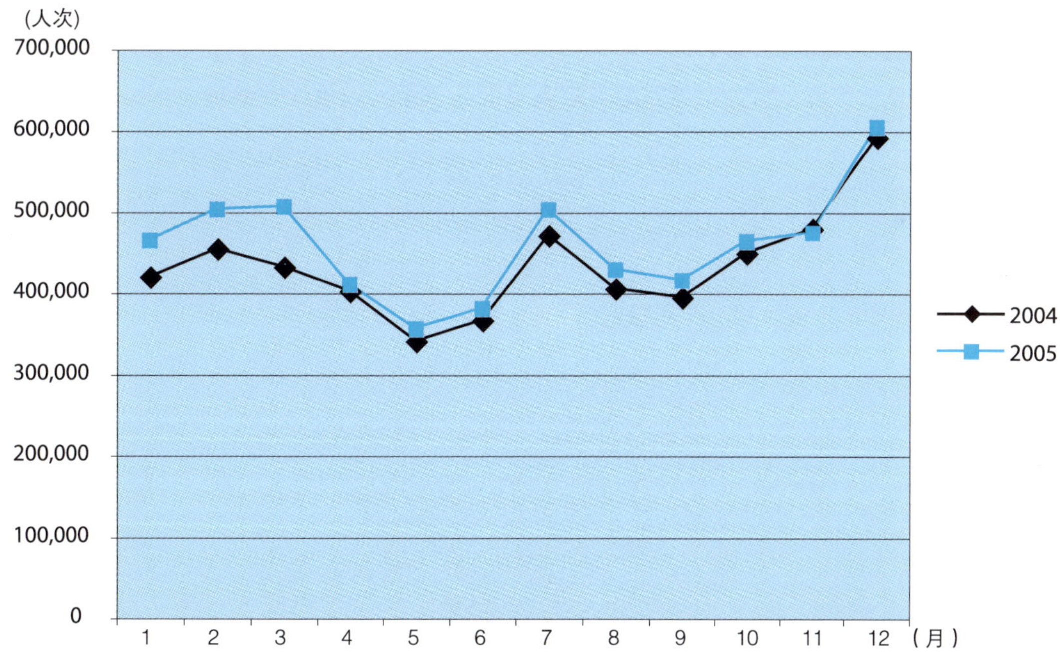

澳大利亚的入境旅游接待量在 7 月份会迎来冬季高峰，而夏季高峰则出现在 11 月至次年 3 月。入境旅游的季节性格局相对稳定，接待量的下降分别在 4、5 月和 8、9 月。

出、入境旅游平衡

表 6.5　澳大利亚——2001～2009 年入境旅游者与出境旅游者数量差异

年份	入境旅游接待量(人次)	出境旅游人次	出境旅游人次年均增长率(%)	入境与出境旅游人次数量之差	出境:入境(%)
2001	4,816,800				
2002	4,841,400	3,461,000		1,380,400	71.49
2003	4,745,800	3,388,000	-2.11	1,357,800	71.39
2004	5,215,100	4,368,700	28.95	846,400	83.77
2005	5,497,000	4,754,000	8.82	743,000	86.48
2007	5,761,211	5,435,786	6.93	325,425	94.35
2008	5,947,779	5,746,230	5.71	201,549	96.61
2009	6,160,811	6,078,548	5.78	82,263	98.66

注：出境旅游人次由作者分别进行预测。

在出、入境旅游平衡方面，澳大利亚处于顺差地位，入境旅游人次远远大于出境旅游人次。2004 年出境旅游人次有明显增加，但这种增加在本报告预测期内不会持续下去。2004 年出现的增长，是后“非典”时期的复苏性增长，是全世界旅游增长趋势的体现，是人们总体上对于安全问题的恐惧有所缓和。然而，澳大利亚作为出境旅游市场，尤其是前往亚太地区的出境旅游已经有明显的增长，这与廉价航空公司蓝维珍和捷星增加飞往亚太地区的航线相一致。在本报告预测期内，澳大利亚将逐渐失去良性旅游平衡，出境旅游者数量可能会大于入境旅游者数量。

这种出境旅游大于入境旅游增长的状况，从某种程度上说明了澳大利亚入境旅游增长的缓慢，并不是出境旅游增长的迅猛。

孟加拉国

在 2001 年 “9・11” 恐怖袭击事件之后，孟加拉国的入境旅游接待量下降至停顿状态，2003 年开始大幅反弹。2004 年发生的海啸使 2005 入境旅游人次骤减，再加上明显的安全和社会问题，入境旅游接待量恢复缓慢，预计到 2009 年，入境旅游人次达不到 2004 年的数字。

表 6.6　孟加拉国——1997～2009 年入境旅游增长率

年份	入境旅游接待量(人次)	年均增长率(%)
1997	182, 420	9. 97
1998	171, 961	-5. 73
1999	172, 781	0. 48
2000	198, 998	15. 17
2001	207, 199	4. 12
2002	207, 246	0. 02
2003	244, 509	17. 98
2004	271, 270	10. 94
2005	207, 662	-23. 45
2007	219, 464	2. 80
2008	232, 010	5. 72
2009	245, 029	5. 61

作为孟加拉国的主要客源市场，预计印度所占的市场份额将减少，美国、中国内地、日本、巴基斯坦和加拿大市场将有所增长。英国和韩国的市场份额也有所下降，但变化很小。

表 6.7　孟加拉国——1997～2009 年主要客源市场所占份额（%）

国家/地区	1997	1998	1999	2000	2001	2002	2003	2004	2005	2007	2008	2009
印度	33. 8	33. 7	36. 4	37. 2	37. 7	38. 8	34. 6	29. 7	41. 5	40. 2	39. 2	38. 0
英国	15. 4	11. 4	13. 0	14. 6	16. 5	14. 0	17. 2	19. 3	12. 0	11. 5	11. 2	10. 9
美国	6. 6	6. 6	5. 5	6. 0	6. 5	6. 6	10. 0	10. 3	6. 5	7. 2	7. 4	7. 6
中国内地	2. 7	2. 5	3. 0	3. 0	3. 3	3. 2	2. 9	3. 4	3. 4	3. 6	3. 5	3. 9
日本	3. 6	4. 5	4. 1	4. 0	3. 4	3. 5	2. 7	2. 9	3. 0	2. 8	3. 2	3. 5
巴基斯坦	6. 3	7. 0	4. 6	5. 3	3. 4	4. 2	3. 8	4. 4	2. 7	2. 8	3. 2	3. 5
韩国	3. 8	3. 6	3. 8	3. 4	3. 3	3. 1	3. 1	2. 4	2. 6	2. 3	2. 3	2. 3
加拿大	1. 7	2. 2	1. 4	1. 4	2. 6	1. 7	2. 4	3. 3	2. 2	2. 5	2. 9	3. 1

来访目的

2005 年的数据序列更为清楚地说明了来访目的，其中商务旅游所占比例最大，达到 44%。“其他” 类来访目的可能涉及援助工人，但仍很难说明。

图 6.4　孟加拉国——2005 年入境旅游者的来访目的

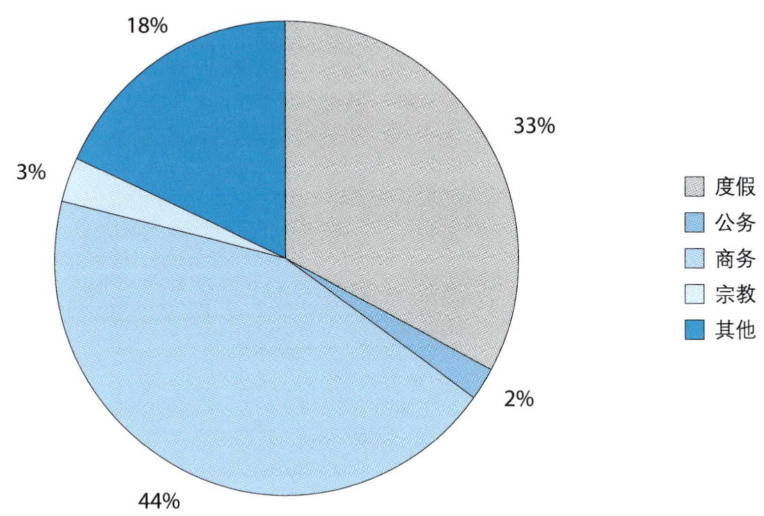

旅游收入

表 6.8　孟加拉国——1997～2009 年旅游收入

年份	旅游收入（百万美元）
1997	64.42
1998	53.84
1999	50.40
2000	42.96
2001	48.83
2002	55.94
2003	55.37
2004	66.55
2005	69.91
2007	73.88
2008	78.11
2009	82.49

旅游收入的增长预计将与入境旅游接待量的增长相一致。

季节性

图6.5　孟加拉国——2004～2005年入境旅游的季节性

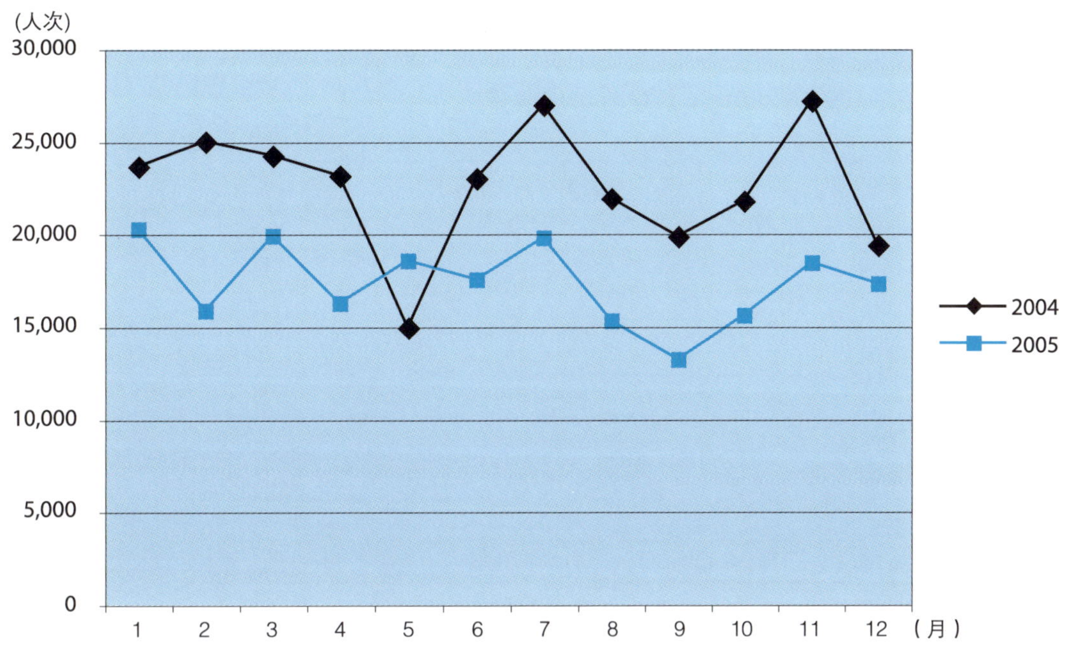

入境旅游的季节性差异较大，11月和7月为旺季。

柬埔寨

自 1998 年以来，柬埔寨入境旅游接待量年均增长率引人注目，尽管 2003 年受“非典”影响，入境旅游接待量有所下降，但在 2004 年开始回升，且增加率高达 50%。2005 年的增幅也非常高，但由于入境旅游人次基数变大，因此预计其增长率将有所降低。

表 6.9　柬埔寨——1997～2009 年入境旅游增长率

年份	入境旅游接待量(人次)	年均增长率(%)
1997	218,843	-15.99
1998	286,524	30.93
1999	367,743	28.35
2000	466,365	26.82
2001	604,919	29.71
2002	786,919	30.09
2003	701,014	-10.92
2004	1,055,202	50.53
2005	1,421,615	34.72
2007	1,901,122	15.64
2008	2,112,445	11.12
2009	2,298,281	8.80

由于越来越多的外国旅游者到柬埔寨旅游，预计该国的旅游市场份额将受到很大影响，其结果是日本、美国、法国和英国等主要客源国所占的市场份额将有所下降。然而，从 2004～2005 年，最大的变化是所有主要客源市场的市场份额增幅巨大，旅游类型中“其他”这一类别，主要是指经由陆地、水路进入该国的旅游者，他们所占比例很大，因而会对分析市场份额造成一些干扰。

表 6.10　柬埔寨——1997～2009 年主要客源市场所占份额（%）

国家/地区	1997	1998	1999	2000	2001	2002	2003	2004	2005	2007	2008	2009
韩国	3.9	2.0	1.7	1.6	1.6	1.3	1.5	1.3	15.2	15.4	15.6	15.3
日本	11.6	7.2	6.8	7.5	6.5	13.4	5.7	1.6	9.7	9.0	9.1	9.1
美国	9.3	9.6	11.5	13.5	13.5	11.2	12.1	4.3	7.7	7.0	6.8	6.9
法国	8.0	10.0	9.0	9.4	8.5	8.0	8.3	2.6	4.8	3.8	3.5	3.2
英国	4.2	6.0	5.3	6.0	6.4	6.1	5.7	1.5	4.7	3.9	3.7	3.5
泰国	7.3	3.8	4.2	3.5	2.9	2.2	2.0	0.2	4.5	4.5	4.5	4.7
中国内地	7.9	9.7	10.2	11.6	11.7	6.9	13.0	3.6	4.2	5.4	5.9	6.3
中国台湾	12.9	9.8	7.8	8.2	8.4	4.2	11.7	2.8	3.9	4.4	4.6	4.8

来访目的

来柬埔寨旅游的以度假为目的的旅游者占了绝大多数，本章以柱状图替代饼状图，目的是为了显示其他类型的旅游所占的较小比例。

图 6.6　柬埔寨——2005 年入境旅游者的来访目的（%）

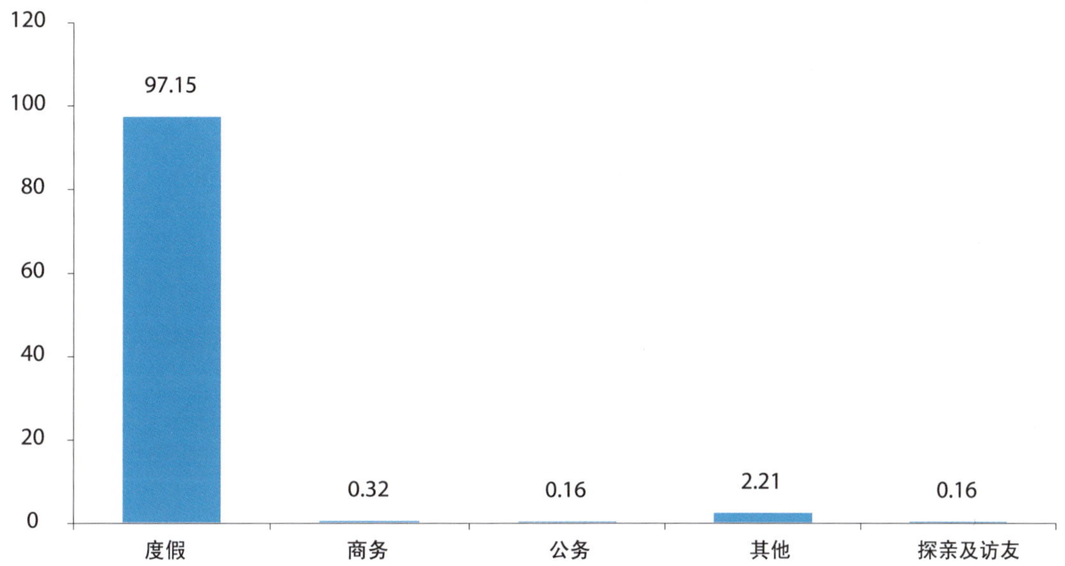

旅游收入

预计 2007～2009 年，柬埔寨的旅游收入增长很快，与入境旅游接待量的增长成正比。

表 6.11　柬埔寨——1997～2009 年旅游收入

年份	旅游收入（百万美元）
1997	143
1998	166
1999	190
2000	228
2001	304
2002	379
2003	347
2004	578
2005	832
2007	1, 113
2008	1, 236
2009	1, 345

注：预测期内的收入按 2005 年美元价值计算。

住宿

表 6.12　柬埔寨——2007～2009 年床位需求量预测

年份	入境旅游接待量(人次)	床夜次	停留天数	客房需求量(间)	出租率(%)
2007	1,901,122	11,977,069	6.3	23,438	70
2008	2,112,445	13,308,404	6.3	26,044	70
2009	2,298,281	14,479,170	6.3	28,335	70

2005 年，柬埔寨可供使用的客房为 24,471 间，较 2004 年有显著增长。在本报告预测期内，当前的客房数量似乎是足够了。应当指出的是，暹粒计划到 2007 年增建 28 家饭店，客房数量将增加 3,000 间。

季节性

图 6.7　柬埔寨——2004～2005 年入境旅游的季节性

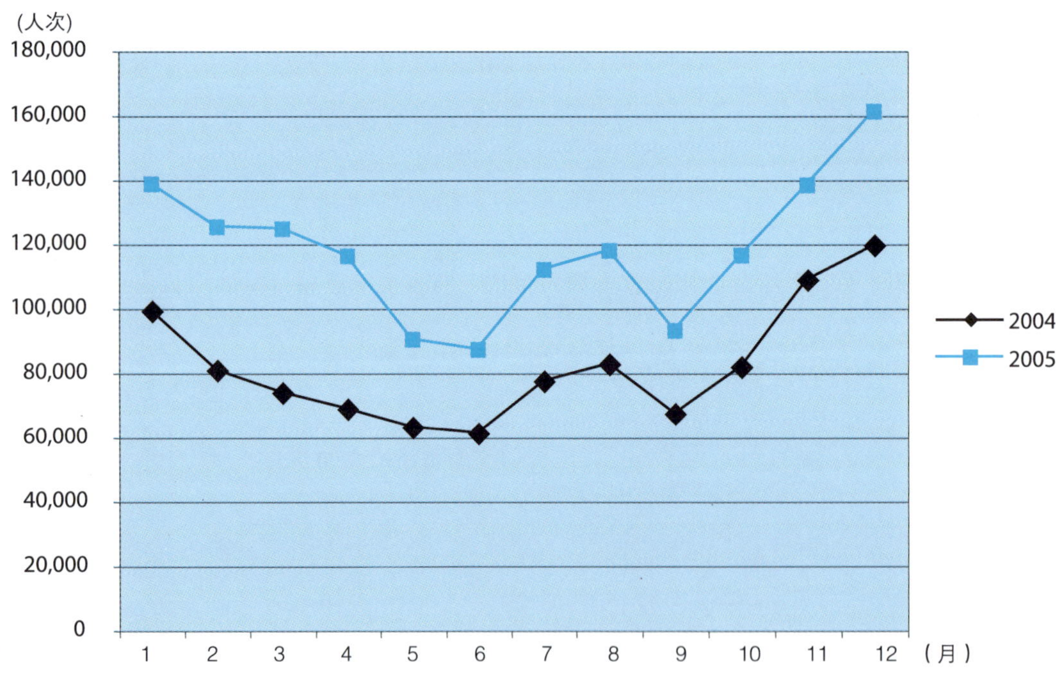

旅游旺季是从当年 11 月到次年 3 月，7 月和 8 月是小旺季。

加拿大

2003年，“非典”导致了加拿大入境旅游接待量明显下降，但是在2004年有强劲回升。到2005年，加拿大入境旅游人次再次下滑，这次下滑集中在巨大的美国市场，这是始料未及的。这主要是由于美国引入了护照管制制度，新的制度规定美国公民需持有护照才能返回美国。与其他西方国家相比，美国护照持有比例较低，因此美国市场的恢复是将会很缓慢。预计直到2009年，加拿大入境旅游接待量增长缓慢。

表6.13 加拿大——1997～2009年入境旅游增长率

年份	入境旅游接待量(人次)	年均增长率(%)
1997	17,636,000	2.03
1998	18,828,000	6.76
1999	19,367,000	2.86
2000	19,551,376	0.95
2001	19,638,109	0.44
2002	20,041,905	2.06
2003	17,497,822	-12.69
2004	19,150,396	9.44
2005	18,759,464	-2.04
2007	19,261,334	1.33
2008	19,805,252	2.82
2009	20,377,728	2.89

在加拿大旅游客源市场中，美国占据绝对优势，其他市场的份额较小，难以进行比较。最为明显的变化是韩国预计超过澳大利亚，中国内地将在2009年超过澳大利亚和荷兰。

表6.14 加拿大——1997～2009年主要客源市场所占份额（%）

国家/地区	1997	1998	1999	2000	2001	2002	2003	2004	2005	2007	2008	2009
美国	76.0	79.1	79.1	77.3	79.1	80.6	81.1	78.8	76.7	75.6	75.2	74.7
英国	4.2	4.0	4.1	4.5	4.3	3.7	4.0	4.3	4.8	4.7	4.7	4.7
日本	3.2	2.6	2.7	2.6	2.1	2.2	1.5	2.2	2.3	2.3	2.4	2.4
法国	2.5	2.1	2.1	2.1	1.8	1.6	1.6	1.7	1.9	1.9	1.9	1.9
德国	2.3	2.0	2.0	2.0	1.7	1.5	1.5	1.6	1.7	1.7	1.8	1.8
澳大利亚	0.9	0.8	0.8	0.9	0.8	0.8	0.9	0.9	1.1	1.1	1.1	1.1
韩国	0.8	0.3	0.5	0.7	0.7	0.8	0.8	0.9	1.0	1.1	1.1	1.2
荷兰	0.7	0.6	0.6	0.7	0.6	0.5	0.6	0.6	0.6	0.7	0.7	0.7
中国内地	0.3	0.2	0.3	0.3	0.4	0.4	0.4	0.5	0.6	0.9	1.0	1.2
中国香港特别行政区	0.8	0.7	0.8	0.8	0.6	0.5	0.4	0.6	0.6	0.6	0.6	0.6

来访目的

游客来加拿大的主要目的是度假，尤其是来自美国的旅游者。探亲访友的旅游者也占据较大比例，尤其对于美国旅游者以外的来访者而言。

图 6.8　加拿大——2005 年美国旅游者的来访目的

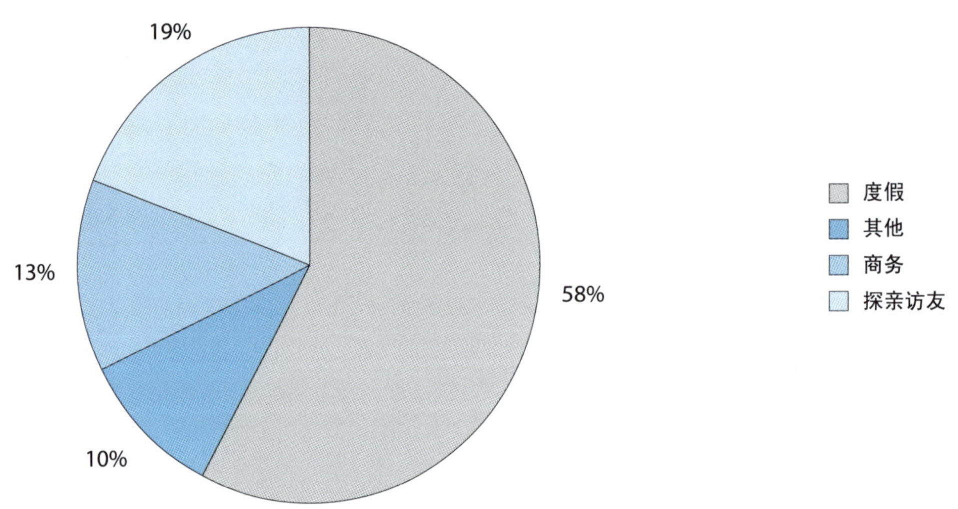

图 6.9　加拿大——2005 年所有外国旅游者的来访目的

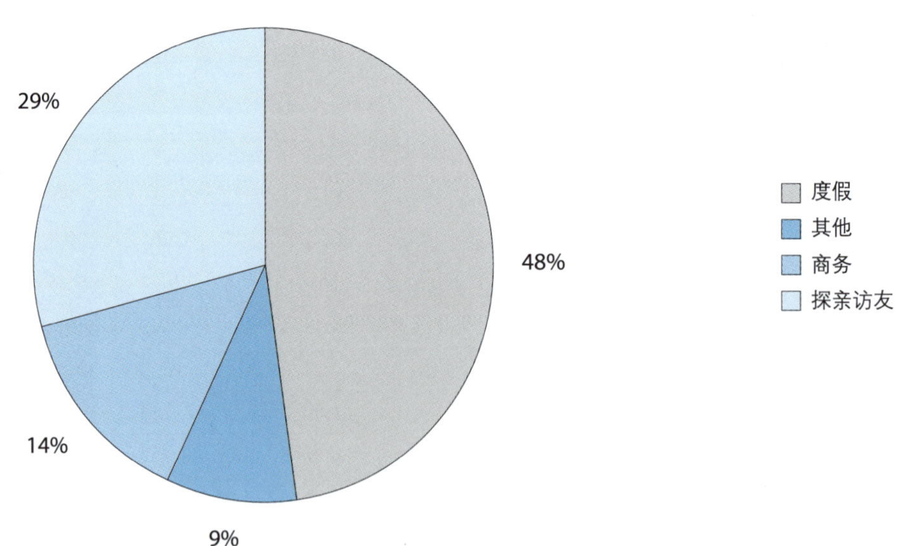

旅游收入

旅游收入的增长与入境旅游接待量的增长相关。2003 年和 2005 年出现负增长，预计从 2007 ~ 2009 年，加拿大的旅游收入将会稳步增长。

表 6.15　加拿大——1997 ~ 2009 年旅游收入

年份	旅游收入（十亿美元）
1997	8, 799
1998	11, 636
1999	12, 567
2000	13, 278
2001	13, 643
2002	13, 895
2003	12, 264
2004	13, 898
2005	13, 662
2007	14, 027
2008	14, 424
2009	14, 841

注：预测期内的收入按 2005 年美元价值计算。

季节性

夏季的 6 ~ 8 月是入境旅游旺季，12 月圣诞节期间入境旅游接待量也会相对增加。

图 6.10　加拿大——2004 ~ 2005 年入境旅游的季节性

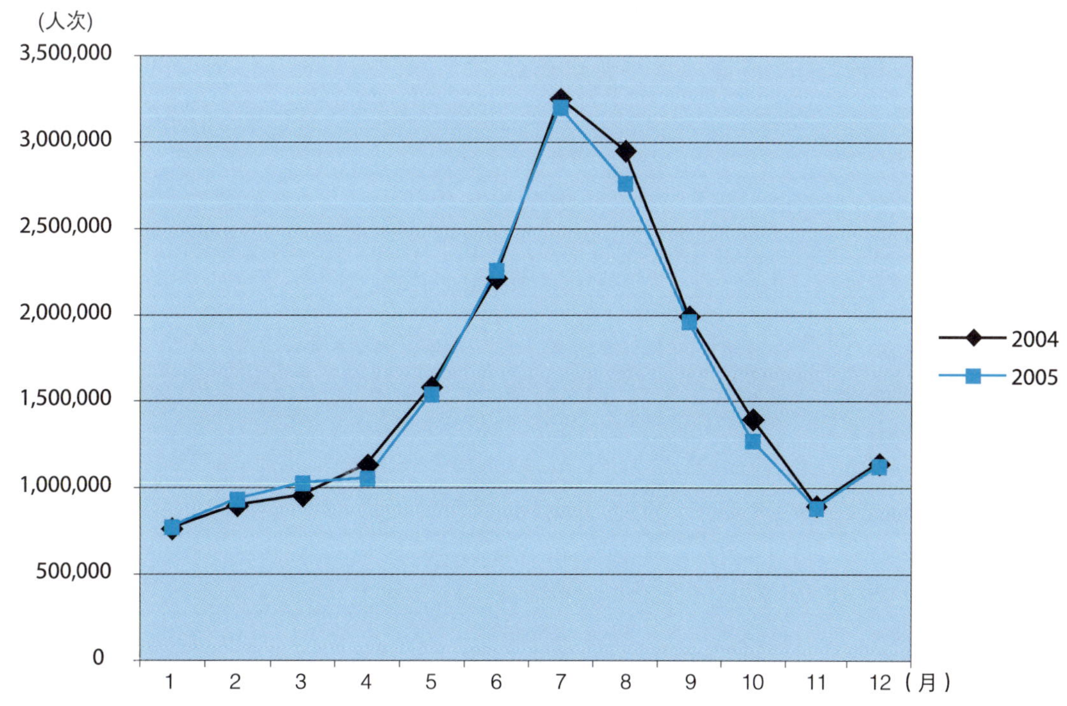

表 6.16 加拿大——1997～2009 年入境旅游接待量、旅游收入、出境旅游人次和旅游消费

年份	入境旅游接待量（百万人次）	出境旅游人次（百万）	旅游收入（十亿美元）	消费（十亿美元）	入境与出境旅游人次数量之差（百万）	旅游收入与消费差额（十亿美元）
1997	17.6	19.1	8,799	11,587	-1.5	-2,788
1998	18.8	17.6	11,636	11,638	1.2	-1,569
1999	19.4	18.4	12,567	12,306	1.0	-1,424
2000	19.6	19.2	13,278	13,128	0.4	-1,632
2001	19.6	18.3	13,643	12,872	1.3	-694
2002	20.0	17.7	13,895	13,478	2.3	-1,287
2003	17.5	17.7	12,264	13,578	-0.2	-2,847
2004	19.2	19.6	13,898	15,184	-0.4	-3,031
2005	18.8	21.1	13,662	15,273	-2.3	-1,611
2007	19.3	21.6	14,027	15,543	-2.3	-1,516
2008	19.8	22.4	14,424	17,220	-2.6	-2,796
2009	20.4	23.0	14,841	16,250	-2.6	-1,409

注：出境旅游人次及消费由两位作者分别预测。

2003 年，加拿大的旅游收支平衡由于受“非典”影响而恶化，2004 年仍继续为高赤字，原因可能是加元坚挺，从而有利于加拿大居民外出旅游。赤字在 2005 年有所控制，预计在 2008 年上升，但总体上维持在一个长期平均水平。

智利

智利旅游业并未受到 2003 年“非典”的影响，2003～2005 年，入境旅游接待量有明显增长。在本报告预测期内，入境旅游接待量将继续稳定增长；进入 2008 年，增长比例将稍微降低；2009 年将达到较大的基数。

表 6.17 智利——1997～2009 年入境旅游增长率

年份	入境旅游接待量（人次）	年均增长率（%）
1997	1,643,600	13.39
1998	1,756,900	6.89
1999	1,631,600	-7.13
2000	1,742,666	6.81
2001	1,721,709	-1.20
2002	1,407,878	-18.23
2003	1,613,523	14.61
2004	1,785,024	10.63
2005	2,027,082	13.56
2007	2,462,285	10.21
2008	2,671,106	8.48
2009	2,900,407	8.58

表 6.18　智利——1997 ~ 2009 年主要客源市场所占份额（%）

国家/地区	1997	1998	1999	2000	2001	2002	2003	2004	2005	2007	2008	2009
阿根廷	45.9	46.4	49.4	49.2	49.5	36.5	33.2	32.3	29.9	30.8	29.9	28.8
秘鲁	12.2	10.3	7.5	8.9	8.0	11.0	10.1	10.4	10.9	9.6	9.2	8.8
美国	6.6	7.1	7.6	7.7	8.0	9.3	9.1	9.3	9.1	8.6	8.5	8.4
玻利维亚	7.8	8.6	7.4	6.3	5.5	7.4	8.2	7.5	8.7	8.1	7.9	7.7
巴西	5.3	4.7	4.2	4.2	4.2	5.6	6.2	6.7	8.3	10.3	11.6	13.2
德国	2.4	2.3	2.6	2.5	2.6	3.0	3.4	3.3	3.4	3.2	3.2	3.2
西班牙	2.0	2.0	2.0	2.1	2.1	2.5	2.7	2.8	3.0	2.9	3.0	3.0
法国	1.7	1.7	1.9	1.9	2.0	2.7	2.6	2.7	2.6	2.7	2.8	2.8

在智利的旅游客源国中，能提供预测资料的国家数量很少，因此，相当一大部分旅游者未能考虑进去。预计阿根廷、德国、玻利维亚、秘鲁和美国所占的市场份额将有小幅下降。巴西预计将迅速提高市场份额，并且位居第二位。

图 6.11　智利——2004 ~ 2005 年入境旅游的季节性

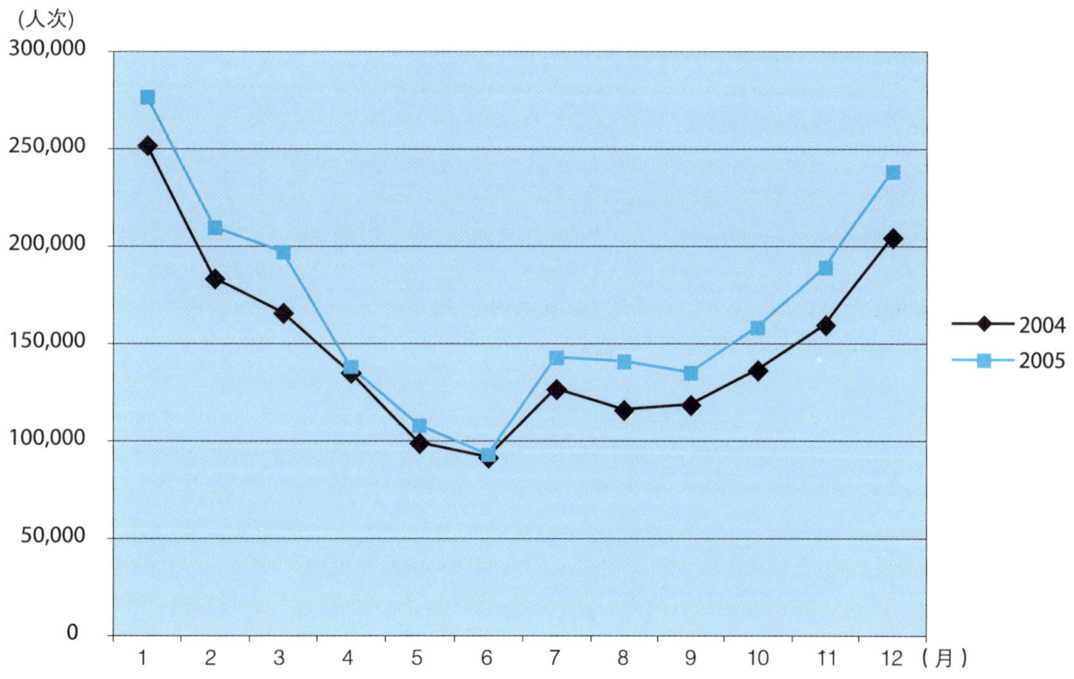

智利的入境旅游接待量在 12 月及 1 月达到高峰期，7 月也会出现小幅增长。

中国内地

2005年中国内地接待的所有入境旅游者中，83%是来自中国香港特别行政区、中国澳门特别行政区和中国台湾。中国香港特别行政区所占比例最大，达到58%。“非典”过后，前往中国内地旅游的外国旅游者人次增长率在2004年达到高峰。2005年的增长势头依然强劲，并期望在2005年新的、更大的基数基础上，增长率直到2009年都持续大幅度提高。预计2008年北京奥运会将使增长势头更强劲，并一直持续到2009年。现在还不清楚中国内地是否为奥运会举行重大的国际性市场营销活动。如果即将举办，并且活动指向北京以外的地区，则会对提高入境旅游接待量产生重大影响。北京将因奥运会而获得极为广泛的传媒报道，但远离首都的旅游景点并不为人所知，恰当的市场营销可以将比赛的吸引力扩大到更多的观众，延长为观看奥运会而来的旅游者的停留时间。在将来，旅游产品需要更好地适应旅游需求，包括提高文化内涵，推进景区及相关的旅游规划开发，发展专项旅游产品，包括滑雪、高尔夫、内河游船、专项培训、体育、探险、自驾游、会议旅游等。

表6.19 中国内地——1997～2009年入境旅游增长率

年份	入境旅游接待量(人次)	年均增长率(%)
1997	57, 587, 923	12. 64
1998	63, 478, 401	10. 23
1999	72, 795, 594	14. 68
2000	83, 404, 895	14. 57
2001	89, 012, 924	6. 72
2002	97, 908, 252	9. 99
2003	91, 662, 082	-6. 38
2004	109, 038, 218	18. 96
2005	120, 404, 905	10. 42
2007	130, 927, 879	4. 28
2008	137, 604, 191	5. 10
2009	146, 250, 609	6. 28

表6.20 中国内地——1997～2009年主要（外国人）客源市场所占份额（%）

国家/地区	1997	1998	1999	2000	2001	2002	2003	2004	2005	2007	2008	2009
韩国	10.5	8.9	11.8	13.2	15.0	15.8	17.1	16.8	17.5	16.2	15.7	15.6
日本	21.29	22.1	22.0	21.7	21.3	21.8	19.8	19.7	16.7	16.1	15.2	15.0
俄罗斯	11.0	9.7	9.9	10.6	10.7	9.5	12.1	10.6	11.0	10.8	10.9	11.2
美国	8.3	9.5	8.7	8.8	8.5	8.3	7.2	7.7	7.7	7.7	7.7	7.8
马来西亚	4.9	4.2	4.4	4.3	4.2	4.4	3.8	4.4	4.4	3.7	3.4	3.3
新加坡	4.3	4.5	4.2	3.9	3.7	3.7	3.3	3.8	3.7	3.3	3.1	3.0
菲律宾	3.7	3.6	3.5	3.6	3.6	3.8	4.0	3.2	3.2	2.7	2.5	2.4
蒙古	4.6	5.1	4.2	3.9	3.4	3.4	3.7	3.3	3.2	2.7	2.5	2.4
泰国	1.9	2.9	2.9	3.8	2.7	2.9	2.4	2.7	2.9	2.4	2.3	2.2
英国	3.1	3.4	3.1	2.8	2.7	2.6	2.5	2.5	2.5	2.4	2.4	2.4

表 6.20 中所列各项皆为除了中国香港特别行政区、中国澳门特别行政区、中国台湾之外，各主要国际客源国所占的市场份额。韩国、日本和俄罗斯所占的市场份额最大，在预测期内，日本和韩国预计会失去一部分市场份额，俄罗斯则会增加一部分市场份额，美国有望保持稳定的市场份额，而其他主要客源的市场份额则有所下降。主要客源国市场份额的下降，说明中国内地的客源市场在世界范围内分布更广数量更多，这种趋势将会越来越明显。

来访目的

虽然华人群体遍布世界各地，但是探亲访友在来访目的中所占的比例却微不足道，因此未来将会有所增加。由于中国内地处于这样一个日益增长的经济发展状况，因此商务旅行非常重要。"其他" 这一类别所占的比例较大，其中可能还包含了区别于度假旅游的其他形式的商务旅行。

图 6.12　中国内地——2005 年入境旅游者的来访目的

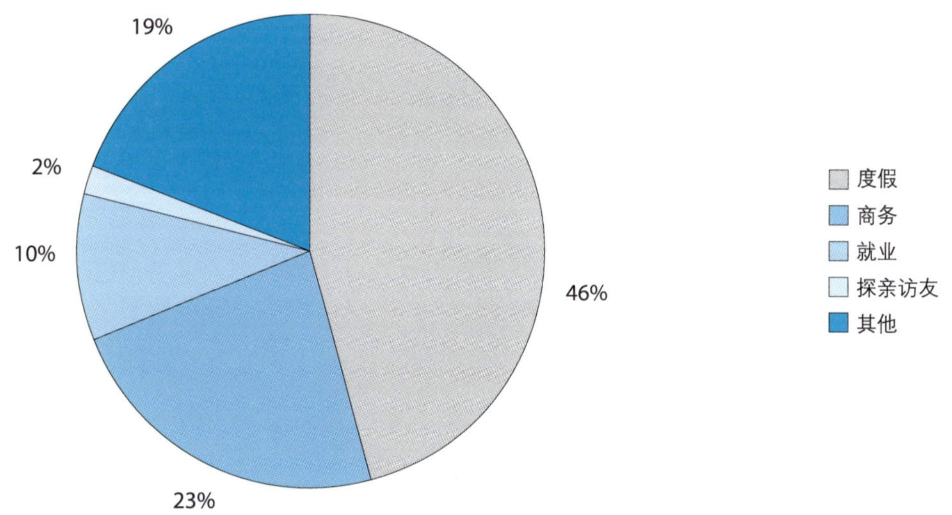

旅游收入

随着入境旅游接待量的增长，预计直至2009年旅游收入将会大大增加。

表6.21　中国内地——1997～2009年旅游收入

年份	旅游收入（百万美元）
1997	12,074
1998	12,602
1999	14,099
2000	16,224
2001	17,792
2002	20,385
2003	17,406
2004	25,739
2005	29,296
2007	31,856
2008	33,481
2009	35,585

注：预测期内的收入按2005年美元价值计算，并且不包括因接待中国香港特别行政区、中国澳门特别行政区、中国台湾及海外华侨来访游客而获得的收入。

购物是主要消费项目，所占比例超出常规，说明旅游者乐此不疲。国内交通消费所占比例最大，原因是中国内地入境口岸相对较少，中国内地幅员辽阔，大量的旅游景点遍布在全国各地。

图6.13　中国内地——2005年各种消费类型的收入（%）

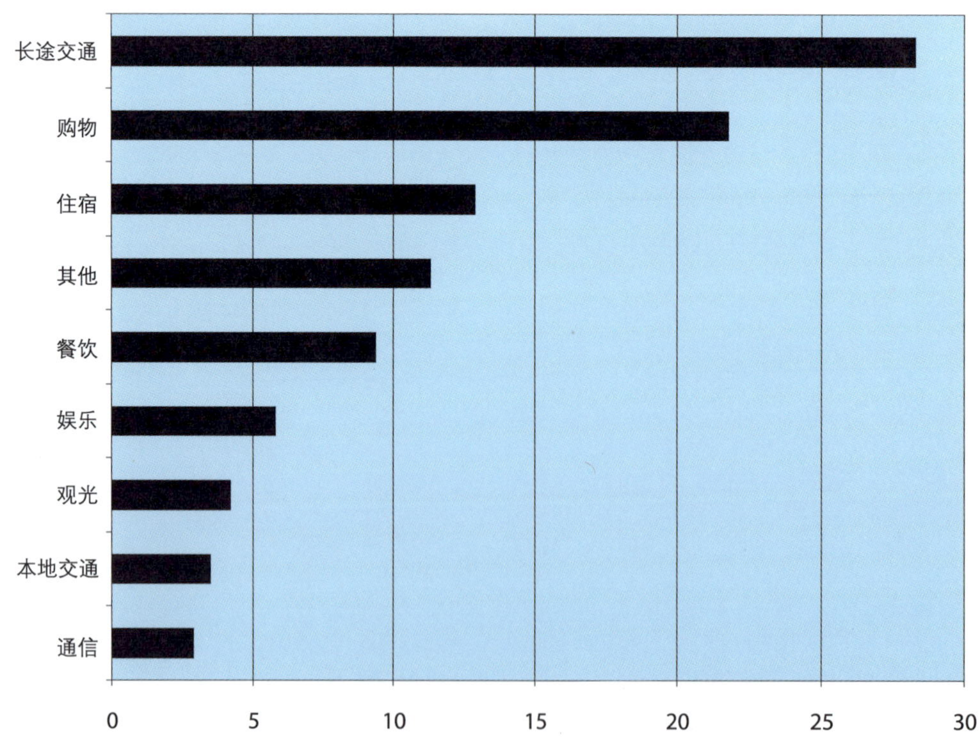

住宿

评价像中国内地这样一个大国的客房数量绝非易事。2005年中国内地的星级饭店客房数超过100万间，总体来说，供给充足，尤其是考虑到入境旅游者总数中探亲访友者所占的比例很大。2005年的客房出租率在60%～70%之间，因此出租率的提高尚有很大的潜力可挖。就地区而言，只有上海面临的客房压力较为明显。到2008年奥运会召开之际，北京将面临较大的压力。预计旅游者停留天数将会增加，北京届时将接待大约650万名来访游客（包括国际和国内）。

表6.22　中国内地——2007～2009年床位需求量预测

年份	入境旅游接待量（人次）	床夜次	停留天数	客房需求量（间）	出租率（%）
2007	130,927,879	851,031,214	6.5	2,081,779	70
2008	137,604,191	990,750,175	7.2	2,423,557	70
2009	146,250,609	994,504,141	6.8	2,289,638	70

注：预测期内的停留天数仅为作者的估算。

2005年，北京的星级饭店有613家，2008年将增至800家左右，大约能接待23万名客人。除此之外，北京还需要大约4,000家非星级饭店以接待本国旅游者。住宿问题不仅仅局限于客房供应方面，还包括充足的交流平台来提供详细的预定信息，包括价格、标准等等。这些信息最可能会出现在网络中的交互平台上，并且与网络上的关键词衔接，供国际旅游者查询使用。在其他区域，客房数量可能是充足的，这将取决于2008年以前针对各区域进行什么样的市场营销。总体上说，中国内地在旅游住宿问题上需要建立一套国家标准，无论是国内旅游还是国际旅游，都应把住宿与包价旅游联系在一起。

此外，外语服务问题也很重要。目前现有的星级饭店中虽然都能提供英语服务，但无法满足2008年的需要。在非星级饭店中，员工不具备外语能力，没有宣传介绍材料，现有条件无法解决正在形成的客房供给短缺问题。在增加会外语的员工数量方面虽然作出了努力，但是数量增长缓慢；旅行社的外语服务也是一个问题，对于扩展赴北京以外的奥运旅行来说，旅游服务能力是一个重要方面。此外，导游人员应对外国游客的能力也存在问题。2005年，北京仅有17,736名导游，其中只有6,190名导游具备外语能力，并且大多数都是讲英语（1,056名日语导游，254名德语导游，218名法语导游，100多名其它语种的导游）。尽管作出了很大努力，但是，在这么短的时间里提高这些员工的能力不是一件轻而易举的事情，在奥运会期间非常有必要从中国香港特别行政区调集员工。

季节性

图 6.14　中国内地——2004～2005 年入境旅游的季节性

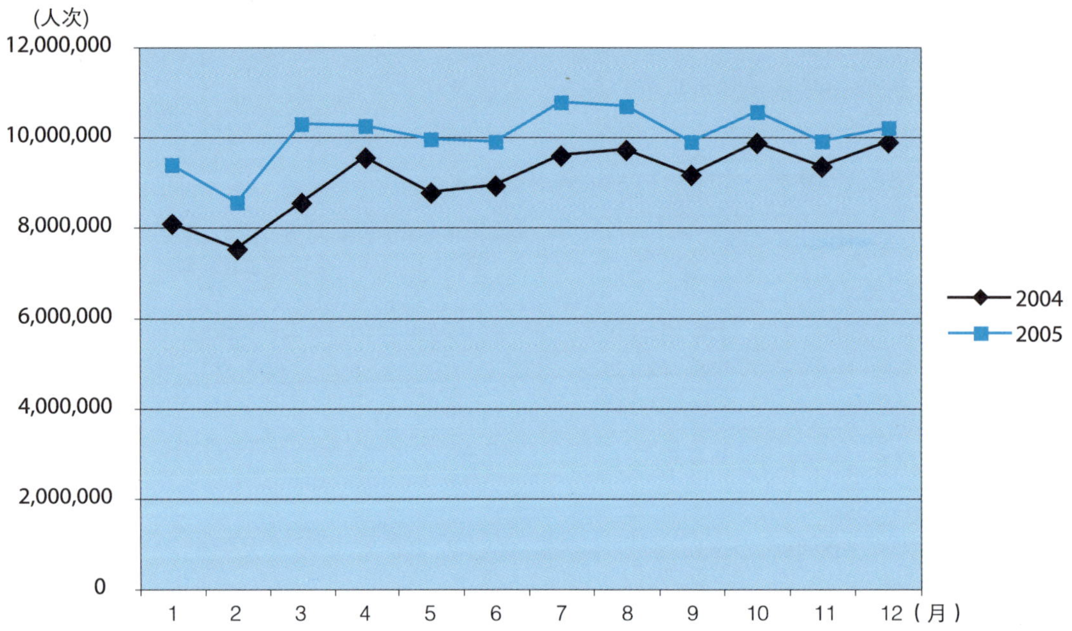

入境旅游旺季在 3 月、4 月、7 月、8 月、10 月和 12 月，全年入境旅游季节性不明显，只是在冬季 1 月和 2 月有所下降。

中国台湾

对亚太地区而言，中国台湾是一个主要的客源市场，其出境旅游人次超出入境旅游接待量达一倍以上。因受“非典”影响，入境旅游接待量在 2003 年大幅下降，现在刚刚恢复到 2002 年的水平。2004 年，由于加大营销力度以及潜在需求的影响，入境旅游接待量出现了强劲的复苏势头，这种年均增长率一直持续到 2005 年。预计这一增长趋势可以持续到 2009 年，但逐渐减弱至一个长期平均增长率。

表 6.23　中国台湾——1997～2009 年入境旅游增长率

年份	入境旅游接待量（人次）	年均增长率（%）
1997	2, 372, 232	0. 59
1998	2, 298, 706	-3. 10
1999	2, 411, 248	4. 90
2000	2, 624, 037	8. 82
2001	2, 617, 137	-0. 26
2002	2, 726, 411	4. 18
2003	2, 248, 117	-17. 54
2004	2, 950, 342	31. 24
2005	3, 378, 118	14. 50
2007	3, 640, 450	3. 81
2008	3, 818, 221	4. 88
2009	4, 029, 577	5. 54

表 6.24　中国台湾——1997～2009 年床夜次及游客停留天数

年份	床夜次	停留天数（平均天数）
1997	17, 578, 239	7. 4
1998	16, 987, 437	7. 4
1999	18, 566, 610	7. 7
2000	19, 417, 874	7. 4
2001	19, 105, 100	7. 3
2002	20, 720, 724	7. 6
2003	17, 917, 493	8. 0
2004	22, 452, 103	7. 6
2005	23, 984, 638	7. 1
2007	26, 211, 240	7. 2
2008	27, 491, 191	7. 2
2009	29, 012, 954	7. 2

2004～2005 年，旅游者停留天数有明显下降，预计直到 2009 年都不会增加很多。

表 6.25　中国台湾——1997～2009 年主要客源市场所占份额（%）

国家/地区	1997	1998	1999	2000	2001	2002	2003	2004	2005	2007	2008	2009
日本	38.2	34.9	34.3	34.9	37.1	36.2	29.2	30.1	33.3	33.1	32.4	31.6
中国香港特别行政区	11.0	11.8	13.3	13.8	15.0	16.0	14.4	14.1	12.8	12.7	12.8	12.8
美国	12.8	13.0	13.2	13.7	13.0	13.0	12.1	13.0	11.6	11.1	10.9	10.6
韩国	4.2	2.7	3.2	3.2	3.2	2.9	4.1	5.0	5.4	6.0	6.4	6.9
新加坡	3.5	3.7	3.6	3.6	3.7	3.9	3.5	4.0	4.9	5.5	5.9	6.3
马来西亚	2.3	2.1	2.2	2.2	2.2	2.4	3.0	3.1	3.2	3.4	3.5	3.6
泰国	5.2	5.4	5.7	5.1	4.4	3.9	4.4	3.5	2.8	3.0	3.0	3.2
菲律宾	5.0	5.3	5.1	3.2	2.6	2.7	3.6	2.9	2.7	2.4	2.5	2.4
印度尼西亚	2.3	2.0	3.2	4.1	3.4	3.2	1.7	1.5	2.6	2.7	2.7	2.7
加拿大	1.4	1.5	1.5	1.5	1.5	1.6	1.5	1.7	1.6	1.5	1.6	1.6

中国台湾的首位客源市场是日本，据预测，日本、美国、菲律宾来访的游客将大幅度减少；韩国、新加坡、马来西亚、泰国及印尼的市场份额预计有所增加。自 2003 年以来，客源市场的排名次序已有很大变化，泰国从第四名下降到第六名；新加坡从第七名上升到第五名；加拿大已超过印度尼西亚；菲律宾从第六名下降到第八名。

来访目的

以度假为目的访问中国台湾的游客占来访游客总数的比例大幅度提高，而商务旅游比例有所下降。从世界各地来台探亲访友的华人群体也占很大比例。

图 6.15　中国台湾——2005 年入境旅游者的来访目的

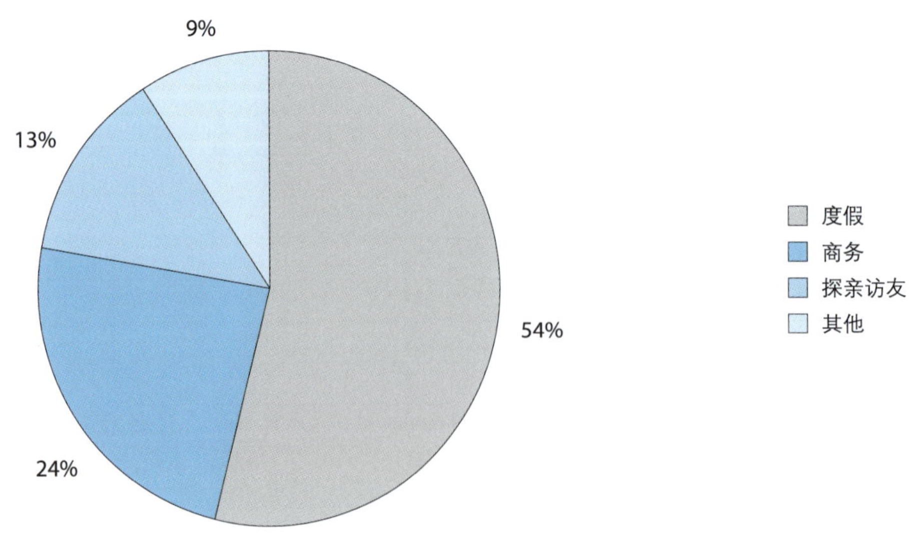

旅游收入

表 6.26 中国台湾——1997～2009 年旅游收入

年份	旅游收入(百万美元)
1997	3,402
1998	3,372
1999	3,571
2000	3,738
2001	4,335
2002	4,584
2003	2,976
2004	4,053
2005	4,977
2007	5,363
2008	5,625
2009	5,937

注：预测期内的收入按 2005 年美元价值计算。

中国台湾的旅游收入自 2003 年出现下降之后，预计将有所回升并显著增长，这种增长势头一直会持续到 2009 年。消费结构（见图 6.16）相对正常，各个部分比较均匀，并未出现某一部分明显大于平均水平的情况。

图 6.16 中国台湾——2005 年入境旅游者的消费构成（%）

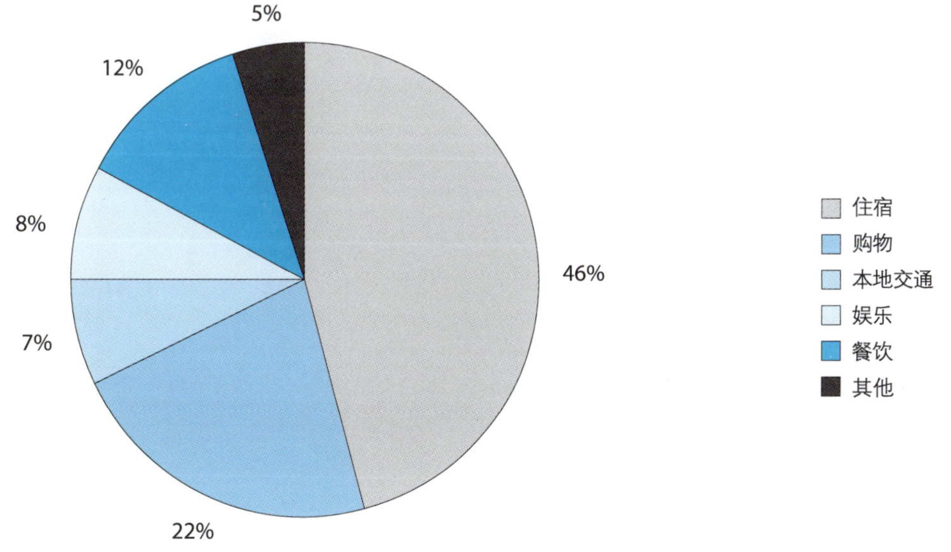

住宿

2005 年，中国台湾的星级客房共有 21,434 间，比 2004 年有些微下降，表明住宿市场会面临压力，总体出租率为 72%。由于很多华人游客并不使用星级饭店，因此客房供应量并不像乍看上去那样无法满足需求。但是，有相当一部分本地旅游者也入住旅游饭店，正是由于这部分市场带来的压力，才有必要增加客房供应量，尤其是在中国台北市，该市的客房出租率高达 77% 以上。

表 6.27 中国台湾——2007～2009 年床位需求量预测

年份	入境旅游接待量(人次)	床夜次	停留天数	客房需求量(间)	出租率(%)
2007	3, 640, 450	25, 847, 195	7. 1	49, 177	72
2008	3, 818, 221	27, 491, 191	7. 2	52, 304	72
2009	4, 029, 577	29, 012, 954	7. 2	55, 200	72

季节性

全年入境旅游接待量比较平均，3 月、6 月和 12 月为高峰期。

图 6.17 中国台湾——2004～2005 年入境旅游的季节性

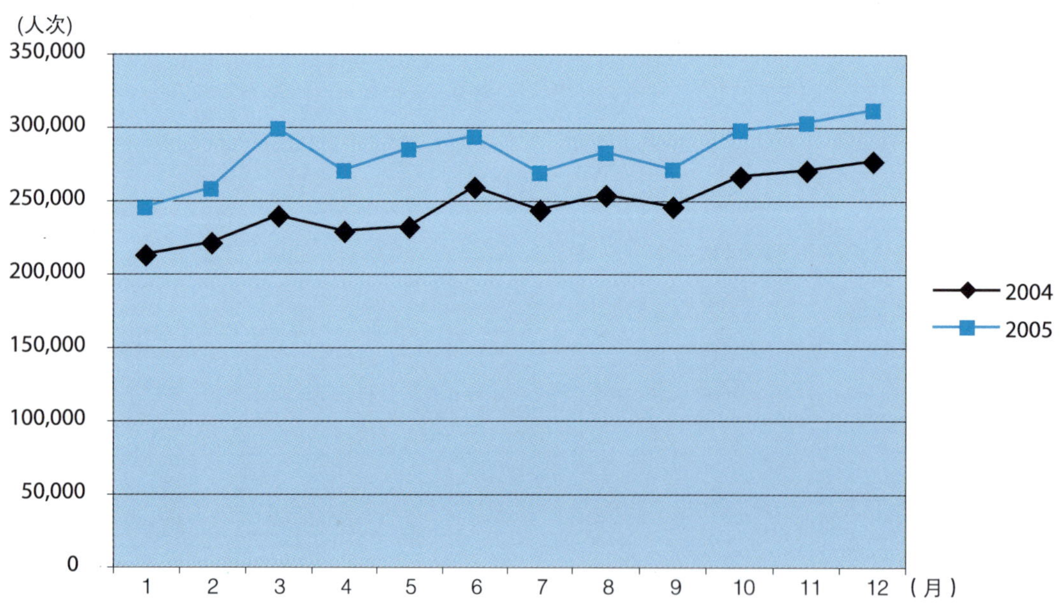

表6.28 中国台湾——1997～2009年入境旅游者与出境旅游者数量差异

年份	入境旅游接待量(人次)	出境旅游人次	出境旅游人次年均增长率(%)	入境与出境旅游人次数量之差	出境:入境(%)
1997	2, 372, 232	6, 161, 932	7. 85	-3, 789, 700	259. 75
1998	2, 298, 706	5, 912, 383	-4. 05	-3, 613, 677	257. 20
1999	2, 411, 248	6, 558, 663	10. 93	-4, 147, 415	272. 00
2000	2, 624, 037	7, 328, 784	11. 74	-4, 704, 747	279. 29
2001	2, 617, 137	7, 152, 877	-2. 40	-4, 535, 740	273. 31
2002	2, 726, 411	7, 319, 466	2. 33	-4, 593, 055	268. 47
2003	2, 248, 117	5, 923, 072	-19. 08	-3, 674, 955	263. 47
2004	2, 950, 342	7, 780, 652	31. 36	-4, 830, 310	263. 72
2005	3, 378, 118	8, 208, 125	5. 49	-4, 830, 007	242. 98
2007	3, 640, 450	8, 642, 341	2. 61	-5, 001, 891	237. 40
2008	3, 818, 221	8, 984, 411	3. 96	-5, 166, 190	235. 30
2009	4, 029, 577	9, 354, 852	4. 12	-5, 325, 275	232. 15

注：出境旅游人次由作者分别预测后汇总。

入境和出境平衡预计有所改善，但根据预测，总体来说中国台湾依然是出境旅游市场。

中国香港特别行政区

2003年由于受“非典”的影响，中国香港特别行政区的入境旅游接待量下降。然而，2004年，入境旅游接待量的恢复远远超出了以往的最高水平。2005年有7%的强劲增长，在本报告预测期内，预计中国香港特别行政区的入境旅游接待量将继续其强劲增长的势头。

表6.29　中国香港特别行政区——1997～2009年入境旅游增长率

年份	入境旅游接待量(人次)	年均增长率(%)
1997	10,406,261	-11.08
1998	9,574,711	-7.99
1999	11,328,272	18.31
2000	13,210,672	16.62
2001	13,725,332	3.90
2002	16,566,382	20.70
2003	15,536,839	-6.21
2004	21,810,630	40.38
2005	23,359,417	7.10
2007	27,140,493	7.79
2008	29,194,713	7.57
2009	31,079,407	6.46

中国内地所占的市场份额占绝对优势，中国内地和中国澳门特别行政区的市场份额预计略有上升。其他主要客源市场的份额预计有所下降。中国澳门特别行政区预计上升至第十六位，超过新加坡和澳大利亚，在本报告预测期内，马来西亚有望超过英国。

表6.30　中国香港特别行政区——1997～2009年主要客源市场所占份额（%）

国家/地区	1997	1998	1999	2000	2001	2002	2003	2004	2005	2007	2008	2009
中国内地	22.1	27.1	28.3	28.7	32.4	41.4	54.5	56.1	53.7	53.9	54.2	54.3
中国台湾	17.1	18.9	18.2	18.1	17.6	14.7	11.9	9.5	9.1	8.1	7.6	7.3
中国澳门特别行政区	4.7	4.6	3.7	3.4	3.9	3.2	2.9	2.5	2.2	2.3	2.3	2.3
日本	13.2	9.8	10.4	10.5	9.7	8.5	5.6	9.5	9.1	5.1	5.0	4.9
美国	7.7	8.1	7.6	7.3	6.8	6.1	4.4	5.2	5.2	4.7	4.7	4.8
韩国	3.4	1.9	2.6	2.8	3.1	2.8	2.4	4.8	4.9	2.8	2.8	2.8
新加坡	3.3	3.5	3.3	3.4	3.1	2.6	1.7	2.2	2.8	2.3	2.2	2.2
澳大利亚	2.8	2.9	2.7	2.7	2.4	2.1	1.6	1.9	2.5	2.2	2.2	2.2
英国	3.3	3.4	2.9	2.8	2.6	2.3	1.8	2.1	2.2	2.0	2.0	1.7
马来西亚	2.6	2.5	2.5	2.4	2.1	1.9	1.3	1.9	2.0	1.8	1.8	1.8

注：na表示数据无法获得。

来访目的

来访目的中，度假旅游占了绝对优势，预计所占比例将略有下降。随着访港的中国内地客流量的增多，以探亲访友为目的的旅游所占的比例将有所增长。商务旅行依然占有很强的比例。

图 6.18　中国香港特别行政区——2005 年入境旅游者的来访目的

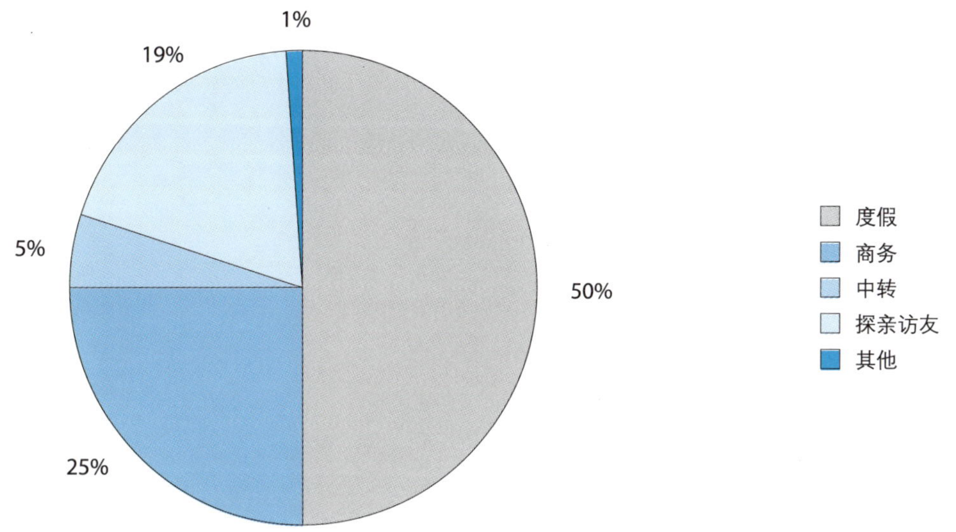

旅游收入

旅游收入在本报告预测期内将继续高速增长，增长比例与入境旅游接待量的增加相对应。

表 6.31　中国香港特别行政区——1997 ~ 2009 年旅游收入

年份	旅游收入（百万美元）
1997	45, 419
1998	33, 778
1999	32, 565
2000	38, 349
2001	37, 078
2002	46, 093
2003	45, 764
2004	59, 849
2005	68, 846
2007	120, 263
2008	129, 420
2009	137, 717

注：预测期内的收入按 2005 年美元价值计算。

图 6.19 中国香港特别行政区——2005 年入境旅游者消费构成

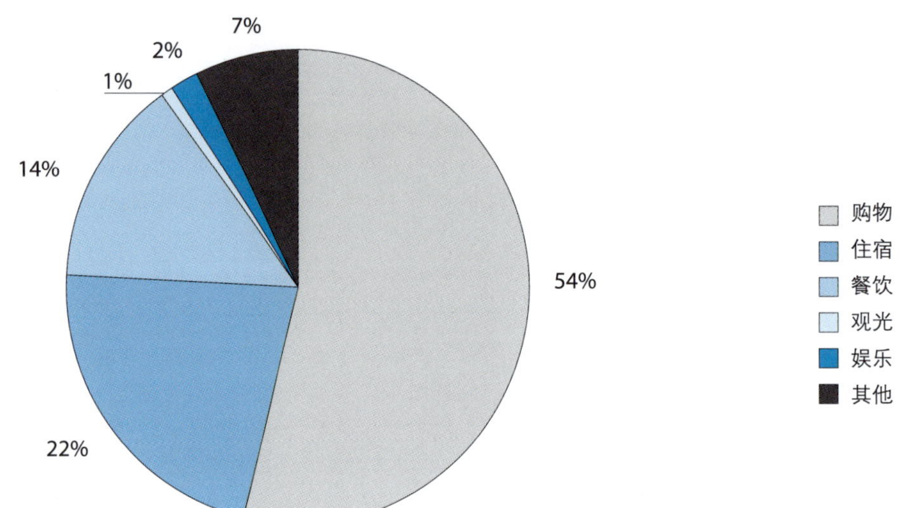

购物对访港游客具有非常大的吸引力，在总消费中所占的比例高达54%，是住宿费用的2.5倍。

住宿

2003年，旅游者的平均逗留时间由2002年的3.6夜增加到4.1夜，但2004年又跌落至3.7夜，原因是中国内地居民能够比以前更为便捷地进入中国香港特别行政区，因而中国内地游客来访香港更频繁，而逗留的时间则变短了。

表 6.32 中国香港特别行政区——1997～2009 年床夜次及停留天数

年份	床夜次	停留天数
1997	37, 462, 540	3.6
1998	32, 554, 017	3.4
1999	33, 984, 816	3.0
2000	45, 373, 572	3.0
2001	42, 548, 529	3.1
2002	59, 638, 975	3.6
2003	63, 701, 040	4.1
2004	80, 699, 331	3.7
2005	86, 429, 843	3.7
2007	100, 419, 824	3.7
2008	108, 020, 438	3.7
2009	114, 993, 806	3.7

大约有74%的旅游者使用商业性住宿，客房使用情况估计为2.6人/间。2005年，饭店客房总数为48,891间，且出租率很高。住宿业面临着日益增强的压力，房价可能因此而上涨。

表 6.33　中国香港特别行政区——2007～2009 年床位需求量预测

年份	入境旅游接待量(人次)	床夜次	停留天数	客房需求量(间)	出租率(%)
2007	27, 140, 493	100, 419, 824	3.7	132, 271	80
2008	29, 194, 713	108, 020, 438	3.7	142, 282	80
2009	31, 079, 407	114, 993, 806	3.7	151, 467	80

但是，使用商业性住宿的旅游者所占的比例未来将会继续下降（因为根据预测，至 2009 年，将会有更大比例的旅游者来自中国内地）。

季节性

中国香港特别行政区的旅游旺季是 10～12 月以及 7、8 两个月。

图 6.20　中国香港特别行政区——2004～2005 年入境旅游的季节性

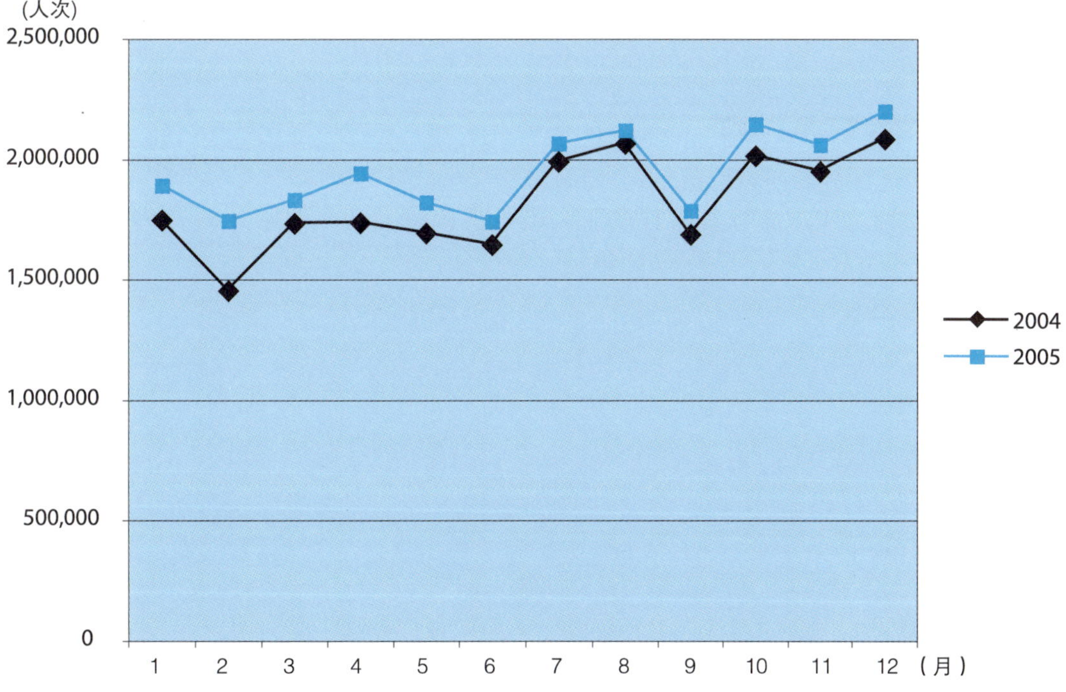

出、入境旅游平衡

表 6.34　中国香港特别行政区——1997 ~2009 年入境旅游者与出境旅游者数量差异

年份	入境旅游接待量(人次)	出境旅游人次	出境旅游人次年均增长率(%)	入境与出境旅游人次数量之差	出境:入境(%)
1997	10, 406, 261	41, 605, 128	na	-31, 198, 867	399. 81
1998	9, 574, 711	47, 594, 322	14. 40	-38, 019, 611	497. 08
1999	11, 328, 272	53, 143, 675	11. 66	-41, 815, 403	469. 12
2000	13, 210, 672	58, 901, 071	10. 83	-45, 690, 399	445. 86
2001	13, 725, 332	61, 095, 895	3. 73	-47, 370, 563	445. 13
2002	16, 566, 382	64, 540, 132	5. 64	-47, 973, 750	389. 58
2003	15, 536, 839	60, 936, 082	-5. 58	-45, 399, 243	392. 20
2004	21, 810, 630	68, 903, 433	13. 07	-47, 092, 803	315. 92
2005	23, 359, 417	72, 299, 897	4. 93	-48, 940, 480	309. 51
2007	27, 140, 493	77, 865, 231	3. 78	-50, 724, 738	286. 90
2008	29, 194, 713	80, 963, 548	3. 98	-51, 768, 835	277. 32
2009	31, 079, 407	83, 788, 602	3. 49	-52, 709, 195	269. 60

注：出境旅游人次分别由作者预测并汇总；na 表示数据无法获得。

出境旅游人次出现了强劲的增长势头，并且将在本报告预测期内将继续保持下去。出境、入境旅游接待量比例显示出境旅游的兴起，主要目的地是中国澳门特别行政区和中国内地，由于中国内地旅游者大量涌入中国香港特别行政区，出入境旅游者的比例预计到 2009 年将逐渐有所下降。

中国澳门特别行政区

“非典”之后的2004年，中国澳门特别行政区入境旅游接待量的年均增长率开始稳定在一个很高的增长率上，并会在预测期内一直保持这个比率。到2009年，增长率预计有些降低，这是由于庞大的基数。2005年，来自中国内地、中国香港特别行政区和中国台湾的客流量占总客流量的94%。

表6.35 中国澳门特别行政区——1997～2009年入境旅游增长率

年份	入境旅游接待量(人次)	年均增长率(%)
1997	7,000,370	-14.12
1998	6,948,535	-0.74
1999	7,443,924	7.13
2000	9,162,212	23.08
2001	10,278,973	12.19
2002	11,530,841	12.18
2003	11,887,876	3.10
2004	16,672,556	40.25
2005	18,711,187	12.23
2007	23,528,110	12.14
2008	25,284,608	7.47
2009	27,579,290	9.08

自从澳门主权回归中国、成为中国澳门特别行政区以来，中国内地客源市场所占的份额迅速增加，但是从现在直至2009年，市场份额将会缓慢下降，中国台湾所占的市场份额将略有下降。其他大多数主要客源市场所占的份额预计将上升，而美国市场将保持稳定。马来西亚所占的市场份额迅速增长，将在市场份额排名中名列第七位，并预计将由第七位再上升至第四位，美国将从第五位下降至第八位。

表6.36 中国澳门特别行政区——1997～2009年主要客源市场所占份额（%）

国家/地区	1997	1998	1999	2000	2001	2002	2003	2004	2005	2007	2008	2009
中国内地	8.0	12.2	22.1	24.8	29.2	36.8	38.9	57.2	55.9	54.6	53.5	53.4
中国香港特别行政区	66.8	67.5	56.8	54.1	50.6	44.2	48.3	30.3	30.0	30.7	31.0	30.8
中国台湾	13.0	11.8	13.2	14.3	14.1	13.3	8.6	7.7	7.9	6.6	6.7	6.6
日本	4.1	2.2	2.0	1.6	1.4	1.2	0.7	0.7	0.9	1.0	1.1	1.1
美国	1.0	1.0	0.9	0.8	0.7	0.7	0.5	0.6	0.7	0.7	0.7	0.7
韩国	1.3	0.3	0.5	0.5	0.5	0.4	0.3	0.4	0.6	0.9	1.0	1.1
马来西亚	0.5	0.3	0.3	0.3	0.3	0.3	0.2	0.0	0.5	1.2	1.4	1.3
菲律宾	0.4	0.5	0.5	0.5	0.5	0.5	0.4	0.5	0.5	0.9	0.9	1.0

来访目的

大多数旅游者来访中国澳门特别行政区旅游的目的是度假，而旅游者对博彩的兴趣也在增加。

图 6. 21　中国澳门特别行政区—— 2005 年入境旅游者来访目的

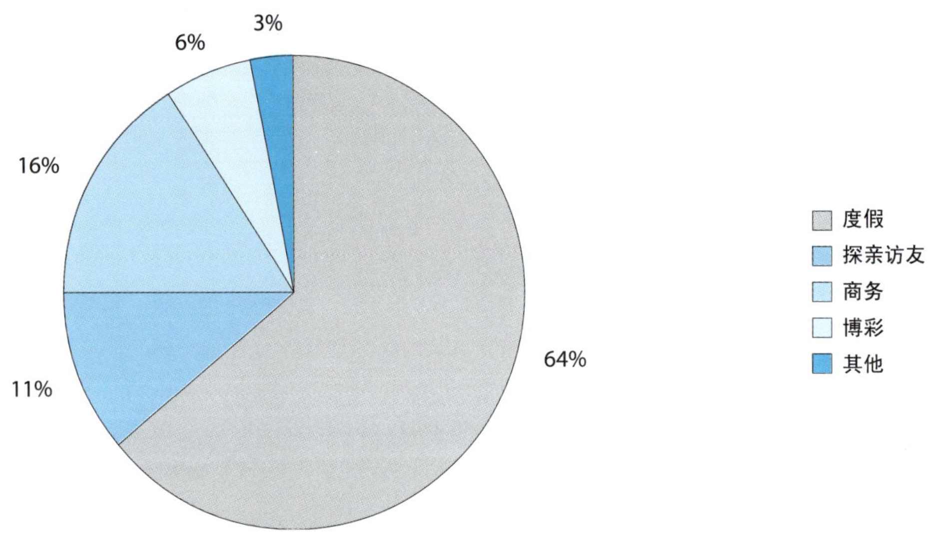

旅游收入

旅游收入预计将伴随入境旅游接待量的增加而增长。

表 6. 37　中国澳门特别行政区——1997 ~2009 年旅游收入

年份	旅游收入(百万美元)
1997	950
1998	1, 044
1999	1, 022
2000	1, 252
2001	1, 427
2002	2, 087
2003	2, 865
2004	4, 535
2005	3, 555
2007	4, 470
2008	4, 804
2009	5, 240

注：预测期内的收入按 2005 年美元价值计算。

图 6.22 中国澳门特别行政区——2005 年不同国家和地区旅游者的人均消费（单位：美元）

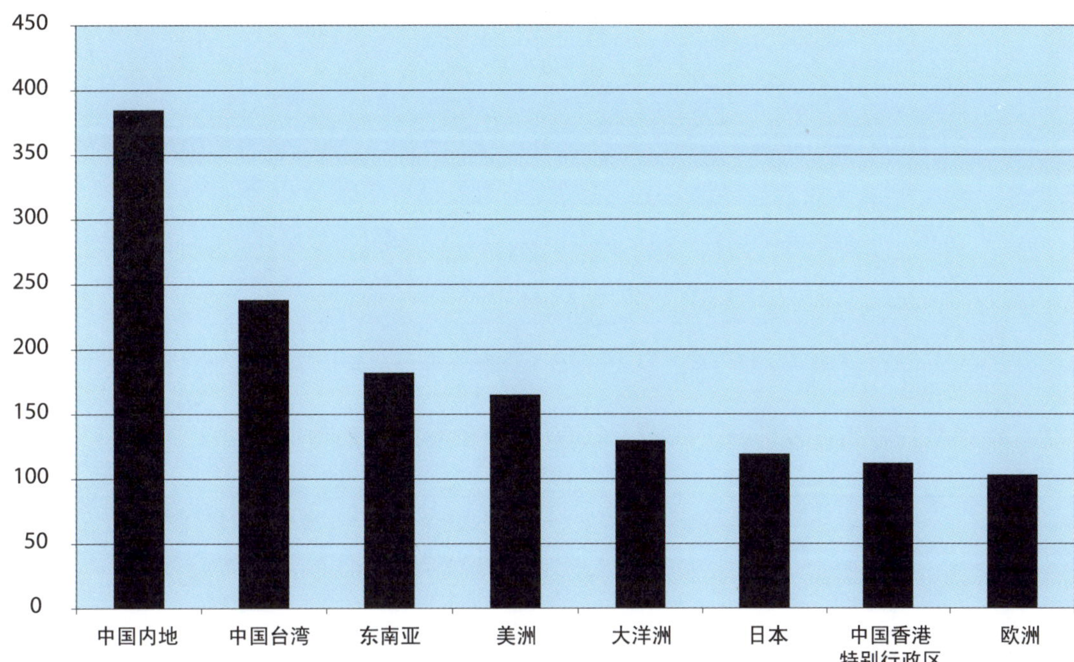

中国内地旅游者人均消费最高，接下来是中国台湾、东南亚和美洲。各华人市场间的差别非常明显，中国内地旅游者的消费最高，中国香港特别行政区旅游者的消费则最低。这可能是因为从中国香港特别行政区到中国澳门特别行政区有非常便利的交通所致。

住宿

2004 年，随着中国内地旅游者进入中国澳门特别行政区更加便利，来访旅游者的平均停留天数大幅下降。来访变得更加便利之后，来访旅游的频率随之提高，但是每次来访的停留时间也随之缩短。2005 年，随着新的博彩型饭店的开张，客房供应量迅速提高。

前往中国澳门特别行政区的一大部分游客不在澳门过夜，他们要么是来自香港的一日游游客，要么是前往或来自中国内地的过境旅游者。因此，从来访游客数量看，中国澳门特别行政区住宿业的规模并不像人们所想象的那样大。不断增长的入境旅游接待量有可能使住宿业快速发展持续下去。

表 6.38　中国澳门特别行政区——1997～2005 年客房数与年均增长率

年份	客房数量(间)	年均增长率(%)
1997	8,786	2.82
1998	8,970	2.09
1999	9,431	5.14
2000	9,201	-2.44
2001	9,030	-1.86
2002	8,954	-0.84
2003	9,185	2.58
2004	9,168	-0.19
2005	10,832	18.15

表 6.39　中国澳门特别行政区——1997～2009 年床位需求量预测

年份	床夜次	停留天数	床夜次(饭店)	客房需求量(间)	出租率(%)
1997	9,380,496	1.3	2,959,534	6,757	60
1998	9,936,405	1.4	3,083,181	7,039	60
1999	10,644,811	1.4	3,222,426	7,357	60
2000	12,185,742	1.3	3,688,901	8,422	60
2001	13,876,614	1.4	3,735,252	8,388	61
2002	14,759,476	1.3	4,038,145	7,184	70
2003	26,676,090	1.6	7,298,520	12,984	70
2004	18,339,812	1.1	5,017,732	8,927	70
2005	20,340,518	1.2	5,565,121	9,901	70
2007	28,704,294	1.2	7,853,432	13,972	70
2008	30,847,222	1.2	8,439,732	15,015	70
2009	33,646,734	1.2	9,205,673	16,377	70

季节性

图6.23 中国澳门特别行政区——2004～2005年入境旅游的季节性

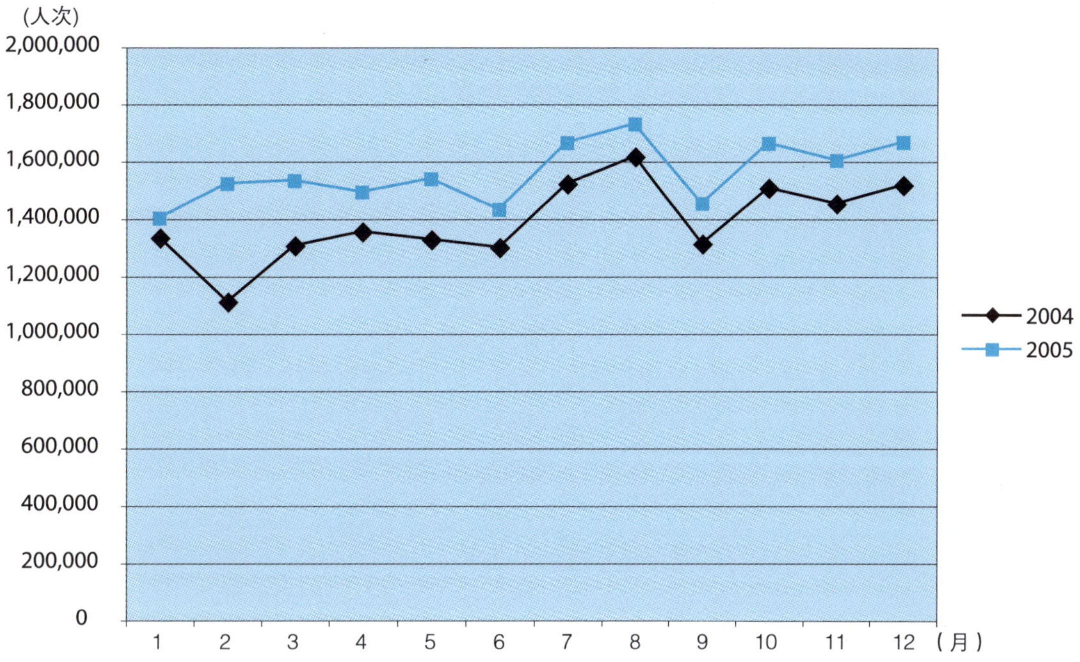

入境旅游的高峰期为7、8月，次高峰期在10、12月。

库克群岛

库克群岛成功地吸引了大量的旅游者，在2003年避免了负增长，并于2004年和2005年从低迷中复苏。预计直到2009年，入境旅游接待量将持续强劲增长，当然这主要取决于航空运载力的提高。

表6.40 库克群岛——1997～2009年入境旅游增长率

年份	入境旅游接待量(人次)	年均增长率(%)
1997	49,964	3.30
1998	48,629	-2.67
1999	55,599	14.33
2000	72,994	31.29
2001	79,618	9.07
2002	77,933	-2.12
2003	78,328	0.51
2004	83,333	6.39
2005	88,381	6.06
2007	97,436	5.00
2008	101,935	4.62
2009	107,753	5.71

库克群岛主要有四大客源市场，所占份额最大的是新西兰。预计一直到2009年，新西兰、欧洲、澳大利亚和塔希提岛的市场份额都将呈下降趋势。其余客源市场份额预计呈上升趋势，尤其美国市场份额将有明显增加。

表6.41 库克群岛——1997～2009年主要客源市场所占份额（%）

国家/地区	1997	1998	1999	2000	2001	2002	2003	2004	2005	2007	2008	2009
新西兰	25.4	25.2	27.8	26.8	30.6	37.0	39.5	46.5	55.8	55.2	54.4	53.5
欧洲	39.9	39.7	33.1	32.4	28.7	25.2	27.5	24.5	20.5	19.4	19.1	19.1
澳大利亚	7.4	7.6	11.4	15.3	14.9	12.8	14.6	14.2	12.8	11.7	11.7	11.6
美国	12.9	11.0	10.5	9.2	9.0	8.6	9.7	7.2	5.0	7.0	7.8	8.5
加拿大	6.1	7.4	9.4	8.2	7.9	6.1	4.8	2.9	2.3	2.8	2.9	3.1
塔希提岛	2.1	2.2	1.3	1.0	0.7	1.2	1.4	1.7	1.5	1.4	1.4	1.4

来访目的

来访目的主要是度假，探亲访友所占比例很小。库克群岛是家庭度假的目的地，男女旅游者各占50%。

图6.24　库克群岛——2005年入境旅游者的来访目的

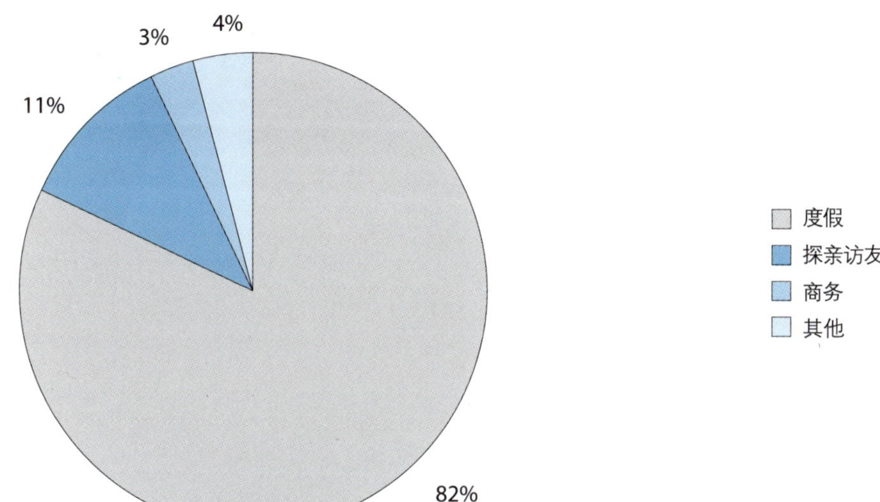

住宿

床位供应量浮动较大，2005年大约有2,772张。根据床位需求量预测以及较低的出租率(62%)，在本报告预测期内，很明显没有必要增加饭店数量。来访旅游者的平均停留天数由先前的11天降至10天。

表6.42　库克群岛——2007～2009年床位需求量预测

年份	入境旅游接待量(人次)	床夜次	停留天数	客房需求量(间)	出租率(%)
2007	97,436	984,104	10.1	2,407	70
2008	101,935	1,029,544	10.1	2,518	70
2009	107,753	1,088,305	10.1	2,662	70

季节性

图 6.25　库克群岛——2004 ~2005 年入境旅游的季节性

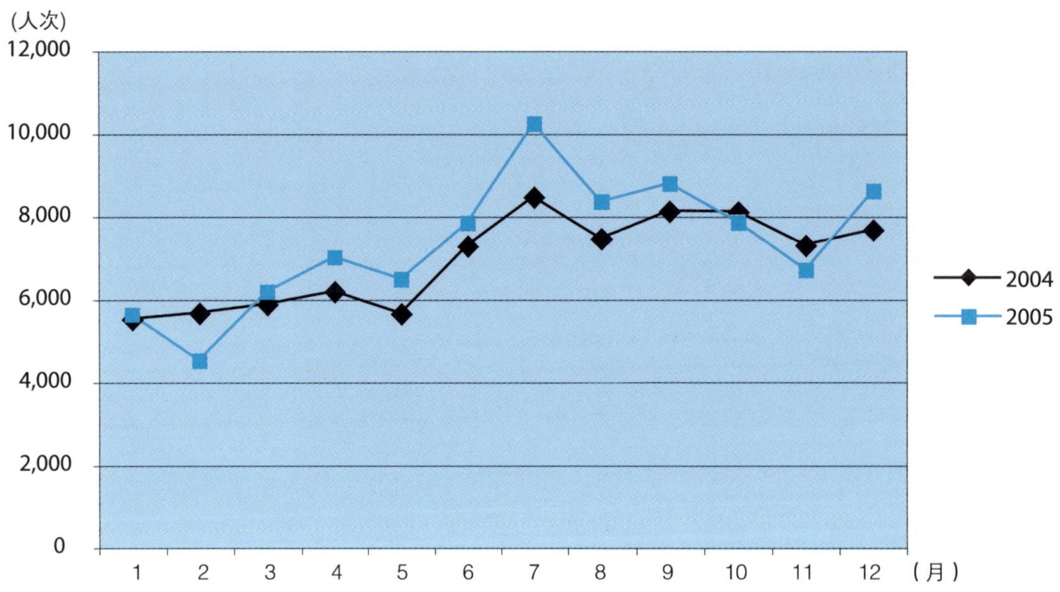

通常，旅游旺季出现在 7 月、9 月和 10 月，12 月圣诞节入境旅游者接待量也有小幅度的上升。

出、入境旅游平衡

入境旅游接待量超过出境旅游人次，到 2009 年以前，预计这种数量差异将会呈稳定增长的趋势。

表 6.43　库克群岛——1998 ~2009 年入境旅游者与出境旅游者数量差异

年份	入境旅游接待量(人次)	出境旅游人次	出境旅游人次年均增长率(%)	入境与出境旅游人次数量之差	出境:入境(%)
1998	48, 629	8, 245	na	40, 384	16. 95
1999	55, 599	8, 012	-2. 83	47, 587	14. 41
2000	72, 994	8, 920	11. 33	64, 074	12. 22
2001	79, 618	9, 111	2. 14	70, 507	11. 44
2002	77, 933	9, 419	3. 38	63, 362	12. 94
2003	78, 328	10, 221	8. 51	68, 107	13. 05
2004	83, 333	11, 696	14. 43	71, 637	14. 04
2005	88, 381	12, 762	9. 11	75, 619	14. 44
2007	97, 436	13, 562	7. 68	83, 874	13. 92
2008	101, 935	14, 478	6. 75	87, 457	14. 20
2009	107, 753	15, 462	6. 80	92, 291	14. 35

注：na 表示数据无法获得；出境旅游人次由作者分别预测后汇总。

斐济

斐济入境旅游接待量很快从因政局动荡而导致的下滑中恢复过来。在政局动荡初期，旅游者并未受到威胁，所以恢复速度比一般预想的要快。然而，2006年的政变又一次造成入境旅游接待量的大幅下降。在2004年“非典”恢复期，斐济入境旅游接待量增长许多，由于有大规模的住宿业投资作后盾，2005年保持了强劲的、有可能是长期的增长势头。预计斐济入境旅游接待量在2007年会出现负增长，乐观地估计，在2008年有望开始复苏，在2009年实现入境旅游接待量基数增长。上述预测是乐观的，因为斐济历来缺乏政治稳定，这通常会吓跑旅游业的投资商。由于斐济的英联邦成员资格被暂停，且无望在近期被恢复资格，这使得澳大利亚、新西兰和美国在中期里仍会维持对斐济发出的旅游警告。

表6.44 斐济——1997~2009年入境旅游增长率

年份	入境旅游接待量(人次)	年均增长率(%)
1997	359,441	na
1998	371,342	3.31
1999	409,955	10.40
2000	294,070	-28.27
2001	348,014	18.34
2002	397,859	14.32
2003	430,800	8.28
2004	506,999	17.69
2005	549,911	8.46
2007	477,574	-6.81
2008	546,879	14.51
2009	612,188	11.94

注：na表示数据无法获得。

作为主要客源市场，澳大利亚市场预计将占斐济入境旅游接待量的1/3左右，但略有下降。新西兰和日本的市场份额预计会有些微下降。虽然斐济的大多数客源市场的入境旅游接待量都将下滑，但是大多数客源市场的份额预计变化不大。英国来访斐济的旅游者数量下滑得比较小，因此其市场份额将有所上升。美国和加拿大的市场份额也有小幅增长。

表6.45 斐济——1997~2009年主要客源市场所占份额（%）

国家/地区	1997	1998	1999	2000	2001	2002	2003	2004	2005	2007	2008	2009
澳大利亚	22.4	27.1	28.8	26.1	28.2	31.1	32.9	33.9	33.6	35.6	34.2	33.3
新西兰	19.0	19.1	17.6	16.8	19.1	17.2	17.4	21.7	21.5	18.8	18.8	19.1
美国	12.3	12.0	15.2	17.9	16.6	14.8	13.5	12.9	13.1	13.7	14.3	13.8
英国	9.7	10.6	9.8	9.9	8.8	10.9	11.6	9.8	10.0	10.6	11.5	11.8
日本	12.5	9.6	9.3	6.7	5.9	6.6	5.4	5.0	5.0	4.2	4.2	4.7
加拿大	3.7	3.5	3.3	3.6	3.1	2.5	2.6	2.4	2.5	3.3	3.0	2.8

旅游收入

表 6.46　斐济——2004～2009 年旅游收入

年份	旅游收入（百万美元）
2004	458
2005	441
2007	383
2008	439
2009	491

预计政变导致斐济旅游收入大范围流失，2007 年的直接损失达 5,800 万美元。在本报告预测期内，用以前预测的入境旅游接待量减去当前预测的入境旅游接待量，可以计算出旅游收入的永久损失，以 2005 年的美元价值计算，损失约为 3.4 亿美元。

住宿

2004 年，斐济可使用客房数量为 6,677 间，没有 2005 年的统计数字。政变使国外资金投向酒店的速度减慢，对客房需求的压力将在短期内形成。如果需求压力引起房价上涨，那么 2008 年和 2009 年入境旅游接待量的预期目标不可能实现。

表 6.47　斐济——2007～2009 年床位需求量预测

年份	入境旅游接待量（人次）	床夜次	停留天数	客房需求量（间）	出租率（%）
2007	477,574	4,107,136	8.6	8,037	70
2008	546,879	4,703,159	8.6	9,204	70
2009	612,188	5,264,817	8.6	10,303	70

季节性

图 6.26　斐济——2004～2005 年入境旅游的季节性

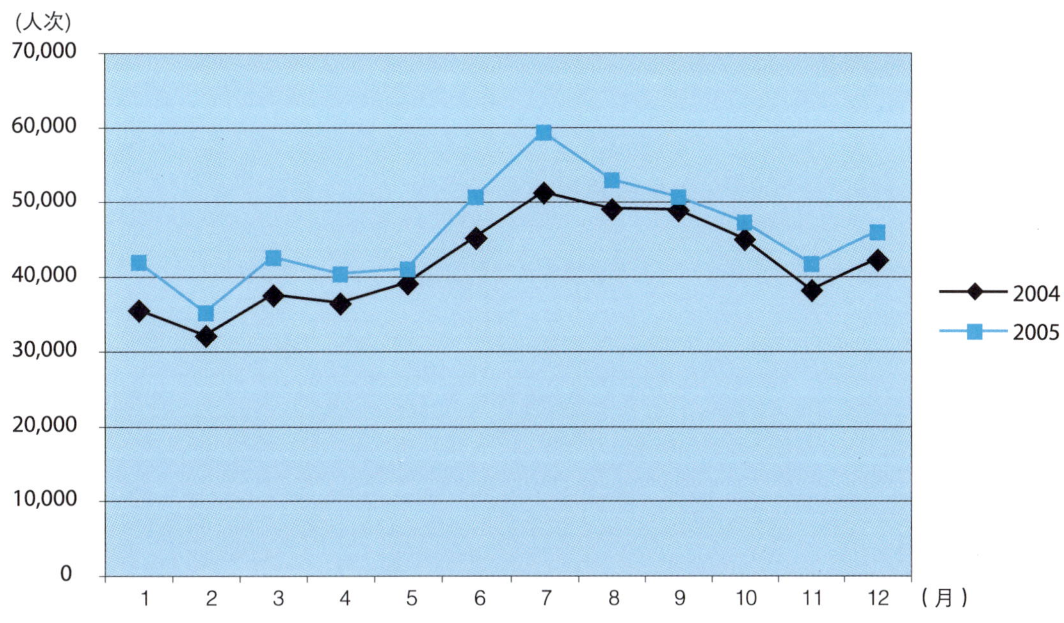

斐济的旅游旺季为 6～10 月。

印度

印度并没有像其他受影响国家那样，因“非典”而遭受入境旅游接待量骤减的打击。总体而言，南亚国家避免了这一问题的发生。2004年入境旅游接待量的强劲增长可能确实含有从2003年复苏的因素，但是这一因素所起的作用并不大。2004年入境旅游接待量强劲增长的势头一直延续到2005年。在本报告预测期内，这种强劲增长的势头会一直保持，但是由于基数过大，增长比例相对较小。

表6.48　印度——1997～2009年入境旅游增长率

年份	入境旅游接待量(人次)	年均增长率(%)
1997	2,374,094	3.77
1998	2,358,628	-0.65
1999	2,507,545	6.31
2000	2,669,563	6.46
2001	2,637,282	-1.21
2002	2,384,364	-9.59
2003	2,726,214	14.34
2004	3,367,980	23.54
2005	3,914,845	16.24
2007	4,745,435	10.10
2008	5,068,635	6.81
2009	5,359,387	5.74

印度的三大旅游客源国是孟加拉国、英国和美国，但由于无法获得2005年孟加拉国的数据，因此，表中省略了孟加拉国的数据。预计美国将获得最大的市场份额。据预测，在其他客源市场中，加拿大、德国和日本将保持稳定，而其余客源市场将失去一些市场份额。总的来说，主要客源市场的排名次序几乎没有什么变化，在2005年，英国超过美国上升到第一位，预计这种状况不会持续到2009年。在本报告预测期内，德国将超过斯里兰卡。

表6.49　印度——1997～2009年主要客源市场所占份额（%）

国家/地区	1997	1998	1999	2000	2001	2002	2003	2004	2005	2007	2008	2009
英国	15.6	16.0	13.8	13.3	15.4	16.3	15.8	16.8	16.5	15.9	16.0	16.1
美国	10.3	10.4	10.0	11.6	12.5	14.6	15.1	17.2	15.8	17.2	16.8	16.7
加拿大	3.3	3.4	3.3	3.7	3.4	3.9	3.9	4.3	4.0	3.9	3.9	4.0
法国	3.9	4.2	3.4	3.4	3.9	3.3	3.6	4.7	3.9	3.7	3.6	3.7
斯里兰卡	5.1	5.0	4.8	4.8	4.3	4.5	4.0	4.8	3.5	3.2	3.2	3.2
德国	4.4	4.0	3.5	3.2	3.0	2.7	2.8	3.6	3.3	3.3	3.3	3.3
日本	4.2	3.8	3.2	3.0	3.1	2.5	2.9	3.6	2.6	2.6	2.6	2.6
马来西亚	2.5	2.0	2.1	2.2	2.2	2.7	2.6	2.6	2.5	2.5	2.4	2.4
澳大利亚	2.7	3.1	3.9	4.8	2.0	2.1	2.2	2.5	2.5	2.4	2.4	2.3
尼泊尔	1.8	1.6	1.0	0.9	1.6	1.8	1.6	1.5	2.0	1.8	1.8	1.8

季节性

印度的旅游旺季为当年 10 月至次年 2 月。7 月也是个小旺季。

图 6.27　印度——2004～2005 年入境旅游的季节性

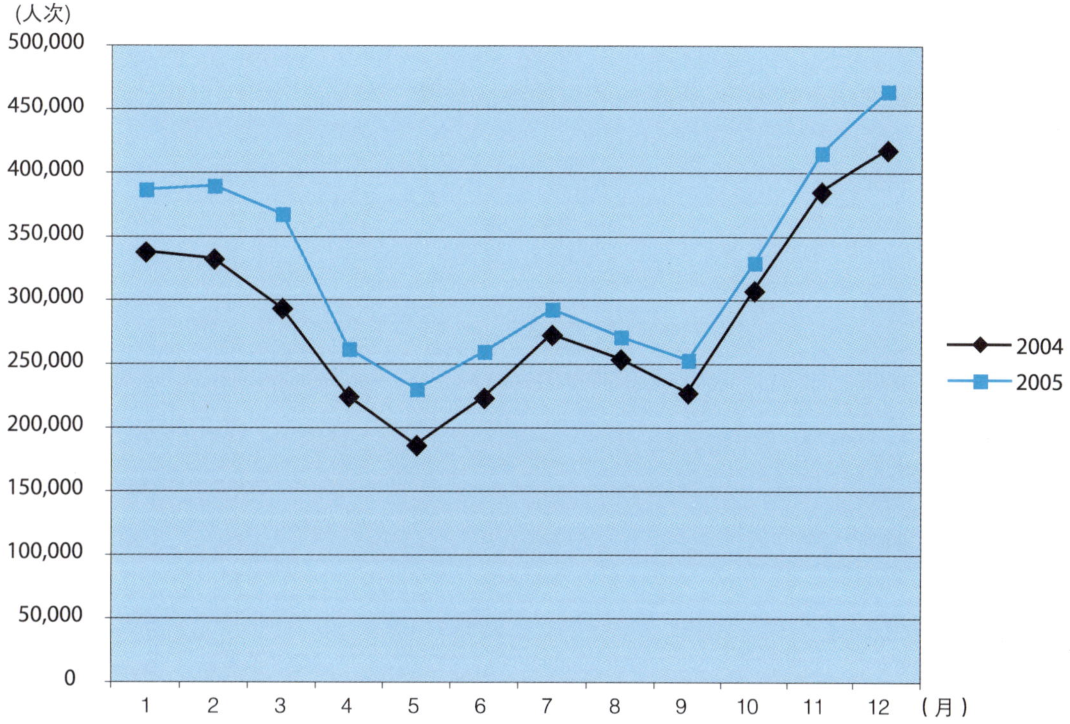

印度尼西亚

由于很多地方都遭受到恐怖主义袭击，加之“非典”的影响，2002年和2003年印度尼西亚的入境旅游接待量遭受重大打击，2005年再次遭受重创。在本报告预测期内，入境旅游接待量的增长将会很弱，再加上一些航空公司减少飞往巴厘岛的航班，使情况变得更糟。微弱的增长预计将一直持续到2009年，而且不能期望恐怖袭击将会停止，因此，不稳定性继续促使入境旅游接待量的降低。

表6.50　印度尼西亚——1997～2009年入境旅游增长率

年份	入境旅游接待量(人次)	年均增长率(%)
1997	5,185,243	2.99
1998	4,606,416	-11.16
1999	4,727,520	2.63
2000	5,067,217	7.19
2001	5,153,620	1.71
2002	4,981,004	-3.35
2003	4,467,021	-10.32
2004	5,321,165	19.12
2005	5,002,101	-6.00
2007	5,268,340	2.63
2008	5,434,744	3.16
2009	5,623,127	3.47

新加坡是印度尼西亚的主要客源市场，但其所占市场份额有变化，预计到2009年会有些微增长。预计韩国、德国、英国和荷兰的市场份额会有增长。其他国家和地区预计失去一部分市场份额。市场排名次序到2009年不会发生变化

表6.51　印度尼西亚——1997～2009年主要客源市场所占份额（%）

国家/地区	1997	1998	1999	2000	2001	2002	2003	2004	2005	2007	2008	2009
新加坡	26.1	31.4	28.1	27.5	28.7	28.6	32.9	33.8	27.2	28.3	28.1	28.2
日本	12.8	10.2	12.8	13.1	11.9	11.9	10.4	10.8	12.4	11.3	11.2	11.0
马来西亚	10.5	10.7	9.3	10.0	9.4	9.3	10.5	9.3	10.4	10.2	10.2	10.1
澳大利亚	8.8	8.6	11.2	7.6	7.7	7.7	6.0	7.5	8.1	7.3	7.3	7.1
中国台湾	6.7	6.1	7.4	7.3	7.6	7.6	8.5	6.9	7.1	6.7	6.4	6.2
韩国	4.4	3.9	4.7	3.5	4.1	4.1	4.5	4.3	5.3	5.3	5.5	5.7
美国	4.4	3.3	3.2	3.6	3.5	3.5	2.9	2.8	3.2	3.2	3.2	3.1
德国	3.6	3.1	3.6	3.0	3.1	3.1	2.5	2.6	2.9	3.0	3.1	3.1
英国	2.7	3.0	2.9	3.4	3.7	3.7	2.2	2.3	2.7	2.8	2.8	2.8
荷兰	2.3	1.8	1.8	2.1	2.2	2.2	2.0	2.0	2.3	2.4	2.4	2.4

住宿

2005年的客房总数为175,792间，看来目前和预测期内都不会出现住宿压力，目前低于55%的出租率到2009年将只会有缓慢的增长。

表6.52　印度尼西亚——2007～2009年床位需求量预测

年份	入境旅游接待量(人次)	床夜次	停留天数	客房需求量(间)	出租率(%)
2007	5,268,340	50,049,230	9.5	97,944	70
2008	5,434,744	51,630,068	9.5	101,037	70
2009	5,623,127	53,419,707	9.5	104,540	70

注：预测期内的停留天数仅为作者的估算。

季节性

从6～9月是入境旅游接待量的旺季，第二个旺季在12月。

图6.28　印度尼西亚——2004～2005年入境旅游的季节性

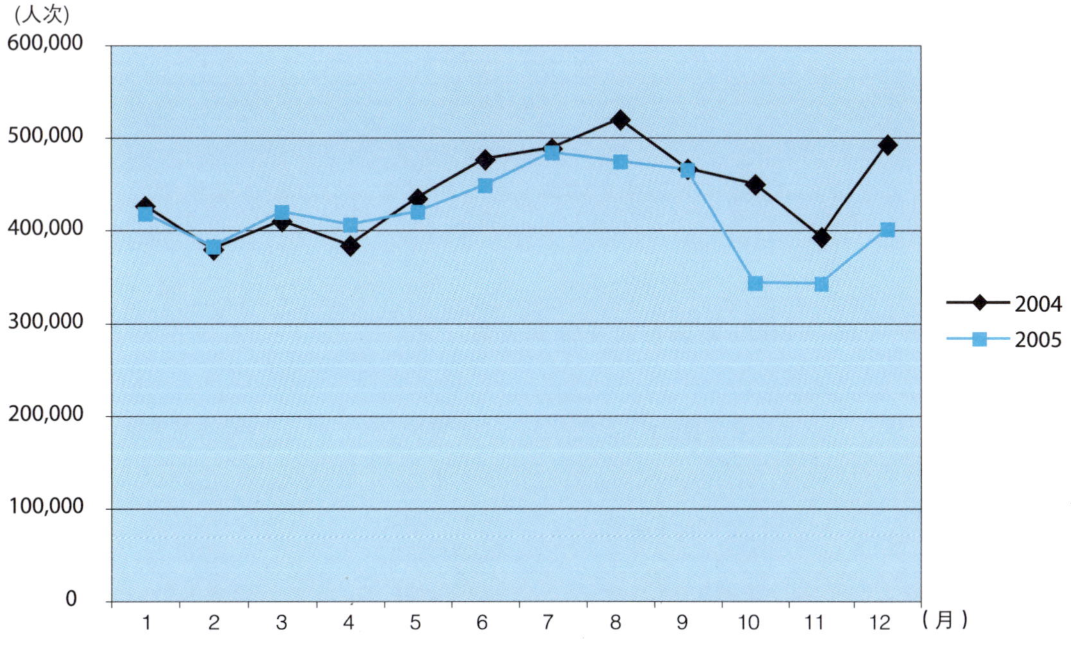

日本

在日本，入境旅游接待量是根据来访者的国籍，而不是根据来访者的居住地来统计和计算，因此有些客源市场前往日本的客流量被过高估算（例如，居住在亚洲的美国人使得到访日本的美国出境旅游人次被过高估算），而有些则被低估（例如，有些移民到澳大利亚的人持有其出生地国家的护照，到日本旅游时，则因此不被列为澳大利亚旅游者）。

2003 年的“非典”导致入境旅游接待量出现小幅下降，但 2004 年的复苏十分强劲，入境旅游接待量再创新高。一直到 2005 年，日本入境旅游的年平均增长率都将保持强劲，这个增长率预计将持续到 2009 年，在不远的将来，日本入境旅游接待量的基数将达到 1000 万人次。

表 6.53　日本——1997 ~ 2009 年入境旅游增长率

年份	入境旅游接待量（人次）	年均增长率（%）
1997	4, 218, 208	8. 91
1998	4, 106, 057	-2. 66
1999	4, 801, 879	16. 95
2000	4, 757, 149	-0. 93
2001	4, 771, 555	0. 30
2002	5, 238, 963	9. 80
2003	5, 211, 725	-0. 52
2004	6, 137, 905	17. 77
2005	6, 727, 926	9. 61
2007	7, 767, 134	7. 45
2008	8, 537, 176	9. 91
2009	9, 227, 124	8. 08

日元对美元升值之后，访日旅游者的平均停留天数有所减少，2002 年日元贬值后，旅游者的平均停留天数又有所增加。目前，旅游者的平均停留天数约为 10 天，下面的计算即按平均数 10. 0 天进行。

表 6.54　日本——1997 ~ 2009 年床夜次及停留天数

年份	入境旅游接待量（人次）	床夜次	平均停留天数
1997	4, 218, 208	36, 276, 589	8. 6
1998	4, 106, 057	36, 133, 302	8. 8
1999	4, 801, 879	38, 415, 032	8. 0
2000	4, 757, 149	38, 057, 192	8. 0
2001	4, 771, 555	38, 172, 440	8. 0
2002	5, 238, 963	55, 009, 112	10. 5
2003	5, 211, 725	52, 117, 250	10. 0
2004	6, 137, 905	61, 379, 050	10. 0
2005	6, 727, 926	67, 279, 260	10. 0
2007	7, 767, 134	77, 671, 340	10. 0
2008	8, 537, 176	85, 371, 760	10. 0
2009	9, 227, 124	92, 271, 240	10. 0

预计中国台湾的市场份额将会有所增加，但大多数客源市场预计失去一小部分市场份额，因为整体客源市场扩张到了其他国家和地区。总体上讲，自2004年以来，所有市场份额非常稳定，前几位客源市场的排名次序没有变化，预计到2009年也不会发生变化。

表6.55　日本——1997～2009年主要客源市场所占份额（%）

国家/地区	1997	1998	1999	2000	2001	2002	2003	2004	2005	2007	2008	2009
韩国	24.0	17.6	19.6	22.4	23.8	24.3	28.0	25.9	23.6	23.7	22.5	21.8
中国内地	6.2	6.5	6.1	7.4	8.2	8.6	8.6	10.0	9.2	8.4	8.1	7.8
中国台湾	19.5	20.5	19.4	19.2	16.9	16.8	15.1	17.6	16.1	17.0	16.6	16.4
中国香港特别行政区	0.7	1.3	0.9	1.0	1.6	5.6	5.0	4.9	4.5	4.2	4.1	4.0
美国	14.7	16.2	14.5	15.3	14.5	14.0	12.6	12.4	11.3	11.1	10.8	10.4
英国	3.9	11.8	8.2	8.1	8.1	4.2	3.8	3.5	3.2	2.9	2.8	2.9
澳大利亚	2.4	3.0	2.8	3.1	3.1	3.1	3.3	3.2	2.9	3.0	3.0	2.9
菲律宾	1.9	2.0	1.9	2.4	2.6	2.5	2.6	2.5	2.3	2.1	2.0	2.0
加拿大	2.2	2.6	2.2	2.5	2.6	2.5	2.4	2.3	2.1	2.0	2.0	1.9
德国	2.0	2.1	1.8	1.9	1.8	1.8	1.8	1.7	1.6	1.6	1.6	1.6

注：入境旅游接待量根据来访者的国籍而非居住地来计算。

来访目的

到日本旅行主要是为了度假，当然，商务旅游市场也很庞大。

图6.29　日本——2005年入境旅游者的来访目的

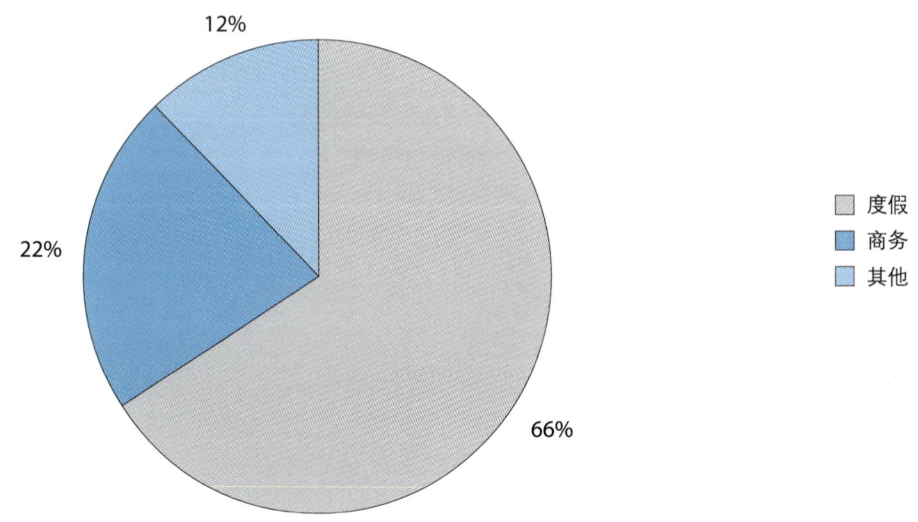

住宿

日本的客房总数超过240,000间，因此总体上不存在客房短缺的问题。

表6.56 日本——2007~2009年床位需求量预测

年份	入境旅游接待量(人次)	床夜次	停留天数	客房需求量(间)	出租率(%)
2007	7, 767, 134	77, 671, 340	10	202, 665	70
2008	8, 537, 176	85, 371, 760	10	222, 757	70
2009	9, 227, 124	92, 271, 240	10	240, 760	70

季节性

入境旅游的高峰期为7月、8月，次高峰期为1月、4月和10月。

图6.30 日本——2004~2005年入境旅游的季节性

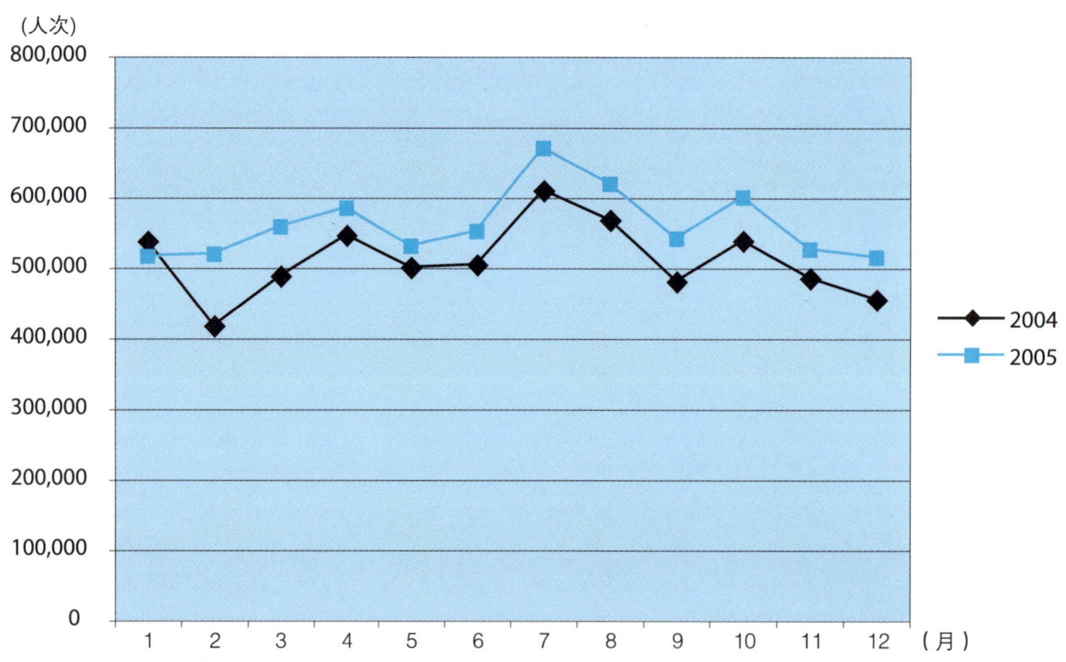

出、入境旅游平衡

表6.57　日本——1997～2009年入境旅游者与出境旅游者数量差异

年份	入境旅游接待量(人次)	出境旅游人次	出境旅游人次年均增长率(%)	入境与出境旅游人次数量之差	出境:入境(%)
1997	4,218,208	16,802,750	0.65	-12,584,542	398.34
1998	4,106,057	15,806,218	-5.93	-11,700,161	384.95
1999	4,801,879	16,357,572	3.49	-11,555,693	340.65
2000	4,757,149	17,818,590	8.93	-13,061,441	374.56
2001	4,771,555	16,357,572	-8.20	-11,586,017	342.81
2002	5,238,963	16,522,804	1.01	-11,283,841	315.38
2003	5,211,725	13,296,330	-19.53	-8,084,605	255.12
2004	6,137,905	16,831,112	26.58	-10,693,207	274.22
2005	6,727,926	17,403,565	3.40	-10,675,639	258.68
2007	7,767,134	18,843,209	4.05	-11,076,075	242.60
2008	8,537,176	19,475,623	3.36	-10,938,447	228.13
2009	9,227,124	20,123,546	3.33	-10,896,422	218.09

注：出境旅游人次由作者分别预测后汇总。

入境旅游接待量相对于出境旅游人次增长速度稍快，旅游贸易逆差因此有望得到改善。

韩国

韩国的入境旅游接待量在2003年由于“非典”影响出现负增长，2004年出现强势反弹，2005年进一步的恢复，预计直至2009年都会保持强劲增长态势。大规模的广告宣传对于塑造韩国旅游目的地的形象起到了重要作用。2008年北京奥运会将惠及韩国，旅游者将会访问邻近的韩国。

表6.58 韩国——1997~2009年入境旅游增长率

年份	入境旅游接待量(人次)	年均增长率(%)
1997	3,908,140	6.09
1998	4,250,216	8.75
1999	4,659,785	9.64
2000	5,264,757	12.98
2001	5,147,204	-2.23
2002	5,347,468	3.89
2003	4,753,604	-11.11
2004	5,518,403	16.09
2005	6,021,764	9.12
2007	6,854,457	6.69
2008	7,372,380	7.56
2009	7,890,523	7.03

注：入境旅游接待量根据来访者的国籍而非居住地来计算。

在韩国的客源市场中，目前日本所占的市场份额最大，但预计会出现大幅降低。相比之下，中国内地前往韩国的游客会迅速上升。其他主要客源国的市场份额预计有些下降，而泰国会有轻微上升。自从2004年，前十位主要客源市场的排名次序就没有什么变化，只有中国香港特别行政区超过俄罗斯，预计到2009年排名次序没有变化。

表6.59 韩国——1997~2009年主要客源市场所占份额(%)

国家/地区	1997	1998	1999	2000	2001	2002	2003	2004	2005	2007	2008	2009
日本	42.9	45.9	46.9	47.0	46.2	46.1	37.9	44.3	44.2	36.8	36.4	35.6
中国内地	5.5	5.0	6.8	8.4	9.4	10.7	10.8	11.4	12.9	16.5	17.5	18.8
中国台湾	2.7	2.6	2.4	2.4	2.5	2.7	3.3	5.5	6.1	5.3	5.3	5.3
中国香港特别行政区	2.5	5.4	5.0	3.8	4.0	3.6	4.1	2.8	3.3	2.4	2.4	2.3
美国	10.9	9.6	8.5	8.7	8.3	9.1	8.9	9.3	9.6	8.5	8.2	8.0
菲律宾	4.8	3.9	4.3	4.7	4.1	4.3	4.6	3.9	4.0	3.9	3.8	3.9
俄罗斯	3.5	3.2	2.7	3.0	2.6	3.3	3.5	2.8	2.6	2.1	2.1	2.1
泰国	1.6	1.2	1.4	1.7	1.4	1.5	1.6	1.9	2.0	2.1	2.1	2.1
马来西亚	0.9	1.0	1.0	1.1	1.1	1.6	1.9	1.7	1.8	1.5	1.6	1.6
新加坡	1.4	2.2	1.6	1.6	1.4	1.6	1.6	1.5	1.5	1.4	1.4	1.3

注：入境旅游接待量根据来访者的国籍而非居住地来计算。

来访目的

图6.31　韩国——2005年入境旅游者的来访目的

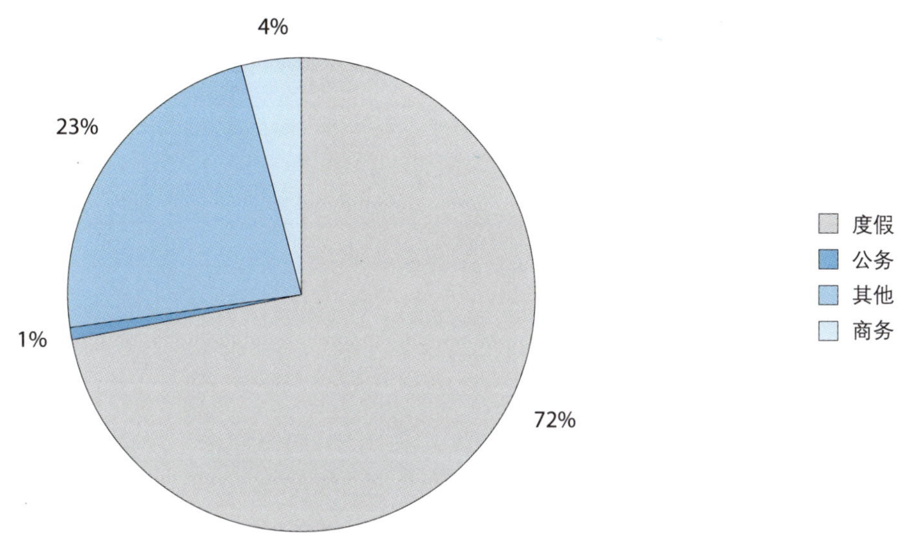

前往韩国旅游的主要目的是度假旅行，尽管“其他”目的这一类别所占比例较大，原因可能是军事人员往来频繁，或者对来访目的并未作说明。商务旅行的比例相对较小，表明许多商务旅游者并未声明自己的韩国之行是商务旅行，以此来避免申请商务签证。

住宿

表6.60　韩国——2007～2009年床位需求量预测

年份	入境旅游接待量(人次)	床夜次	停留天数	客房需求量(间)	出租率(%)
2007	6, 854, 457	35, 643, 176	5. 2	69, 752	70
2008	7, 372, 380	38, 336, 376	5. 2	75, 022	70
2009	7, 890, 523	41, 030, 720	5. 2	80, 295	70

注：预测期内的停留天数仅为作者的估算。

尽管没有统计房间数量，但可以预测在本报告预测期内，住宿需求压力会增大。

旅游收入

表 6.61 韩国——1997～2009 年入境旅游接待量、旅游收入、出境旅游人次和旅游消费

年份	入境旅游接待量(人次)	出境旅游人次	旅游收入(千美元)	消费(千美元)	入境与出境旅游人次数量之差	旅游收入与消费差额(千美元)
1997	3, 908, 140	4, 542, 159	5, 115, 963	6, 261, 539	-634, 019	-1, 145, 576
1998	4, 250, 216	3, 066, 926	6, 865, 400	2, 640, 300	1, 183, 290	4, 225, 100
1999	4, 659, 785	4, 341, 546	6, 801, 900	3, 975, 400	318, 239	2, 826, 500
2000	5, 264, 757	5, 508, 242	6, 811, 300	6, 174, 000	-243, 485	637, 300
2001	5, 147, 204	6, 084, 414	6, 373, 200	6, 547, 000	-937, 210	-173, 800
2002	5, 347, 468	7, 123, 407	5, 276, 900	7, 641, 500	-2, 090, 909	-2, 364, 600
2003	4, 753, 604	7, 086, 323	5, 241, 000	8, 135, 900	-2, 332, 719	-2, 894, 900
2004	5, 518, 403	8, 825, 442	5, 696, 900	9, 498, 800	-3, 307, 039	-3, 801, 900
2005	6, 021, 764	10, 077, 619	5, 649, 800	11, 942, 700	-4, 055, 855	-6, 292, 900
2007	6, 854, 457	11, 875, 234	6, 431, 058	14, 073, 002	-5, 020, 777	-7, 641, 944
2008	7, 372, 380	13, 145, 671	6, 916, 989	15, 578, 561	-5, 773, 291	-8, 661, 572
2009	7, 890, 523	15, 287, 321	7, 403, 126	18, 116, 570	-7, 396, 798	-10, 713, 444

注：预测期内的收入按 2005 年美元价值计算。出境旅游人次及其消费由两位作者分别预测后汇总。

出境旅游人次超过了入境旅游接待量，两者日趋增大的差额导致旅游贸易逆差。在本报告预测期内，韩国的逆差贸易地位预计持续到 2009 年，并且逆差会不断增大。

季节性

图 6.32 韩国——2004～2005 年入境旅游的季节性

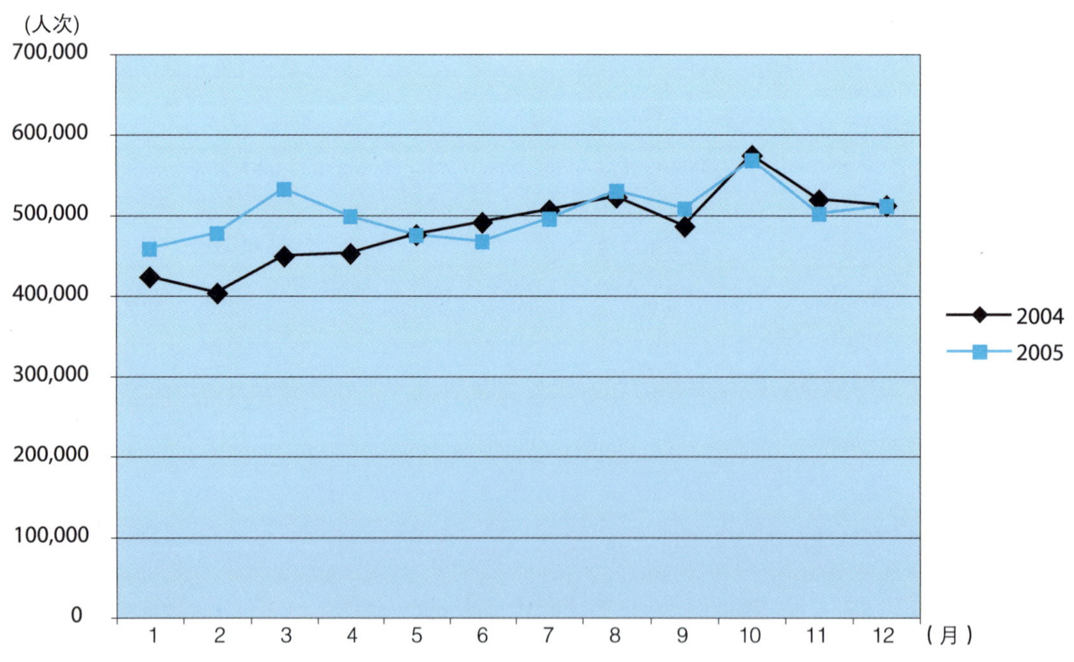

入境旅游高峰期为 7～12 月。

老挝

老挝统计入境旅游接待量的方法，是计算全部来访人次，其中包括一日游游客，与只统计国际过夜旅游者的方法相比，老挝的入境旅游接待量被增大了。2004年，老挝入境旅游接待量增幅巨大，创历史新高，既有处于“非典”过后复苏期的原因，也是由于入境旅游接待量出现实际增长。2005年，老挝入境旅游接待量进一步增大，在本报告预测期内，老挝入境旅游接待量预计仍将保持非常高的增长率，平均约为10%。

表6.62 老挝——1997~2009年入境旅游增长率

年份	入境旅游接待量(人次)	年均增长率(%)
1997	463,200	14.94
1998	500,200	7.99
1999	614,278	22.81
2000	737,208	20.01
2001	673,823	-8.60
2002	735,662	9.18
2003	636,361	-13.50
2004	894,806	40.61
2005	1,095,315	22.41
2007	1,298,286	8.87
2008	1,445,022	11.30
2009	1,580,250	9.36

注：入境旅游接待量按来访者的国籍来计算。

老挝的主要客源市场是泰国，主要原因是一日游游客也被计入入境旅游接待量。但是，随着其他客源市场所占份额的增加，泰国所占的份额将会日趋减少。预计越南、法国和日本的市场份额将会下降，其他主要客源市场的份额稍微有些增长。尽管澳大利亚取代了德国被列入下表，英国预计超过法国，但是排名次序还是相当稳定的。

表6.63 老挝——1997~2009年主要客源市场所占份额(%)

国家/地区	1997	1998	1999	2000	2001	2002	2003	2004	2005	2007	2008	2009
泰国	56.5	54.6	58.0	60.0	55.9	57.5	59.4	54.7	55.1	54.2	53.2	52.4
越南	17.2	15.6	11.7	9.3	12.2	9.7	6.5	14.6	15.1	14.5	15.0	14.6
美国	3.1	4.0	4.0	4.5	3.8	4.9	4.7	4.2	4.3	4.3	4.3	4.5
中国内地	3.8	3.2	3.3	3.8	6.0	3.0	3.3	4.2	3.6	3.7	3.8	3.8
法国	3.0	3.6	3.2	3.3	3.2	3.6	3.8	3.7	3.2	3.0	2.9	2.9
英国	1.3	1.8	2.0	2.1	2.3	3.0	3.5	3.1	2.7	3.0	3.0	3.0
日本	2.0	2.6	2.4	2.8	2.3	2.7	2.8	2.3	2.1	2.0	2.0	2.0
澳大利亚	1.7	1.9	1.8	1.4	1.4	1.7	1.8	1.7	1.9	2.0	2.0	2.0

来访目的

绝大多数的旅行是出于度假的目的。

图 6.33 老挝——2005 年入境旅游者的来访目的

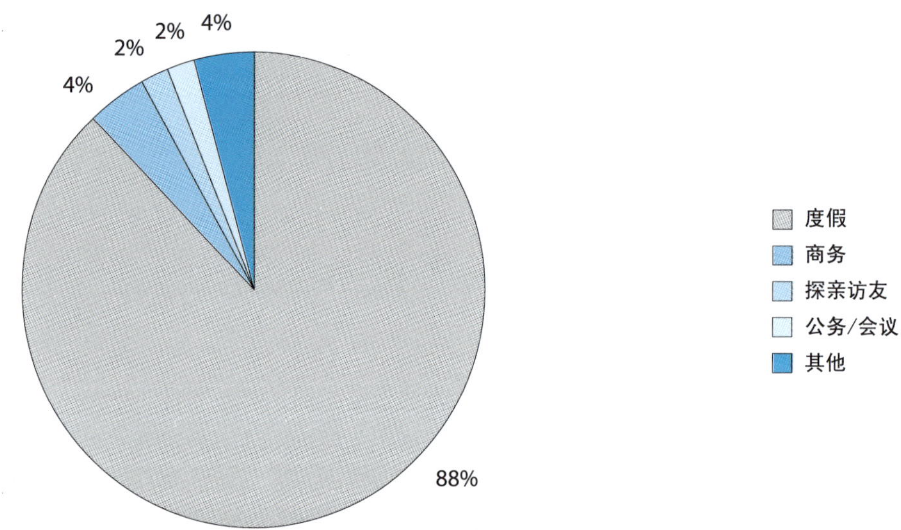

旅游收入

预计旅游收入将随着入境旅游接待量的增加而迅速增长。

表 6.64 老挝——1997 ~2009 年旅游收入

年份	旅游收入(美元)
1997	73, 276, 904
1998	79, 960, 145
1999	97, 265, 324
2000	113, 898, 285
2001	103, 786, 323
2002	113, 409, 883
2003	87, 302, 412
2004	118, 947, 707
2005	146, 770, 074
2007	173, 967, 792
2008	193, 630, 130
2009	211, 750, 418

注：预测期内的收入按 2005 年美元价值计算。

住宿

据预测，老挝的旅游入境接待量将会很高，因此住宿业将面临压力。但 2005 年老挝的客房数量有明显的增加，比 2004 年增加了 15%。在 2005 年共有客房 15,828 间，预计还是可以满足需求的。

表 6.65 老挝——2007~2009 年床位需求量预测

年份	入境旅游接待量(人次)	床夜次	停留天数	客房需求量(间)	出租率(%)
2007	1,298,286	5,842,287	4.5	14,291	70
2008	1,445,022	6,502,599	4.5	15,907	70
2009	1,580,250	7,111,125	4.5	17,395	70

图 6.34 老挝——2005 年住宿设施类型

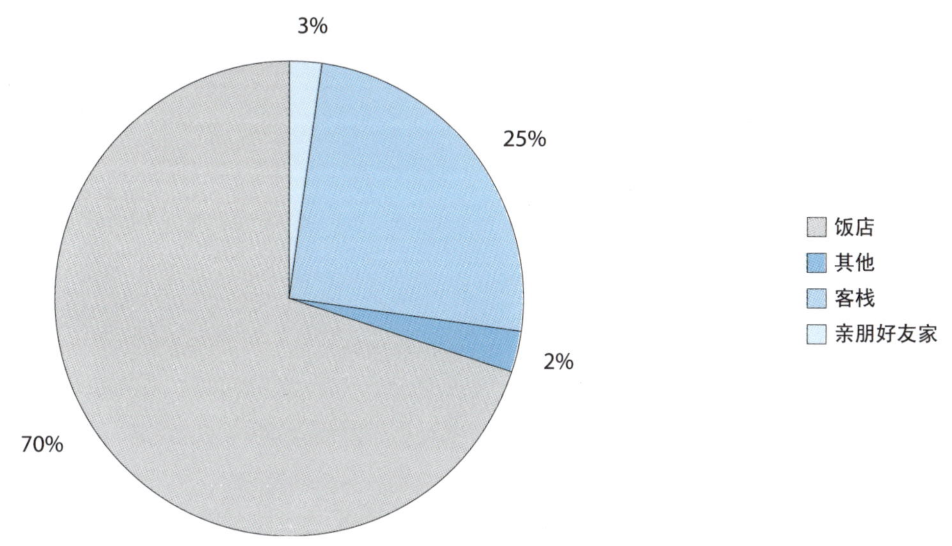

出、入境旅游平衡

表 6.66 老挝—— 2004~2009 年出、入境旅游者数量差异预测

年份	入境旅游接待量(人次)	出境旅游人次	入境与出境旅游人次数之差
2004	894,806	862,762	32,044
2005	1,095,315	932,099	163,216
2007	1,298,286	1,138,233	160,053
2008	1,445,022	1,287,342	157,680
2009	1,580,250	1,418,655	161,595

目前，老挝的入境旅游接待量大于出境旅游人次，预计这一情况将一直保持到 2009 年。

季节性

图 6.35 老挝——2004～2005 年入境旅游的季节性

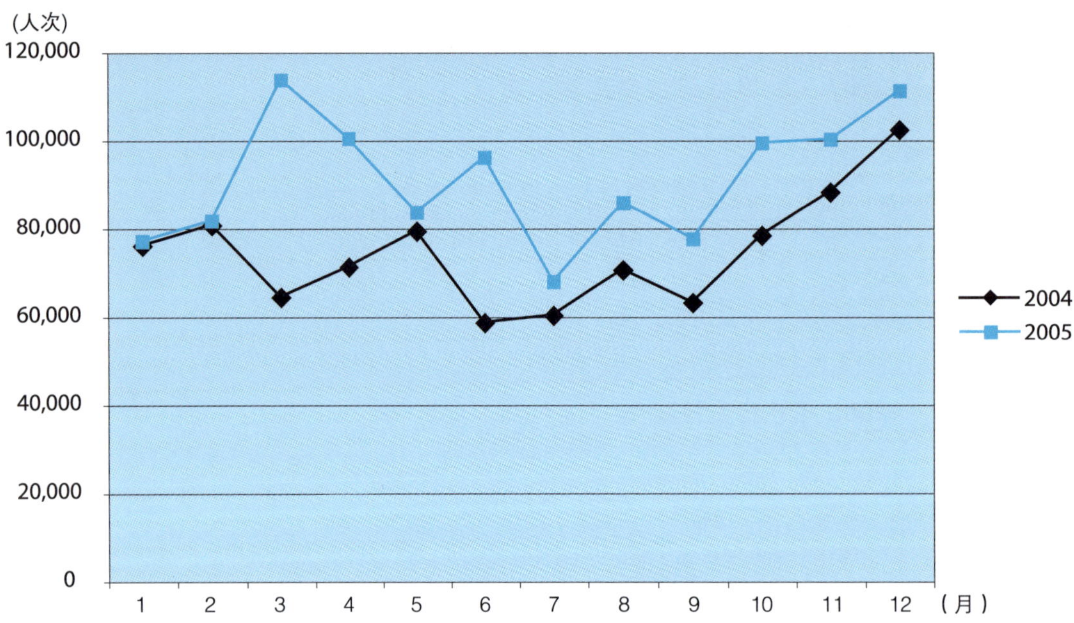

老挝入境旅游高峰期为 3 月和 10～12 月，6 月也是一个小的高峰期。

马来西亚

根据马来西亚官方公布的数字，1999 年的入境旅游接待量增长惊人，并且增长势头一直持续到 2002 年。2001 年，入境旅游接待量没有出现滑坡，但 2003 年"非典"时期则出现了急剧下降。2004 年，入境旅游接待量不仅成功实现了"非典"后的复苏，而且据官方报道，增长率高达 49%。2005 年，增长率下降至适度的强劲水平，在 2009 年再次出现趋缓之前，预计 2007～2008 年的增幅引人注目。来自于相邻的新加坡客源市场的客流量增长似乎与其人口不成正比，2005 年，新加坡人口只有 460 万，但是从新加坡到马来西亚旅游的人次却为 960 万人次。

表 6.67　马来西亚——1997～2009 年入境旅游增长率

年份	入境旅游接待量（人次）	年均增长率（%）
1997	6, 210, 921	-12.99
1998	5, 550, 748	-10.63
1999	7, 931, 149	42.88
2000	10, 221, 582	28.88
2001	12, 775, 073	24.98
2002	13, 292, 010	4.05
2003	10, 576, 915	-20.43
2004	15, 703, 406	48.47
2005	16, 431, 055	4.63
2007	18, 547, 125	6.24
2008	20, 558, 888	10.85
2009	21, 528, 757	4.72

表 6.68　马来西亚——1997～2009 年主要客源市场所占份额（%）

国家/地区	1997	1998	1999	2000	2001	2002	2003	2004	2005	2007	2008	2009
新加坡	56.2	54.2	61.8	53.0	54.4	56.8	56.0	60.6	58.6	53.8	53.3	51.2
泰国	7.8	8.2	6.3	9.2	8.0	8.8	10.9	9.7	11.6	11.2	11.0	11.6
印度尼西亚	3.7	2.8	3.9	5.3	6.1	5.8	5.9	5.0	5.9	7.6	8.0	8.4
文莱	2.9	1.0	2.4	1.9	2.4	1.9	2.0	2.9	3.0	3.9	4.1	4.3
中国内地	2.6	2.9	2.4	4.2	3.5	4.2	3.3	3.5	2.1	2.5	2.6	2.7
日本	5.0	4.5	3.6	4.5	3.1	2.7	2.0	1.9	2.1	2.0	1.9	2.0
澳大利亚	2.1	2.6	1.7	2.3	1.7	1.5	1.3	1.3	1.6	1.5	1.4	1.4
英国	2.6	2.9	1.7	2.3	2.1	1.8	0.3	1.3	1.5	1.4	1.4	1.4
印度	0.5	0.6	0.6	1.3	1.1	1.4	1.4	1.1	1.4	1.7	1.8	1.9
菲律宾	0.9	0.6	0.6	0.8	1.0	1.4	0.9	0.9	1.1	1.3	1.3	1.4

马来西亚入境旅游者中有半数以上来自新加坡，预计在本报告预测期内，新加坡的市场份额将大幅下降。作为主要客源市场，泰国的市场份额预计有显著增长。其他客源市场显示出略微的增长、下降或是保持稳定。2005 年，菲律宾替代中国台湾进入排名前十位的客源市场。预计排名次序唯一发生变化的是印度，在本报告预测期内，印度从名列第九位上升为第七位。

来访目的

到目前为止，来访马来西亚的主要目的是度假，探亲访友也占有较大的比例。

图 6.36　马来西亚—— 2005 年入境旅游者的来访目的

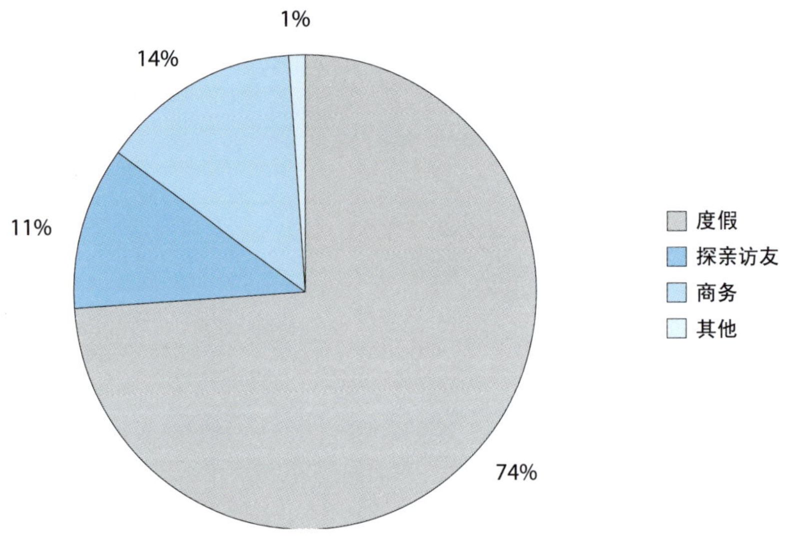

旅游收入

自 1999 年（2003 年除外）以来，马来西亚的旅游收入增长迅速，预计将伴随入境旅游接待量的增加而持续增长。

表 6.69　马来西亚——1997～2009 年旅游收入

年份	旅游收入（百万美元）
1997	3, 448
1998	2, 959
1999	3, 243
2000	4, 562
2001	6, 378
2002	6, 764
2003	5, 606
2004	7, 780
2005	8, 013
2007	9, 051
2008	10, 033
2009	10, 506

注：预测期内的收入按 2005 年美元价值计算。

图 6.37　马来西亚——2005 年入境旅游者的消费构成

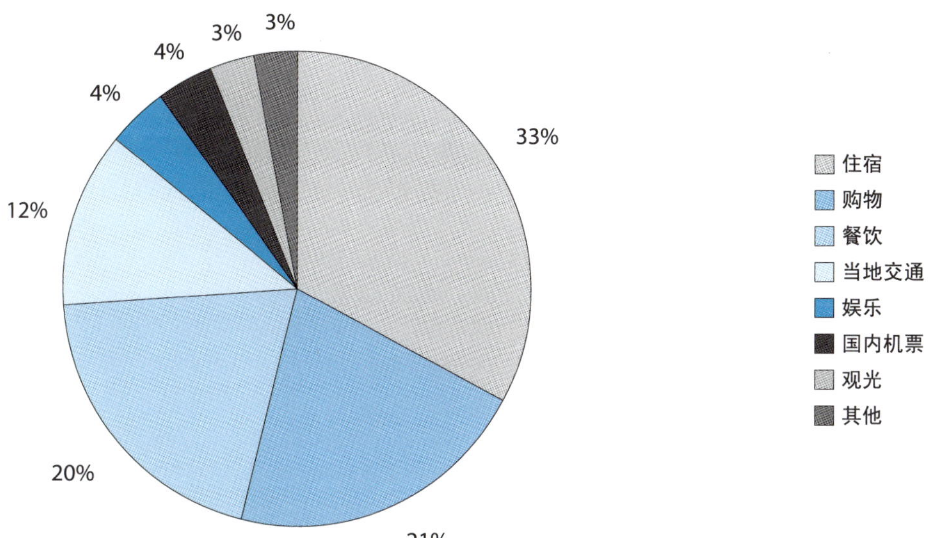

消费结构相对合理，没有出现某类消费过高或过低的现象。

季节性

马来西亚旅游季节性变化很大，这是它本身的所在地理位置进一步强化了这种特点。一般每年的 1 月和 6 月为高峰期。

图 6.38　马来西亚——2004～2005 年入境旅游的季节性

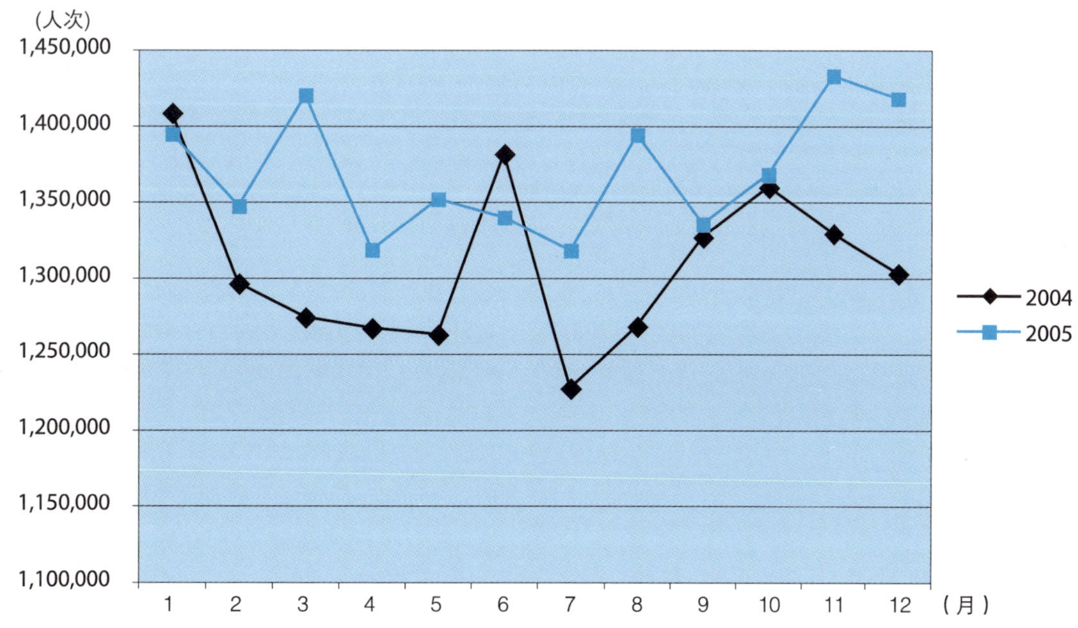

马尔代夫

相对于许多其他国家来说，马尔代夫成功地应对了“非典”给旅游业带来的不利影响。2004年，马尔代夫入境旅游接待量增长了9%。2005年，海啸给马尔代夫的旅游业造成了严重影响。2005年出现的下降，有望在2007年得到恢复，在接下来的2008～2009年，马尔代夫的入境旅游接待量预计会大幅度增长。

表6.70 马尔代夫——1997～2009年入境旅游增长率

年份	入境旅游接待量(人次)	年均增长率(%)
1997	365, 563	9.54
1998	395, 725	8.25
1999	429, 666	8.58
2000	467, 154	8.72
2001	461, 063	-1.30
2002	484, 389	5.06
2003	563, 593	16.35
2004	616, 716	9.43
2005	395, 320	-35.90
2007	733, 696	36.23
2008	809, 306	10.31
2009	884, 324	9.27

1997年以前，德国是最重要的客源市场，但此后德国所占的市场份额迅速减小，预计这种状况将会延续到2009年。尽管英国所占的市场份额在2005年超过了意大利，但那只是短暂的，意大利在2007年再次成为马尔代夫最大的客源国。2009年以前，除俄罗斯以外，其他主要客源国的市场份额都有所增加，中国内地所占的市场份额将会在2007年超过俄罗斯。

表6.71 马尔代夫——1997～2009年主要客源市场所占份额（%）

国家/地区	1997	1998	1999	2000	2001	2002	2003	2004	2005	2007	2008	2009
英国	14.1	14.1	14.9	15.3	16.7	16.6	16.7	18.5	22.1	16.2	15.8	15.8
意大利	15.2	20.0	20.6	22.8	25.0	23.7	24.9	21.2	17.7	20.9	20.6	20.2
德国	20.8	19.3	20.1	16.6	14.3	13.0	12.6	11.8	14.1	11.2	11.0	10.8
日本	10.2	10.2	9.4	10.1	9.1	9.0	7.5	7.6	5.9	6.7	6.7	6.5
法国	4.7	5.2	5.5	5.9	6.6	6.4	7.3	7.5	5.5	7.9	7.8	7.7
瑞士	3.8	3.7	5.3	5.3	6.1	6.5	5.5	4.7	4.9	5.1	5.3	5.2
俄罗斯联邦	4.9	4.1	1.5	1.5	2.0	2.7	1.1	2.9	3.7	3.4	3.3	3.2
中国内地	8.3	8.5	8.7	9.2	10.9	2.5	2.7	3.3	2.9	4.4	4.7	5.1

来访目的

度假是前往马尔代夫旅游的主要目的。

图 6.39　马尔代夫—— 2005 年入境旅游者的来访目的

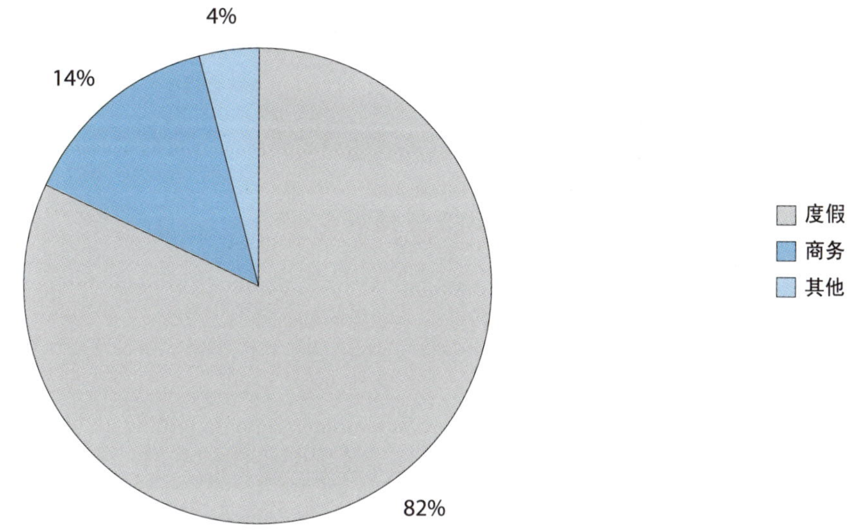

旅游收入

旅游收入预计将随入境旅游接待量的增加而增加。

表 6.72　马尔代夫——1997 ~ 2009 年旅游收入

年份	旅游收入（百万美元）
1997	286
1998	303
1999	314
2000	321
2001	327
2002	318
2003	388
2004	479
2005	516
2007	958
2008	1, 056
2009	1, 154

注：预测期内的收入按 2005 年美元价值计算。

住宿

2004 年，马尔代夫的客房数已达 16, 861 间，虽然没有 2005 年的客房统计，但客房数目上也没有任何增加。在 2007 ~ 2008 年的旅游恢复期，马尔代夫的客房供给充足。然而值得注意的是，马尔代夫旅游部提议将在另外 35 个岛屿上进行旅游开发，预计这些景区在未来 2 ~ 5 年内将需要额外增加 5, 000 到 7, 000 个床位。

表 6. 73 马尔代夫——2007 ~ 2009 年床位需求量预测

年份	入境旅游接待量(人次)	床夜次	停留天数	客房需求量(间)	出租率(%)
2007	733, 696	5, 135, 872	7	12, 563	70
2008	809, 306	6, 474, 448	8	15, 838	70
2009	884, 324	7, 074, 592	8	17, 306	70

季节性

马尔代夫的旅游旺季是当年 12 月至次年 3 月。2004 年 12 月，海啸给传统的旅游旺季带来了巨大冲击。

图 6. 40 马尔代夫——2004 ~ 2005 年入境旅游的季节性

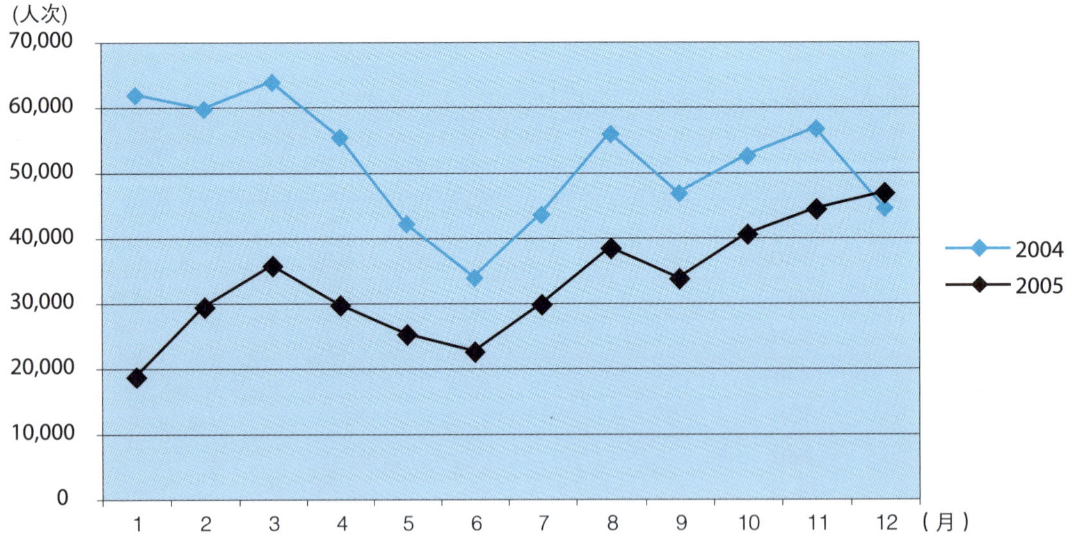

出、入境旅游平衡

除了2003年的“非典”和2005年的海啸影响之外，马尔代夫旅游贸易处于顺差状态。

表6.74　马尔代夫——2001～2009年入境旅游者与出境旅游者数量差异

年份	入境旅游接待量(人次)	出境旅游人次	出境旅游人次年均增长率(%)	入境与出境旅游人次数量之差	出境:入境(%)
2001	461,063	41,367	-2.28	419,696	8.97
2002	484,389	42,707	3.24	441,682	8.82
2003	395,320	44,091	3.24	351,229	11.15
2004	616,716	60,930	38.19	555,786	9.88
2005	395,320	76,977	26.34	318,343	19.47
2007	733,696	68,453	24.60	665,243	9.33
2008	809,306	72,812	6.37	736,494	9.00
2009	884,324	75,334	3.46	808,990	8.52

缅甸

“非典”之后，缅甸的旅游业在2004年迅速恢复，但由于受海啸影响，旅游业在2005年下滑。在2007年和2008年，缅甸旅游业再次恢复，并会在2009年进一步持续增长。入境旅游者是按来访者的国籍而非按其居住地来统计的。由于许多持有美国护照和英国护照的旅游者居住在亚洲，因此，缅甸的入境旅游统计数据中，来自美国和英国的旅游者到访人次要比实际情况高出大约20%。

表6.75　缅甸——1997～2009年入境旅游增长率

年份	入境旅游接待量（人次）	年均增长率（%）
1997	188,692	5.07
1998	200,352	6.18
1999	198,211	-1.07
2000	206,243	4.05
2001	201,993	-2.06
2002	217,212	7.53
2003	205,610	-5.34
2004	241,938	17.67
2005	232,218	-4.02
2007	281,247	10.05
2008	308,309	9.62
2009	334,513	8.50

泰国目前是缅甸主要的客源市场，其次是中国内地，泰国和中国内地的市场份额预计都会有些增加。法国和韩国的市场份额也会有所增加，而其他客源国的市场份额会相应减少。从2004年以来，各客源国的排名次序也有所改变。尤其是中国台湾从名列第二降至名列第四，而中国内地排名从第四位上升到第二位。但是，排名前十位的客源国没有改变。能够预测的变化，是韩国将从排名第八位上升至第二位，法国将从第六位上升至第四位。

表6.76　缅甸——1997～2009年主要客源市场所占份额（%）

国家/地区	1997	1998	1999	2000	2001	2002	2003	2004	2005	2007	2008	2009
泰国	8.6	10.0	7.1	9.2	8.5	7.8	10.8	13.5	11.7	13.5	13.9	14.5
中国内地	3.2	4.8	4.9	7.0	8.3	8.2	7.6	7.4	8.4	8.4	8.4	8.5
中国台湾	17.4	16.6	16.6	15.6	12.9	10.5	9.6	8.4	7.6	7.1	6.7	6.4
日本	18.3	14.1	12.8	10.6	10.0	9.6	9.1	8.4	8.4	6.9	6.8	6.5
美国	4.9	5.5	5.2	5.5	5.3	6.7	6.4	6.8	7.1	5.7	5.6	5.5
法国	9.1	7.0	6.9	6.5	6.2	6.5	6.4	5.5	6.6	7.0	7.2	7.6
德国	3.8	4.7	4.6	4.8	5.7	6.0	6.5	5.8	5.9	5.0	4.9	4.7
韩国	2.6	2.5	3.0	3.6	3.8	3.6	4.1	4.3	4.7	8.9	8.7	9.4
马来西亚	3.7	3.4	3.8	4.8	5.6	5.8	4.9	5.2	4.2	3.7	3.8	3.7
新加坡	5.1	5.4	5.6	5.6	4.9	5.2	5.0	4.7	4.2	3.8	3.7	3.6

注：市场份额是按照每年4月到次年3月的一年时间来计算的。

来访目的

多数入境旅游者的来访目的是度假，商务旅行所占的比例也较大，探亲访友的旅游者所占比例较小，多是移居到邻国工作的工人。

图 6.41　缅甸——2005 年入境旅游者的来访目的

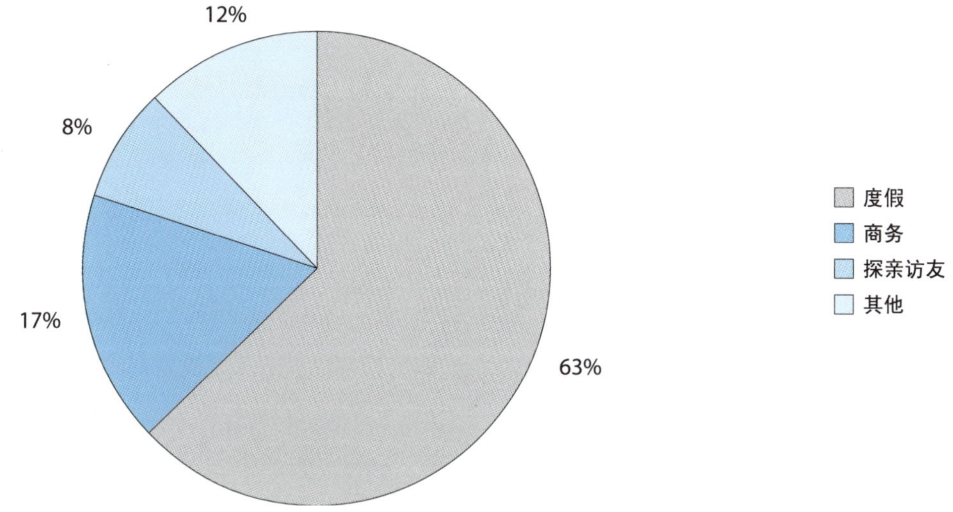

季节性

入境旅游的高峰期为 10 月至次年 3 月，8 月也有较多旅游者到访。

图 6.42　缅甸——2004～2005 年入境旅游的季节性

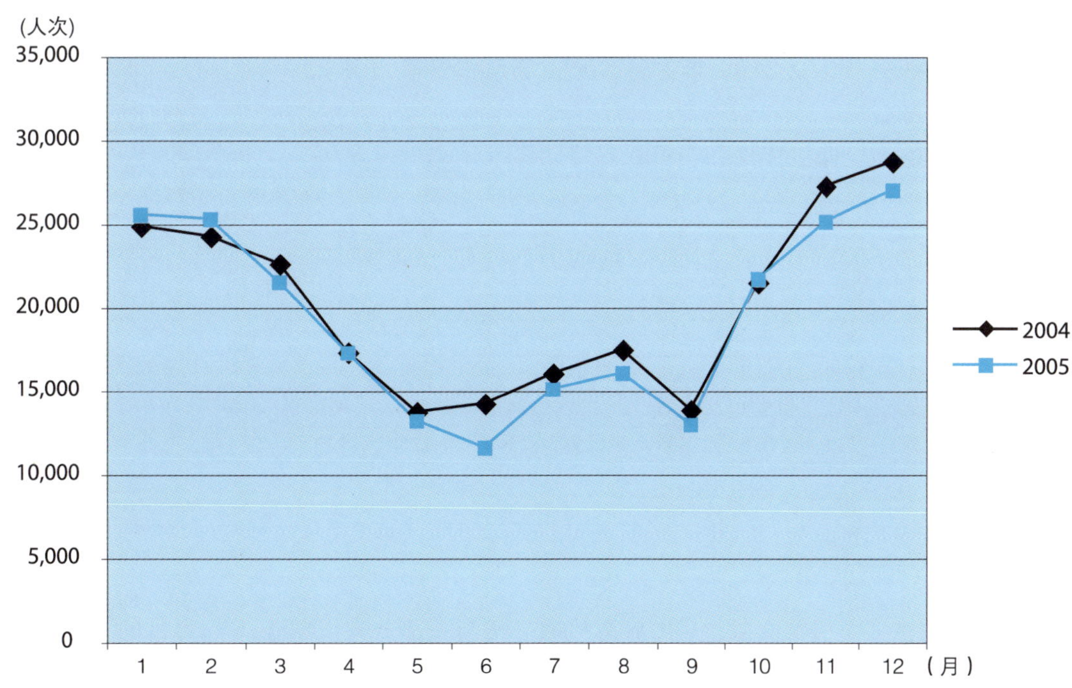

尼泊尔

在几个不同的时期，由于政局不稳严重影响到了尼泊尔入境旅游接待量。尽管在2003年和2004年，尼泊尔入境旅游接待量相对有大幅度的回升，但还是没有恢复到1998年的水平。2005年的负增长，一部分原因是海啸；另一部分原因是政局不稳所造成的。乐观看，预计到2009年，尼泊尔的旅游业能够得到恢复。

表6.77　尼泊尔——1997～2009年入境旅游增长率

年份	入境旅游接待量(人次)	年均增长率(%)
1997	421,857	7.18
1998	463,684	9.91
1999	421,188	-9.16
2000	451,065	7.09
2001	362,644	-19.60
2002	215,922	-40.46
2003	338,132	56.60
2004	385,297	13.95
2005	375,398	-2.57
2007	427,124	6.67
2008	457,223	7.05
2009	480,726	5.14

印度在尼泊尔的首要客源市场，预计到2009年之前，印度将会失去一部分市场份额，法国和荷兰也是如此，其他名列前茅的客源市场预计会增加一部分市场份额。排名上也相应有些变化，2004年名列第五的斯里兰卡将在2005年上升至排名第三。下表列出的许多客源市场会从名列前六位变成名列前八位。能够预测到的名次变化，是日本超过斯里兰卡和美国，上升至第三位。

表6.78　尼泊尔——1997～2009年主要客源市场所占份额（%）

国家/地区	1997	1998	1999	2000	2001	2002	2003	2004	2005	2007	2008	2009
印度	31.6	30.9	33.4	21.4	18.0	30.4	25.5	23.4	25.7	23.7	22.8	22.3
英国	7.1	7.7	8.7	8.4	9.4	8.1	6.5	6.4	6.7	6.3	6.6	6.8
斯里兰卡	1.0	2.4	3.0	2.3	0.3	0.5	4.1	4.2	5.0	5.3	5.8	6.0
美国	7.1	7.7	9.3	8.9	8.7	7.2	5.6	5.4	4.9	5.4	5.4	5.4
日本	8.3	8.1	7.9	8.9	8.0	8.4	8.1	6.3	4.9	6.0	6.0	6.1
德国	5.3	5.2	6.3	5.8	6.0	5.9	4.4	4.2	3.8	3.8	3.8	3.9
法国	5.1	4.7	5.8	5.5	5.8	4.9	4.7	4.9	3.8	3.7	3.7	3.7
荷兰	2.2	3.1	3.5	3.5	3.8	3.0	2.5	2.9	2.4	2.2	2.2	2.1

来访目的

来访尼泊尔的主要目的是度假，登山旅游单列。相当一部分人以朝圣旅行为目的，“其他”部分也占有很大比例，这些旅游者的来访目的不详。

图 6.43　尼泊尔——2005 年入境旅游者的来访目的

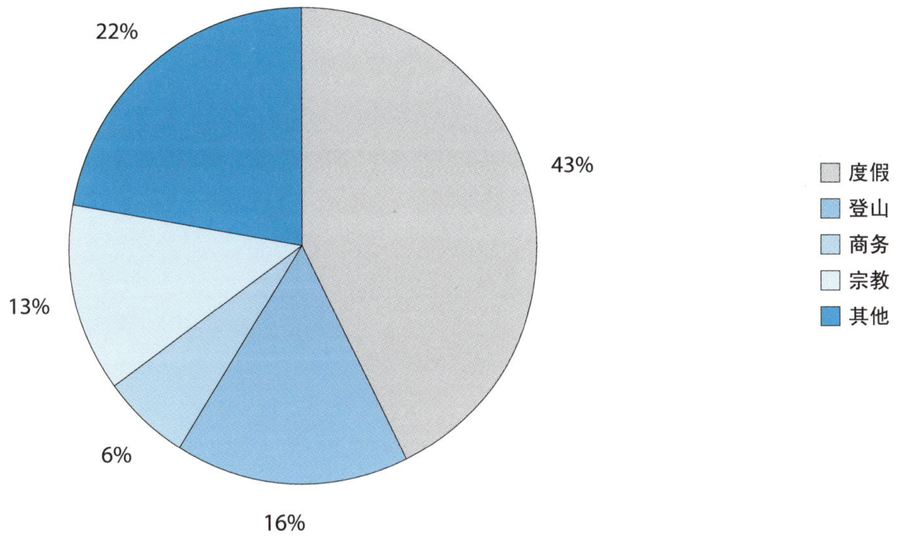

旅游收入

旅游收入的增长与入境旅游接待量的增长成正比。

表 6.79　尼泊尔——1997～2009 年旅游收入

年份	旅游收入（千美元）
1997	121, 757
1998	141, 165
1999	176, 344
2000	174, 984
2001	169, 811
2002	121, 891
2003	167, 824
2004	259, 248
2005	148, 441
2007	168, 895
2008	180, 796
2009	190, 090

注：预测期内的收入按 2005 年美元价值计算。

住宿

2005 年，尼泊尔共有客房 20,801 间，在本报告预测期内，尼泊尔有足够的客房供应。

表 6.80 尼泊尔——2007 ~ 2009 年床位需求量预测

年份	入境旅游接待量(人次)	床夜次	停留天数	客房需求量(间)	出租率(%)
2007	427, 124	3, 886, 828	9. 1	9, 508	70
2008	457, 223	4, 160, 729	9. 1	10, 178	70
2009	480, 726	4, 374, 607	9. 1	10, 701	70

出、入境旅游平衡

表 6.81 尼泊尔——1997 ~ 2009 年入境旅游者与出境旅游者数量差异

年份	入境旅游接待量(人次)	出境旅游人次	出境旅游人次年均增长率(%)	入境与出境旅游人次数量之差	出境:入境(%)
1997	421, 857	131, 931	10. 63	289, 926	31. 27
1998	463, 684	121, 723	-7. 74	341, 961	26. 25
1999	421, 188	124, 636	2. 39	296, 552	29. 59
2000	451, 065	155, 361	24. 65	295, 704	34. 44
2001	362, 644	199, 548	28. 44	163, 096	55. 03
2002	215, 922	238, 424	19. 48	-22, 502	110. 42
2003	338, 132	257, 525	8. 01	80, 607	76. 16
2004	385, 297	286, 457	11. 23	98, 840	74. 35
2005	375, 398	373, 362	30. 34	2, 036	99. 46
2007	427, 124	417, 564	5. 75	9, 560	97. 76
2008	457, 223	435, 781	4. 36	21, 442	95. 31
2009	480, 726	422, 690	-3. 00	58, 036	87. 93

从出、入境旅游角度看，尼泊尔旅游贸易呈顺差状态。但是这个比例从 1998 年开始变得对尼泊尔不利。从长远来看，入境旅游接待量与出境旅游人次大致相等。

季节性

旅游季节性高峰在 3 月，而更大的高峰期在每年的 10 月。

图 6.44　尼泊尔——2004～2005 年入境旅游的季节性

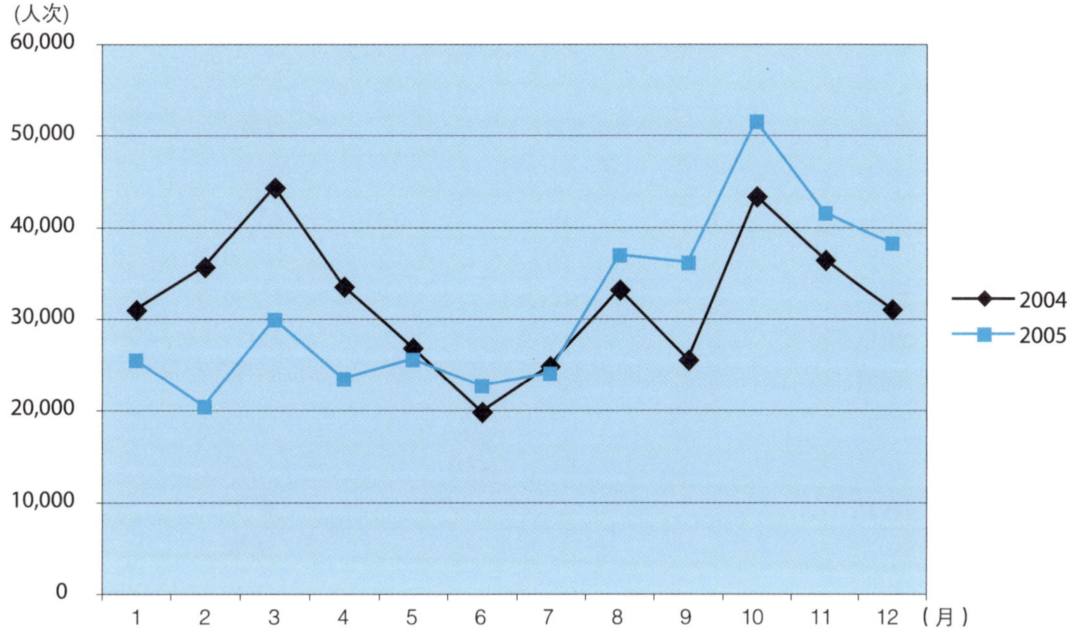

法属新喀里多尼亚

法属新喀里多尼亚是太平洋最大的岛屿之一，同时也是法属领地。在2003年和2004年，入境旅游接待量大幅度下滑，但在2005年戏剧般地复苏。导致入境旅游接待量下滑的原因复杂，包括：来自其他的岛屿的激烈竞争，航空运载力的变化，以及“非典”影响等。在本报告预测期内，有望回到适度增长的状态。

表6.82 法属新喀里多尼亚——1997~2009年入境旅游增长率

年份	入境旅游接待量(人次)	年均增长率(%)
1997	105,137	na
1998	103,835	-1.24
1999	99,735	-3.95
2000	109,587	9.88
2001	100,515	-8.28
2002	158,270	57.46
2003	101,983	-35.56
2004	99,515	-2.42
2005	181,866	82.75
2007	191,830	2.70
2008	197,944	3.19
2009	203,890	3.00

注：na表示数据无法获得。

日本是首要的客源国，其次是法国和澳大利亚。在本报告预测期内，日本、法国、澳大利亚和法属的波利尼西亚的市场份额预计都会有所下降，而其他一些主要客源市场份额则会有所提高。

表6.83 法属新喀里多尼亚——1997~2009年主要客源市场所占份额（%）

国家/地区	1997	1998	1999	2000	2001	2002	2003	2004	2005	2007	2008	2009
日本	32.9	34.1	31.0	28.3	27.8	18.9	27.9	29.4	17.3	16.9	16.9	17.0
法国	28.7	27.7	29.6	28.0	25.1	17.2	28.9	27.5	15.2	15.2	15.1	14.9
澳大利亚	16.4	14.9	14.6	16.4	19.1	12.1	15.6	16.3	8.8	8.7	8.6	8.6
新西兰	7.1	6.9	7.1	8.7	8.0	4.8	5.9	6.4	3.5	4.1	4.2	4.3
瓦利斯和富图纳群岛	4.0	3.8	4.2	4.0	6.5	3.7	7.0	6.0	2.8	3.6	3.8	3.9
法属波利尼西亚	2.6	3.1	3.3	3.4	3.8	2.3	3.8	3.8	2.3	2.2	2.2	2.2

季节性

入境旅游的高峰期为 7～12 月。

图 6.45　法属新喀里多尼亚——2004～2005 年入境旅游的季节性

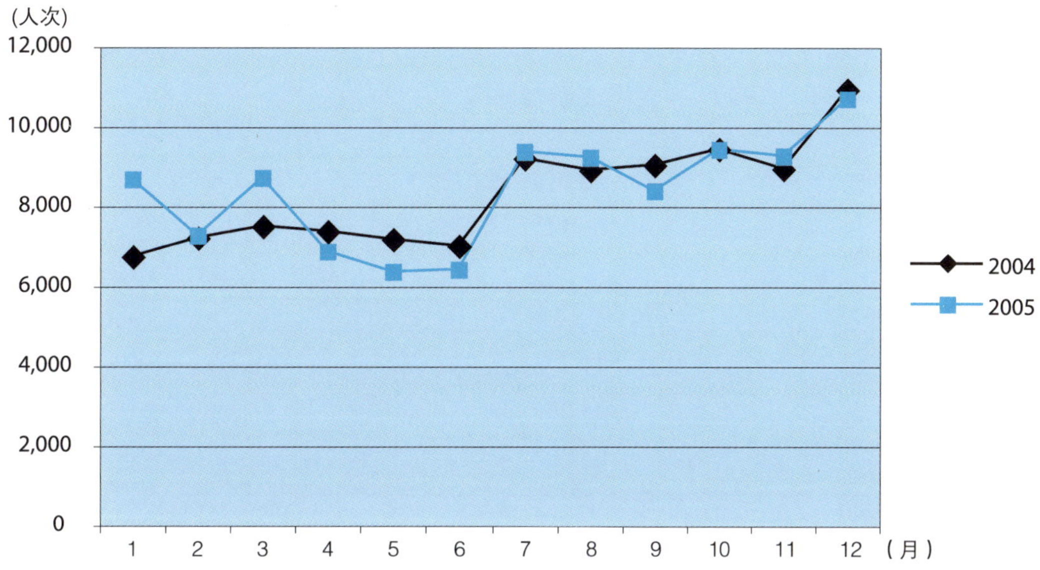

新西兰

总体上讲，新西兰入境旅游的增长一直都很强劲。与邻国澳大利亚的情况有所不同的是，新西兰成功地避免了不少因世界性事件而引发的旅游业不景气，保持了其航空运载力，并一直在主要客源市场上开展营销。2003 年的“非典”对入境旅游接待量的增长造成了严重的威胁，但新西兰是为数不多的几个能够保持入境旅游接待量增长的国家之一；2004 年，新西兰入境旅游接待量的增长就得到了全面恢复。2005 年，新西兰旅游业增长微弱，但一直到 2009 年都可保持稳定增长。

表 6.84　新西兰——1997～2009 年入境旅游增长率

年份	入境旅游接待量(人次)	年均增长率(%)
1997	1, 497, 183	-2.06
1998	1, 484, 512	-0.85
1999	1, 607, 478	8.28
2000	1, 789, 078	11.30
2001	1, 909, 381	6.72
2002	2, 045, 064	7.11
2003	2, 106, 229	2.99
2004	2, 347, 672	11.46
2005	2, 382, 950	1.50
2007	2, 589, 613	4.25
2008	2, 736, 289	5.66
2009	2, 882, 749	5.35

2005 年，来访到新西兰的旅游者的平均停留天数为 18 天。停留时间较长的原因在于，新西兰是一个路途遥远的目的地。此外，探亲访友的旅游者所占比例较高。这类旅游者在目的地的停留时间一般都会较长，尤其是经过长途旅行的旅游者。其中停留天数最长的是德国旅游者，其次是英国旅游者，然后是加拿大旅游者。

图 6.46　新西兰——2005 年主要客源市场平均停留天数

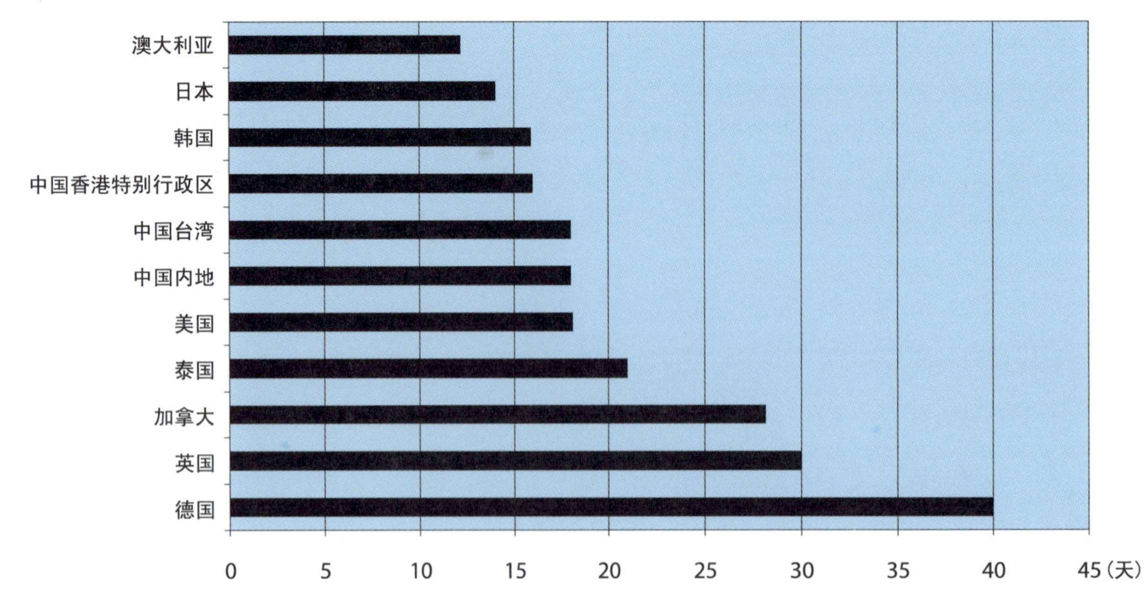

表 6.85　新西兰——1997～2009 年主要客源市场所占份额（%）

国家/地区	1997	1998	1999	2000	2001	2002	2003	2004	2005	2007	2008	2009
澳大利亚	28.3	31.3	32.6	32.1	33.0	30.9	33.3	36.5	36.7	35.1	34.2	33.3
英国	9.5	10.2	10.5	11.2	11.1	11.6	12.6	12.1	12.9	12.9	13.3	13.7
美国	9.4	10.7	11.3	10.9	9.8	10.0	10.0	9.3	9.0	9.3	9.1	9.0
日本	10.4	10.8	9.2	8.5	7.8	8.5	7.2	7.0	6.5	5.9	5.6	5.5
韩国	8.4	4.0	2.3	3.7	4.6	5.4	5.3	4.9	4.7	5.1	5.2	5.3
中国内地	1.2	1.1	1.4	1.9	2.8	3.7	3.1	3.6	3.7	5.3	6.1	7.1
中国台湾	3.1	2.7	2.5	2.3	1.9	1.9	1.2	1.1	1.2	1.2	1.1	1.1
德国	3.1	3.2	2.9	2.9	2.7	2.4	2.5	2.4	2.4	2.4	2.3	2.2
加拿大	2.0	2.1	2.1	1.8	1.9	1.9	1.9	1.7	1.8	1.8	1.8	1.8
新加坡	1.6	1.9	2.1	2.0	1.7	1.7	1.5	1.4	1.2	1.1	1.1	1.1

作为主要客源国，澳大利亚的市场份额预计有所下降，日本、德国、新加坡和中国台湾的市场占有率也将有所下降。而中国内地的市场份额预计有明显的增长，在本报告预测期内，中国内地在所占市场份额的排序中由第六位跃居至第四位。

来访目的

旅游者来访新西兰的主要目的是度假或者探亲访友。

图 6.47　新西兰——2004 年入境旅游者的来访目的

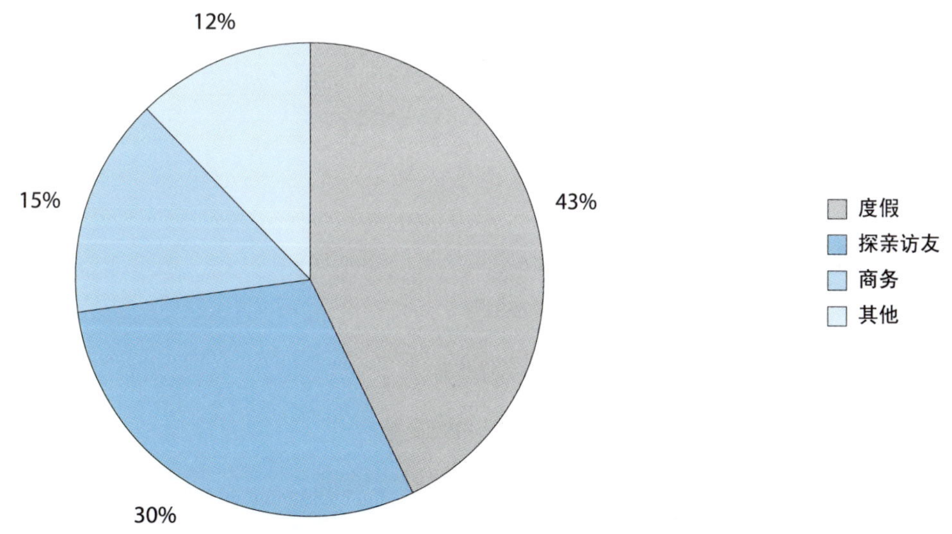

旅游收入

旅游收入会随入境旅游接待量的增加而增加。

表 6.86　新西兰——1997 ~ 2009 年旅游收入

年份	旅游收入（百万美元）
1997	1, 667
1998	1, 768
1999	2, 143
2000	2, 622
2001	3, 049
2002	3, 377
2003	3, 881
2004	4, 409
2005	4, 553
2007	4, 948
2008	5, 228
2009	5, 508

注：预测期内的收入按 2005 年美元价值计算。

旅游消费

2005 年，新加坡和德国是消费最高的客源市场。澳大利亚人的支出最少，这或许是因为很大一部分澳大利亚人到新西兰是为了探亲访友，虽然其到访频率较高，但停留天数较少。

图 6.48　新西兰——2005 年各主要客源市场的人均消费额

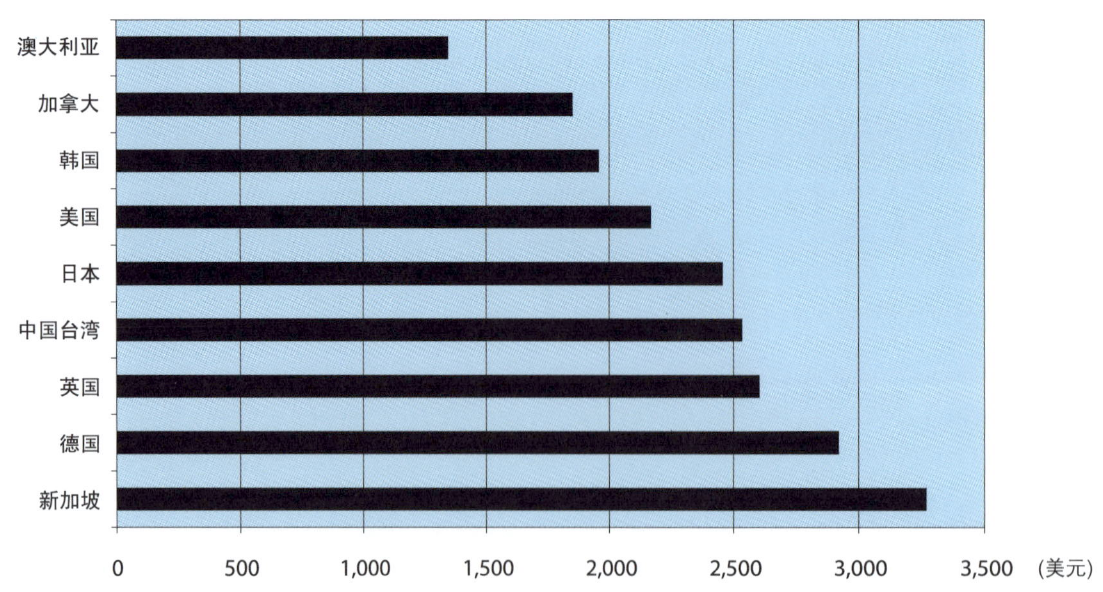

季节性

图 6.49　新西兰——2004 ~ 2005 年入境旅游的季节性

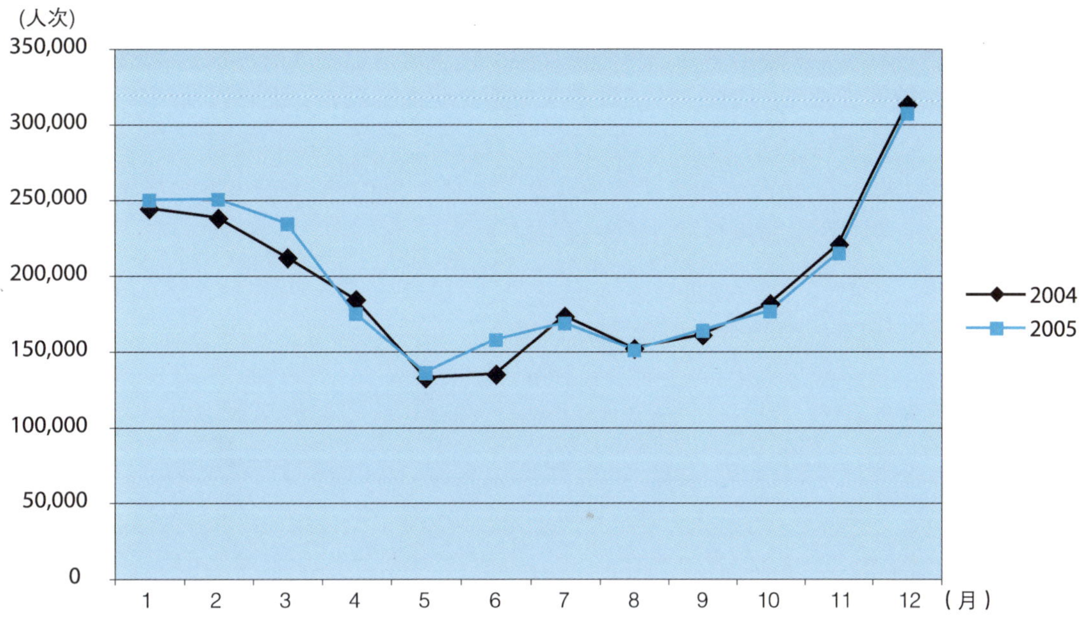

每年的夏季高峰始于 11 月，一直持续到转年的 3 月，7 月会出现一个小高峰。

出、入境旅游平衡

新西兰的入境旅游接待量高于出境旅游人次。近年来新西兰的出、入境旅游平衡一直如此，预计在预测期内这种情况将会持续。

表 6.87　新西兰——1997 ~ 2009 年出、入境旅游平衡预测

年份	入境旅游接待量（人次）	出境旅游人次	出境旅游年均增长率（%）	入境与出境旅游人次数量之差
1997	1, 497, 183	1, 132, 200	3. 60	364, 983
1998	1, 484, 512	1, 166, 720	3. 05	317, 792
1999	1, 607, 478	1, 184, 922	1. 56	422, 556
2000	1, 789, 078	1, 283, 439	8. 31	505, 639
2001	1, 909, 381	1, 287, 296	0. 30	622, 085
2002	2, 045, 064	1, 293, 935	0. 52	751, 129
2003	2, 106, 229	1, 374, 408	6. 22	731, 821
2004	2, 347, 672	1, 733, 210	26. 11	614, 462
2005	2, 382, 950	1, 871, 801	8. 00	511, 149
2007	2, 589, 613	1, 966, 342	2. 49	623, 271
2008	2, 736, 289	2, 043, 218	3. 91	693, 071
2009	2, 882, 749	2, 123, 765	3. 94	758, 984

注：出境旅游人次由作者分别预测。

纽埃

纽埃是一个自治国家，与新西兰保持自由联盟关系，其公民同时享有两国的公民权。纽埃是世界上最小的自治国家。旅游业对纽埃非常重要，而且其旅游业明显依赖于充足的航空服务。运营两年之后，玻利尼亚航空公司于2005年10月底停止了往返于纽埃和奥克兰的航线，但是，该航空公司还坚持飞行萨摩亚群岛至纽埃的航线，而新西兰航空公司利用小飞机来填补上述不足，以帮助纽埃的发展。由于旅游客流量小，因此入境旅游增长率的波动幅度很大，也难以预测各客源国的入境旅游接待量。

2005年，因航空运载力的改善和增加服务项目，扭转了2004年入境旅游接待量下滑的局面。预计纽埃入境旅游接待量的显著增长可以持续到2009年。

表6.88　纽埃——1998～2009年入境旅游增长率

年份	入境旅游接待量(人次)	年均增长率(%)
1998	3,976	na
1999	3,917	-1.48
2000	2,070	-47.15
2001	1,407	-32.03
2002	1,632	15.99
2003	2,706	65.81
2004	2,550	-5.76
2005	2,793	9.53
2007	3,446	11.08
2008	3,653	6.01
2009	3,843	5.20

注：na表示数据无法获得。

预测新西兰市场所占的份额将会下降。在其他主要客源市场中，南太平洋地区和澳大利亚市场所占的份额将会上升。

表6.89　纽埃——1998～2009年主要客源市场所占份额（%）

国家/地区	1998	1999	2000	2001	2002	2003	2004	2005	2007	2008	2009
新西兰	27.6	27.1	48.6	48.0	53.9	51.5	63.3	54.7	47.8	46.3	45.1
南太平洋地区	11.8	12.1	10.0	11.1	12.2	15.0	8.5	14.1	14.2	14.3	14.3
澳大利亚	5.8	5.5	8.3	10.1	6.2	12.0	8.7	10.9	12.4	12.8	13.1
美国	3.0	2.8	7.0	11.7	7.1	5.7	4.2	4.9	5.0	5.0	4.9

来访目的

旅游者的来访目的除了消遣度假和探亲访友这两类之外，还有一些情况属于在海外工作的居民重返纽埃，要么是永久性返回，要么是回来探亲访友。

图 6.50　纽埃——2005 年入境旅游者的来访目的

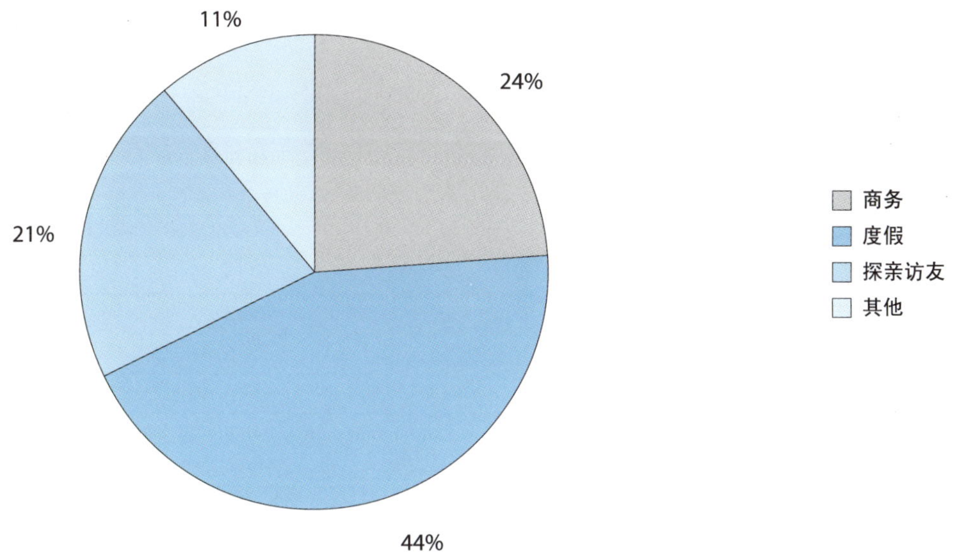

季节性

图 6.51　纽埃——2004～2005 年入境旅游的季节性

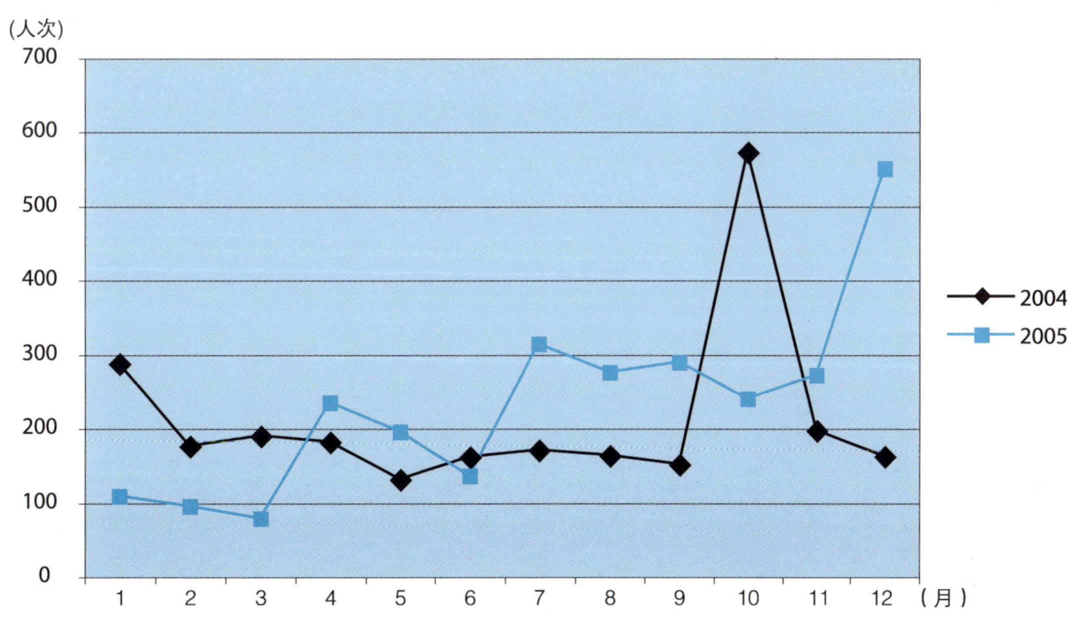

6～12 月是来访旅游的主要季节性高峰。

出、入境旅游平衡

纽埃的入境旅游接待量高于出境旅游人次，预计在预测期内这一情况将会持续。

表 6.90　纽埃——2004～2009 年出、入境旅游平衡预测

年份	入境旅游接待量(人次)	出境旅游人次	出境旅游人次年均增长率(%)	入境与出境旅游人次数量之差
2004	2,550	1,488	-5.76	1,062
2005	2,793	1,199	-19.42	1,594
2007	3,446	1,589	15.12	1,857
2008	3,653	1,675	5.41	1,978
2009	3,843	1,732	3.40	2,111

北马里亚纳群岛（美国）

北马里亚纳群岛由14个岛屿组成，根据与美国签署的保护性盟约进行治理。北马里亚纳群岛是距离日本最近的岛屿群（3.5个小时飞机航程）。关岛（美国）就在北马里亚纳群岛附近。2003年的“非典”导致了该地入境旅游接待量的下降，但2004年就明显得以恢复。1996年北马里亚纳群岛的旅游业达到高峰，入境旅游接待量超过70万人次，之后每年都有所下降。预计适度增长可以持续到2009年。最主要的变化与航空运载力有关，以及日本客流量有所减少，韩国客流量有所增加。

表6.91　北马里亚纳群岛（美国）——1997～2009年入境旅游增长率

年份	入境旅游接待量（人次）	年均增长率（%）
1997	694,888	-6.25
1998	490,165	-29.46
1999	501,788	2.37
2000	528,608	5.34
2001	444,284	-15.95
2002	475,547	7.04
2003	459,457	-3.38
2004	515,484	12.19
2005	506,846	-1.68
2007	465,944	-4.12
2008	505,369	8.46
2009	528,419	4.56

表6.92　北马里亚纳群岛（美国）——1997～2009年主要客源市场所占份额（%）

国家/地区	1997	1998	1999	2000	2001	2002	2003	2004	2005	2007	2008	2009
日本	64.5	76.8	75.8	71.7	75.2	68.7	71.4	72.7	69.4	57.6	57.4	55.8
韩国	20.4	5.7	10.2	13.5	12.8	19.0	15.2	13.1	13.8	22.3	22.3	22.7
中国内地	na	0.6	0.6	0.3	0.5	2.2	3.3	6.3	6.5	9.2	10.0	11.1
关岛（美国）	na	na	na	na	na	na	na	na	4.5	4.8	4.7	4.6
美国	10.8	12.4	9.7	9.7	7.9	7.5	3.1	1.5	2.9	2.7	2.6	2.5

注：na表示数据无法获得。

日本是北马里亚纳群岛最主要的客源市场，预计日本和美国客源市场所占的份额将会有所下降，而其他主要市场所占的份额将会上升。

季节性

11 月到次年 2 月是入境旅游高峰，然后在 6 ~9 月再次达到高峰。

图 6.52 北马里亚纳群岛（美国）——2004 ~2005 年入境旅游的季节性

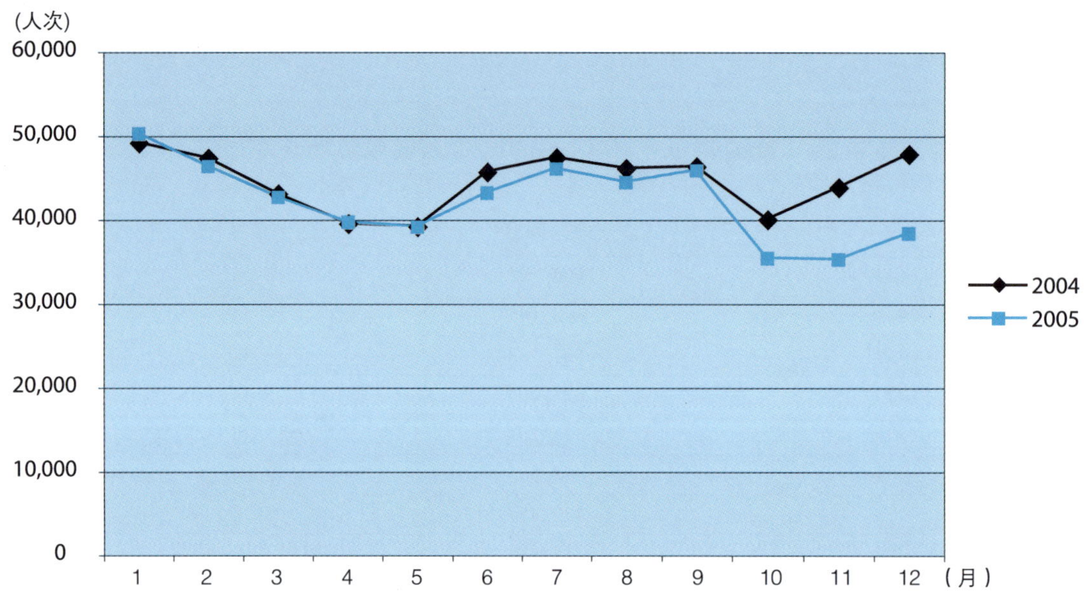

巴基斯坦

在过去的十年中，巴基斯坦一直无法解决的政治紧张局势、邻国阿富汗的战争以及与印度的边界争端，导致巴基斯坦入境旅游客流量的波动幅度非常大。但在 2004 年和 2005 年，巴基斯坦的入境旅游增长极为迅猛，在本报告预测期内，预计将突破入境旅游接待量百万大关。预测期内这种稳定而又强劲的增长趋势代表了入境旅游接待量稳定而又强劲的增长，大多数旅游者是从世界各地前来巴基斯坦进行探亲访友的。

表 6.93　巴基斯坦——1997～2009 年入境旅游增长率

年份	入境旅游接待量（人次）	年均增长率（%）
1997	374, 800	1.65
1998	428, 781	14.40
1999	432, 200	0.80
2000	543, 361	25.72
2001	499, 719	-8.03
2002	498, 059	-0.33
2003	469, 047	-5.83
2004	647, 993	38.15
2005	798, 260	23.19
2007	1, 005, 766	12.25
2008	1, 151, 853	14.52
2009	1, 313, 533	14.04

在巴基斯坦的主要客源市场中，英国一直占据主要地位。英国市场中存在着非常大的探亲访友市场，预计英国市场所占的份额将会继续增长。美国、阿富汗、中国内地和德国所占的市场份额预计会上升。但是，印度、加拿大和日本会丧失原有市场份额。2004 年至 2005 年，各客源国的排序会发生一些变化，美国超过阿富汗上升到第二位，中国内地也排到了德国的前面，到 2009 年前，目前的排名次序不会发生变化。

表 6.94　巴基斯坦——1997～2009 年主要客源市场所占份额（%）

国家/地区	1997	1998	1999	2000	2001	2002	2003	2004	2005	2007	2008	2009
英国	22.4	25.7	29.3	32.0	28.9	30.4	27.4	30.3	31.1	32.1	32.1	32.2
美国	12.2	11.6	11.2	10.9	13.8	13.9	14.0	13.5	15.2	14.8	15.9	16.8
阿富汗	0.4	0.5	0.7	0.6	0.7	19.8	23.4	18.1	9.7	9.7	10.0	10.1
印度	14.5	15.6	14.6	11.8	11.7	0.5	0.7	3.0	7.5	6.5	6.0	5.5
中国内地	2.4	2.5	1.9	1.6	1.1	1.8	2.1	2.7	3.7	4.2	4.2	4.3
德国	3.0	3.0	3.0	2.9	1.8	2.5	2.8	2.9	3.1	3.6	3.9	4.2
加拿大	2.0	2.6	2.6	2.1	2.4	3.6	2.7	2.1	2.9	2.5	2.4	2.2
日本	3.0	4.1	3.8	3.3	1.5	2.0	1.8	1.9	1.8	1.6	1.6	1.6

季节性

图 6. 53　巴基斯坦——2004 ~2005 年入境旅游的季节性

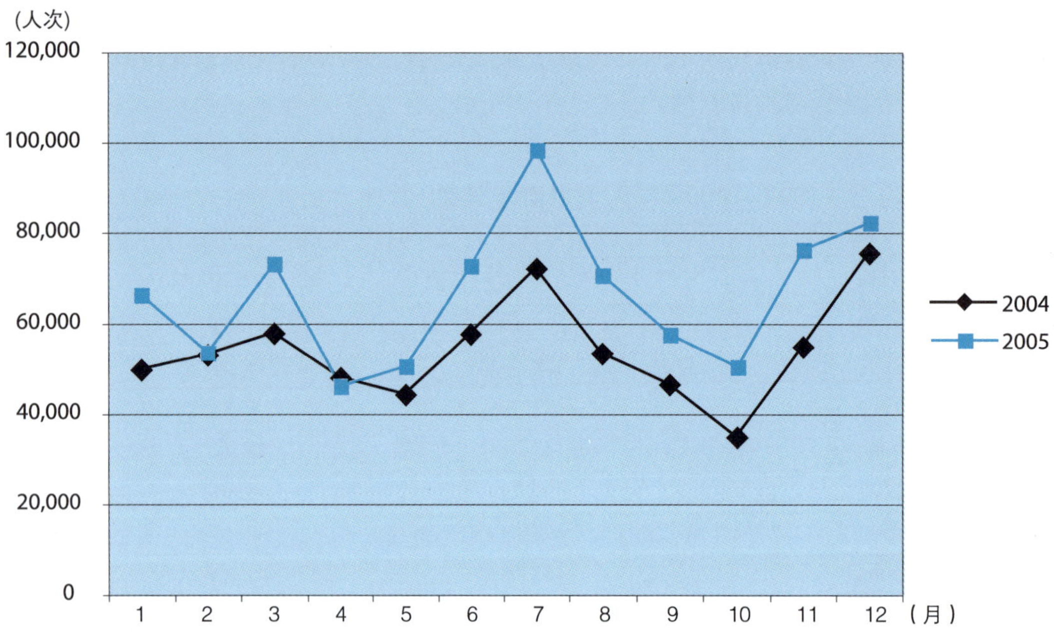

6 ~9 月是入境旅游者来访的主要高峰期。

帕劳

尽管帕劳的官方统计报告中还使用“美国大陆”这一术语，但帕劳在1994年10月1日已经独立，与美国保持自由联盟协议关系。帕劳距离关岛（美国）很近（相距722英里），与关岛（美国）的旅游特色也很相似，直到最近，日本市场才成为帕劳的首要客源市场。帕劳的基础设施优越，政局稳定，这些都促进了其旅游业的发展。2005年，由于客源市场的变化，帕劳入境旅游出现了显著的负年均增长率，日本客源市场开始下滑，中国台湾和韩国客源市场正在上升，尤其是韩国客源市场的预期增长有望使帕劳的旅游业全面回升。

表6.95　帕劳——1998～2009年入境旅游增长率

年份	入境旅游接待量(人次)	年均增长率(%)
1998	73,385	na
1999	64,901	-11.56
2000	67,908	4.63
2001	54,111	-20.32
2002	58,585	8.27
2003	63,328	8.10
2004	89,161	40.79
2005	80,578	-9.63
2007	90,797	6.15
2008	97,242	7.10
2009	103,659	6.60

注:na表示数据无法获得。

中国台湾和日本是帕劳的两个主要客源市场。预计客源市场份额的显著变化，体现在中国台湾市场的大幅下降和日本市场的小幅下降，以及韩国市场非常强劲的增长。尽管韩国客源市场的排名曾在2005年从第四名下滑至第六名，但预计将跃居第三名，韩国客源市场份额的增加使其他主要客源市场所占的份额下降。

表6.96　帕劳——1998～2009年主要客源市场所占份额（%）

国家/地区	1998	1999	2000	2001	2002	2003	2004	2005	2007	2008	2009
中国台湾	25.3	16.9	20.8	23.1	27.0	44.0	47.3	42.3	33.7	32.9	32.3
中国香港特别行政区	0.6	0.5	0.6	1.2	0.9	0.7	0.3	1.7	0.6	0.6	0.5
日本	29.1	34.0	32.0	41.4	40.5	33.8	26.7	32.6	30.5	30.3	30.2
美国	8.4	8.6	9.9	9.9	7.8	6.8	6.7	6.9	6.8	6.6	6.3
关岛(美国)	7.9	8.6	6.4	5.5	5.8	5.7	3.1	3.7	3.3	3.3	3.2
密克罗尼西亚	2.7	2.0	1.7	1.7	2.3	1.6	1.2	2.8	2.3	2.4	2.4
韩国	na	0.1	0.8	0.1	0.6	0.8	6.4	2.7	15.3	16.0	16.8
澳大利亚	0.5	0.6	0.5	0.8	0.6	0.8	1.6	1.0	0.9	0.9	0.9

注:na表示数据无法获得。

季节性

入境旅游的高峰期分别为 7 ~9 月和 12 ~ 转年 1 月。

图 6.54　帕劳——2004 ~2005 年入境旅游的季节性

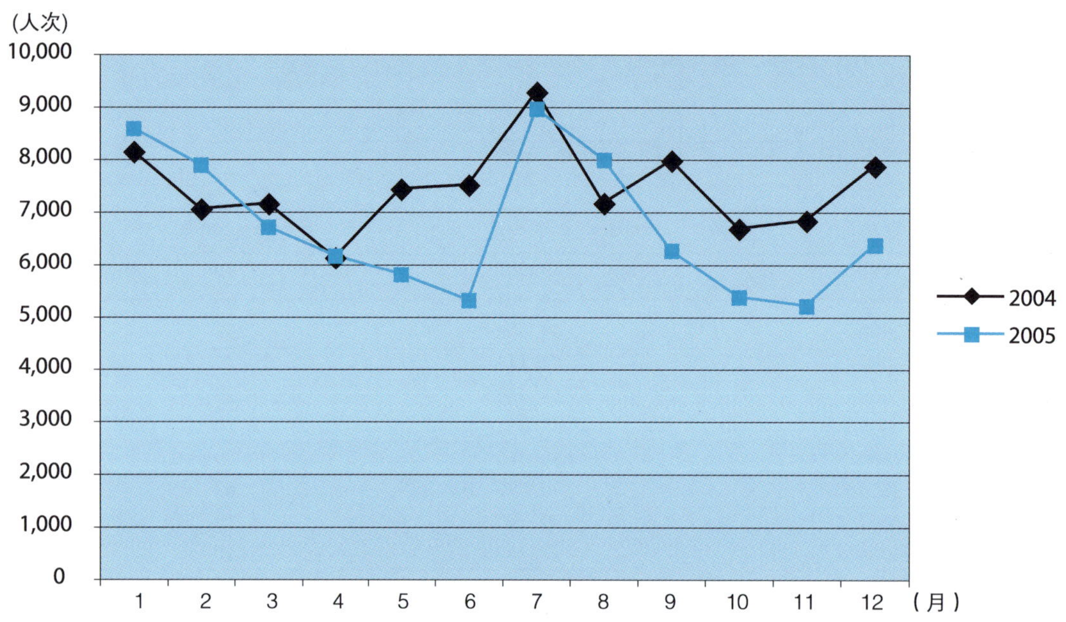

巴布亚新几内亚

巴布亚新几内亚客流量的很大一部分与商务或工作联系密切，而消遣型旅游者所占的比重相对较小。大多数到巴布亚新几内亚访问的消遣型旅游者都是重返巴布亚新几内亚战争纪念地的二战老兵。巴布亚新几内亚拥有丰富的旅游资源，尤其是文化方面的资源，但邻近的客源市场对该地的安全问题持否定态度。2005年，巴布亚新几内亚入境旅游接待量增长很快，其中一部分游客是澳大利亚警察部队人员，预计巴布亚新几内亚入境旅游将会稳固增长。

表6.97 巴布亚新几内亚——1997～2009年入境旅游增长率

年份	入境旅游接待量(人次)	年均增长率(%)
1997	66,272	na
1998	67,465	1.80
1999	67,357	-0.16
2000	63,448	-5.80
2001	54,235	-14.52
2002	53,670	-1.04
2003	56,185	4.69
2004	59,013	5.03
2005	69,250	17.35
2007	81,110	8.22
2008	86,360	6.47
2009	94,585	9.52

注：na表示数据无法获得。

从现在到2009年，作为主要客源市场的澳大利亚、美国、日本和新西兰的市场份额预计有显著下降，其他主要客源市场，尤其是菲律宾和马来西亚的市场份额预计会增长。

表6.98 巴布亚新几内亚——1997～2009年主要客源市场所占份额（%）

国家/地区	1997	1998	1999	2000	2001	2002	2003	2004	2005	2007	2008	2009
澳大利亚	53.1	52.5	50.2	46.1	51.0	50.8	54.5	54.7	52.9	48.4	47.3	45.2
美国	8.9	9.0	8.3	8.6	9.8	11.6	7.6	8.0	8.2	7.9	7.9	7.6
日本	4.0	2.7	3.6	5.1	5.0	7.3	6.7	5.9	7.8	6.8	7.1	7.1
菲律宾	na	na	na	na	na	na	4.9	4.5	4.8	5.0	5.6	5.9
马来西亚	na	na	na	na	na	na	3.2	3.6	3.5	4.8	5.3	5.5
新西兰	4.2	5.4	5.5	12.0	5.0	5.1	3.5	3.1	3.4	3.3	3.2	3.2

注：na表示数据无法获得。

季节性

巴布亚新几内亚的入境旅游季节性很强。2004 年 2 月和 2005 年 4 月为旅游旺季，这与澳大利亚派遣应急警察和军队到巴布亚新几内亚平定街头暴乱有关。

图 6.55 巴布亚新几内亚——2004～2005 年入境旅游的季节性

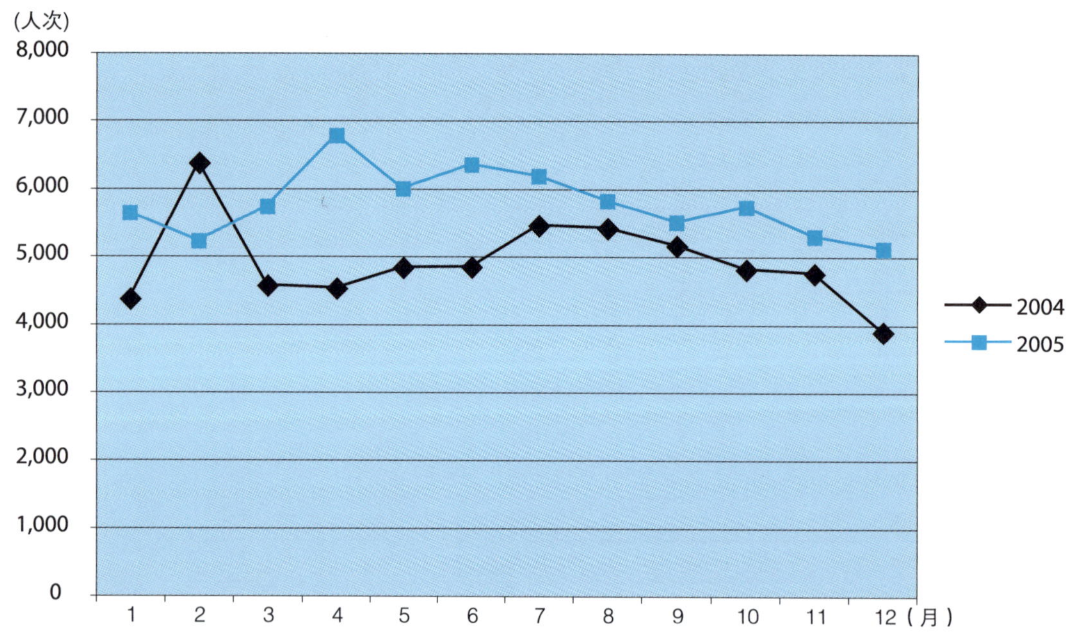

菲律宾

菲律宾在2004年就恢复了因2003年"非典"所造成的旅游业不景气状况，2005年的入境旅游接待量有明显的增加。政局不稳似乎压抑和遏制了人们前往菲律宾旅游的欲望。预计从现在到2009年，菲律宾入境旅游接待量将会有很大的增长。2006年的恶劣天气对入境旅游产生了很大影响，但预计这种恶劣天气不会持续很长时间。

表6.99　菲律宾——1997～2009年入境旅游增长率

年份	入境旅游接待量(人次)	年均增长率(%)
1997	2, 222, 523	8.45
1998	2, 149, 357	-3.29
1999	2, 170, 514	0.98
2000	1, 992, 169	-8.22
2001	1, 796, 893	-9.80
2002	1, 932, 677	7.56
2003	1, 806, 902	-6.51
2004	2, 187, 610	21.07
2005	2, 675, 631	22.31
2007	3, 097, 675	7.60
2008	3, 377, 668	9.04
2009	3, 625, 792	7.35

美国是菲律宾最重要的客源市场，但美国市场预计会下滑。预计韩国将首次成为名列第一的客源市场；中国内地的市场份额也正在提高，预计成为菲律宾第四大客源国；预计新加坡和英国的市场份额略微增长；其他客源国的市场份额略微下降。

表6.100　菲律宾——1997～2009年主要客源市场所占份额（%）

国家/地区	1997	1998	1999	2000	2001	2002	2003	2004	2005	2007	2008	2009
美国	19.2	21.8	21.4	22.3	21.8	20.5	21.5	21.9	19.8	19.3	18.9	18.5
韩国	7.7	3.8	6.1	8.8	11.6	14.9	16.8	17.3	18.3	19.5	21.2	22.3
日本	17.0	16.8	17.9	19.6	19.1	17.7	17.9	17.5	15.5	14.4	13.7	13.3
中国台湾	11.1	8.7	6.6	3.8	4.7	5.3	5.1	5.3	4.6	4.2	3.9	3.8
中国内地	0.9	1.1	1.1	1.5	1.0	1.4	1.7	1.7	4.0	5.3	5.6	6.0
中国香港特别行政区	7.2	7.6	7.4	7.4	7.5	8.1	7.7	7.4	4.0	3.5	3.4	3.3
澳大利亚	4.2	4.0	3.6	3.8	3.8	3.4	3.9	4.1	3.6	3.6	3.5	3.4
加拿大	2.9	3.1	3.0	3.1	3.1	2.8	3.0	3.0	2.7	2.7	2.7	2.6
新加坡	2.3	2.2	2.4	2.5	2.5	2.5	2.8	2.8	2.6	2.7	2.7	2.7
英国	4.3	4.6	4.1	3.7	3.3	3.0	2.6	2.6	2.4	2.5	2.7	2.7

住宿

2005年的客房数是12,955间，在本报告预测期内，菲律宾可能存在住宿压力。在首都马尼拉地区的客房出租率上升（2005年为70%），旅游者在菲律宾停留时间的略微延长，也会造成首都马尼拉地区的住宿压力。首都马尼拉以外的地区不存在客房短缺，平均出租率在60%以下。

表6.101　菲律宾——2007～2009年床位需求量预测

年份	入境旅游接待量(人次)	床夜次	停留天数	客房需求(间)	出租率(%)
2007	3,097,675	8,053,955	2.6	15,761	70
2008	3,377,668	8,781,937	2.6	17,186	70
2009	3,625,792	9,427,059	2.6	18,448	70

季节性

高峰期为12月。

图6.56　菲律宾——2004～2005年入境旅游的季节性

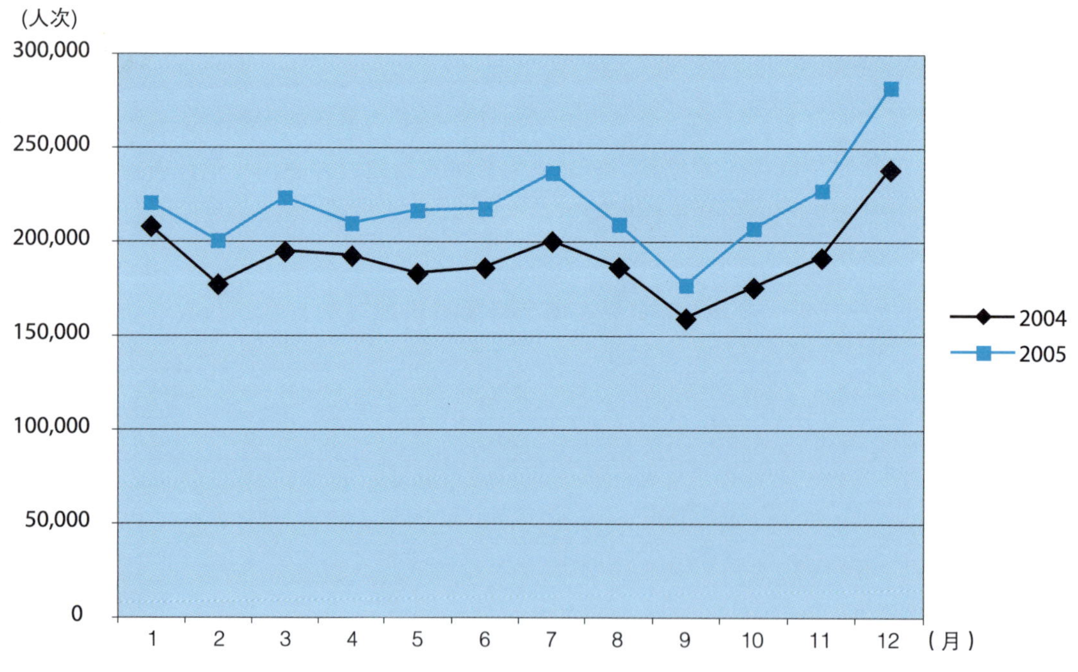

萨摩亚群岛

萨摩亚群岛旅游业严重依赖于航空运输，该地与夏威夷（美国）、澳大利亚和新西兰以及周边许多太平洋岛屿包括斐济、汤加、瓦努阿图、法属新喀里多尼亚和库克群岛有航线连接。由于政治和经济结构稳定，发展良好，萨摩亚群岛旅游业稳步发展。萨摩亚群岛似乎并未受到“非典”影响，旅游业年均增长率在 2005 年曾有过略微下降。预计其稳定和强劲的增长态势将会一直持续到 2009 年。

表 6.102 萨摩亚群岛——1997～2009 年入境旅游增长率

年份	入境旅游接待量（人次）	同比增长（%）
1997	67,960	na
1998	77,926	14.66
1999	85,124	9.24
2000	87,565	2.87
2001	88,263	0.80
2002	88,960	0.79
2003	92,486	3.96
2004	98,155	6.13
2005	101,807	3.72
2007	119,308	8.25
2008	130,403	9.30
2009	141,300	8.36

注：na 表示数据无法获得。

美属萨摩亚是距离萨摩亚群岛最近的一个主要客源市场。2004 年，美属萨摩亚落于新西兰后面，降为排名第二的客源市场。尽管新西兰的市场份额从现在到 2009 年预计略有下降，但其依然名列市场份额略有增长的美属萨摩亚之前。澳大利亚的市场份额预计会大幅提高，斐济将保持稳定，而美国和英国则有所下降。

表 6.103 萨摩亚群岛——1997～2009 年主要客源市场所占份额（%）

国家/地区	1997	1998	1999	2000	2001	2002	2003	2004	2005	2007	2008	2009
新西兰	28.9	26.5	27.1	26.0	26.4	26.7	29.2	32.6	35.5	33.9	33.6	33.0
美属萨摩亚	34.9	38.6	36.5	34.3	35.1	35.8	32.7	28.5	23.0	23.7	23.7	23.4
澳大利亚	10.2	10.1	10.9	12.5	12.7	12.9	13.1	14.2	17.4	20.8	21.9	23.5
美国	9.8	10.0	9.3	10.3	9.6	9.8	9.3	8.1	9.1	7.8	7.4	7.0
斐济	0.8	2.1	2.0	2.3	2.4	2.2	2.4	2.5	2.4	2.5	2.5	2.4
英国	1.8	1.6	1.9	2.4	2.0	1.7	2.3	1.7	1.5	1.4	1.3	1.2

来访目的

到萨摩亚群岛的旅游者中有很大一部分属于探亲访友类，这是因为在海外工作的人经常返回萨摩亚群岛。

图 6.57　萨摩亚群岛——2004 年入境旅游者的来访目的

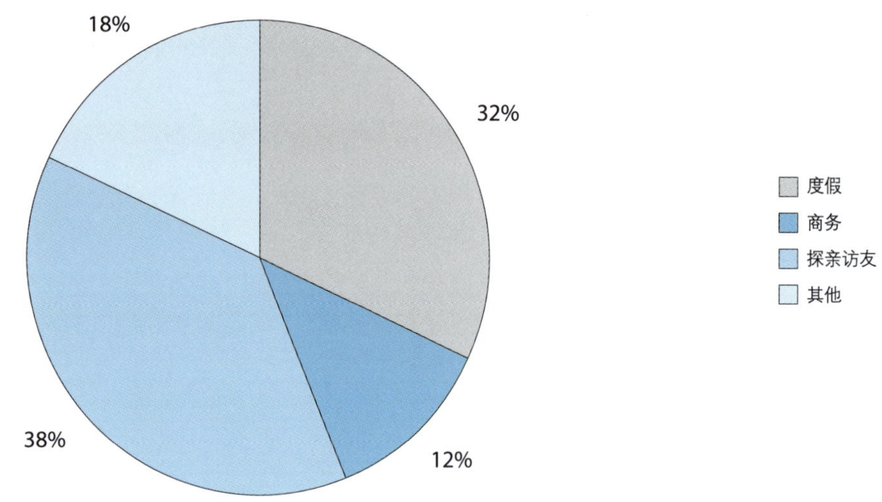

季节性

7 月和 12 月是游客来访的高峰。

图 6.58　萨摩亚群岛——2004 ~2005 年入境旅游的季节性

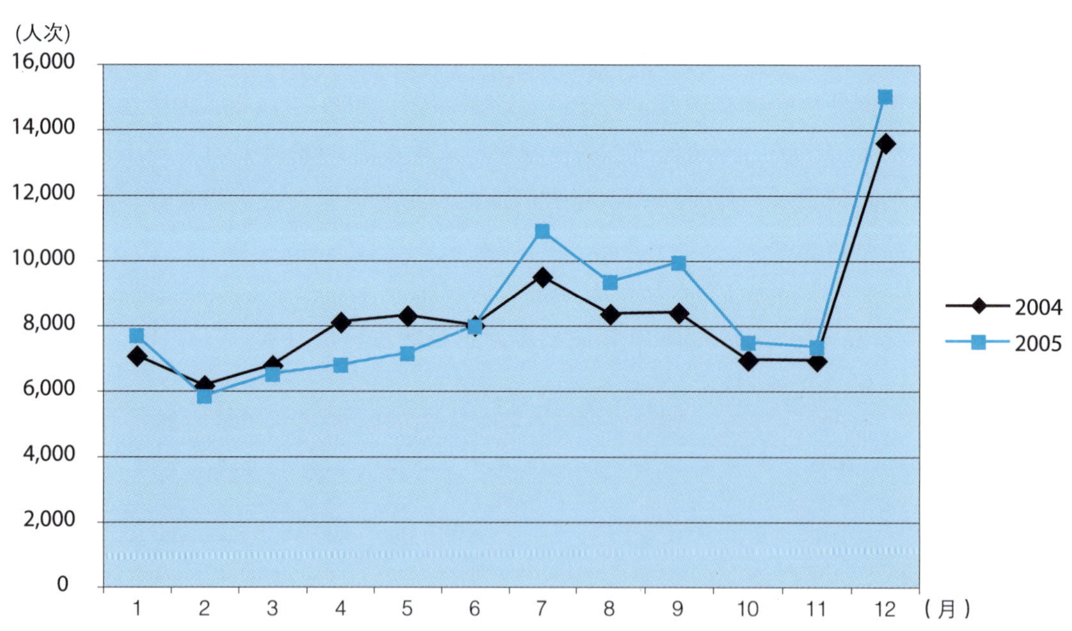

新加坡

尽管2003年新加坡的入境旅游有很大滑坡，但2004年已恢复并增长到新的高峰。在2007至2009年间，新加坡的入境旅游接待量预计将继续保持高速增长，并且增速将会更加平稳。预计2007年新加坡的入境旅游接待量将突破1,000万人次。

表6.104　新加坡——1997～2009年入境旅游增长率

年份	入境旅游接待量（人次）	年均增长率（%）
1997	7,197,963	-1.30
1998	6,242,153	-13.28
1999	6,958,205	11.47
2000	7,685,638	10.45
2001	7,518,584	-2.17
2002	7,566,237	0.63
2003	6,127,029	-19.02
2004	8,328,118	35.92
2005	8,943,029	7.38
2007	10,589,174	8.81
2008	11,295,294	6.67
2009	12,064,144	6.81

比起其他旅游目的地，新加坡的客源市场分布比较分散，印度尼西亚是新加坡首要的客源市场。印度尼西亚、澳大利亚、日本、马来西亚、英国、泰国和美国所占据的份额预计会下降；中国内地和印度预计占有较大的市场份额；韩国所占的市场份额略有增加。自2004年，澳大利亚所占的市场份额从位居第四位上升到第三位；马来西亚从位居第五位下降至第六位，排在印度之后；韩国从位居第八位下降至第十位。预计客源市场排序的主要变化是印度由排名第五位上升至第三位；韩国从位居第十位上升至第八位。

表6.105　新加坡——1997～2009年主要客源市场所占份额（%）

国家/地区	1997	1998	1999	2000	2001	2002	2003	2004	2005	2007	2008	2009
印度尼西亚	16.3	14.9	17.4	17.1	18.1	18.4	21.9	21.2	20.3	20.0	19.8	19.5
中国内地	3.3	4.7	5.4	5.6	6.6	7.1	9.3	10.6	9.6	11.5	12.1	12.8
澳大利亚	5.3	6.8	6.7	6.6	7.3	7.2	6.4	6.7	6.9	6.8	6.6	6.4
日本	15.2	13.5	12.4	12.1	10.1	9.6	7.1	7.2	6.6	5.7	5.6	5.3
印度	3.1	3.8	4.1	4.5	4.5	4.3	5.1	5.7	6.5	7.1	7.5	7.8
马来西亚	9.5	8.3	7.3	7.3	7.7	8.9	7.2	6.5	6.5	6.1	6.0	6.0
英国	4.6	5.7	5.8	5.8	6.1	6.1	6.3	5.5	5.2	4.7	4.7	4.6
泰国	2.9	2.7	3.3	3.2	3.5	3.4	3.8	4.1	4.2	3.6	3.5	3.4
美国	5.2	5.5	5.1	5.0	4.6	4.3	4.1	4.0	4.2	3.9	3.9	3.9
韩国	4.1	1.6	3.5	4.6	4.8	4.9	4.3	4.3	4.1	4.8	4.6	4.5

来访目的

旅游者来访的主要目的是消遣度假。商务、探亲访友也是来访目的中的重要类别。

住宿

2005 年旅游者在新加坡的平均停留天数为 3.29 天，近来这个数字基本保持稳定，大约在 3 天左右。住宿设施主要以饭店为主。出租率很高，总体为 82%。“非典”之后，随着入境旅游接待量的回升，出租率又有升高。2005 年，新加坡共有客房 25,625 间，与 2004 年（28,318 间）相比下降许多，所以，即使有些旅游者不住在饭店和探亲访友者住在家里，预计新加坡住宿压力也越来越大。在本报告预测期内，预计新加坡客房出租率还会升高。

表 6.106　新加坡——1997～2005 年客房出租率

年份	出租率(%)
1997	79.4
1998	71.3
1999	74.9
2000	83.5
2001	76.3
2002	74.4
2003	67.2
2004	80.6
2005	82.0

即使有 8% 的旅游者不使用饭店客房（比如：探亲访友者住在家里），从现在到 2009 年，新加坡的客房数仍然小于实际需要量。

表 6.107　新加坡——2007～2009 年床位需求量预测

年份	入境旅游接待量(人次)	床夜次	停留天数	客房需求量(间)	出租率(%)
2007	10,589,174	34,838,382	3.29	54,232	80
2008	11,295,294	37,161,517	3.29	57,848	80
2009	12,064,144	39,691,034	3.29	61,786	80

季节性

图 6.59 新加坡——2004～2005 年入境旅游的季节性

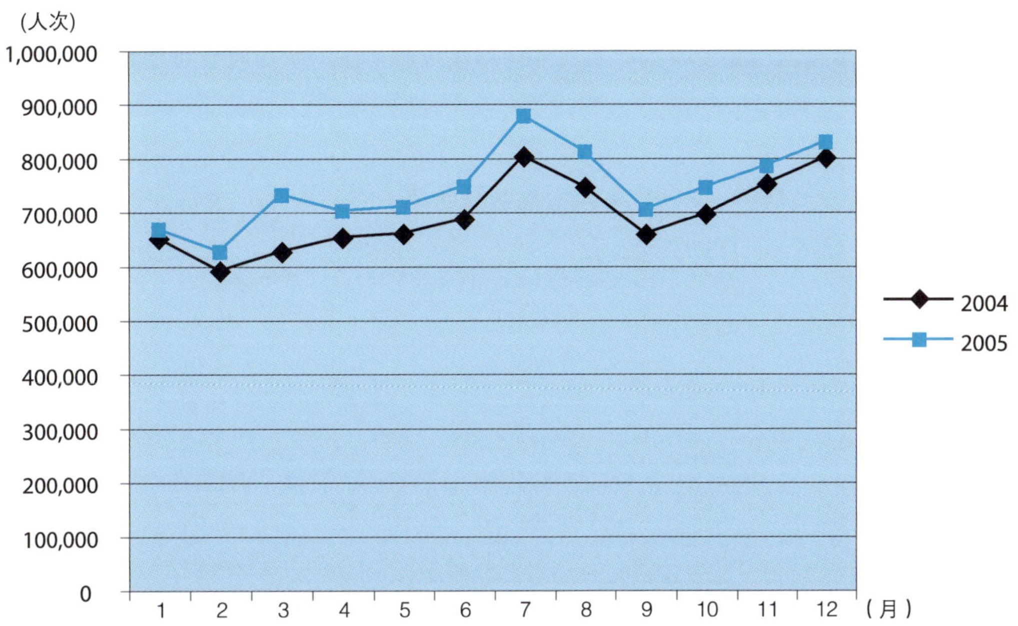

由于新加坡地处赤道附近，而且很大一部分人是过境游客，因此，游客来访量在一年四季中的分布相对均匀。亚洲客源市场前往新加坡旅游的高峰期一般是在 12 月。欧洲、美洲客源市场前往新加坡旅游的高峰期通常是在每年的 3 月。在新加坡的主要客源市场中，日本、中国香港特别行政区、中国内地旅游者前往新加坡旅游的高峰期则是 7 月至 8 月，澳大利亚游客集中在 9、10 月。

斯里兰卡

斯里兰卡克服了“非典”的影响，入境旅游接待量仍保持增长。2004 年，斯里兰卡的入境旅游接待量曾一度保持增长势头，直到年底发生的海啸使得入境旅游者人数下滑。2005 年，入境旅游接待量的年均增长率出现负数，但预计很快就能恢复，在预测期内稳步增长。只要安全有保证，斯里兰卡有潜力成为重要的入境旅游市场，然而安全问题依然存在，并随时有可能造成入境旅游接待量下降。

表 6.108　斯里兰卡——1997 ~ 2009 年入境旅游增长率

年份	入境旅游接待量(人次)	年均增长率(%)
1997	366, 165	21. 14
1998	381, 063	4. 07
1999	400, 414	5. 08
2000	436, 536	9. 02
2001	336, 794	-22. 85
2002	393, 171	16. 74
2003	500, 642	27. 33
2004	566, 202	13. 10
2005	549, 308	-2. 98
2007	652, 988	9. 03
2008	715, 540	9. 58
2009	777, 861	8. 71

表 6.109　斯里兰卡——1997 ~ 2009 年主要客源市场所占份额（%）

国家/地区	1997	1998	1999	2000	2001	2002	2003	2004	2005	2007	2008	2009
印度	12. 8	9. 8	8. 0	9. 7	10. 1	17. 8	18. 1	18. 6	20. 6	21. 9	21. 8	21. 6
英国	17. 2	17. 4	21. 2	18. 0	20. 4	17. 2	18. 6	18. 8	16. 9	14. 9	13. 8	13. 1
德国	16. 3	19. 4	17. 6	16. 4	17. 9	14. 0	11. 8	10. 3	8. 4	8. 6	8. 5	8. 3
法国	6. 9	7. 1	6. 5	7. 9	6. 2	5. 1	5. 7	5. 3	4. 9	4. 3	0. 4	4. 4
澳大利亚	2. 8	2. 7	4. 1	3. 0	3. 4	2. 9	4. 0	4. 1	4. 7	4. 2	4. 1	4. 1
美国	2. 6	2. 6	2. 6	2. 4	2. 5	3. 0	2. 8	2. 7	4. 6	4. 1	4. 2	4. 1
马尔代夫	1. 8	1. 9	2. 0	1. 7	2. 7	2. 5	2. 3	2. 7	4. 5	4. 2	4. 2	4. 1
加拿大	1. 8	2. 0	1. 7	2. 0	2. 0	2. 1	2. 0	2. 0	3. 9	3. 1	3. 1	3. 1
日本	3. 7	3. 6	2. 6	3. 7	2. 7	3. 5	3. 4	3. 5	3. 1	2. 7	2. 7	2. 7
荷兰	4. 4	6. 0	5. 6	6. 6	3. 3	3. 0	3. 6	3. 8	2. 8	3. 1	3. 2	3. 6

印度取代英国成为最大的客源国，除印度和荷兰以外，所有其他客源市场的份额都将有所减少。加拿大客源市场取代意大利进入前十名；美国由原来名列第九位上升至第六位；马尔代夫从第十位升至第七位。预计名次发生变化的是荷兰从名列第十位上升至第八位，位居加拿大和日本之前。

来访目的

度假旅游是最主要的来访目的，尽管斯里兰卡有很多海外侨民，探亲访友比例很小（8%）。

图 6.60　斯里兰卡——2005 年入境旅游者的来访目的

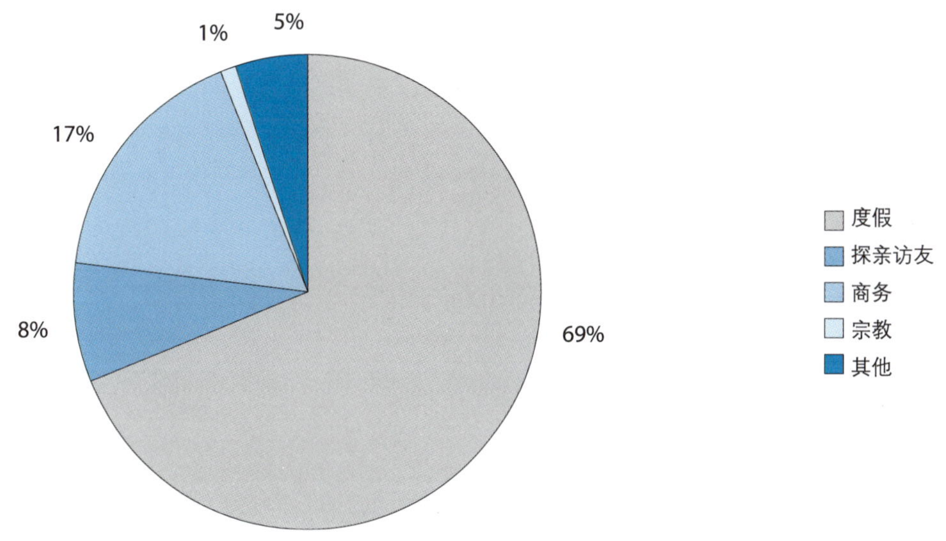

旅游收入

由于 1996 年和 2001 年的财政危机、2005 年的海啸，斯里兰卡的旅游就业率下降。在本报告预测期内，斯里兰卡旅游业将摆脱海啸的影响，旅游直接就业和旅游收入都有显著增长。

表 6.110　斯里兰卡——1997～2009 年旅游收入及直接就业人数

年份	旅游收入（百万美元）	直接就业
1997	216.7	34,006
1998	230.5	34,780
1999	274.9	36,560
2000	252.8	37,943
2001	211.1	33,710
2002	247.6	38,821
2003	377.8	46,761
2004	416.0	53,776
2005	362.3	52,085
2007	430.7	61,916
2008	471.9	67,847
2009	513.0	73,756

注：预测期内的收入按 2005 年美元价值计算。

图 6.61　斯里兰卡——2005 年旅游收入来源

斯里兰卡的主要旅游收入来自于银行，其次是购物，旅行社排在第三位。

住宿

2005 年，旅游饭店客房数量下降，共有客房 17, 124 间。海啸对客房的可使用性产生了影响，出租率也相对低一些。预计 2006 年的客房数量将会增加。在本报告预测期内不会出现住宿压力。

表 6.111　斯里兰卡——1997 ~ 2005 年客房数及出租率

年份	客房数(间)	出租率(%)
1997	12, 370	49. 1
1998	12, 770	52. 8
1999	12, 918	57. 6
2000	13, 311	52. 3
2001	13, 626	42. 1
2002	13, 818	43. 1
2003	16, 973	53. 2
2004	17, 640	39. 3
2005	17, 124	45. 4

表 6.112 斯里兰卡——2007～2009 年床位需求量预测

年份	入境旅游接待量(人次)	床夜次	停留天数	客房需求量(间)	出租率(%)
2007	652, 988	5, 680, 996	8.7	11, 117	70
2008	715, 540	6, 225, 198	8.7	12, 182	70
2009	777, 861	6, 767, 391	8.7	13, 243	70

季节性

图 6.62 斯里兰卡——2004～2005 年入境旅游的季节性

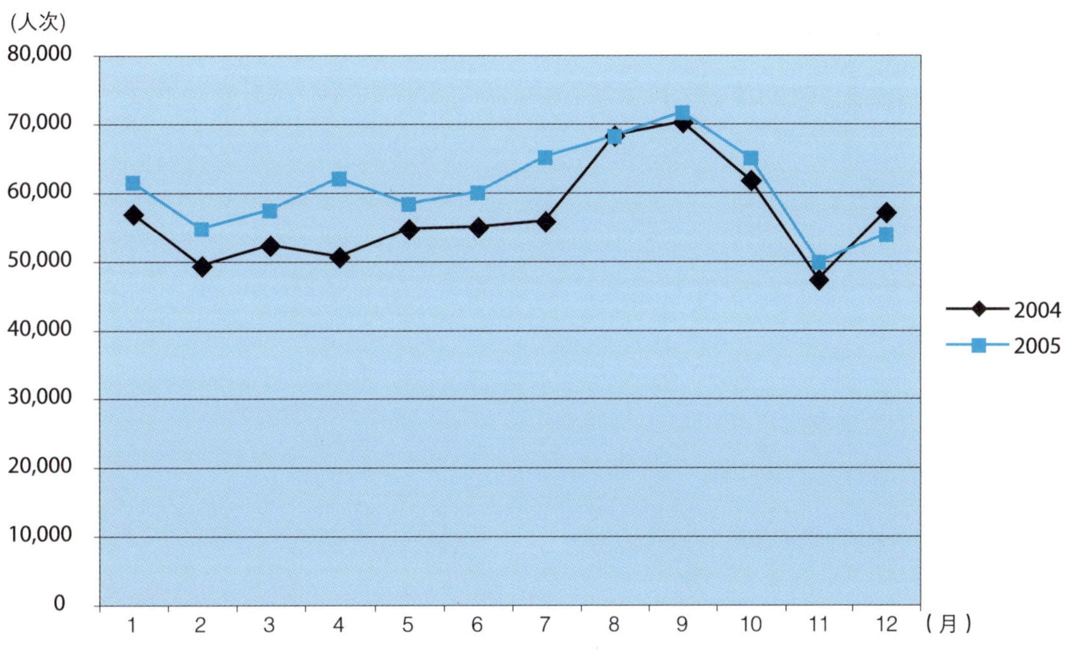

高峰期从每年 7 月至 10 月，而 12 月至转年 1 月是一个小高峰期。

出、入境旅游平衡

表 6.113　斯里兰卡——1997～2009 年入境旅游者与出境旅游者数量差异

年份	入境旅游接待量(人次)	出境旅游人次	出境旅游年均增长率(%)	入境与出境旅游人次数量之差	出境:入境(%)
1997	366, 165	530, 712	7. 38	-164, 547	144. 94
1998	381, 063	518, 050	-2. 39	-136, 987	135. 95
1999	400, 414	496, 963	-4. 07	-96, 549	124. 11
2000	436, 536	524, 212	5. 48	-87, 676	120. 08
2001	336, 794	505, 341	-3. 60	-168, 547	150. 04
2002	393, 171	532, 737	5. 42	-139, 566	135. 50
2003	500, 642	561, 126	5. 33	-60, 484	112. 08
2004	566, 202	680, 248	21. 23	-114, 046	120. 14
2005	549, 308	727, 301	6. 92	-177, 993	132. 40
2007	652, 988	830, 564	10. 50	-177, 576	127. 19
2008	715, 540	884, 302	6. 47	-168, 762	123. 59
2009	777, 861	942, 150	6. 54	-164, 289	121. 12

注：出境旅游人次由作者分别预测。

斯里兰卡入境旅游接待量少于出境旅游人次，这种状况会持续到 2009 年。如果政局稳定，这种情形会出现逆转。

塔希提岛

截止到 2000 年，塔希提岛的入境旅游接待量一直保持很高的增长。由于“9·11”恐怖袭击事件的影响，2001 年入境旅游接待量骤然下降，并一直延续到了 2002 年。“非典”对塔希提岛旅游业的影响很小，因而 2003 年塔希提岛的入境旅游接待量开始再次大幅度增长。只是在 2004 年和 2005 年，塔希提岛的入境旅游接待量增长平缓。在预测期内，塔希提岛的入境旅游接待量将恢复并稳步增长，预计 2009 年入境旅游接待量将超过 2000 年的最高纪录。

表 6.114　塔希提岛——1997～2009 年入境旅游增长率

年份	入境旅游接待量(人次)	年均增长率(%)
1997	180,870	9.74
1998	195,681	8.19
1999	210,800	7.73
2000	253,187	20.11
2001	227,658	-10.08
2002	189,030	-16.97
2003	212,767	12.56
2004	211,893	-0.41
2005	208,067	-1.81
2007	234,260	4.93
2008	251,920	7.54
2009	267,205	6.07

在塔希提岛的主要客源市场中，美国、法国、日本和英国客源市场所占的份额预计将会下降；澳大利亚所占的市场份额因悉尼与塔希提岛的直航而预计增长；意大利所占的市场份额保持稳定。

表 6.115　塔希提岛——1997～2009 年主要客源市场所占份额（%）

国家/地区	1997	1998	1999	2000	2001	2002	2003	2004	2005	2007	2008	2009
美国	22.7	25.6	32.7	na	41.0	32.7	35.5	33.6	32.8	32.2	32.1	31.9
法国	29.8	28.5	27.9	na	22.2	24.7	22.6	21.2	21.8	19.6	18.5	17.6
日本	8.0	6.9	6.8	na	8.4	12.5	10.8	11.1	10.6	9.8	9.5	9.3
意大利	4.2	5.2	5.2	na	4.1	4.7	4.3	4.8	5.3	5.3	5.5	5.3
澳大利亚	na	4.3	0.7	na	2.8	2.8	3.5	3.6	4.6	5.3	5.8	6.3
英国	2.4	2.2	2.3	na	2.9	2.9	3.4	3.8	3.8	3.5	3.4	3.3

注：na 表示数据无法获得。

住宿

2005 年，饭店共有客房 2,963 间。预计会存在住宿压力，出租率可能会上升。

表 6.116　塔希提岛——2007～2009 年床位需求量预测

年份	入境旅游接待量(人次)	床夜次	停留天数	客房需求量(间)	出租率(%)
2007	234,260	3,092,232	13.2	6,051	70
2008	251,920	3,325,344	13.2	6,508	70
2009	267,205	3,527,106	13.2	6,902	70

季节性

塔希提岛的主要旅游旺季是 7～10 月。

图 6.63　塔希提岛——2004～2005 年入境旅游的季节性

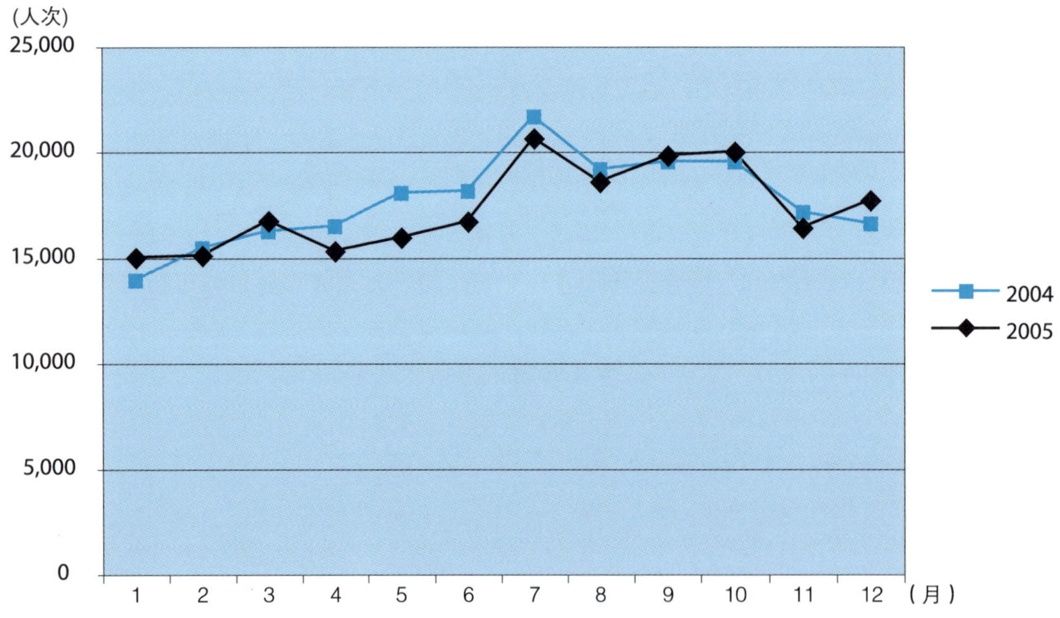

泰国

2004年“非典”之后，泰国旅游业不仅得到了恢复，而且增长强劲。2004年12月，由于泰国南部发生海啸，有许多外国旅游者在这次灾难中丧生，泰国旅游业再度受到重创。直到2006年，泰国旅游业才从这次海啸的影响中恢复过来；2006年下半年，首都曼谷发生军事政变，但政变没有对外国旅游者造成很大影响。

外国投资者在泰国投资旅游业存在一些明显的风险，人们普遍担心泰国的民族主义会造成外国旅游者不受欢迎的气氛，这些问题不是由一个孤立事件造成的。2006年12月20日，泰国中央银行发布新规定，即：在泰国投资的外国公司必须缴纳30%的投资税，这是一严重错误并造成股市在瞬间产生了自二次世界大战以来最大的滑坡，股市直到现在都没有完全恢复。投资者正在期待积极的投资信号，以打消泰国不欢迎外国投资的感觉，一个明显的例子，就是解除清迈、芭堤雅、布吉、苏梅等主要旅游区以及曼谷附近地区土地所有权规定。中央银行还没有对增加外国投资税给出一个恰当的解释，人们担心这样的经济不可能持续旅游业的显著增长。进一步扩大旅游业和国民生产总值的增长会使泰铢升值，并对改善出口造成影响。管理投机市场需要其他与外国资本投资无关经济策略。

其他一些值得关注的问题与曼谷新机场无力应对未来旅游业增长有关。报告显示，2006年曼谷新机场刚刚投入运营，接待能力就达到了饱和，而且出现了许多需要修缮的问题。老的DON MUANG机场对一些廉价航空公司的航班、包机航班和非连接国内的航班重新开放。使用这个机场也能够连接国际航班，尤其是在两个机场之间发展快速交通的时候。2006年在签证要求方面也有一个变化，即：停止外国旅游者采取跨边境到周边国家旅行的方式续签三个月的旅游签证。住宿费用也有明显的提高，目前离境税的增长没有在规定的时间发出有益的信号。最后，2006年除夕在曼谷发生的爆炸事件，进一步让人们丧失信心，特别是对那些支撑泰国旅游业的外国劳工，在主要的商业假日全城实行宵禁使他们遭受严重的财务损失。

南部地区政局不稳也是一个潜在问题。由持续成功的旅游业诱发的潜在需求不会突然停止，但是，上面论述的值得关注的问题能够导致增长速度大幅降低，致使以下预测有些乐观。

表 6.117 泰国——1997～2009 年入境旅游增长率

年份	入境旅游接待量(人次)	年均增长率(%)
1997	7,221,345	0.41
1998	7,764,930	7.53
1999	8,651,260	11.41
2000	9,578,826	10.72
2001	10,146,592	5.93
2002	10,872,976	7.16
2003	10,004,453	-7.99
2004	11,737,413	17.32
2005	11,567,341	-1.45
2007	14,133,506	10.54
2008	15,190,799	7.48
2009	16,262,450	7.05

表 6.118 泰国——1997～2009 年主要客源市场所占份额（%）

国家/地区	1997	1998	1999	2000	2001	2002	2003	2004	2005	2007	2008	2009
马来西亚	14.5	11.8	11.5	11.0	11.7	12.3	13.4	11.9	11.9	9.6	9.2	9.4
日本	13.4	12.7	12.3	12.6	11.6	11.4	10.1	10.2	10.4	9.5	9.2	9.0
韩国	5.7	2.6	3.9	4.7	5.4	6.5	6.9	7.8	7.1	6.7	6.6	6.5
中国内地	6.1	7.4	9.0	7.4	7.9	7.3	6.2	6.6	6.7	6.3	6.3	6.3
英国	4.0	4.8	4.9	5.0	6.5	6.5	5.4	5.4	6.7	5.8	6.0	6.1
新加坡	6.8	7.5	7.0	6.9	5.2	5.0	6.3	6.3	5.6	5.6	5.6	5.6
美国	4.3	4.7	4.8	5.1	5.2	5.1	4.6	4.8	5.5	4.9	4.9	4.9
德国	4.7	4.9	4.3	4.0	4.0	3.8	3.8	3.8	3.8	3.5	3.3	3.2
澳大利亚	3.2	3.9	3.5	3.4	3.6	3.4	2.5	3.1	3.7	4.6	4.6	5.1
印度	1.9	1.9	1.9	2.1	2.0	2.4	2.1	2.5	3.3	3.1	3.0	2.9

马来西亚和日本是两个主要的客源市场，马来西亚、日本、韩国、中国内地、英国、美国、德国和印度的市场份额在预测期内预计会下降。其他客源市场（除新加坡外）所占的份额预计会增长，尤其是澳大利亚预计从名列第九位上升至第七位。英国已经从第六位上升至第五位，印度和澳大利亚已经取代了中国香港特别行政区和中国台湾进入前十名。

来访目的

图 6.64　泰国——2005 年入境旅游者的来访目的

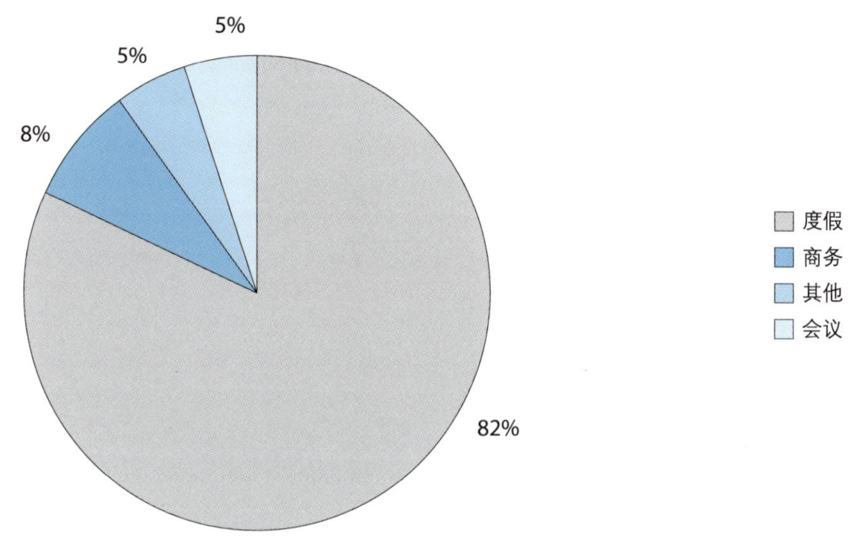

度假旅行是最主要的旅游目的。

旅游收入

2003 年和 2005 年泰国旅游收入出现下降，但在预测期内，随着入境旅游接待量的增加，泰国的旅游收入将迅速提高。

表 6.119　泰国——1997～2009 年旅游收入

年份	旅游收入(百万美元)
1997	7,048
1998	5,934
1999	6,695
2000	7,112
2001	6,731
2002	7,530
2003	7,454
2004	9,556
2005	9,134
2007	11,160
2008	11,995
2009	12,841

注：预测期内的收入按 2005 年美元价值计算。

住宿

2005年的客房数量未知，2004年的客房数量是357，922间。在国内与国外游客之间存在日益增长的住宿竞争。客房数与入境旅游接待量保持同步增长，但在本报告预测期内，客房供给仍需大量增加。

表6.120　泰国——2007～2009年床位需求量预测

年份	入境旅游接待量(人次)	床夜次	停留天数	客房需求量(间)	出租率(%)
2007	14, 133, 506	115, 894, 749	8.2	283, 500	70
2008	15, 190, 799	124, 564, 552	8.2	304, 708	70
2009	16, 262, 450	133, 352, 090	8.2	326, 204	70

季节性

泰国入境旅游的旺季是11月至转年2月，7月至8月是小高峰。由于海啸的影响，2005年1月入境旅游接待量明显减少。

图6.65　泰国——2004～2005年入境旅游的季节性

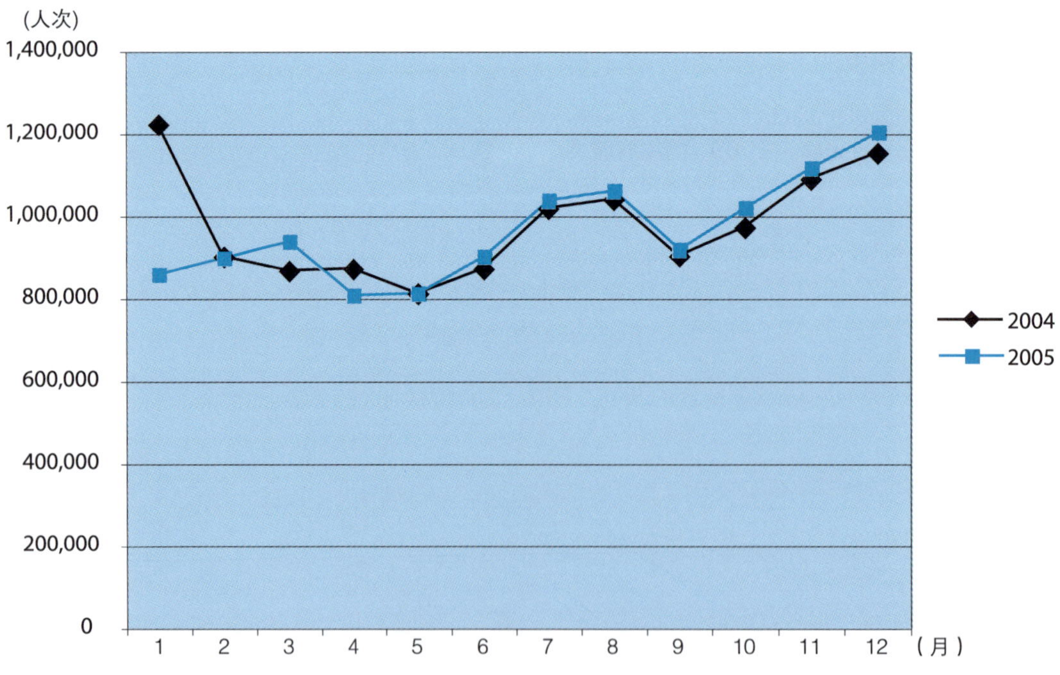

出、入境旅游平衡

泰国出入境旅游平衡状况对该国旅游出口贸易非常有利。但泰国的出境旅游也在不断增长，泰国将发展成为其他亚太国家和地区旅游业的重要客源市场。

表 6.121　泰国——1997~2009年入境旅游接待量、旅游收入、出境旅游人次和旅游消费

年份	入境旅游接待量(人次)	出境旅游人次	旅游收入(百万美元)	旅游消费(百万美元)	入境与出境旅游人次数量之差	旅游收入与消费差额(百万美元)
1997	7, 221, 345	1, 660, 390	7, 048	1, 888	5, 560, 955	5, 160
1998	7, 764, 930	1, 411, 612	5, 934	1, 448	6, 353, 318	4, 486
1999	8, 651, 260	1, 686, 448	6, 695	1, 843	6, 964, 812	4, 852
2000	9, 578, 826	1, 946, 343	7, 112	2, 065	7, 632, 483	5, 047
2001	10, 146, 592	2, 044, 254	6, 731	2, 179	8, 102, 338	4, 552
2002	10, 872, 976	2, 277, 983	7, 530	1, 524	8, 594, 993	6, 006
2003	10, 004, 453	2, 151, 709	7, 454	1, 345	7, 852, 744	6, 109
2004	11, 737, 413	2, 710, 723	9, 556	2, 085	9, 026, 690	7, 471
2005	11, 567, 341	1, 953, 343	9, 134	2, 007	9, 613, 998	7, 127
2007	14, 133, 506	2, 876, 329	11, 160	2, 511	11, 257, 177	8, 649
2008	15, 190, 799	3, 245, 899	11, 995	2, 698	11, 944, 900	9, 297
2009	16, 262, 450	3, 865, 941	12, 841	2, 888	12, 396, 509	9, 953

注：预测期内的收入按2005年美元价值计算。出境旅游人次和旅游支出由作者分别预测后汇总。

汤加

汤加王国位于斐济以东、萨摩亚群岛以南。航空运输服务对于汤加旅游业的发展至关重要。汤加与新西兰有直接的航空连接，通过新西兰与斐济有间接的航空连接，澳大利亚也有飞往汤加的航班。不断发展的航空运载力对汤加旅游业的持续增长十分关键。2004年和2007年入境旅游接待量减少的主要原因是航空运载力的影响，还与国王的去世和之后的政局不稳有关。在本报告预测期内，预计初期增长率较低，如果政局稳定，旅游业会有越来越大的发展。

表6.122　汤加——1997～2009年入境旅游增长率

年份	入境旅游接待量(人次)	年均增长率(%)
1997	26,162	2.40
1998	27,132	3.71
1999	30,949	14.07
2000	34,694	12.10
2001	32,386	-6.65
2002	36,585	12.97
2003	40,110	9.64
2004	41,208	2.74
2005	41,862	1.59
2007	42,597	0.87
2008	48,451	13.74
2009	55,370	14.28

新西兰是汤加的主要客源市场，紧随其后的是澳大利亚和美国。新西兰和英国的市场份额预计增长，澳大利亚、美国、斐济和德国的市场份额预计下降。

表6.123　汤加——1997～2009年主要客源市场所占份额（%）

国家/地区	1997	1998	1999	2000	2001	2002	2003	2004	2005	2007	2008	2009
新西兰	32.4	30.9	31.6	30.2	34.2	35.6	36.6	39.8	41.8	40.5	39.5	43.2
澳大利亚	18.6	16.5	18.6	16.3	16.7	17.1	20.6	19.5	21.2	21.7	22.3	21.1
美国	18.4	21.1	18.7	22.0	19.5	20.4	18.9	19.2	18.8	19.0	18.7	17.0
斐济	4.0	5.2	5.3	5.1	5.2	5.8	5.0	4.5	3.7	3.9	3.6	3.3
英国	3.9	4.2	4.5	5.7	4.3	3.6	3.5	2.8	2.3	2.1	2.3	2.4
德国	5.5	4.3	3.8	3.9	3.9	2.6	2.4	2.2	2.1	1.9	1.7	1.4

季节性

汤加入境旅游旺季是 6 月、7 月和 10 月。

图 6.66　汤加——2004～2005 年入境旅游的季节性

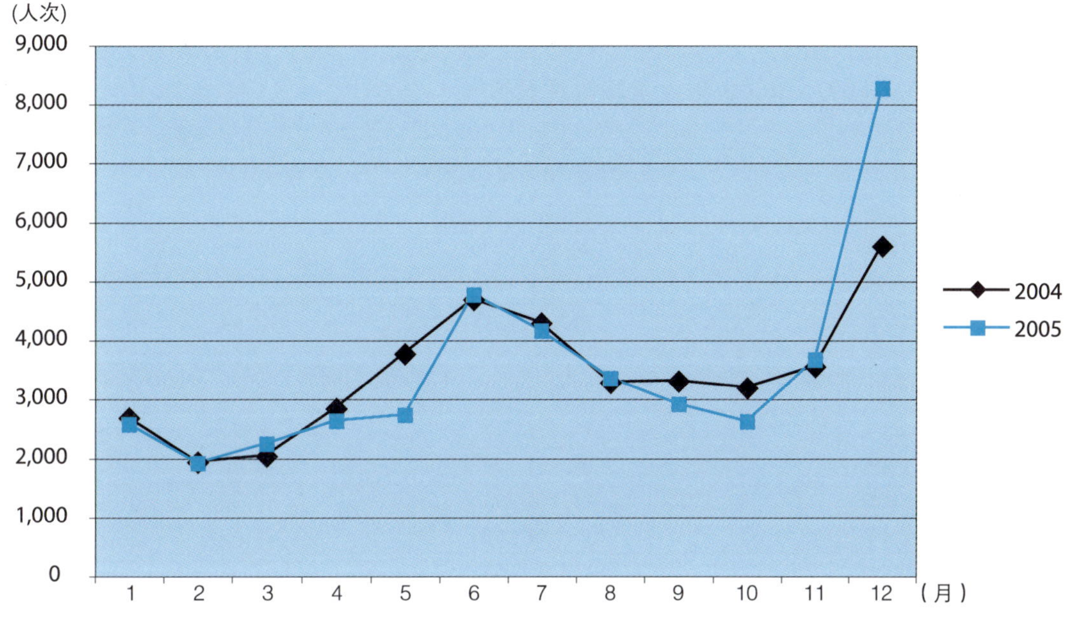

美国

从 1997 年以来，美国的入境旅游接待量一直波动较大，入境旅游接待量有时增长，有时下降。但 2001 年的“9·11”恐怖袭击事件引起的旅游接待量下滑持续了很长一段时间，一直延续到“非典”和伊拉克战争的爆发。2004 年，美国旅游业复苏势头强劲，虽不像亚太其他许多目的地那样得到全面恢复，但考虑到其入境旅游者基数巨大，11% 的增长率仍十分显著。2005 年，旅游业进一步恢复，在本报告预测期内，预计保持稳固的年均增长率。

表 6.124　美国——1997 ~ 2009 年入境旅游增长率

年份	入境旅游接待量(人次)	年均增长率(%)
1997	47,766,476	2.75
1998	46,395,587	-2.87
1999	48,491,187	4.52
2000	44,641,582	-7.94
2001	39,839,450	-10.76
2002	35,930,611	-9.81
2003	34,458,358	-4.10
2004	38,164,556	10.76
2005	41,148,796	7.82
2007	45,094,808	4.69
2008	47,505,933	5.35
2009	49,985,162	5.22

表 6.125　美国——1997 ~ 2009 年主要客源市场所占份额（%）

国家/地区	1997	1998	1999	2000	2001	2002	2003	2004	2005	2007	2008	2009
加拿大	31.7	28.9	29.1	32.8	33.9	36.1	36.7	36.3	33.7	32.5	32.1	31.4
墨西哥	2.7	3.1	3.1	9.1	9.8	10.7	11.0	10.5	11.2	12.9	13.3	13.8
英国	7.8	8.6	8.8	10.5	10.5	10.6	11.4	11.3	10.6	9.8	9.7	9.8
日本	11.2	10.5	10.0	11.3	10.4	10.1	9.2	9.8	9.4	9.1	8.7	8.4
德国	4.2	4.1	4.1	4.0	3.4	3.3	3.4	3.5	3.4	3.3	3.4	3.5
法国	2.0	2.2	2.2	2.4	2.3	2.0	2.0	2.0	2.1	2.1	2.1	2.1
韩国	1.6	0.8	1.0	1.5	1.6	1.8	1.8	1.6	1.7	1.8	1.8	1.8
澳大利亚	1.0	1.0	1.0	1.2	1.1	1.1	1.2	1.4	1.4	1.5	1.5	1.5
意大利	1.5	1.6	1.6	1.4	1.2	1.2	1.2	1.3	1.3	1.3	1.4	1.4
巴西	2.0	2.0	1.4	1.7	1.4	1.1	1.0	1.0	1.2	1.4	1.5	1.6

主要客源市场是邻国加拿大，来自加拿大的入境旅游接待量占总量的三分之一。加拿大、英国和日本所占的市场份额正在下降。大多数其他主要客源国的市场份额预计上升。法国所占的市场份额保持稳定。

来访目的

度假旅行和探亲访友是主要的旅游目的，商务旅行的比例较大。绝大多数旅游者是男性（60%），重游率很高，回头客比例很大。

出、入境旅游平衡

表 6.126　美国——1997～2009 年旅游平衡、旅游收入及旅游消费

年份	入境旅游接待量(人次)	出境旅游人次	旅游收入(百万美元)	旅游消费(百万美元)	入境与出境旅游人次数量之差	旅游收入与消费差额(百万美元)
1997	47, 766, 476	29, 159, 800	94, 294	70, 189	－5, 177, 524	24, 105
1998	46, 395, 587	31, 134, 600	91, 423	76, 454	－9, 891, 413	14, 969
1999	48, 491, 187	29, 159, 800	94, 586	80, 278	－9, 106, 813	14, 308
2000	44, 641, 582	35, 717, 731	103, 087	88, 979	－16, 248, 418	14, 108
2001	39, 839, 450	33, 525, 451	89, 819	82, 833	－18, 123, 550	6, 986
2002	35, 930, 611	31, 365, 865	83, 774	78, 013	－20, 641, 389	5, 761
2003	34, 458, 358	32, 516, 222	80, 202	77, 570	1, 942, 136	2, 632
2004	38, 164, 556	36, 497, 344	93, 707	87, 900	1, 667, 212	5, 807
2005	41, 148, 796	38, 372, 404	102, 611	95, 241	2, 776, 392	7, 370
2007	45, 094, 808	41, 354, 190	110, 723	99, 597	3, 740, 618	11, 126
2008	47, 505, 933	42, 987, 130	116, 643	103, 530	4, 518, 803	13, 113
2009	49, 985, 162	44, 892, 769	122, 731	108, 119	5, 092, 393	14, 612

注：预测期内的收入按 2005 年美元价值计算。出境旅游人次和旅游消费由作者分别预测后汇总。

尽管美国的出境旅游规模很大，但一直保持旅游贸易顺差。受 2001 年至 2003 年低迷期的影响，预计美国旅游收入顺差恢复到平均水平的速度较慢。

季节性

美国的入境旅游旺季是 7、8 月。

图 6.67　美国——2004～2005 年入境旅游的季节性

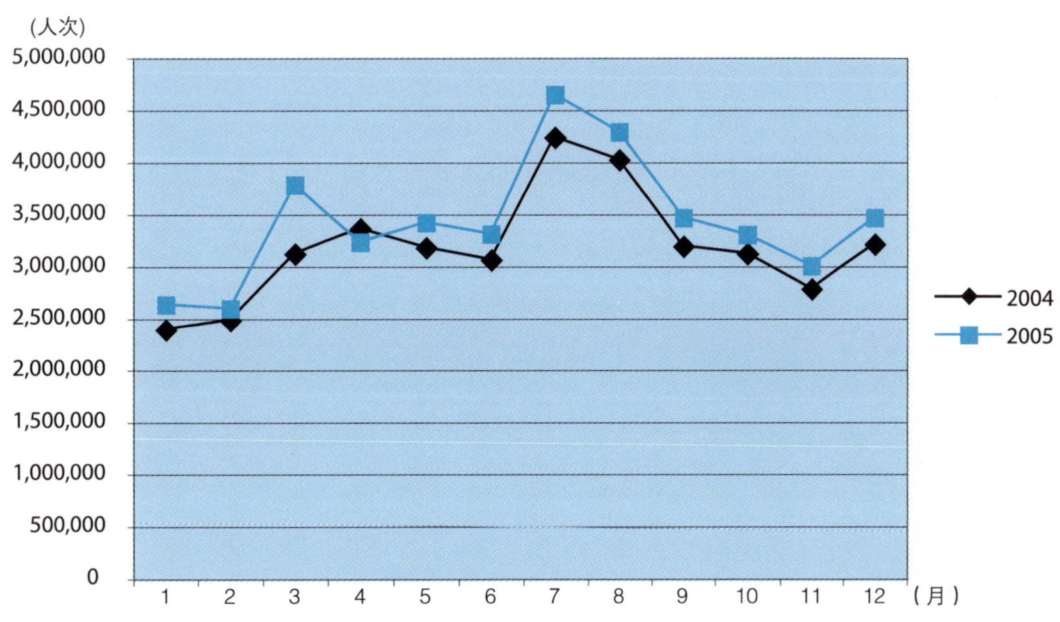

瓦努阿图

瓦努阿图位于国际日期变更线以西，从夏威夷（美国）至新西兰之间的2/3处，斐济和法属新喀里多尼亚之间略向北一些。航空运载力是预测瓦努阿图旅游业发展趋势的一项重要因素，由于客流量较小，所以容易增大计算客流量的误差。从布里斯班到瓦努阿图的飞行时间约为2.5个小时，若从悉尼起飞，则飞行时间为3.5个小时，若从奥克兰起飞，飞行时间略多于2小时。

瓦努阿图旅游业克服“非典”的威胁，2003年结束了旅游接待量的负增长，2004年入境旅游接待量恢复强劲。2005年，尽管年均增长率仍为正值，但瓦努阿图入境旅游接待量急速减缓下来。在本报告预测期内，瓦努阿图入境旅游接待量预计保持适度强劲的增长率。

表6.127　瓦努阿图——1997～2009年入境旅游增长率

年份	入境旅游接待量(人次)	年均增长率(%)
1997	49,624	na
1998	52,085	4.96
1999	50,484	-3.07
2000	57,364	13.63
2001	53,203	-7.25
2002	49,462	-7.03
2003	50,400	1.90
2004	61,454	21.93
2005	62,082	1.02
2007	70,855	7.38
2008	75,696	6.83
2009	81,614	7.82

注：na表示数据无法获得。

瓦努阿图最大的客源市场是澳大利亚。澳大利亚、法属新喀里多尼亚和欧洲客源市场所占份额预计下降，新西兰预计提高其所占的市场份额。

表6.128　瓦努阿图——1997～2009年主要客源市场所占份额（%）

国家/地区	1997	1998	1999	2000	2001	2002	2003	2004	2005	2007	2008	2009
澳大利亚	58.4	62.4	62.1	64.1	63.2	60.1	58.5	59.2	62.0	58.9	58.4	58.4
新西兰	11.8	1.9	13.7	13.9	14.1	14.7	15.3	13.4	12.4	14.9	15.6	15.9
法属新喀里多尼亚	10.9	11.2	8.4	7.2	7.5	9.5	10.0	10.8	11.1	10.5	10.1	9.6
欧洲	5.8	4.5	5.5	5.8	5.0	6.0	6.0	5.5	5.7	5.6	5.6	5.4

来访目的

瓦努阿图主要是度假目的地，也有一些旅游者是为探亲访友而来。

图 6.68 瓦努阿图——2005 年入境旅游者的来访目的

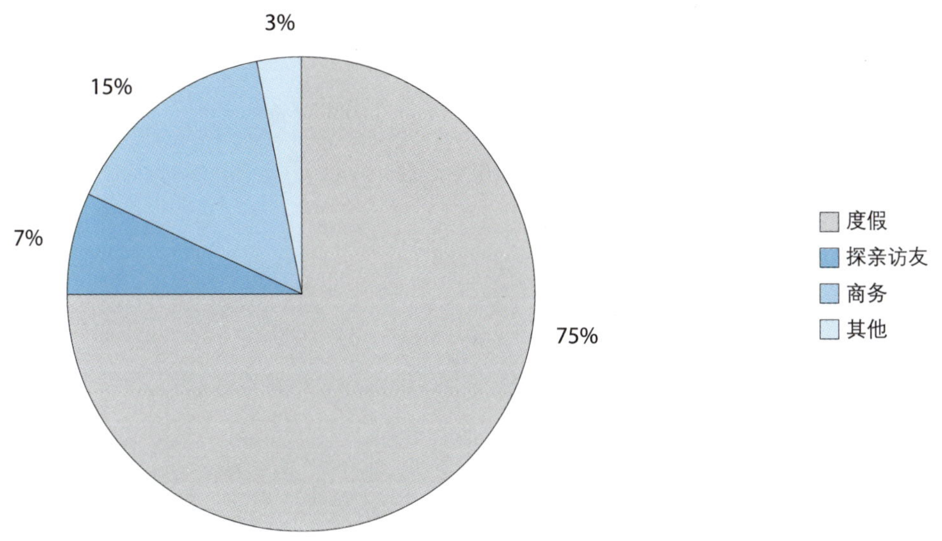

出、入境旅游平衡

表 6.129 瓦努阿图——2001～2009 年入境旅游者与出境旅游者数量差异

年份	入境旅游接待量(人次)	出境旅游人次	出境旅游年均增长率(%)	入境与出境旅游人次数量之差	出境:入境(%)
2001	53, 300	11, 656	na	41, 644	21. 87
2002	49, 462	11, 799	1. 23	37, 663	23. 85
2003	50, 400	12, 537	6. 25	37, 863	24. 88
2004	61, 454	12, 912	2. 99	48, 542	21. 01
2005	62, 082	13, 593	5. 27	48, 489	21. 90
2007	70, 855	13, 966	4. 00	56, 889	19. 71
2008	75, 696	14, 258	2. 09	61, 438	18. 84
2009	81, 614	14, 567	2. 17	67, 047	17. 85

注：出境旅游人次由作者分别预测。na 表示数据无法获得。

瓦努阿图入境旅游接待量大于出境旅游人次。出境旅游人次预计适度增长，旅游顺差预计持续和增大。

季节性

瓦努阿图旅游旺季是 7 ~ 10 月。

图 6.69　瓦努阿图——2004 ~ 2005 年入境旅游的季节性

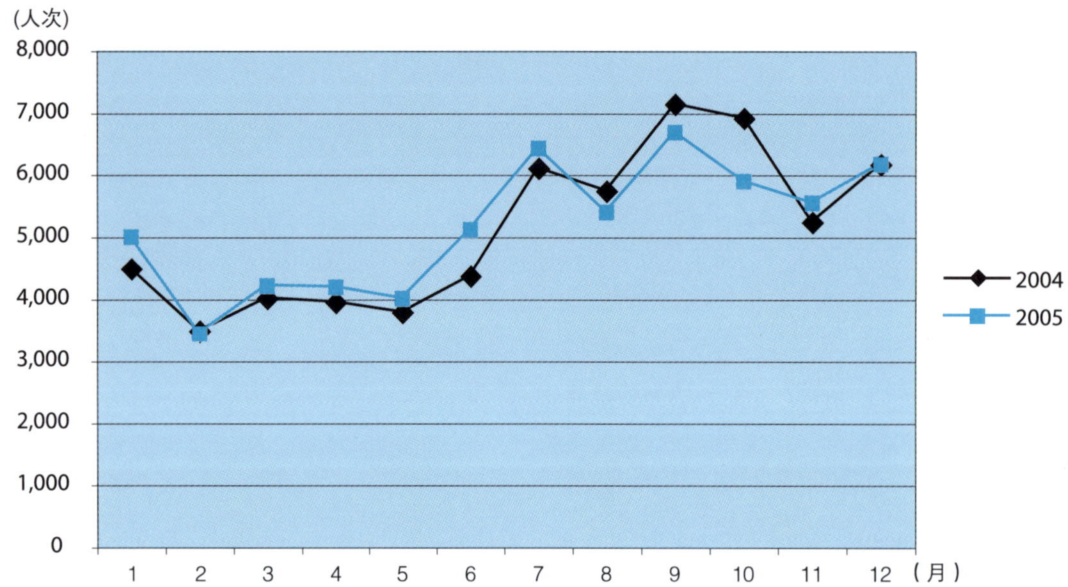

越南

尽管入境旅游接待量基数很小，但越南的入境旅游接待量一直保持快速持续增长态势。预计到 2009 年，越南的入境旅游接待量将达到 500 万人次，越南具备成为重要的入境旅游目的地的潜力。有可能抑制这种增长的主要因素是，越南缺少五星级的度假设施，同时缺乏有针对性的市场营销。

2004 年和 2005 年，越南旅游业从“非典”影响中迅速恢复，预计入境旅游接待量的强劲增长态势持续至 2009 年。

表 6. 130　越南——1997 ~2009 年入境旅游增长率

年份	入境旅游接待量（人次）	年均增长率（%）
1997	1, 715, 637	6. 75
1998	1, 520, 128	-11. 40
1999	1, 781, 754	17. 21
2000	2, 140, 100	20. 11
2001	2, 330, 050	8. 88
2002	2, 627, 988	12. 79
2003	2, 428, 735	-7. 58
2004	2, 927, 876	20. 55
2005	3, 467, 757	18. 44
2007	3, 892, 981	5. 95
2008	4, 207, 763	8. 09
2009	4, 505, 922	7. 09

注：入境旅游接待量按来访者国籍而非按居住地进行统计。

越南在致力于旅游目的地开发与建设的同时，也正在开拓更广泛的客源市场。尽管中国内地所占的市场份额预计有所下降，但仍有发展潜力。中国台湾、柬埔寨、法国和英国所占的份额预计将会下降，其他多数主要客源市场所占的份额将会增加。

表 6. 131　越南——1997 ~2009 年主要客源市场所占份额（%）

国家/地区	1997	1998	1999	2000	2001	2002	2003	2004	2005	2007	2008	2009
中国内地	23. 6	27. 7	27. 2	29. 3	28. 9	27. 6	28. 6	26. 6	21. 7	15. 7	15. 4	15. 2
中国台湾	9. 0	9. 1	9. 8	9. 9	8. 6	8. 0	8. 6	8. 8	8. 3	7. 6	7. 5	7. 4
美国	2. 4	11. 6	11. 8	9. 7	9. 9	9. 9	9. 0	9. 3	9. 6	10. 3	10. 4	10. 1
日本	7. 1	6. 3	6. 4	7. 1	8. 8	10. 6	8. 6	9. 1	9. 2	10. 7	10. 6	10. 7
韩国	na	0. 0	2. 4	2. 5	3. 2	4. 0	5. 4	8. 0	9. 1	11. 9	12. 2	12. 6
柬埔寨	na	na	4. 2	5. 8	3. 0	2. 6	3. 5	3. 1	5. 4	5. 0	5. 1	5. 1
澳大利亚	3. 3	na	3. 5	3. 2	3. 6	3. 7	3. 8	4. 4	4. 2	4. 7	4. 7	4. 7
法国	5. 5	4. 8	4. 0	3. 3	4. 3	4. 2	3. 6	3. 6	3. 6	3. 5	3. 4	3. 4
泰国	1. 1	1. 1	1. 1	1. 2	1. 4	1. 6	1. 7	1. 8	2. 4	2. 8	2. 8	2. 8
英国	2. 6	2. 6	2. 5	2. 6	2. 8	2. 7	2. 6	2. 4	2. 3	2. 3	2. 2	2. 2

注：na 表示数据无法获得。

来访目的

尽管来访者中商务旅游占相当大的比例，但度假和探亲访友仍是多数来访者的主要目的。

图 6. 70　越南——2005 年入境旅游者的来访目的

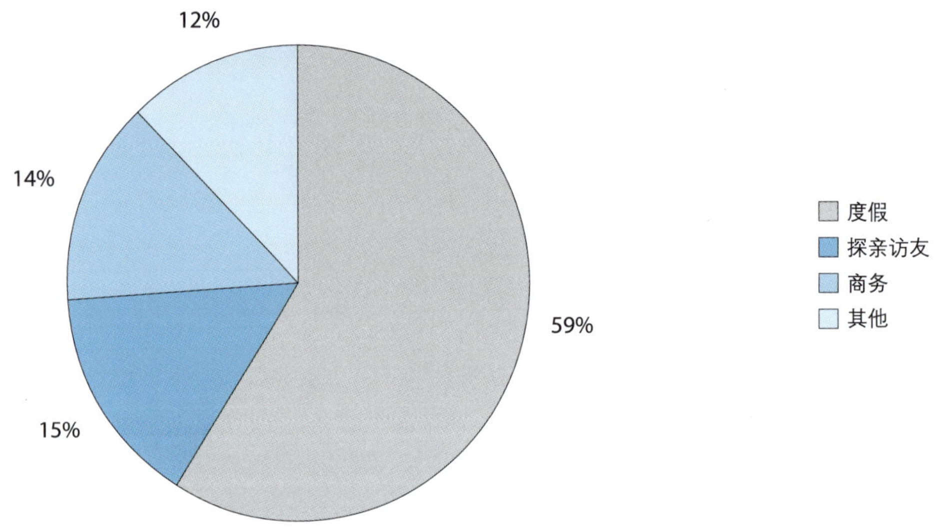

季节性

图 6. 71　越南——2004 ~ 2005 年入境旅游的季节性

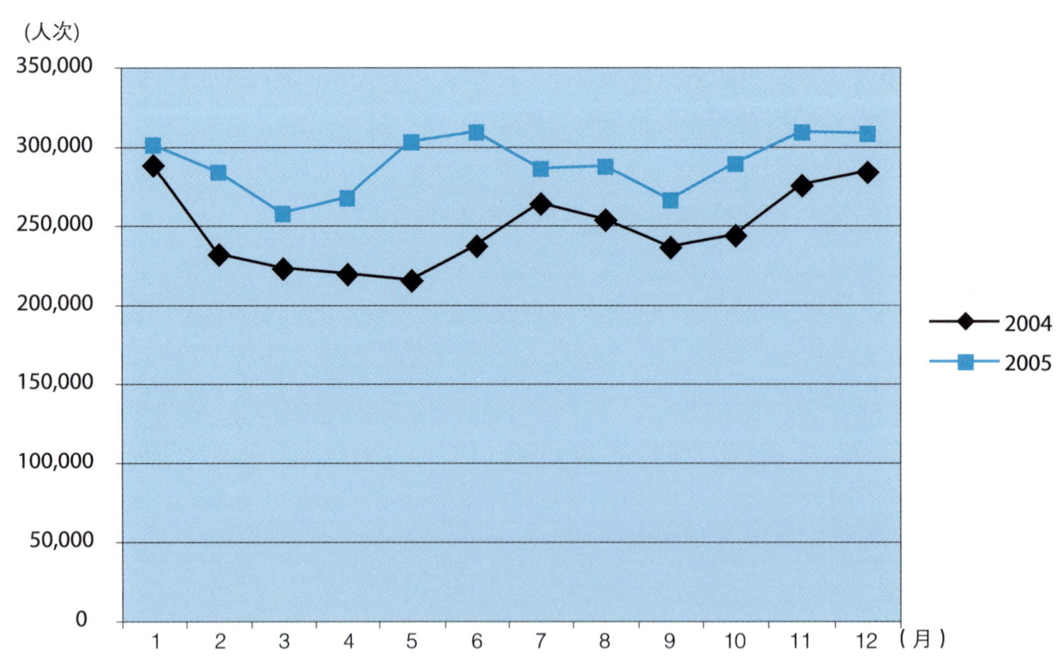

越南入境旅游旺季是 11 月至转年的 1 月，次旺季是在每年的中期。

第七章

2007 年、2008 年和 2009 年旅游收入预测

旅游收入预测

不是所有旅游目的地旅游收入方面的数据都具有可获取性，因此在经过分析的 39 个亚太地区旅游市场中，本章仅对其中的 18 个进行了预测。数据的精确度取决于目的地入境旅游者消费调查的有效性和详细程度。有些国家和地区只提供了其主要客源国和地区旅游者消费支出数据，而另外一些国家和地区，例如中国香港特别行政区，提供了所有客源市场旅游者消费支出数据。入境旅游者停留时间因市场的不同而各异，而且不是所有的国家和地区都提供了详细的停留时间。因此，只能对一些数据进行估算，也就从总体上低估了旅游收入。估算的内容包括一些国家按区域划分的入境旅游者平均停留时间和人均旅游支出，并且假定针对 2005 年预测的数据在 2007 至 2009 年保持不变。另外，预测期内的旅游收入数据以 2005 年美元价值为标准。

本章的图表最好用作参考，不能作为最终的旅游收入预测结果。根据旅游收入及其平均增长率对各个国家和地区进行比较与在下列任何表格中进行比较益处相同。由于这里列出的只是主要市场，而不是全部市场，因此不能用累加方法计算旅游收入总额。

此外，按市场预测其未来旅游收入，会涉及到通货膨胀和汇率方面的问题。未来旅游收入实际价值将取决于届时具体的通货膨胀率和目的地货币与美元的兑换率。

随着旅游者对安全问题的评价变得更加现实，或者实际上对现实的接受，安全问题的影响力将会减弱，旅游者有可能延长在旅游目的地的停留时间。另外，旅游者可能更希望在一次旅行中游览更多的地方，或者在一个目的地游览的范围更广泛，但不一定在一个地方延长停留时间。如果在一个目的地停留时间确实延长了，本章的预测则低估了实际情况。然而，由于旅游者停留时间历年来变化缓慢，因此预测误差将会很小。

旅游收入应该囊括所有来源于旅游经营活动的收入，包括来自于国际航空公司的收入和为整个目的地经济带来的乘数效应。但是航空公司收入无法被纳入旅游收入中，这是因为在国民经济核算中，航空公司的收入被纳入到运输部门的收入中，而没有被单列出来。鉴于旅游业对其它经济部门的贡献，有些国家正在试图通过卫星账户的方法去估算旅游收入的价值，然而，旅游卫星账户没有被普及，无法广泛使用。国民核算账户是供给账户，而非需求驱动，旅游业在经济结构中是一个需求收益部门，因此，在某种程度上与计算机基础设施活动相类似，衡量旅游业的经济贡献大多仍是粗略的，通常都会被低估。至于乘数效应，由于很难测算各国旅游乘数的具体数值，因此在本章中也未对此进行计算。

本章中的汇率以世界银行 DX Econ 数据库中的年均汇率为准。

本章仅对 2005 年旅游收入进行了估算，并未提供旅游收入的历史数据，但这类数据在第三章已有所概述，并已在第六章对各个相关国家/地区的情况做了更详细的介绍。

澳大利亚

相对于入境旅游接待量而言，澳大利亚的旅游收入非常高。一部分原因是很多入境旅游者在澳大利亚的停留时间比较长；另一个原因则是，澳大利亚的海外留学生也被包括在入境旅游接待量中；还有一部分原因是澳大利亚总体上不是一个低消费的旅游目的地。数据表明，来自文莱（11%）、印度（11%）和中国内地（9%）的旅游收入增长最快。来自印度尼西亚（8%）、以色列（8%）、俄罗斯联邦（7%）和南非（7%）的旅游收入预计增长强劲。尽管新西兰已经成长为最大的入境旅游客源市场，但在旅游收入方面尚未超过日本和英国，主要是因为新西兰探亲访友市场在澳大利亚所占的比例很大，降低了旅行成本。亚太地区是主要的旅游收入产生地，在主要客源市场中，来自于中国的旅游收入预计增幅很高，在预测期内超过新西兰而成为第三大旅游收入产生国。

表 7.1　澳大利亚——2007～2009 年来自主要客源市场的旅游收入预测（单位：美元）

市场	2005	2007	2008	2009	2007～2009 AAGR(%)
非洲					
南非	94, 395, 000	109, 864, 992	115, 232, 022	126, 020, 022	7. 10
美洲					
加拿大	246, 615, 000	279, 423, 216	297, 882, 048	312, 503, 310	5. 75
美国	717, 328, 800	743, 507, 040	754, 721, 232	769, 149, 816	1. 71
欧洲					
奥地利	44, 556, 000	49, 179, 870	50, 322, 210	51, 478, 770	2. 31
比利时	28, 203, 000	31, 103, 880	32, 556, 690	34, 080, 600	4. 68
丹麦	53, 088, 000	54, 611, 910	56, 327, 790	58, 088, 700	3. 13
法国	150, 969, 000	168, 172, 830	173, 540, 880	179, 456, 400	3. 30
德国	293, 732, 500	305, 505, 860	311, 971, 985	316, 304, 790	1. 75
希腊	15, 879, 000	16, 052, 010	16, 260, 570	17, 767, 890	5. 21
爱尔兰	141, 726, 000	144, 759, 600	150, 092, 100	155, 472, 000	3. 63
意大利	121, 107, 000	127, 977, 630	129, 546, 570	130, 828, 740	1. 11
荷兰	117, 789, 000	123, 349, 020	129, 868, 890	136, 599, 690	5. 23
挪威	39, 105, 000	39, 759, 120	42, 313, 980	45, 018, 150	6. 41
西班牙	39, 816, 000	46, 859, 640	50, 431, 230	52, 687, 470	6. 04
瑞典	83, 661, 000	90, 557, 700	94, 762, 080	99, 163, 170	4. 64
瑞士	97, 881, 000	99, 303, 000	100, 682, 340	102, 213, 360	1. 45
英国	1, 372, 297, 800	1, 391, 716, 560	1, 425, 980, 400	1, 465, 806, 300	2. 63
亚太地区					
文莱	15, 875, 600	16, 881, 800	17, 910, 360	20, 906, 600	11. 28
中国内地	950, 426, 400	1, 195, 495, 632	1, 302, 431, 112	1, 424, 472, 000	9. 16
中国台湾	244, 757, 700	249, 666, 120	264, 223, 344	280, 111, 590	5. 92
中国香港特别行政区	314, 374, 500	324, 805, 032	333, 873, 603	345, 762, 675	3. 18
斐济	63, 502, 400	70, 214, 872	74, 134, 580	77, 262, 744	4. 90
印度	152, 048, 000	214, 488, 300	237, 879, 096	264, 040, 296	10. 95

表 7.1 澳大利亚——2007 ~2009 年来自主要客源市场的旅游收入预测（单位：美元）（续）

市场	2005	2007	2008	2009	2007 ~2009 AAGR(%)
印度尼西亚	224, 974, 000	244, 816, 250	265, 649, 185	285, 417, 205	7. 97
以色列	34, 881, 600	36, 042, 084	38, 808, 016	42, 197, 792	8. 20
日本	1, 464, 014, 400	1, 485, 887, 040	1, 513, 509, 792	1, 542, 796, 488	1. 90
韩国	734, 423, 200	745, 621, 394	770, 809, 998	787, 601, 423	2. 78
马来西亚	380, 306, 000	379, 989, 842	385, 953, 315	392, 652, 199	1. 65
中东	126, 781, 200	145, 026, 960	150, 773, 480	155, 891, 684	3. 68
法属新喀里多尼亚	84, 520, 800	87, 364, 992	93, 375, 360	97, 310, 720	5. 54
新西兰	1, 104, 093, 000	1, 131, 961, 650	1, 157, 790, 150	1, 195, 850, 505	2. 78
巴布亚新几内亚	61, 937, 200	65, 067, 600	66, 720, 004	67, 773, 160	2. 06
菲律宾	75, 353, 200	85, 817, 680	90, 271, 792	94, 792, 984	5. 10
新加坡	498, 045, 600	503, 001, 642	512, 553, 150	524, 457, 792	2. 11
泰国	196, 396, 800	198, 058, 032	201, 118, 464	205, 990, 224	1. 98
俄罗斯联邦	21, 036, 600	22, 295, 200	23, 931, 380	25, 536, 994	7. 02

注：AAGR 代表年均增长率。

平均	年均增长率（%）
非洲	7. 10
美洲	3. 73
欧洲	3. 71
亚太地区	4. 79

图 7.1 澳大利亚——2007 ~2009 年旅游收入前五名客源市场预测（单位：美元）

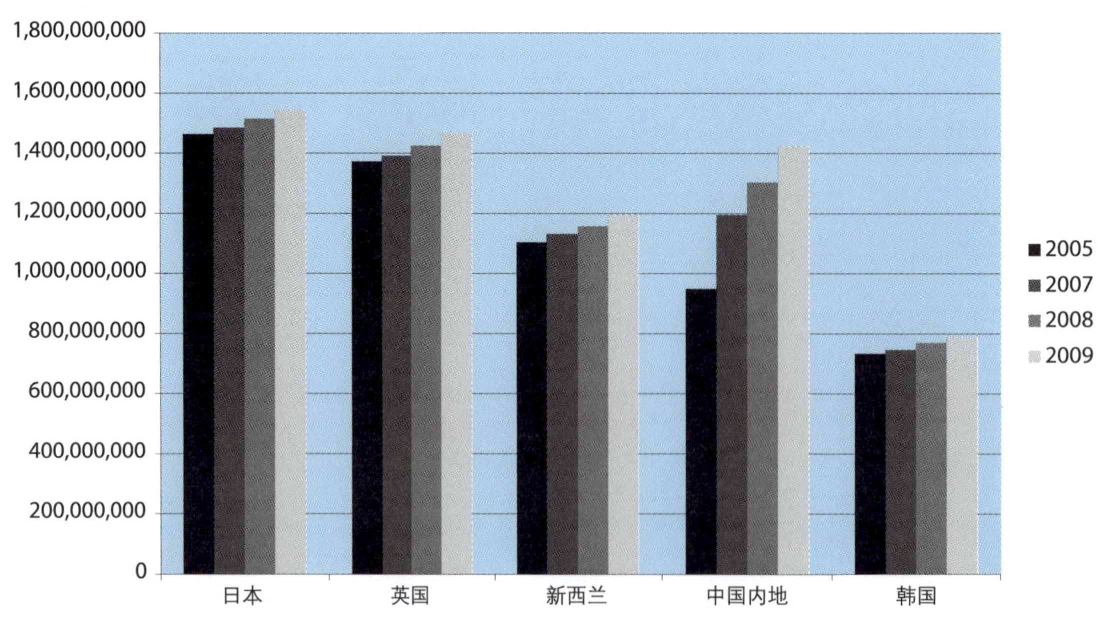

孟加拉国

孟加拉国旅游收入增长将会非常强劲，预计来自于 10 个国家和地区的旅游收入将以两位数的速度增长，其中，加拿大、澳大利亚、中国内地和巴基斯坦是巨大的客源市场。来自于印度的旅游收入居首位，美国和英国远远落在后面。来自日本的旅游收入预计增幅较小。

表 7.2　孟加拉国——2007 ~ 2009 年来自主要客源市场的旅游收入预测（单位：美元）

市场	2005	2007	2008	2009	2007 ~ 2009 AAGR（%）
美洲					
加拿大	1, 462, 983	1, 772, 997	2, 166, 083	2, 458, 874	17. 76
美国	4, 345, 245	5, 133, 634	5, 570, 068	6, 037, 873	8. 45
欧洲					
奥地利	285, 215	290, 039	324, 437	363, 512	11. 95
比利时	349, 640	324, 161	353, 881	376, 445	7. 76
丹麦	368, 093	444, 690	461, 476	478, 812	3. 77
芬兰	114, 928	108, 971	111, 723	114, 750	2. 62
法国	885, 754	831, 317	852, 231	873, 695	2. 52
德国	1, 012, 660	1, 150, 250	1, 197, 581	1, 246, 838	4. 11
意大利	582, 733	667, 860	688, 774	710, 238	3. 12
荷兰	787, 013	727, 574	758, 945	791, 416	4. 30
挪威	331, 834	321, 134	342, 598	365, 713	6. 72
西班牙	353, 201	315, 631	343, 974	381, 123	9. 89
瑞典	765, 322	730, 601	772, 979	818, 108	5. 82
瑞士	409, 208	396, 809	414, 145	447, 167	6. 16
英国	8, 078, 944	8, 203, 778	8, 409, 029	8, 654, 182	2. 71
亚太地区					
澳大利亚	1, 193, 307	1, 373, 356	1, 554, 051	1, 716, 682	11. 80
中国内地	2, 260, 356	2, 550, 767	2, 656, 711	3, 091, 624	10. 09
中国台湾	688, 596	829, 666	968, 356	1, 129, 887	16. 70
中国香港特别行政区	33, 345	44, 304	47, 606	50, 633	6. 90
印度	27, 916, 789	28, 553, 958	29, 456, 984	30, 168, 080	2. 79
印度尼西亚	682, 121	724, 272	739, 682	848, 653	8. 25
日本	2, 029, 529	1, 905, 617	1, 930, 384	1, 955, 425	1. 30
韩国	1, 726, 184	1, 653, 828	1, 755, 645	1, 864, 065	6. 17
马来西亚	338, 309	1, 048, 709	1, 119, 155	1, 194, 554	6. 73
中东	710, 610	834, 619	903, 689	970, 007	7. 81
缅甸	175, 144	156, 302	162, 081	165, 933	3. 03
尼泊尔	1, 093, 595	1, 017, 338	1, 064, 669	1, 114, 201	4. 65

表 7.2　孟加拉国——2007 ~ 2009 年来自主要客源市场的旅游收入预测（单位：美元）（续）

市场	2005	2007	2008	2009	2007 ~ 2009 AAGR(%)
新西兰	479, 136	523, 942	657, 404	664, 283	12.60
巴基斯坦	1, 835, 932	2, 000, 004	2, 389, 383	2, 749, 317	17.25
菲律宾	526, 726	544, 855	600, 992	662, 907	10.30
新加坡	505, 683	631, 262	703, 634	777, 107	10.95
斯里兰卡	751, 725	830, 216	888, 554	951, 020	7.03
泰国	956, 653	1, 103, 194	1, 203, 084	1, 312, 055	9.06
越南	28, 489	50, 487	63, 016	69, 896	17.66

注：AAGR 代表年均增长率。

平均	年均增长率（%）
美洲	13.11
欧洲	5.49
亚太地区	9.00

图 7.2　孟加拉国——2007 ~ 2009 年旅游收入前五名客源市场预测（单位：美元）

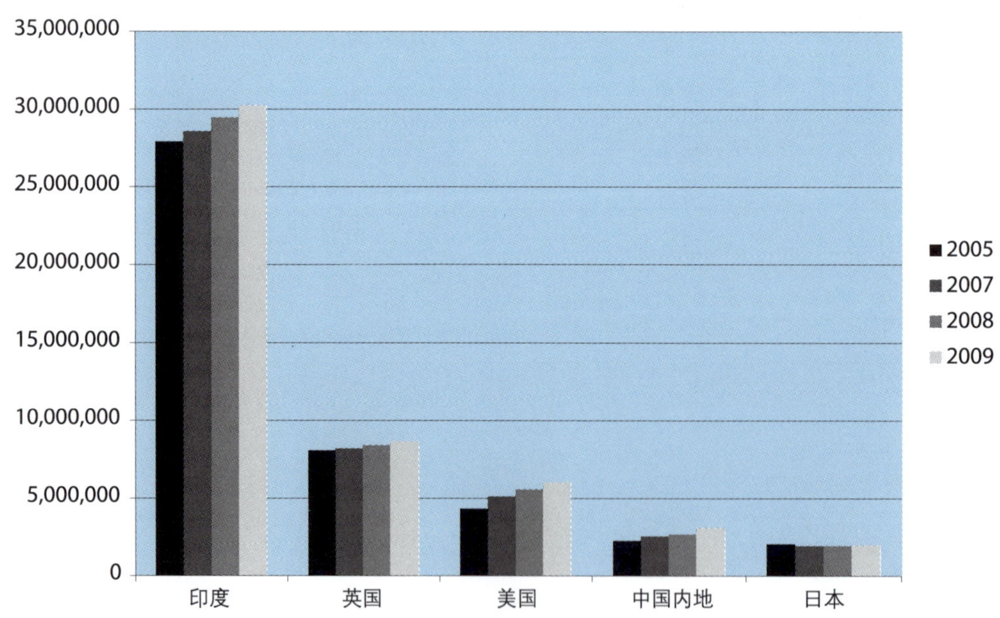

柬埔寨

在柬埔寨，来自许多客源国家和地区的旅游收入预计都有非常强劲的增长。来自法国（1%）的旅游收入增长率最低，而来自大多数客源国和地区的旅游收入在预测期内预计有两位数的增长幅度。在主要客源市场中，来自于韩国（9%）、日本（11%）和美国（9%）的旅游收入增长势头最为强劲。

表 7.3　柬埔寨——2007～2009 年来自主要客源市场的旅游收入预测（单位：美元）

市场	2005	2007	2008	2009	2007～2009 AAGR(%)
美洲					
加拿大	14, 110, 374	18, 910, 009	21, 270, 907	23, 357, 908	11. 14
美国	64, 037, 456	77, 440, 263	84, 654, 639	92, 337, 214	9. 20
欧洲					
奥地利	2, 394, 842	3, 345, 288	3, 811, 147	4, 299, 831	13. 37
比利时	5, 383, 714	6, 680, 627	7, 206, 767	7, 827, 132	8. 24
丹麦	3, 229, 994	4, 188, 633	4, 672, 635	5, 034, 319	9. 63
芬兰	1, 840, 611	2, 274, 281	2, 602, 606	2, 908, 107	13. 08
法国	40, 351, 223	42, 078, 881	42, 822, 733	43, 338, 924	1. 49
德国	20, 811, 486	24, 503, 242	26, 459, 732	28, 234, 795	7. 34
意大利	6, 676, 531	8, 175, 355	8, 867, 706	9, 307, 229	6. 70
荷兰	8, 101, 614	10, 248, 311	11, 256, 111	12, 187, 829	9. 05
挪威	2, 632, 454	3, 172, 640	3, 341, 777	3, 560, 660	5. 94
西班牙	6, 688, 821	7, 527, 484	7, 849, 371	8, 310, 548	5. 07
瑞士	6, 210, 672	6, 945, 160	7, 305, 089	7, 696, 036	5. 27
英国	38, 939, 600	43, 351, 799	46, 053, 313	47, 416, 945	4. 58
亚太地区					
澳大利亚	27, 778, 885	35, 131, 965	38, 840, 693	41, 565, 031	8. 77
文莱	132, 266	343, 542	420, 795	517, 946	22. 79
中国内地	34, 619, 286	59, 652, 179	72, 995, 291	84, 871, 766	19. 28
中国台湾	32, 054, 721	49, 405, 624	56, 866, 975	64, 108, 271	13. 91
中国香港特别行政区	2, 002, 140	2, 704, 440	3, 141, 621	3, 390, 938	11. 98
印度	4, 060, 464	5, 535, 293	6, 328, 307	7, 103, 178	13. 28
印度尼西亚	3, 283, 837	5, 551, 680	6, 650, 780	8, 068, 255	20. 55
日本	80, 676, 110	100, 206, 483	112, 567, 546	122, 613, 360	10. 62
韩国	126, 755, 759	171, 841, 653	192, 839, 834	205, 605, 304	9. 38
老挝	1, 626, 995	4, 671, 464	6, 209, 501	7, 159, 362	23. 80
马来西亚	21, 581, 674	63, 702, 108	73, 869, 069	84, 686, 827	15. 30
缅甸	928, 206	1, 158, 795	1, 309, 204	1, 413, 964	10. 46
新西兰	5, 550, 510	6, 829, 866	7, 505, 244	7, 653, 313	5. 86
菲律宾	23, 562, 745	35, 037, 739	39, 669, 992	43, 100, 142	10. 91
新加坡	11, 099, 849	21, 080, 700	24, 359, 270	27, 415, 445	14. 04
泰国	37, 240, 035	49, 996, 726	56, 237, 246	62, 936, 016	12. 20
越南	29, 052, 974	55, 665, 457	66, 051, 886	78, 273, 659	18. 58

注：AAGR 代表年均增长率。

平均	年均增长率（%）
美洲	10.17
欧洲	7.48
亚太地区	14.22

图 7.3 柬埔寨——2007～2009 年旅游收入前五名客源市场预测（单位：美元）

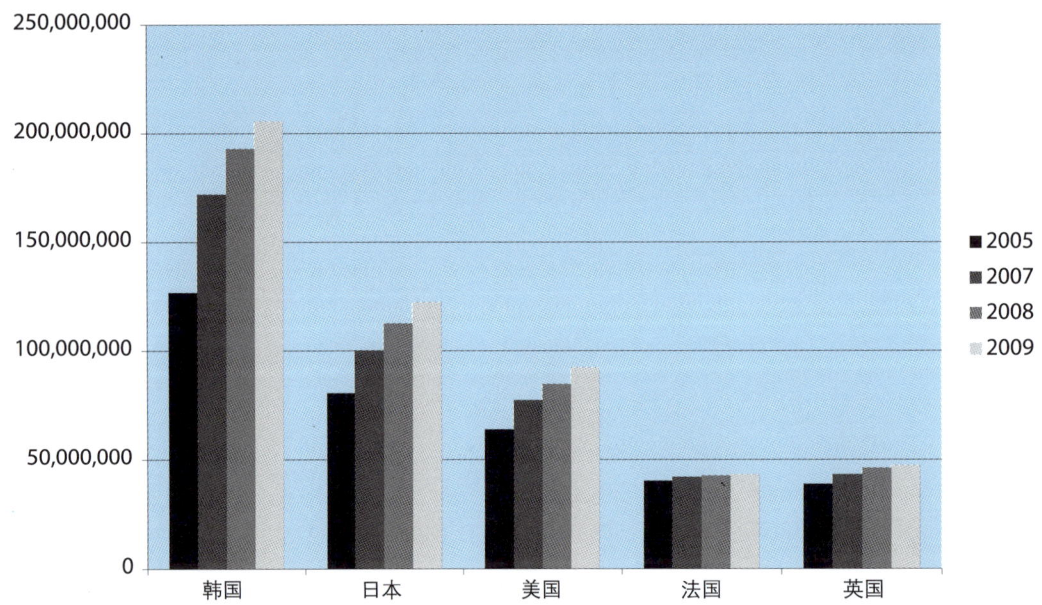

加拿大

来自美国的入境旅游接待量和旅游收入居首位，预计来自中国内地（17%）的旅游收入增长率最高，大多数客源市场的增长幅度适中。印度客源市场表现突出，将有 10% 的显著增长。

从地区角度来看，来自美洲市场的旅游收入平均增幅最高，欧洲最低。

表 7.4 加拿大——2007～2009 年来自主要客源市场的旅游收入预测（单位：美元）

市场	2005	2007	2008	2009	2007～2009 AAGR(%)
美洲					
阿根廷	10, 142, 650	13, 712, 641	15, 960, 090	18, 576, 773	16. 39
巴西	44, 510, 553	51, 627, 959	54, 772, 639	58, 108, 855	6. 09
哥伦比亚	8, 119, 509	12, 125, 736	13, 471, 583	14, 853, 116	10. 68
美国	10, 472, 271, 728	10, 605, 918, 454	10, 842, 245, 764	11, 086, 827, 312	2. 24
委内瑞拉	8, 699, 942	10, 066, 181	10, 684, 484	11, 562, 781	7. 18
欧洲					
奥地利	23, 240, 629	24, 116, 741	24, 728, 490	25, 239, 737	2. 30
比利时	31, 559, 685	33, 914, 189	34, 828, 171	35, 316, 114	2. 05
丹麦	19, 123, 705	22, 269, 842	23, 176, 541	24, 121, 110	4. 07
芬兰	11, 121, 448	11, 875, 938	12, 302, 706	12, 657, 374	3. 24
法国	259, 621, 102	272, 074, 560	280, 356, 474	289, 314, 953	3. 12
德国	236, 231, 905	244, 502, 895	256, 093, 351	268, 591, 962	4. 81
希腊	9, 987, 528	9, 456, 617	10, 265, 000	11, 069, 012	8. 19
爱尔兰	31, 077, 568	34, 838, 367	38, 225, 562	41, 594, 550	9. 27
意大利	65, 970, 556	67, 453, 319	70, 890, 764	74, 744, 782	5. 27
荷兰	86, 522, 403	92, 921, 733	95, 618, 526	97, 628, 558	2. 50
挪威	14, 647, 743	16, 843, 484	18, 353, 193	19, 998, 360	8. 96
葡萄牙	14, 468, 588	15, 180, 838	15, 738, 695	16, 318, 400	3. 68
西班牙	34, 412, 328	43, 654, 833	47, 334, 793	49, 620, 112	6. 61
瑞典	23, 376, 816	24, 497, 627	25, 067, 865	26, 104, 196	3. 23
瑞士	70, 312, 516	71, 769, 789	76, 033, 824	78, 659, 246	4. 69
英国	659, 945, 161	666, 178, 445	679, 202, 140	698, 315, 650	2. 38
亚太地区					
澳大利亚	147, 066, 602	151, 894, 319	158, 208, 441	164, 358, 702	4. 02
中国内地	85, 564, 725	126, 613, 799	145, 974, 921	173, 281, 495	16. 99
中国台湾	71, 544, 025	75, 067, 407	77, 609, 077	79, 466, 900	2. 89
中国香港特别行政区	81, 140, 470	80, 600, 092	85, 151, 795	90, 611, 653	6. 03
印度	56, 695, 279	70, 508, 421	79, 325, 615	85, 703, 097	10. 25
印度尼西亚	8, 275, 359	10, 105, 508	10, 897, 140	11, 741, 936	7. 79
以色列	58, 321, 511	62, 394, 010	64, 197, 941	68, 222, 374	4. 57
日本	308, 700, 836	318, 075, 887	339, 409, 170	356, 347, 330	5. 85

表 7.4　加拿大——2007～2009 年来自主要客源市场的旅游收入预测（单位：美元）（续）

市场	2005	2007	2008	2009	2007～2009 AAGR(%)
韩国	131,060,631	151,123,807	161,673,561	172,959,599	6.98
马来西亚	7,302,387	9,345,192	10,773,334	11,956,048	13.11
新西兰	28,306,492	28,694,661	29,468,815	30,144,651	2.50
菲律宾	30,995,274	38,779,049	40,687,123	43,635,898	6.08
新加坡	17,893,653	18,305,127	18,844,777	19,741,280	3.85
泰国	9,502,498	11,285,309	12,666,114	13,873,589	10.88

注：AAGR 代表年均增长率。

平均	年均增长率（%）
美洲	8.52
欧洲	4.65
亚太地区	7.27

图 7.4　加拿大——2007～2009 年旅游收入前五名客源市场预测（单位：美元）

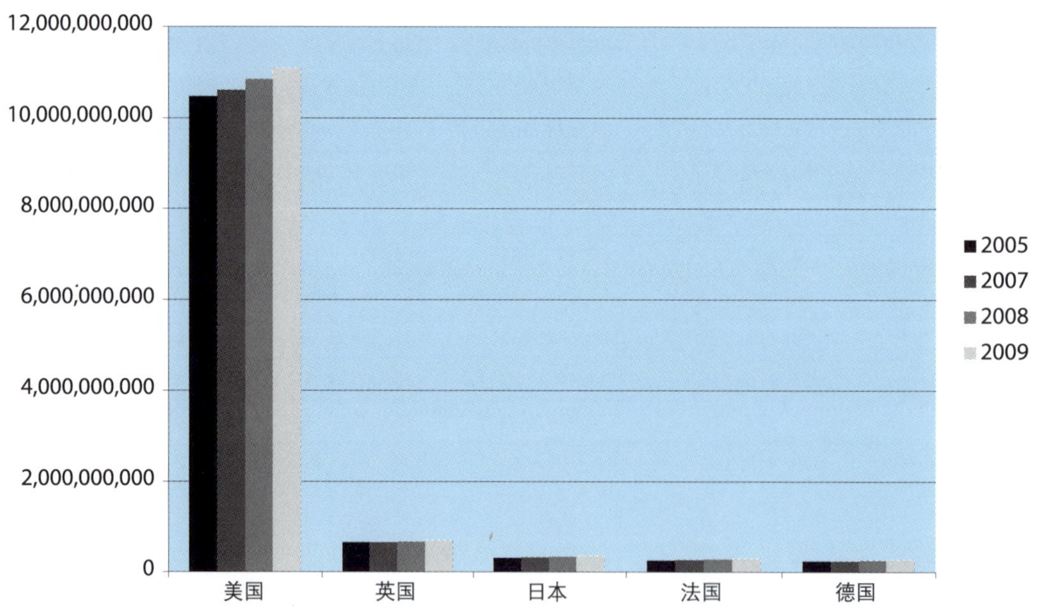

中国内地

中国内地的旅游收入预计会以迅猛之势增长，但由于根据人均旅游消费和平均停留时间进行的计算，因此预测结果可能要略高于实际收入水平。入境旅游接待量的增长主要来自于邻近的其它华人地区，而由这些地区带来旅游收入将会低于其它大多数国家和地区。基于各个客源市场可利用的旅游收入数据不足，无法更加准确地计算旅游收入。尽管如此，仅凭中国内地入境旅游接待量将大幅度增长这一预测结果，便可推测出中国内地的旅游收入将会显著增加。增幅显著的大型客源市场是韩国（10%），中等规模的澳大利亚市场预计将以14%增幅强劲增长，而美国预计将增长13%。

表7.5 中国内地——2007～2009年来自主要客源市场的旅游收入预测（单位：美元）

市场	2005	2007	2008	2009	2007～2009 AAGR(%)
美洲					
加拿大	104, 571, 754	137, 447, 145	154, 525, 238	173, 156, 151	12. 24
墨西哥	7, 616, 406	10, 048, 313	11, 770, 721	12, 790, 687	12. 82
美国	378, 460, 190	478, 393, 437	538, 958, 746	607, 193, 261	12. 66
欧洲					
奥地利	13, 097, 990	18, 073, 241	20, 745, 784	23, 813, 709	14. 79
比利时	12, 289, 707	16, 561, 542	18, 749, 893	21, 227, 299	13. 21
法国	90, 509, 030	116, 624, 474	133, 731, 765	152, 370, 464	14. 30
德国	110, 672, 811	141, 690, 512	159, 196, 835	177, 693, 440	11. 99
意大利	43, 063, 609	55, 512, 442	62, 889, 186	71, 246, 478	13. 29
荷兰	35, 480, 536	48, 553, 222	54, 963, 773	63, 215, 711	14. 10
挪威	10, 979, 956	14, 518, 934	16, 746, 216	19, 315, 107	15. 34
葡萄牙	10, 652, 458	10, 965, 844	11, 081, 904	11, 198, 451	1. 06
西班牙	27, 922, 038	40, 544, 596	51, 317, 737	61, 385, 029	23. 05
瑞典	26, 825, 916	36, 309, 502	39, 533, 877	45, 099, 403	11. 45
瑞士	12, 502, 605	15, 647, 660	17, 082, 473	18, 649, 405	9. 17
英国	121, 565, 905	149, 554, 367	165, 574, 052	183, 301, 790	10. 71
亚太地区					
澳大利亚	117, 512, 078	145, 656, 503	165, 814, 931	189, 253, 210	13. 99
中国台湾	999, 815, 932	1, 134, 297, 830	1, 216, 221, 097	1, 308, 266, 158	7. 40
中国香港特别行政区	17, 079, 014, 802	18, 305, 847, 724	19, 059, 872, 687	20, 090, 057, 163	4. 76
中国澳门特别行政区	6, 261, 435, 213	6, 495, 296, 092	6, 655, 979, 565	6, 936, 737, 682	3. 34
朝鲜	30, 608, 693	32, 214, 555	35, 505, 598	38, 129, 964	8. 79
印度	86, 731, 119	111, 926, 113	128, 987, 174	150, 038, 559	15. 78
印度尼西亚	91, 880, 095	110, 789, 844	121, 013, 829	135, 953, 207	10. 78
日本	824, 823, 016	995, 524, 633	1, 064, 928, 506	1, 160, 872, 404	7. 99
韩国	862, 625, 239	1, 004, 174, 386	1, 096, 316, 772	1, 205, 320, 704	9. 56
马来西亚	218, 894, 250	226, 341, 311	240, 114, 979	253, 635, 360	5. 86
尼泊尔	7, 059, 951	9, 133, 702	10, 115, 224	10, 959, 031	9. 54

表 7.5　中国内地——2007～2009 年来自主要客源市场的旅游收入预测（单位：美元）（续）

市场	2005	2007	2008	2009	2007～2009 AAGR(%)
新西兰	19, 067, 172	24, 573, 330	28, 071, 432	32, 066, 864	14. 23
巴基斯坦	20, 392, 738	23, 443, 875	24, 833, 188	26, 304, 498	5. 93
菲律宾	159, 126, 275	178, 528, 001	191, 557, 378	204, 370, 206	6. 99
新加坡	183, 915, 667	203, 559, 976	217, 187, 900	232, 404, 654	6. 85
斯里兰卡	5, 708, 351	6, 755, 081	7, 089, 635	7, 643, 171	6. 37
泰国	142, 646, 000	149, 707, 654	159, 281, 995	167, 608, 387	5. 81
俄罗斯联邦	541, 096, 245	667, 928, 889	760, 742, 817	866, 462, 031	13. 90

注：AAGR 代表年均增长率。

平均	年均增长率（%）
非洲	14. 18
美洲	12. 57
欧洲	12. 70
亚太地区	8. 47

图 7.5　中国内地——2007～2009 年旅游收入前五名客源市场预测（单位：美元）

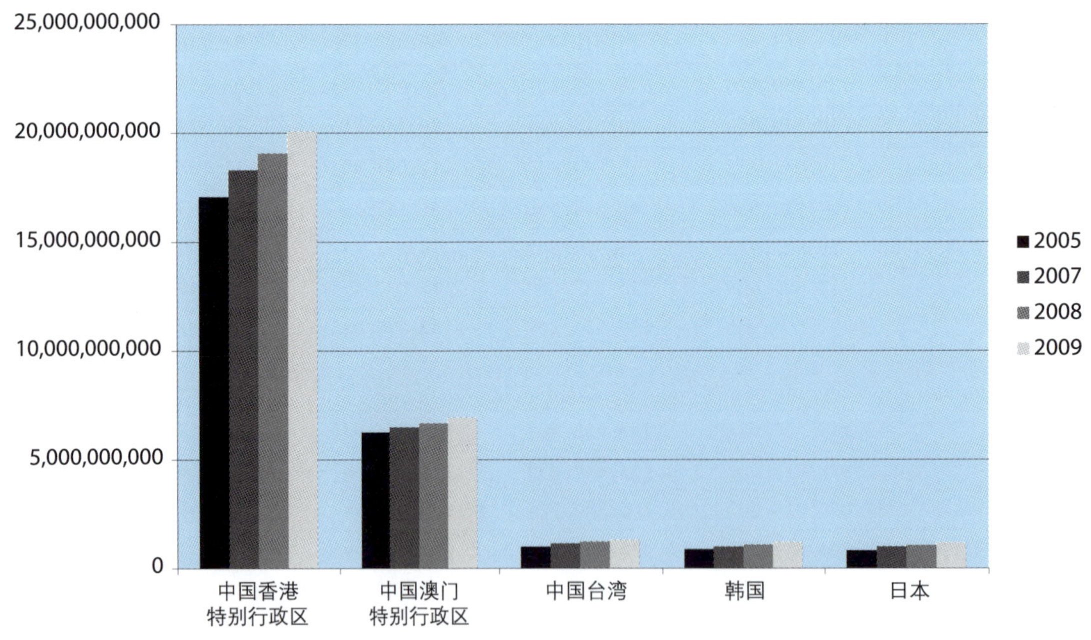

中国台湾

中国台湾的旅游收入预测有明显的增长，尤其是来新加坡和韩国两个重要客源市场的旅游收入增幅显著，增长率均为13%。就地区市场而言，亚太地区很显然比其他主要地区有较高增长率。高增长率（两位数）的客源市场预计为阿根廷、巴西、奥地利、比利时、希腊、瑞典、韩国和新加坡。

表 7.6　中国台湾——2007 ~2009 年来自主要客源市场的旅游收入预测（单位：美元）

市场	2005	2007	2008	2009	2007 ~2009 AAGR(%)
非洲					
南非	8, 508, 340	9, 191, 953	9, 589, 746	10, 149, 602	5. 08
美洲					
阿根廷	470, 205	446, 340	499, 230	540, 510	10. 04
巴西	1, 950, 480	2, 152, 365	2, 398, 110	2, 711, 580	12. 24
加拿大	139, 155, 520	143, 920, 595	152, 929, 525	159, 932, 780	5. 42
墨西哥	1, 304, 835	1, 215, 180	1, 238, 400	1, 262, 265	1. 92
美国	772, 397, 518	798, 019, 693	821, 247, 197	845, 168, 208	2. 91
欧洲					
奥地利	7, 985, 592	9, 753, 864	10, 820, 816	11, 742, 776	9. 72
比利时	6, 660, 176	6, 478, 936	7, 167, 648	7, 960, 376	10. 84
法国	45, 889, 063	50, 616, 470	54, 412, 183	58, 489, 911	7. 50
德国	81, 354, 303	80, 951, 832	82, 048, 923	83, 162, 358	1. 36
希腊	2, 029, 888	2, 165, 424	2, 338, 784	2, 603, 552	9. 65
意大利	16, 140, 062	15, 602, 306	16, 287, 393	17, 283, 347	5. 25
荷兰	17, 852, 043	17, 666, 407	17, 806, 371	17, 949, 282	0. 80
西班牙	6, 797, 832	6, 570, 943	6, 649, 028	6, 731, 533	1. 21
瑞典	8, 246, 091	8, 458, 247	9, 247, 939	10, 313, 139	10. 42
瑞士	9, 430, 629	9, 875, 567	10, 366, 178	10, 899, 514	5. 06
英国	82, 494, 817	79, 644, 788	81, 792, 636	83, 493, 016	2. 39
亚太地区					
澳大利亚	101, 324, 496	100, 848, 384	105, 576, 744	113, 185, 800	5. 94
中国香港特别行政区	998, 713, 144	1, 062, 949, 400	1, 125, 727, 000	1, 192, 151, 240	5. 90
印度	23, 220, 912	25, 528, 152	26, 974, 818	28, 503, 696	5. 67
印度尼西亚	117, 303, 264	130, 401, 492	137, 254, 260	145, 679, 664	5. 70
日本	1, 981, 076, 508	2, 121, 835, 640	2, 182, 747, 980	2, 245, 422, 320	2. 87
韩国	175, 681, 738	211, 505, 924	236, 288, 699	269, 473, 573	12. 87
马来西亚	88, 257, 936	101, 559, 528	110, 632, 413	120, 516, 081	8. 93

表 7.6　中国台湾——2007～2009 年来自主要客源市场的旅游收入预测（单位：美元）（续）

市场	2005	2007	2008	2009	2007～2009 AAGR(%)
中东	17, 986, 686	17, 726, 202	18, 386, 715	18, 793, 389	2. 97
新西兰	17, 852, 016	19, 566, 456	20, 686, 848	21, 864, 024	5. 71
菲律宾	122, 090, 124	116, 994, 306	124, 449, 078	130, 144, 248	5. 47
新加坡	203, 635, 747	243, 973, 464	275, 303, 266	310, 659, 732	12. 84
泰国	124, 071, 168	146, 883, 672	154, 073, 244	171, 355, 002	8. 01

注：AAGR 代表年均增长率。

平均	年均增长率（%）
非洲	5. 08
美洲	5. 84
欧洲	5. 86
亚太地区	6. 91

图 7.6　中国台湾——2007～2009 年旅游收入前五名客源市场预测（单位：美元）

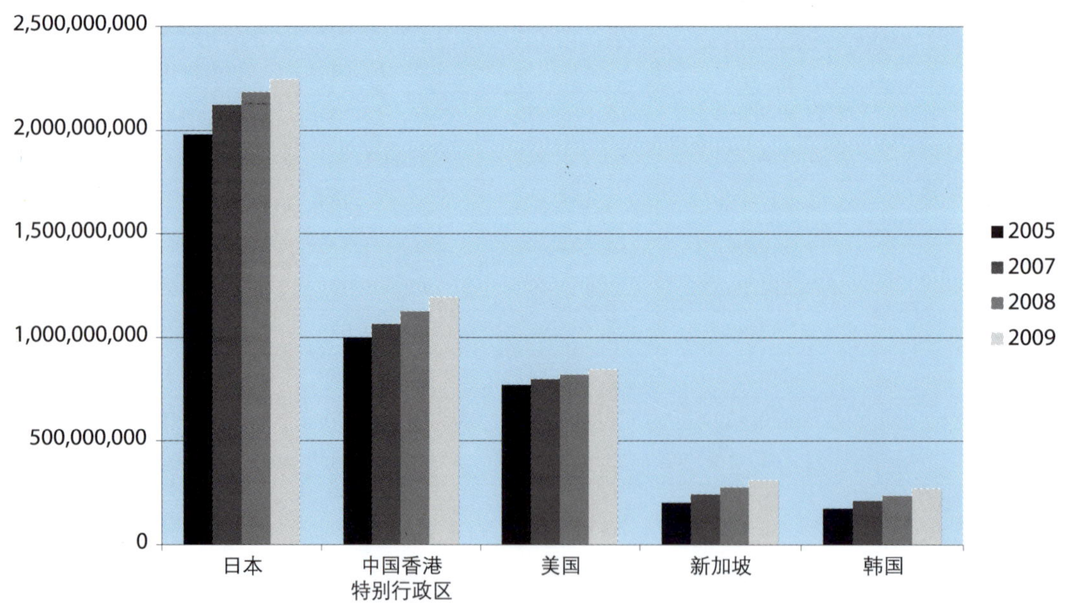

中国香港特别行政区

中国香港特别行政区的旅游收入增长预计非常迅猛，许多客源市场有望以两位数的增幅增长。作为主要客源地区，来自美洲的旅游收入增长最为强劲，增长率预计达到 12%；同时，中国内地是最强大的独立客源市场，在旅游收入基数巨大的情况下，来自于中国内地的旅游收入将增长 7%。

表 7.7　中国香港特别行政区——2007～2009 年来自主要客源市场的旅游收入预测（单位：美元）

市场	2005	2007	2008	2009	2007～2009 AAGR(%)
非洲					
埃及	7, 500, 480	11, 986, 260	15, 167, 100	18, 443, 100	24. 04
南非	60, 853, 200	70, 273, 200	79, 228, 480	88, 381, 580	12. 15
美洲					
阿根廷	6, 558, 630	8, 107, 268	9, 261, 343	10, 165, 441	11. 98
巴西	20, 822, 126	31, 756, 660	38, 588, 784	46, 875, 478	21. 49
加拿大	181, 722, 324	209, 671, 865	220, 025, 334	234, 841, 809	5. 83
洪都拉斯	979, 875	1, 073, 072	1, 147, 107	1, 241, 175	7. 55
墨西哥	22, 847, 201	31, 126, 927	36, 976, 563	42, 186, 885	16. 42
美国	818, 268, 830	905, 868, 318	975, 611, 178	1, 067, 553, 667	8. 56
委内瑞拉	6, 324, 041	7, 484, 639	8, 139, 000	8, 850, 869	8. 74
欧洲					
奥地利	12, 212, 148	12, 979, 687	13, 396, 117	13, 826, 365	3. 21
比利时	20, 790, 502	25, 145, 852	26, 724, 647	28, 332, 752	6. 15
丹麦	17, 174, 560	21, 664, 932	25, 784, 816	30, 686, 602	19. 01
芬兰	10, 220, 730	15, 383, 868	18, 512, 912	20, 931, 854	16. 65
法国	101, 408, 674	117, 945, 411	130, 359, 165	140, 433, 866	9. 12
德国	123, 675, 350	136, 712, 862	141, 945, 758	152, 620, 670	5. 66
意大利	66, 260, 649	89, 050, 560	109, 061, 512	133, 568, 059	22. 47
荷兰	55, 805, 820	70, 350, 157	78, 224, 136	83, 867, 562	9. 19
挪威	10, 666, 608	13, 885, 402	15, 625, 116	16, 892, 386	10. 30
葡萄牙	15, 884, 946	15, 751, 890	16, 720, 011	18, 436, 572	8. 19
西班牙	34, 150, 416	42, 982, 396	47, 312, 151	50, 731, 071	8. 64
瑞典	26, 978, 850	32, 377, 492	35, 851, 176	38, 670, 044	9. 29
瑞士	34, 340, 128	37, 644, 978	40, 091, 830	43, 346, 160	7. 31
土耳其	20, 927, 400	30, 504, 240	35, 583, 600	39, 614, 640	13. 96
英国	326, 688, 839	379, 534, 126	418, 471, 611	380, 395, 497	0. 11
亚太地区					
澳大利亚	345, 193, 718	393, 463, 185	420, 700, 267	448, 357, 694	6. 75
巴林	1, 683, 240	1, 752, 660	1, 868, 880	2, 084, 160	9. 05
中国内地	7, 315, 022, 378	8, 527, 757, 362	9, 232, 697, 484	9, 851, 255, 319	7. 48
中国台湾	1, 341, 488, 947	1, 375, 713, 029	1, 400, 709, 737	1, 426, 159, 786	1. 82
中国澳门特别行政区	297, 348, 073	370, 852, 130	399, 503, 665	420, 829, 805	6. 53

表 7.7　中国香港特别行政区——2007～2009 年来自主要客源市场的旅游收入预测（单位：美元）（续）

市场	2005	2007	2008	2009	2007～2009 AAGR(%)
印度	173, 937, 732	216, 789, 504	240, 039, 120	268, 365, 288	11. 26
印度尼西亚	160, 574, 606	264, 486, 664	289, 019, 127	307, 598, 012	7. 84
以色利	36, 492, 300	44, 250, 960	50, 070, 540	56, 654, 520	13. 15
日本	693, 379, 999	796, 058, 932	829, 746, 770	873, 848, 067	4. 77
约旦	5, 473, 260	6, 974, 760	8, 096, 400	9, 239, 100	15. 09
韩国	323, 726, 398	378, 315, 673	407, 056, 418	436, 784, 748	7. 45
科威特	1, 562, 379	2, 283, 536	3, 003, 135	3, 433, 491	22. 62
马来西亚	179, 557, 526	228, 831, 456	245, 581, 890	262, 645, 138	7. 13
新西兰	53, 892, 244	61, 335, 974	66, 574, 578	70, 967, 372	7. 57
菲律宾	209, 993, 313	268, 109, 601	290, 644, 269	306, 814, 413	6. 97
沙特阿拉伯	7, 291, 440	8, 970, 780	9, 984, 000	11, 136, 060	11. 42
新加坡	325, 078, 110	347, 372, 550	366, 996, 420	387, 720, 270	5. 65
泰国	217, 595, 664	244, 408, 164	260, 842, 296	278, 375, 240	6. 72
阿拉伯联合酋长国	6, 283, 680	8, 551, 920	10, 002, 720	11, 697, 660	16. 95

注：AAGR 代表年均增长率。

平均	年均增长率（%）
非洲	18. 10
美洲	11. 51
欧洲	9. 95
亚太地区	9. 27

图 7.7　中国香港特别行政区——2007～2009 年旅游收入前五名客源市场预测（单位：美元）

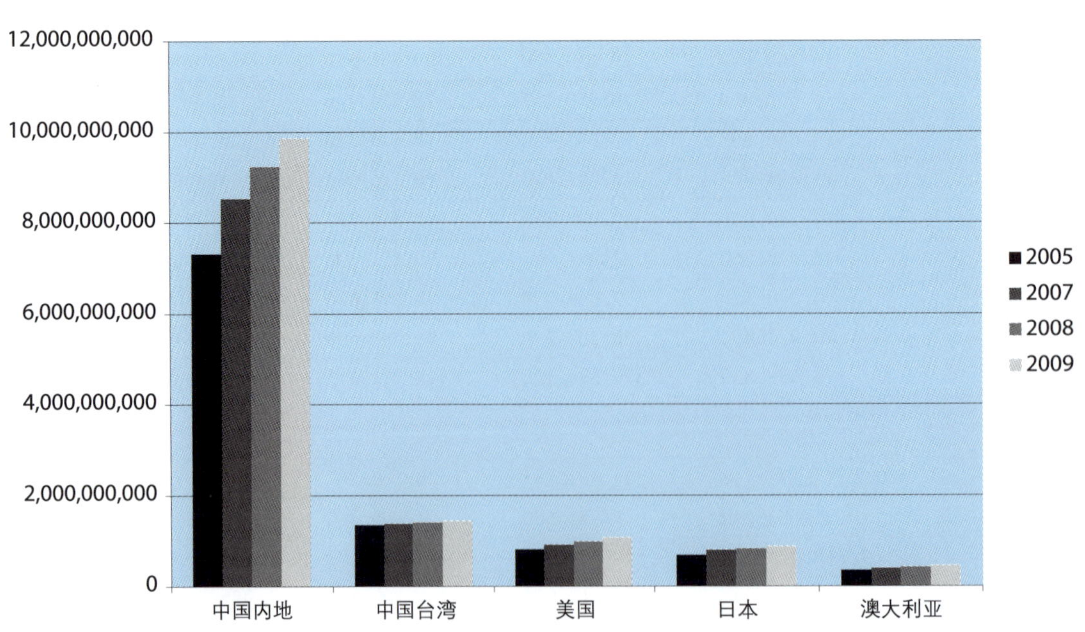

中国澳门特别行政区

从总体上看，以大量的入境旅游接待量和博彩业的发展为后盾，中国澳门特别行政区的旅游收入预计增长极其迅猛。来自大多数客源市场的旅游收入增长率均为两位数，来自印度尼西亚的旅游收入预计增长率最高，达30%。来自所有地区市场的旅游收入增长率都很高，美洲和亚太地区都将以两位数的速度增长，且增长幅度将超过欧洲。

表7.8 中国澳门特别行政区——2007～2009年来自主要客源市场的旅游收入预测（单位：美元）

市场	2005	2007	2008	2009	2007～2009 AAGR(%)
非洲					
南非	387, 240	529, 560	621, 360	703, 440	15. 25
美洲					
巴西	797, 227	1, 186, 258	1, 488, 643	1, 867, 694	25. 48
加拿大	7, 360, 373	9, 850, 262	11, 228, 342	12, 799, 354	13. 99
墨西哥	327, 254	607, 306	707, 256	867, 557	19. 52
美国	19, 313, 712	24, 974, 770	27, 636, 365	30, 581, 813	10. 66
欧洲					
奥地利	272, 943	378, 774	429, 363	486, 783	13. 36
法国	2, 572, 317	3, 147, 507	3, 460, 446	3, 768, 831	9. 43
德国	1, 791, 009	2, 414, 709	3, 167, 010	3, 922, 776	27. 46
爱尔兰	254, 232	354, 321	400, 851	453, 717	13. 16
意大利	670, 230	867, 141	984, 258	1, 117, 017	13. 50
荷兰	742, 005	1, 023, 858	1, 168, 101	1, 332, 639	14. 09
葡萄牙	1, 173, 546	1, 347, 984	1, 423, 125	1, 502, 127	5. 56
西班牙	411, 048	591, 822	665, 280	728, 145	10. 92
瑞典	380, 259	521, 928	570, 240	622, 908	9. 25
瑞士	399, 366	471, 636	503, 019	536, 580	6. 66
英国	4, 903, 272	5, 846, 643	6, 277, 788	6, 732, 198	7. 31
亚太地区					
澳大利亚	7, 773, 570	10, 494, 162	12, 404, 952	13, 912, 920	15. 14
孟加拉国	524, 241	764, 174	883, 439	1, 021, 121	15. 60
中国内地	3, 874, 107, 596	4, 754, 615, 240	5, 005, 397, 960	5, 448, 201, 820	7. 05
中国台湾	238, 249, 023	249, 420, 092	270, 759, 697	290, 525, 912	7. 93
中国香港特别行政区	606, 465, 961	780, 070, 130	846, 354, 270	918, 255, 710	8. 50
朝鲜	247, 805	230, 695	284, 780	340, 170	21. 43
印度	2, 506, 680	4, 767, 000	6, 272, 760	7, 548, 960	25. 84
印度尼西亚	8, 100, 212	15, 574, 983	20, 403, 119	26, 226, 417	29. 76
日本	19, 376, 326	27, 241, 216	31, 308, 508	35, 983, 329	14. 93
韩国	15, 699, 710	26, 873, 340	32, 907, 550	40, 296, 750	22. 45

表 7.8 中国澳门特别行政区——2007～2009 年来自主要客源市场的旅游收入预测（单位：美元）（续）

市场	2005	2007	2008	2009	2007～2009 AAGR(%)
马来西亚	17, 269, 075	50, 432, 167	60, 086, 159	63, 413, 131	12. 13
尼泊尔	534, 360	904, 440	1, 061, 280	1, 225, 560	16. 41
新西兰	1, 147, 104	1, 467, 648	1, 617, 714	1, 783, 278	10. 23
巴基斯坦	211, 920	264, 720	296, 520	329, 880	11. 63
菲律宾	13, 156, 360	28, 343, 420	32, 726, 400	37, 147, 880	14. 48
新加坡	14, 403, 200	27, 140, 225	32, 750, 375	37, 815, 225	18. 04
泰国	10, 136, 000	17, 447, 850	20, 342, 700	22, 308, 825	13. 08

注：AAGR 代表年均增长率。

平均	年均增长率（%）
非洲	15. 25
美洲	17. 41
欧洲	11. 88
亚太地区	15. 57

图 7.8 中国澳门特别行政区——2007～2009 年旅游收入前五名客源市场预测（单位：美元）

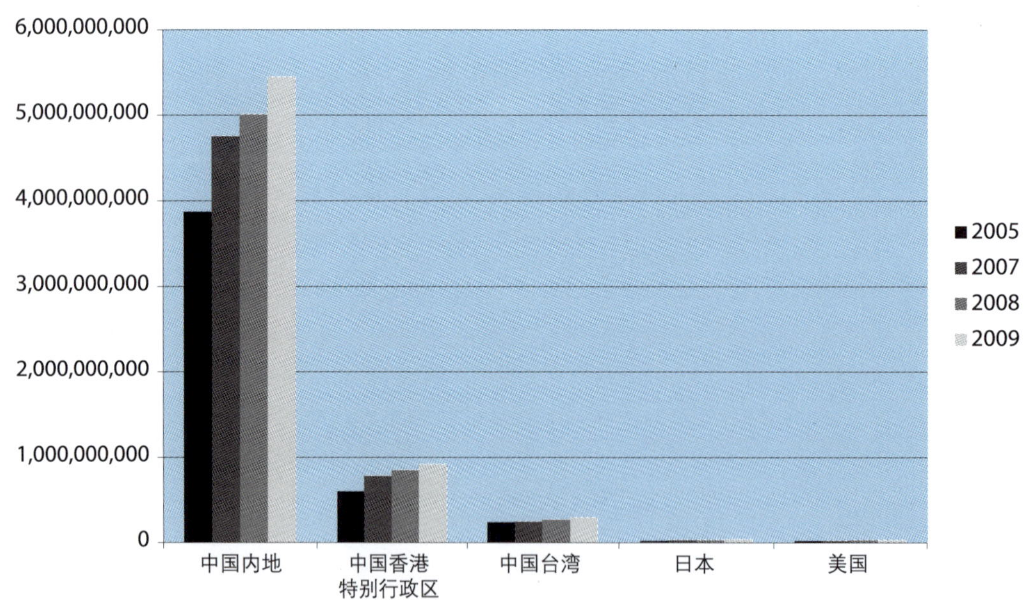

斐济

由于政变的影响，2005 年至 2007 年，斐济潜在的不可弥补的旅游收入损失预计达 6000 万美元，其旅游业有望在 2008 年开始恢复。欧洲市场在斐济旅游业恢复中将起主导作用，但是也取决于斐济是否有一个更稳定的政治局势。

表 7.9　斐济——2007～2009 年来自主要客源市场的旅游收入预测（单位：美元）

市场	2005	2007	2008	2009	2007～2009 AAGR(%)
美洲					
加拿大	10, 877, 622	12, 479, 112	13, 046, 891	13, 706, 092	4. 80
美国	57, 717, 798	52, 481, 078	62, 772, 476	67, 781, 443	13. 65
欧洲					
英国	43, 909, 858	40, 739, 758	50, 433, 705	57, 931, 918	19. 25
亚太地区					
澳大利亚	148, 357, 163	136, 162, 743	149, 836, 757	163, 334, 343	9. 52
中国台湾	805, 958	625, 519	673, 636	885, 351	18. 97
日本	21, 957, 335	16, 067, 829	18, 374, 231	22, 979, 819	19. 59
韩国	8, 291, 340	7, 430, 850	8, 490, 223	9, 922, 502	15. 56
马来西亚	266, 247	262, 237	293, 513	306, 344	8. 08
新西兰	94, 622, 641	71, 885, 010	82, 412, 181	93, 927, 352	14. 31

注：AAGR 代表年均增长率。

平均	年均增长率（%）
美洲	9. 23
欧洲	19. 25
亚太地区	14. 34

图 7.9　斐济——2007～2009 年旅游收入前五名客源市场预测（单位：美元）

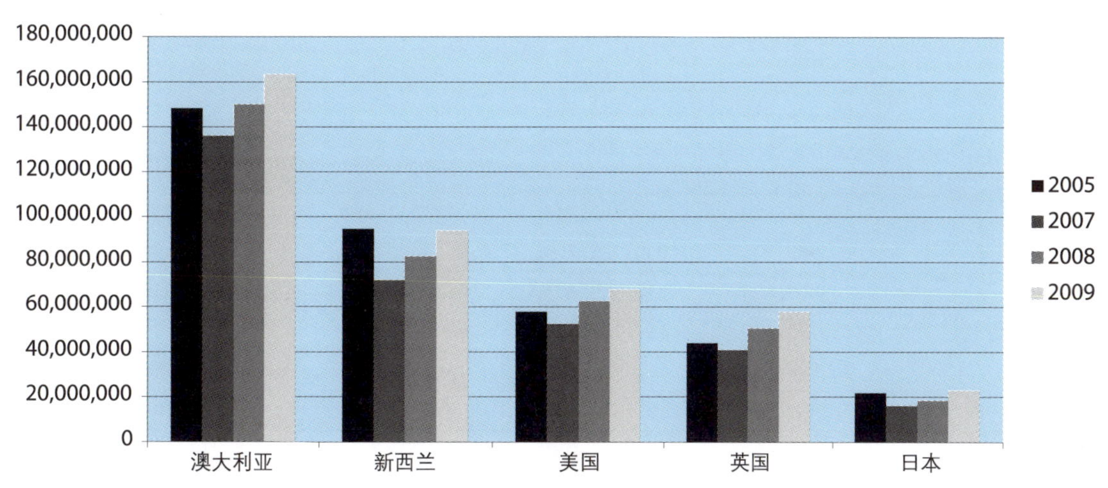

韩国

日本是韩国入境旅游的首要客源市场，来访韩国的旅游者人次不断增长，但是中国内地客源市场增长迅速，在本章图表中可看到，这点也反映在其所带来的旅游收入的增长上。预计亚太地区和欧洲是韩国旅游收入的主要来源地区，在其他大型客源市场中，来自于加拿大、马来西亚和越南（10%）的旅游收入预计会显著增长。

表 7.10　韩国——2007～2009 年来自主要客源市场的旅游收入预测（单位：美元）

市场	2005	2007	2008	2009	2007～2009 AAGR(%)
非洲					
埃及	2,460,977	4,055,968	4,875,043	5,546,816	16.94
利比亚	1,011,412	1,299,449	1,463,639	1,630,644	12.02
南非	4,253,935	4,823,440	5,152,759	5,327,270	5.09
美洲					
阿根廷	1,601,559	1,866,139	2,042,527	2,225,482	9.20
巴西	5,933,367	6,234,538	6,348,064	6,411,864	1.41
加拿大	81,062,134	95,507,123	104,627,657	114,660,150	9.57
美国	497,852,047	544,633,133	568,013,824	591,188,105	4.19
欧洲					
奥地利	5,149,006	6,529,143	7,196,224	7,844,541	9.61
丹麦	7,495,519	8,122,257	8,542,584	8,982,614	5.16
法国	41,694,003	47,677,096	51,133,535	52,964,960	5.40
德国	70,331,597	77,690,135	82,441,332	87,483,380	6.12
希腊	7,349,156	7,988,090	8,741,489	9,799,812	10.76
意大利	14,740,532	20,135,354	22,384,291	23,713,763	8.52
芬兰	17,120,821	19,073,278	19,826,676	20,609,160	3.95
挪威	6,824,685	8,002,164	8,637,345	9,183,395	7.13
波兰	8,910,370	9,905,832	10,434,994	11,072,052	5.72
西班牙	6,369,643	6,984,184	7,438,287	7,922,414	6.51
瑞典	9,473,308	13,416,689	15,560,545	17,337,552	13.68
瑞士	7,184,027	8,410,294	8,921,629	9,462,988	6.07
英国	68,098,610	70,184,295	73,221,346	76,433,845	4.36
亚太地区					
澳大利亚	59,543,829	69,995,711	75,342,684	81,975,032	8.22
中国内地	665,989,430	1,060,725,309	1,213,600,505	1,390,653,888	14.50
中国台湾	316,907,824	338,980,623	364,643,090	393,934,630	7.80
中国香港特别行政区	168,743,480	157,126,316	164,979,301	171,999,138	4.63
印度	54,928,675	61,915,674	66,055,145	69,648,566	6.06
印度尼西亚	58,434,841	59,761,498	61,610,749	63,592,291	3.16
日本	2,289,101,998	2,367,811,051	2,520,451,690	2,636,717,151	5.53

表 7.10　韩国——2007 ~2009 年来自主要客源市场的旅游收入预测（单位：美元）（续）

市场	2005	2007	2008	2009	2007 ~2009 AAGR(%)
马来西亚	90, 617, 068	97, 330, 104	107, 440, 470	117, 487, 975	9. 87
中东	43, 827, 538	50, 493, 662	51, 673, 955	53, 823, 440	3. 24
新西兰	15, 403, 860	17, 393, 846	19, 303, 144	20, 426, 205	8. 37
菲律宾	208, 870, 639	250, 615, 306	264, 969, 287	287, 605, 024	7. 13
新加坡	76, 701, 241	88, 985, 486	93, 784, 533	98, 841, 592	5. 39
泰国	105, 761, 039	135, 058, 209	144, 787, 654	156, 775, 418	7. 74
越南	42, 632, 233	49, 885, 689	54, 769, 176	60, 149, 925	9. 81

注：AAGR 代表年均增长率。

平均	年均增长率（%）
非洲	11. 35
美洲	6. 09
欧洲	7. 15
亚太地区	7. 25

图 7.10　韩国——2007 ~2009 年旅游收入前五名客源市场预测（单位：美元）

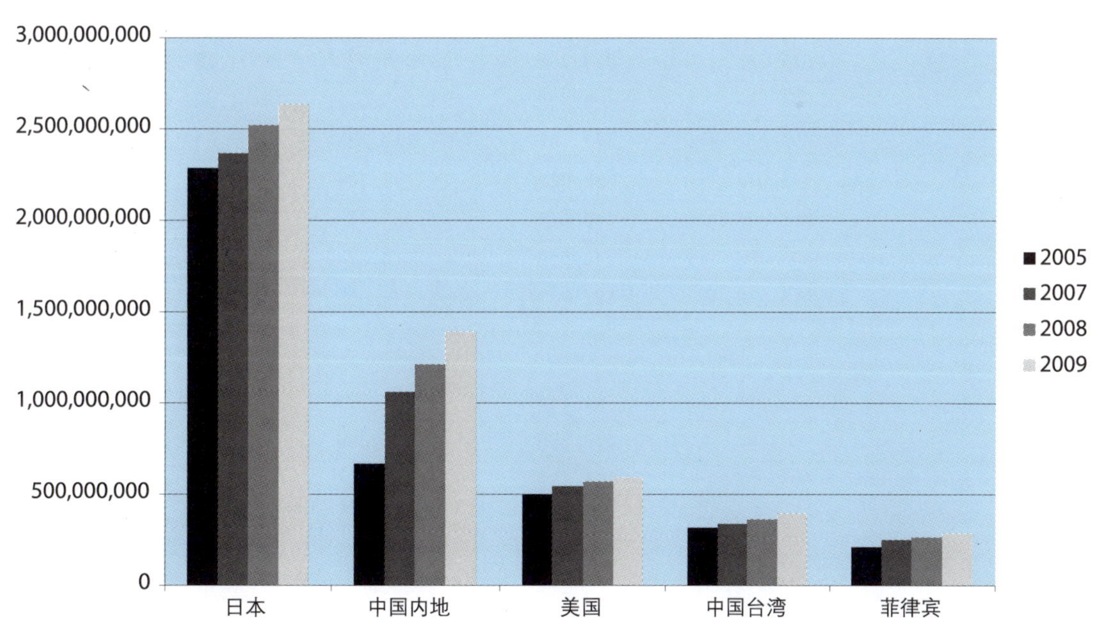

老挝

由于入境旅游接待量预计将大幅上升，所以老挝所有客源市场的旅游收入也都将随之大幅增长。预计增长率最高的客源市场是缅甸（38%），其次是西班牙（36%）。突出的、具有较高增长率的客源市场分别是美国（12%）、德国（15%）、荷兰（22%）、英国（11%）、澳大利亚（12%）、中国内地（12%）、韩国（14%）和越南（11%）。就地区而言，来自各地区市场的旅游收入预计都会大幅度增长，而亚太地区则以18%的增长率居于榜首。

表 7.11　老挝——2007～2009 年来自主要客源市场的旅游收入预测（单位：美元）

市场	2005	2007	2008	2009	2007～2009 AAGR(%)
美洲					
加拿大	1, 533, 784	2, 053, 397	2, 436, 608	2, 858, 677	17. 99
美国	6, 354, 744	7, 551, 944	8, 406, 533	9, 538, 748	12. 39
欧洲					
奥地利	226, 041	313, 269	362, 845	420, 059	15. 80
比利时	570, 261	636, 453	675, 578	715, 775	6. 05
丹麦	382, 139	550, 699	652, 129	725, 958	14. 81
芬兰	200, 181	486, 786	595, 854	721, 402	21. 74
法国	4, 739, 360	5, 147, 494	5, 522, 800	6, 037, 723	8. 30
德国	2, 244, 600	2, 967, 879	3, 412, 725	3, 924, 299	14. 99
希腊	36, 311	70, 613	82, 002	95, 133	16. 07
意大利	674, 238	960, 708	1, 075, 672	1, 256, 960	14. 38
荷兰	1, 044, 586	1, 306, 804	1, 600, 645	1, 949, 019	22. 12
挪威	291, 562	373, 162	423, 408	459, 184	10. 93
西班牙	343, 014	658, 025	892, 507	1, 210, 466	35. 63
瑞典	865, 575	1, 240, 613	1, 485, 413	1, 778, 449	19. 73
瑞士	695, 408	848, 559	912, 874	993, 268	8. 19
英国	4, 016, 618	5, 182, 733	5, 724, 857	6, 384, 088	10. 99
亚太地区					
澳大利亚	2, 723, 079	3, 432, 154	3, 794, 195	4, 333, 371	12. 36
文莱	51, 586	53, 596	57, 080	60, 563	6. 30
柬埔寨	693, 934	654, 139	711, 755	765, 083	8. 15
中国内地	5, 253, 748	6, 486, 992	7, 310, 762	8, 138, 687	12. 01
中国台湾	634, 979	479, 014	601, 347	753, 158	25. 39
印度	280, 843	332, 563	355, 207	379, 594	6. 84
印度尼西亚	373, 028	437, 879	521, 489	551, 503	12. 23
以色列	421, 533	832, 882	994, 206	1, 138, 513	16. 92
日本	3, 028, 308	3, 550, 869	3, 881, 288	4, 242, 525	9. 31
韩国	1, 231, 234	1, 770, 812	2, 064, 786	2, 313, 471	14. 30
马来西亚	885, 540	1, 104, 078	1, 460, 759	1, 612, 838	20. 86
缅甸	218, 672	267, 176	386, 293	510, 636	38. 25

表 7.11　老挝——2007～2009 年来自主要客源市场的旅游收入预测（单位：美元）（续）

市场	2005	2007	2008	2009	2007～2009 AAGR(%)
新西兰	506, 214	582, 990	719, 392	868, 255	22. 04
菲律宾	703, 046	860, 350	975, 715	1, 069, 240	11. 48
新加坡	518, 273	580, 981	685, 091	781, 966	16. 01
泰国	80, 821, 294	94, 311, 541	102, 920, 399	110, 951, 759	8. 46
越南	22, 128, 582	25, 282, 305	29, 010, 443	30, 927, 572	10. 60

注：AAGR 代表年均增长率。

平均	年均增长率（%）
美洲	13. 23
欧洲	15. 14
亚太地区	17. 82

图 7.11　老挝——2007～2009 年旅游收入前五名客源市场预测（单位：美元）

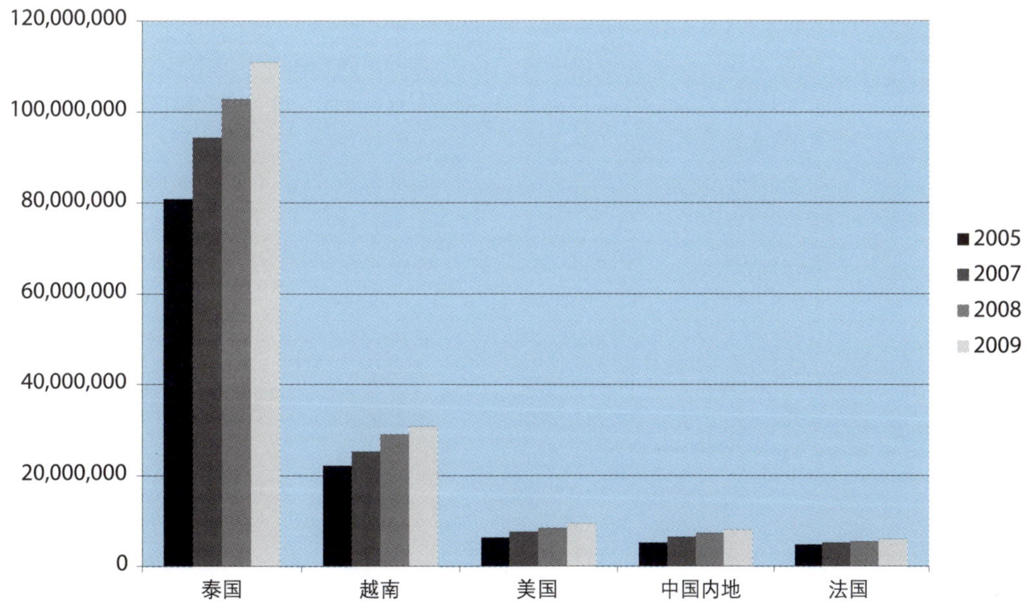

马来西亚

马来西亚的旅游收入预计增长强劲，尤其是来自人均消费较高的中东市场的旅游收入，例如来自阿拉伯联合酋长国（32%）和沙特阿拉伯（16%）的旅游收入就将会大幅度增长。据预测，来自大多数客源市场的旅游收入都将大幅度增长，这是因为其来访马来西亚的旅游人次将会迅速增加。就地区市场而言，来自于欧洲和亚太地区的旅游收入增长率（12%）最高。

表 7.12　马来西亚——2007～2009 年来自主要客源市场的旅游收入预测（单位：美元）

市场	2005	2007	2008	2009	2007～2009 AAGR(%)
非洲					
南非	15, 678, 956	19, 619, 513	21, 637, 170	23, 649, 084	9. 79
美洲					
加拿大	24, 434, 928	29, 070, 720	32, 026, 400	34, 190, 240	8. 45
加勒比海	25, 971, 840	28, 235, 520	30, 127, 680	31, 763, 520	6. 06
美国	119, 474, 519	155, 877, 170	178, 500, 555	201, 479, 156	13. 69
欧洲					
丹麦	11, 459, 061	13, 461, 282	14, 691, 456	15, 848, 055	8. 50
芬兰	12, 645, 120	21, 720, 000	25, 937, 280	30, 274, 560	18. 06
法国	38, 854, 080	68, 326, 080	78, 862, 080	89, 482, 560	14. 44
德国	57, 088, 928	79, 945, 086	88, 572, 302	95, 334, 200	9. 20
爱尔兰	13, 054, 900	17, 711, 800	20, 407, 900	23, 294, 000	14. 68
意大利	20, 590, 755	34, 761, 045	41, 462, 280	47, 547, 540	16. 95
荷兰	39, 681, 966	53, 858, 226	61, 701, 914	67, 777, 734	12. 18
挪威	9, 626, 540	12, 260, 780	13, 423, 060	14, 244, 300	7. 79
西班牙	16, 296, 120	23, 609, 510	26, 949, 145	29, 848, 525	12. 44
瑞典	31, 759, 840	39, 008, 900	42, 389, 900	45, 930, 640	8. 51
瑞士	17, 381, 400	24, 211, 210	28, 030, 208	32, 718, 276	16. 25
英国	261, 323, 061	292, 786, 780	305, 677, 107	318, 306, 143	4. 27
亚太地区					
澳大利亚	295, 064, 752	315, 151, 920	330, 564, 240	346, 754, 960	4. 89
孟加拉国	22, 155, 000	31, 498, 500	37, 557, 000	44, 781, 750	19. 24
文莱	544, 705, 280	808, 068, 800	940, 251, 200	1, 032, 136, 000	13. 02
中国内地	309, 838, 320	414, 972, 800	470, 351, 200	504, 908, 800	10. 31
中国台湾	152, 106, 192	174, 521, 340	184, 820, 454	196, 087, 122	6. 00
中国香港特别行政区	66, 820, 275	91, 358, 160	101, 449, 980	109, 848, 194	9. 65
印度	169, 341, 750	239, 632, 500	276, 165, 000	306, 202, 500	13. 04
印度尼西亚	630, 736, 835	928, 659, 000	1, 075, 313, 500	1, 181, 292, 500	12. 78
日本	265, 221, 060	295, 783, 800	312, 366, 600	329, 877, 600	5. 61
韩国	123, 378, 060	170, 196, 000	207, 963, 600	236, 519, 400	17. 89
新西兰	26, 810, 770	32, 301, 885	35, 121, 111	37, 993, 411	8. 45

表 7.12 马来西亚——2007～2009 年来自主要客源市场的旅游收入预测（单位：美元）（续）

市场	2005	2007	2008	2009	2007～2009 AAGR(%)
巴基斯坦	15, 557, 090	19, 850, 525	22, 472, 925	25, 175, 040	12. 62
菲律宾	133, 325, 945	182, 539, 900	202, 938, 000	222, 084, 500	10. 30
沙特阿拉伯	120, 247, 680	193, 553, 920	225, 420, 160	258, 375, 040	15. 54
新加坡	5, 983, 028, 226	6, 193, 854, 000	6, 808, 644, 000	6, 846, 525, 000	5. 14
斯里兰卡	11, 050, 650	13, 219, 050	14, 329, 250	15, 456, 350	8. 13
泰国	1, 218, 437, 799	1, 335, 779, 900	1, 454, 877, 700	1, 595, 961, 800	9. 31
阿拉伯联合酋长国	50, 369, 872	95, 181, 466	127, 404, 846	164, 995, 953	31. 66
越南	295, 064, 752	315, 151, 920	330, 564, 240	346, 754, 960	4. 89

注：AAGR 代表年均增长率。

平均	年均增长率（%）
非洲	9. 79
美洲	9. 40
欧洲	11. 94
亚太地区	11. 50

图 7.12 马来西亚——2007～2009 年旅游收入前五名客源市场预测（单位：美元）

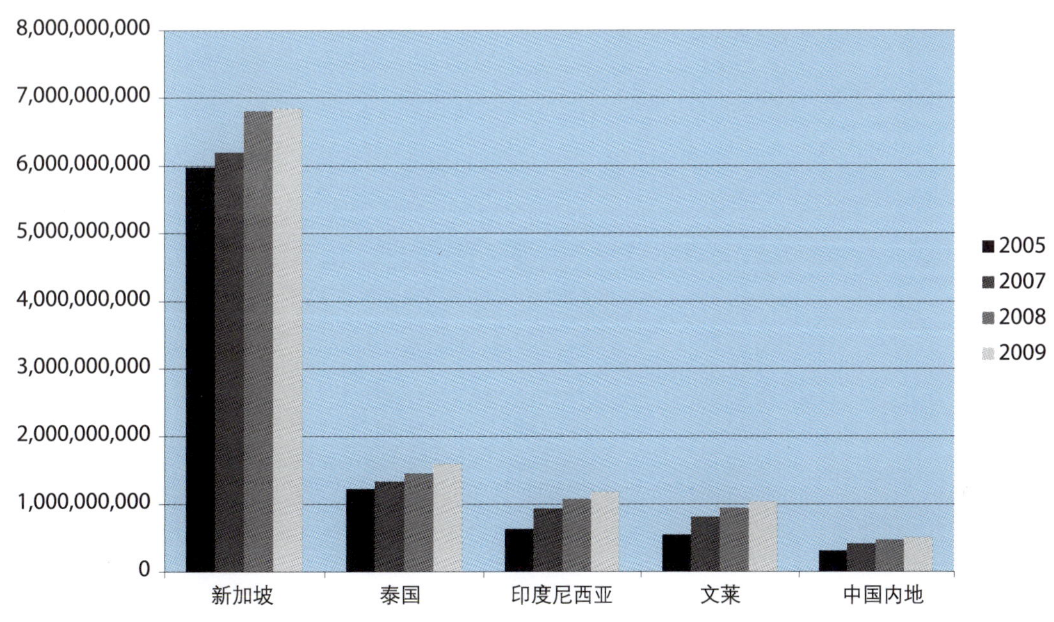

马尔代夫

马尔代夫的旅游收入预计增长强劲，来自前五位客源市场的旅游收入都将大幅度增长（参见图7.13）。就其它大型客源市场而言，来自奥地利（17%）、荷兰（18%）、瑞士（11%）和中国内地（18%）的旅游收入增长显著。从地区角度看，来自所有地区的旅游收入增长率都很高，欧洲在主要地区市场中表现突出，增长率达14%。

表7.13 马尔代夫——2007～2009年来自主要客源市场的旅游收入预测（单位：美元）

市场	2005	2007	2008	2009	2007～2009 AAGR(%)
非洲					
南非	656, 276	980, 024	1, 143, 545	1, 310, 083	15. 62
美洲					
巴西	66, 066	97, 020	106, 414	114, 576	8. 67
加拿大	246, 669	538, 314	650, 751	748, 139	17. 89
美国	1, 031, 087	1, 811, 709	2, 029, 105	2, 125, 750	8. 32
欧洲					
奥地利	1, 918, 390	3, 384, 140	3, 842, 725	4, 648, 785	17. 20
比利时	403, 085	1, 262, 074	1, 455, 403	1, 580, 246	11. 90
捷克斯洛伐克	312, 394	591, 652	681, 250	784, 364	15. 14
丹麦	196, 550	349, 483	438, 514	546, 392	25. 04
芬兰	71, 965	124, 981	148, 567	172, 757	17. 57
法国	4, 426, 424	11, 791, 389	12, 950, 973	14, 001, 124	8. 97
德国	11, 057, 755	16, 291, 664	17, 579, 773	18, 868, 873	7. 62
希腊	323, 570	808, 070	922, 830	1, 018, 590	12. 27
意大利	14, 732, 635	32, 221, 124	35, 044, 431	37, 575, 867	7. 99
荷兰	1, 099, 421	3, 141, 734	3, 720, 976	4, 338, 358	17. 51
挪威	209, 583	365, 530	440, 105	519, 456	19. 21
波兰	222, 142	528, 432	621, 736	739, 892	18. 33
葡萄牙	436, 410	883, 935	970, 710	1, 041, 690	8. 56
西班牙	695, 436	1, 709, 862	1, 826, 759	2, 092, 649	10. 63
瑞典	254, 216	556, 073	745, 867	817, 811	21. 27
瑞士	4, 024, 120	7, 757, 485	8, 877, 391	9, 595, 113	11. 22
土耳其	189, 442	606, 694	693, 458	783, 928	13. 67
英国	25, 677, 170	35, 045, 700	37, 633, 603	41, 103, 363	8. 30
亚太地区					
澳大利亚	1, 528, 888	2, 690, 506	2, 901, 791	3, 028, 622	6. 10
中国内地	2, 003, 713	5, 582, 057	6, 514, 269	7, 779, 427	18. 05
印度	1, 956, 055	2, 457, 270	2, 560, 601	2, 707, 210	4. 96
印度尼西亚	60, 367	104, 597	134, 664	153, 703	21. 22
日本	3, 444, 161	7, 236, 009	8, 036, 030	8, 566, 072	8. 80
韩国	975, 841	2, 522, 900	2, 837, 740	3, 209, 404	12. 79

表 7.13　马尔代夫——2007～2009 年来自主要客源市场的旅游收入预测（单位：美元）（续）

市场	2005	2007	2008	2009	2007～2009 AAGR(%)
马来西亚	532,047	816,285	902,411	998,657	10.61
新西兰	149,221	279,173	323,062	369,305	15.02
巴基斯坦	211,500	423,450	490,725	560,250	15.02
新加坡	462,571	692,720	753,630	820,218	8.81
斯里兰卡	1,612,125	1,906,650	2,017,575	2,135,025	5.82
泰国	90,754	277,069	308,678	345,502	11.67

注：AAGR 代表年均增长率。

平均	年均增长率（%）
非洲	15.62
美洲	11.63
欧洲	14.02
亚太地区	11.57

图 7.13　马尔代夫——2007～2009 年旅游收入前五名客源市场预测（单位：美元）

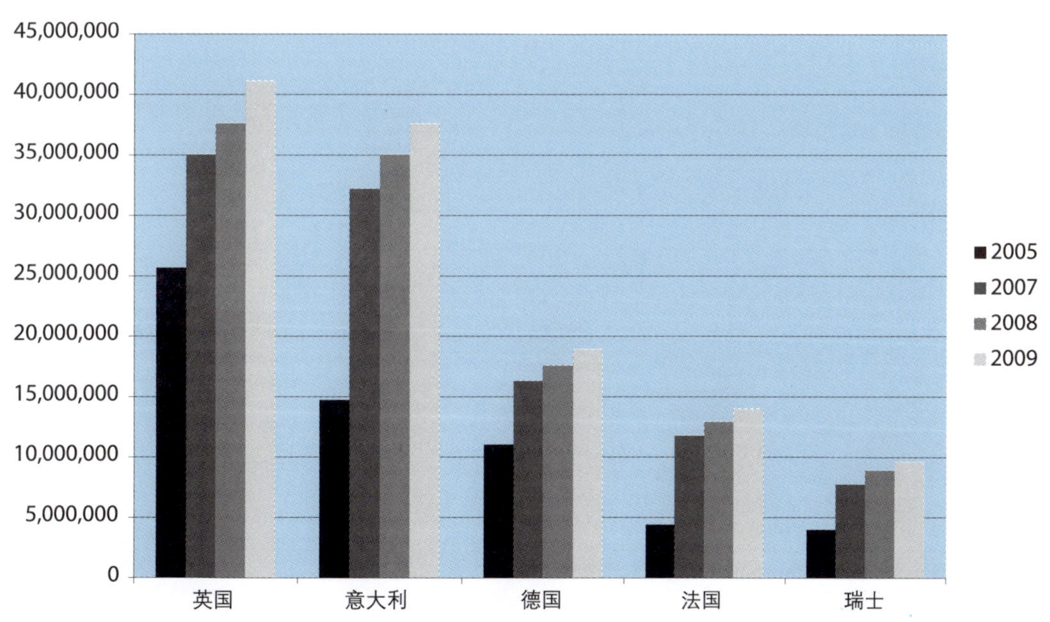

尼泊尔

尼泊尔入境旅游接待量和旅游收入主要来源于印度市场，在基数较大的情况下，仍以 3% 的速度稳步增长。比利时和以色列同为在尼泊尔旅游消费增长率最高的客源市场，增长率达 18%，比利时是一个规模相当大的客源市场。其它年平均增长率较高的客源市场包括加拿大（14%）、英国（10%）和斯里兰卡（13%）。就地区客源市场而言，美洲以 10% 的增长率居于榜首。

表 7.14　尼泊尔——2007～2009 年来自主要客源市场的旅游收入预测（单位：美元）

市场	2005	2007	2008	2009	2007～2009 AAGR(%)
美洲					
加拿大	1, 705, 855	1, 956, 948	2, 290, 685	2, 561, 155	14. 40
美国	7, 330, 747	9, 077, 726	9, 762, 203	10, 194, 400	5. 97
欧洲					
奥地利	990, 930	1, 595, 532	1, 682, 920	1, 765, 959	5. 21
比利时	1, 399, 007	1, 573, 388	1, 866, 001	2, 188, 271	17. 93
丹麦	714, 529	800, 732	857, 672	914, 613	6. 87
法国	5, 586, 536	6, 246, 497	6, 655, 760	7, 100, 215	6. 61
德国	5, 711, 490	6, 444, 999	6, 942, 837	7, 472, 704	7. 68
意大利	3, 516, 101	3, 525, 196	3, 622, 075	3, 695, 623	2. 39
荷兰	3, 537, 850	3, 669, 130	3, 932, 086	4, 081, 952	5. 48
挪威	515, 236	580, 876	625, 559	670, 637	7. 45
西班牙	3, 515, 706	4, 561, 995	4, 871, 216	5, 304, 599	7. 83
瑞典	345, 995	475, 298	583, 249	635, 049	15. 59
瑞士	1, 250, 723	1, 683, 711	1, 833, 972	1, 973, 952	8. 28
英国	9, 945, 284	10, 683, 538	11, 888, 788	12, 956, 034	10. 12
亚太地区					
澳大利亚	2, 781, 801	3, 368, 213	3, 487, 631	3, 588, 859	3. 22
以色列	2, 440, 946	2, 775, 474	3, 434, 644	3, 852, 211	17. 81
印度	38, 132, 221	40, 091, 937	41, 270, 298	42, 484, 246	2. 94
日本	7, 299, 508	10, 149, 717	10, 784, 767	11, 509, 577	6. 49
新西兰	486, 766	664, 311	728, 765	794, 405	9. 35
巴基斯坦	693, 177	792, 823	838, 297	875, 862	5. 11
斯里兰卡	7, 422, 090	8, 884, 364	10, 406, 742	11, 361, 689	13. 09

注：AAGR 代表年均增长率。

平均	年均增长率（%）
美洲	10. 19
欧洲	8. 45
亚太地区	8. 29

图7.14 尼泊尔——2007～2009年旅游收入前五名客源市场预测（单位：美元）

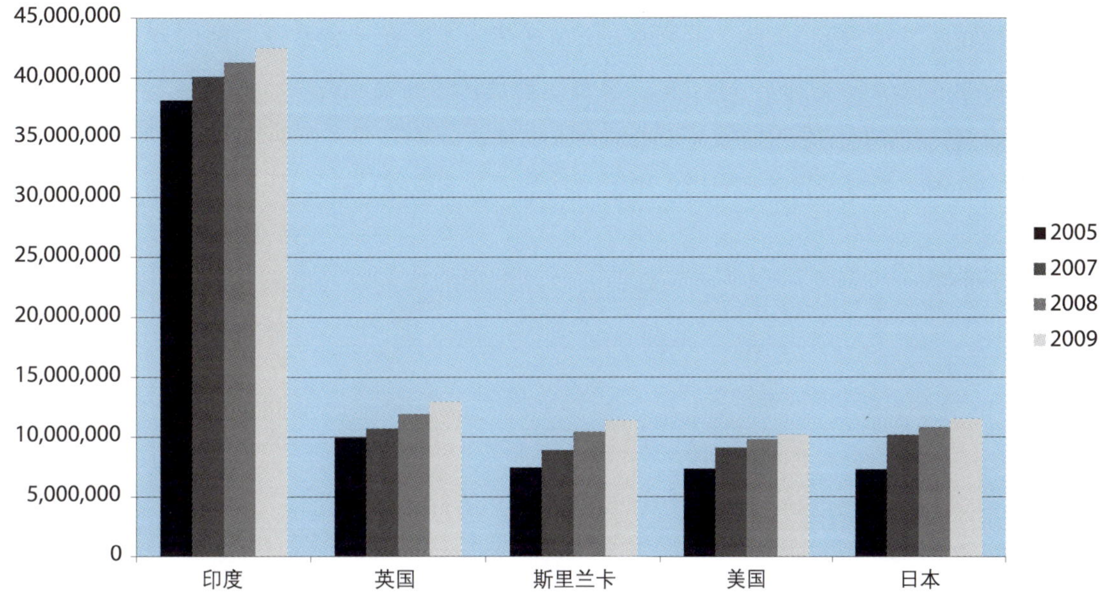

新西兰

新西兰来自多数客源市场的旅游收入预计将从适度增长到强劲增长。增长率最高的客源市场是中国内地，将高达22%，这表明到2007年中国内地将成为新西兰旅游收入排名前五位的客源国。来自印度尼西亚的旅游收入预计下降2%，来自新加坡的旅游收入年平均增长率很低，仅为1%。就主要地区而言，欧洲的增长率将稍高于美洲和亚太地区。2005年，新西兰前五位旅游收入产生国是澳大利亚、英国、美国、日本和韩国，中国内地第五名的位置已被取代，但有望在2007年恢复。

表7.15 新西兰——2007～2009年来自主要客源市场的旅游收入预测（单位：美元）

市场	2005	2007	2008	2009	2007～2009 AAGR(%)
非洲					
南非	34,979,364	41,347,026	44,147,901	46,555,635	6.11
美洲					
加拿大	76,749,727	84,442,531	88,063,316	91,840,577	4.29
美国	455,808,069	509,287,804	528,494,866	548,428,646	3.77
欧洲					
法国	34,582,149	41,406,099	45,054,366	49,022,442	8.81
德国	164,865,800	176,121,560	179,055,105	182,045,945	1.67
荷兰	79,441,704	85,666,999	88,604,779	91,636,836	3.43
瑞典	31,763,240	36,464,301	38,318,848	40,262,190	5.08
瑞士	36,698,483	37,932,910	39,283,065	40,761,805	3.66
英国	783,989,029	852,495,281	928,810,378	1,011,983,765	8.95
亚太地区					
澳大利亚	1,124,491,444	1,167,481,737	1,203,746,200	1,235,575,626	2.87
中国内地	197,526,833	309,632,586	376,605,087	458,062,141	21.63
中国台湾	70,776,122	74,074,281	76,656,099	78,847,410	3.17
中国香港特别行政区	52,325,363	52,361,190	53,388,231	54,759,610	2.26
印度尼西亚	14,692,881	14,371,035	14,081,781	13,800,675	-2.00
日本	373,329,899	367,604,343	372,035,865	381,841,122	1.92
韩国	214,937,595	252,010,756	271,185,404	292,229,158	7.68
马来西亚	42,045,614	41,841,345	44,507,496	47,390,350	6.42
新加坡	95,307,104	95,265,436	96,316,747	97,384,084	1.11
泰国	43,375,572	41,324,975	42,427,398	43,688,606	2.82

注：AAGR代表年均增长率。

平均	年均增长率（%）
非洲	6.11
美洲	4.03
欧洲	5.27
亚太地区	4.79

图 7.15　新西兰——2007～2009 年旅游收入前五名客源市场预测（单位：美元）

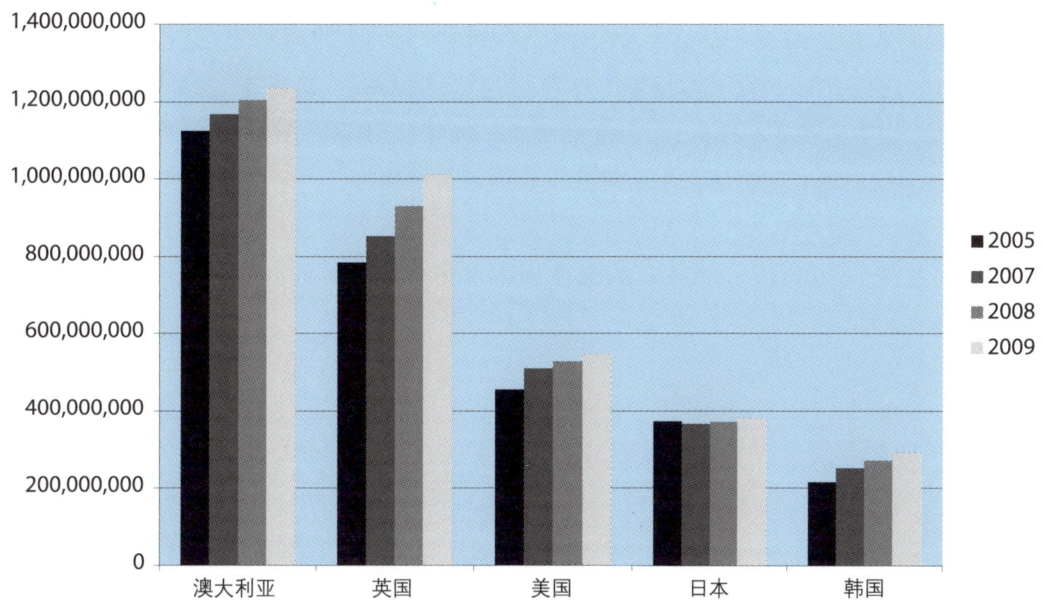

斯里兰卡

斯里兰卡旅游收入增幅预计很高，与入境旅游接待量增幅相当。印度是斯里兰卡最大的客源市场，带来的旅游收入增长率预计会达到9%。其它增幅较大的大型客源市场分别是美国（10%）、比利时（18%）、法国（11%）、意大利（12%）、荷兰（19%）、西班牙（13%）、瑞典（11%）、中国内地（24%）、中国台湾（11%）、印度尼西亚（14%）、日本（10%）和新加坡（12%）。

就地区而言，欧洲和亚太地区在主要地区市场中增长率较高。

表7.16　斯里兰卡——2007～2009年来自主要客源市场的旅游收入预测（单位：美元）

市场	2005	2007	2008	2009	2007～2009 AAGR(%)
非洲					
南非	730, 130	1, 026, 271	1, 195, 777	1, 393, 644	16. 53
美洲					
加拿大	13, 972, 717	13, 554, 558	14, 657, 338	15, 919, 071	8. 37
南美洲/加勒比海	464, 988	494, 008	507, 199	521, 050	2. 70
美国	16, 668, 327	17, 556, 751	19, 752, 416	21, 185, 634	9. 85
欧洲					
奥地利	2, 721, 992	3, 907, 216	4, 225, 123	4, 516, 647	7. 52
比利时	2, 542, 593	4, 264, 037	5, 072, 654	5, 921, 504	17. 84
丹麦	2, 493, 785	2, 878, 307	3, 092, 004	3, 322, 189	7. 43
芬兰	758, 491	1, 295, 370	1, 640, 978	2, 003, 075	24. 35
法国	17, 579, 176	18, 552, 023	20, 871, 025	22, 761, 316	10. 77
德国	30, 570, 472	36, 879, 796	40, 122, 178	42, 350, 822	7. 16
意大利	6, 722, 206	9, 526, 643	10, 695, 378	11, 992, 067	12. 20
荷兰	9, 996, 248	13, 203, 014	15, 191, 579	18, 538, 831	18. 50
挪威	2, 855, 882	2, 708, 801	2, 892, 158	3, 159, 279	8. 00
西班牙	1, 174, 671	2, 028, 798	2, 269, 536	2, 578, 209	12. 73
瑞典	3, 562, 928	5, 834, 442	6, 418, 810	7, 143, 004	10. 65
瑞士	5, 539, 620	6, 381, 215	6, 757, 163	7, 183, 896	6. 10
英国	61, 094, 116	64, 010, 018	65, 355, 515	67, 090, 150	2. 38
亚太地区					
澳大利亚	17, 139, 251	18, 172, 118	19, 466, 828	20, 847, 281	7. 11
孟加拉国	1, 527, 534	1, 694, 402	1, 802, 570	1, 949, 651	7. 27
中国内地	6, 376, 598	13, 770, 233	17, 195, 314	21, 018, 107	23. 55
中国台湾	1, 793, 995	1, 995, 160	2, 233, 260	2, 443, 000	10. 66
中国香港特别行政区	705, 067	917, 444	1, 131, 800	1, 322, 412	20. 06
印度	74, 742, 991	94, 217, 734	102, 989, 844	110, 904, 529	8. 49
印度尼西亚	1, 100, 801	4, 547, 646	5, 292, 286	5, 910, 951	14. 01
日本	11, 310, 085	11, 566, 653	12, 707, 027	13, 886, 316	9. 57
韩国	3, 994, 278	4, 436, 181	4, 872, 808	5, 352, 306	9. 84

表 7.16　斯里兰卡——2007～2009 年来自主要客源市场的旅游收入预测（单位：美元）（续）

市场	2005	2007	2008	2009	2007～2009 AAGR(%)
马来西亚	7, 636, 352	7, 938, 429	8, 745, 727	9, 488, 389	9. 33
马尔代夫	16, 209, 276	17, 982, 825	19, 682, 503	21, 248, 292	8. 70
中东	6, 751, 227	8, 161, 360	8, 864, 448	9, 685, 596	8. 94
尼泊尔	706, 386	889, 743	999, 889	1, 123, 226	12. 36
新西兰	2, 385, 618	2, 635, 590	2, 888, 860	3, 125, 641	8. 90
巴基斯坦	7, 274, 255	8, 176, 530	8, 683, 729	9, 194, 886	6. 04
菲律宾	1, 560, 512	2, 885, 562	3, 243, 702	3, 608, 437	11. 83
新加坡	7, 358, 019	6, 045, 501	6, 737, 376	7, 642, 948	12. 44
泰国	3, 577, 438	3, 846, 537	4, 130, 806	4, 300, 972	5. 74
俄罗斯联邦	2, 443, 000	5, 325, 924	6, 979, 433	8, 553, 137	26. 73

注：AAGR 代表年均增长率。

平均	年均增长率（%）
非洲	16. 53
美洲	6. 97
欧洲	11. 20
亚太地区	10. 82

图 7.16　斯里兰卡——2007～2009 年旅游收入前五名客源市场预测（单位：美元）

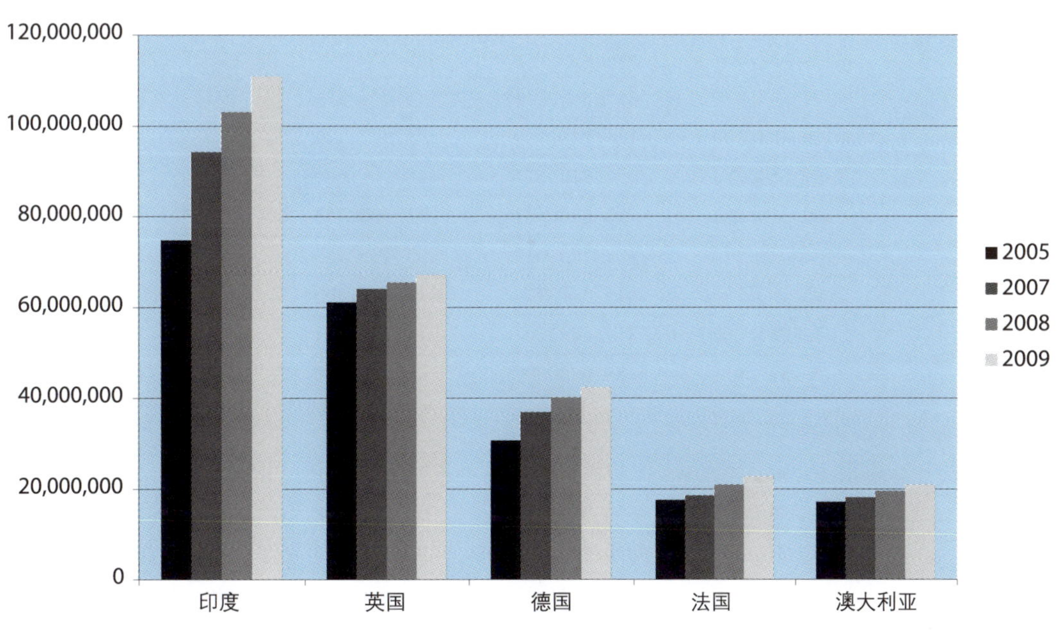

泰国

据预测，泰国旅游业发展日益迅猛，使泰国的旅游收入也日益增长。预计来自挪威的旅游收入增长最多，达21%，紧随其后的是老挝（19%），阿拉伯联合酋长国和俄罗斯联邦均为18%。与其它一些国家相比，泰国旅游收入增长速度较为缓和，但旅游收入基数很大。从旅游收入数量和增幅两个方面来看，欧洲和亚太地区都是泰国最大的旅游收入来源地区。

表7.17　泰国——2007～2009年来自主要客源市场的旅游收入预测（单位：美元）

市场	2005	2007	2008	2009	2007～2009 AAGR(%)
非洲					
南非	28, 227, 942	30, 166, 501	31, 525, 466	32, 545, 677	3. 87
其他非洲地区	39, 472, 372	45, 780, 782	47, 939, 650	50, 558, 875	5. 09
美洲					
阿根廷	2, 753, 464	3, 547, 839	3, 841, 584	4, 158, 228	8. 26
巴西	7, 116, 998	9, 116, 359	9, 779, 654	10, 365, 564	6. 63
加拿大	123, 671, 362	139, 039, 276	143, 616, 802	147, 096, 732	2. 86
美国	505, 097, 600	584, 291, 870	629, 111, 664	668, 675, 634	6. 98
其他美洲地区	19, 770, 930	28, 121, 341	31, 392, 017	34, 263, 137	10. 38
欧洲					
奥地利	46, 571, 209	53, 274, 437	54, 701, 311	56, 596, 440	3. 07
比利时	45, 377, 278	49, 510, 237	51, 068, 191	52, 422, 419	2. 90
丹麦	81, 954, 051	104, 517, 138	114, 755, 571	124, 922, 147	9. 33
芬兰	67, 618, 192	95, 134, 671	107, 066, 876	119, 777, 662	12. 21
法国	218, 603, 096	231, 191, 489	238, 307, 697	245, 157, 008	2. 98
德国	348, 882, 930	399, 700, 016	410, 559, 104	420, 770, 689	2. 60
意大利	94, 943, 579	115, 865, 011	118, 244, 976	121, 912, 840	2. 58
荷兰	120, 414, 109	135, 749, 649	143, 912, 126	153, 550, 435	6. 35
挪威	67, 554, 232	97, 717, 574	120, 269, 606	143, 094, 062	21. 01
西班牙	40, 378, 086	50, 676, 531	54, 500, 743	58, 521, 574	7. 46
瑞典	176, 035, 347	188, 450, 019	193, 198, 106	197, 755, 101	2. 44
瑞士	95, 102, 296	111, 834, 704	114, 817, 162	118, 605, 051	2. 98
英国	611, 055, 035	714, 889, 927	784, 243, 741	854, 194, 521	9. 31
其他东欧地区	56, 372, 972	58, 625, 807	60, 706, 500	61, 845, 156	2. 71
亚太地区					
文莱	7, 500, 761	12, 344, 395	12, 987, 159	13, 835, 229	5. 87
澳大利亚	338, 376, 020	553, 314, 412	652, 200, 648	751, 450, 118	16. 54
孟加拉国	33, 748, 294	40, 903, 195	45, 648, 123	49, 597, 098	10. 12
柬埔寨	83, 201, 678	102, 260, 355	109, 379, 722	116, 247, 195	6. 62
中国内地	613, 383, 675	753, 684, 791	807, 948, 643	871, 326, 484	7. 52
中国台湾	288, 741, 810	297, 185, 398	289, 033, 186	290, 755, 384	1. 09
中国香港特别行政区	216, 677, 962	466, 399, 071	512, 111, 155	556, 157, 105	9. 20

表7.17 泰国——2007~2009年来自主要客源市场的旅游收入预测（单位：美元）（续）

市场	2005	2007	2008	2009	2007~2009 AAGR(%)
印度	301, 223, 601	361, 090, 717	374, 122, 096	384, 598, 999	3. 20
印度尼西亚	147, 076, 991	179, 641, 619	191, 948, 901	205, 559, 083	6. 97
以色列	77, 684, 484	106, 615, 203	116, 780, 200	125, 098, 236	8. 32
日本	944, 922, 229	1, 106, 999, 953	1, 154, 054, 419	1, 193, 314, 379	3. 83
韩国	644, 665, 143	793, 277, 188	836, 249, 231	878, 946, 481	5. 26
科威特	23, 509, 861	28, 906, 240	30, 942, 714	32, 602, 531	6. 20
老挝	160, 886, 952	195, 476, 209	235, 616, 614	274, 814, 983	18. 57
马来西亚	1, 084, 918, 545	1, 107, 426, 357	1, 200, 603, 518	1, 292, 973, 671	8. 05
缅甸	42, 457, 990	60, 326, 685	65, 188, 479	69, 845, 758	7. 60
尼泊尔	18, 225, 611	22, 280, 397	23, 232, 699	24, 649, 307	5. 18
新西兰	67, 692, 418	81, 983, 268	90, 370, 002	99, 356, 860	10. 09
巴基斯坦	33, 219, 237	38, 486, 906	41, 239, 580	44, 751, 885	7. 83
菲律宾	147, 290, 193	217, 589, 203	246, 011, 395	273, 863, 470	12. 19
沙特阿拉伯	8, 270, 658	11, 367, 614	12, 038, 015	12, 940, 571	6. 69
新加坡	513, 705, 432	672, 549, 593	720, 109, 427	768, 511, 014	6. 90
斯里兰卡	30, 590, 536	38, 135, 517	40, 864, 502	43, 122, 864	6. 34
阿拉伯联合酋长国	38, 535, 863	75, 394, 537	85, 929, 873	104, 737, 447	17. 86
越南	141, 536, 898	186, 106, 377	203, 294, 405	220, 972, 007	8. 97
亚洲其他国家和地区	14, 496, 945	18, 363, 797	19, 245, 822	20, 115, 212	4. 66
太平洋其他国家和地区	1, 560, 323	2, 451, 823	2, 503, 939	2, 533, 945	1. 66
俄罗斯联邦	81, 161, 256	138, 167, 517	165, 177, 839	192, 418, 735	18. 01
其他国家和地区	231, 765, 555	244, 409, 222	246, 825, 511	249, 546, 600	1. 05

注：AAGR代表年均增长率。

平均	年均增长率（%）
非洲	3. 19
美洲	7. 12
欧洲	6. 19
亚太地区	8. 34

图 7.17　泰国——2007 ~ 2009 年旅游收入前五名客源市场预测（单位：美元）

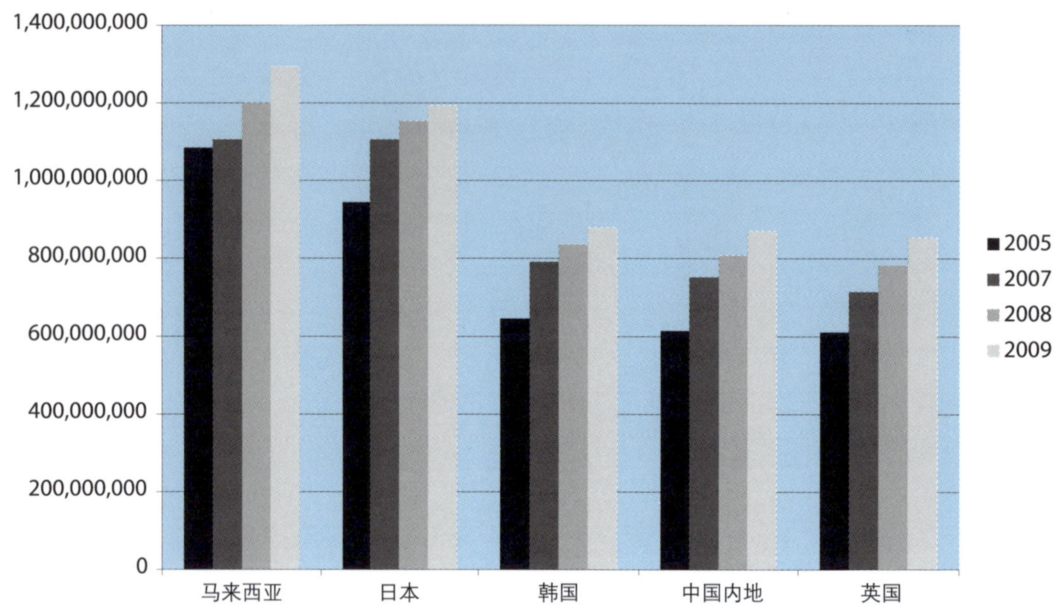

美国

美国可列出的客源市场范围广泛，来自各客源市场的旅游收入增长幅度不尽相同。美国旅游收入的增幅相对较小，主要由于旅游收入基数巨大。在美国的旅游消费支出显著增长的客源市场是巴西（13%）、墨西哥和意大利（均为 9%），以及中国内地（11%）。美国来自于各地区客源市场的旅游收入增长率非常均衡，在 6% 和 9% 之间，这表明大量的客源国和地区的增长率趋于一致，充分显示了美国在全世界的重要性。

表 7.18　美国——2007～2009 年来自主要客源市场的旅游收入预测（单位：美元）

市场	2005	2007	2008	2009	2007～2009 AAGR(%)
非洲					
埃及	59, 967, 473	77, 996, 616	88, 953, 747	96, 462, 150	11. 21
象牙海岸	3, 648, 221	3, 822, 777	3, 735, 499	3, 802, 828	0. 26
肯尼亚	35, 205, 455	38, 429, 754	41, 472, 016	44, 496, 823	7. 60
摩洛哥	33, 489, 819	38, 412, 299	41, 140, 360	44, 060, 433	7. 10
尼日利亚	118, 191, 880	134, 458, 007	140, 669, 708	150, 310, 188	5. 73
塞内加尔	11, 979, 530	11, 612, 963	11, 765, 076	11, 814, 949	0. 87
南非	222, 189, 862	286, 745, 665	325, 746, 467	355, 096, 815	11. 28
美洲					
阿根廷	470, 964, 607	574, 114, 745	647, 777, 385	705, 505, 554	10. 85
巴哈马群岛	591, 345, 918	624, 137, 513	637, 413, 745	650, 403, 206	2. 08
巴巴多斯岛	127, 757, 550	130, 236, 245	136, 480, 364	140, 243, 293	3. 77
玻利维亚	54, 326, 820	66, 680, 399	70, 829, 845	75, 460, 567	6. 38
巴西	1, 210, 353, 978	1, 552, 900, 215	1, 758, 951, 127	1, 992, 357, 460	13. 27
英属维尔京群岛	48, 593, 902	60, 336, 535	67, 091, 853	70, 937, 072	8. 43
加拿大	34, 535, 878, 362	36, 492, 713, 672	38, 007, 780, 117	39, 179, 988, 617	3. 62
智利	253, 230, 910	317, 068, 540	358, 064, 267	406, 194, 349	13. 19
哥伦比亚	811, 431, 134	984, 795, 184	1, 084, 915, 529	1, 195, 209, 996	10. 17
哥斯达黎加	333, 701, 234	367, 614, 975	385, 843, 611	404, 969, 963	4. 96
多米尼加共和国	552, 217, 940	668, 250, 312	709, 994, 137	751, 613, 280	6. 05
厄瓜多尔	356, 775, 046	382, 776, 412	398, 386, 708	414, 645, 354	4. 08
萨尔瓦多	410, 186, 695	471, 301, 250	509, 828, 257	548, 230, 581	7. 85
危地马拉	426, 854, 301	444, 469, 497	455, 167, 287	466, 139, 379	2. 41
圭亚那	40, 125, 441	45, 057, 896	48, 459, 244	52, 152, 351	7. 58
海地	159, 519, 264	175, 518, 570	190, 547, 844	203, 342, 800	7. 63
洪都拉斯	223, 725, 955	248, 670, 010	263, 479, 842	272, 586, 679	4. 70
牙买加	437, 265, 320	483, 021, 440	507, 509, 156	531, 423, 330	4. 89
墨西哥	11, 483, 960, 669	14, 551, 139, 332	15, 771, 986, 620	17, 151, 906, 808	8. 57
尼加拉瓜	96, 536, 959	102, 008, 044	105, 314, 633	116, 007, 436	6. 64
巴拿马	196, 637, 355	209, 953, 486	216, 945, 701	224, 169, 826	3. 33

表 7.18　美国——2007～2009 年来自主要客源市场的旅游收入预测（单位：美元）（续）

市场	2005	2007	2008	2009	2007～2009 AAGR(%)
巴拉圭	25, 749, 506	32, 452, 458	35, 297, 721	37, 574, 430	7. 60
秘鲁	378, 594, 549	387, 738, 791	394, 538, 994	409, 760, 279	2. 80
苏里南	14, 126, 569	14, 196, 392	14, 281, 176	14, 647, 744	1. 58
特立尼达岛和多巴哥岛	320, 165, 662	339, 137, 408	349, 037, 228	359, 236, 286	2. 92
乌拉圭	74, 163, 865	83, 502, 612	88, 026, 107	94, 053, 276	6. 13
委内瑞拉	848, 629, 021	982, 401, 273	1, 056, 388, 088	1, 133, 890, 960	7. 43
欧洲					
奥地利	293, 473, 553	318, 614, 607	332, 005, 547	345, 895, 219	4. 19
比利时	477, 774, 785	557, 083, 065	601, 544, 977	644, 560, 567	7. 57
塞浦路斯	24, 183, 490	26, 983, 867	28, 347, 897	29, 534, 878	4. 62
丹麦	435, 345, 204	474, 592, 878	495, 539, 600	517, 384, 039	4. 41
芬兰	222, 247, 217	285, 673, 393	318, 888, 909	339, 760, 822	9. 06
法国	2, 191, 047, 095	2, 315, 610, 270	2, 466, 476, 543	2, 646, 518, 608	6. 91
德国	3, 529, 846, 872	3, 717, 544, 465	4, 026, 259, 253	4, 346, 444, 864	8. 13
希腊	124, 271, 417	144, 874, 014	156, 422, 142	168, 892, 923	7. 97
匈牙利	93, 033, 371	110, 291, 974	120, 087, 060	130, 749, 939	8. 88
冰岛	97, 075, 589	118, 777, 890	127, 041, 870	135, 879, 392	6. 96
爱尔兰	956, 068, 251	1, 072, 596, 861	1, 169, 924, 310	1, 252, 741, 166	8. 07
意大利	1, 360, 404, 825	1, 483, 601, 475	1, 642, 472, 389	1, 766, 681, 465	9. 12
卢森堡公国	30, 529, 848	39, 998, 265	45, 791, 031	52, 424, 160	14. 48
荷兰	1, 118, 779, 397	1, 155, 660, 590	1, 174, 562, 513	1, 193, 763, 675	1. 64
挪威	346, 725, 607	366, 844, 435	377, 340, 239	388, 120, 320	2. 86
波兰	335, 222, 365	400, 406, 570	437, 587, 002	478, 258, 554	9. 29
葡萄牙	169, 845, 500	212, 240, 169	237, 254, 047	265, 225, 402	11. 79
罗马尼亚	93, 828, 847	109, 621, 180	118, 488, 625	128, 074, 245	8. 09
西班牙	961, 654, 043	1, 075, 614, 187	1, 142, 992, 810	1, 208, 458, 798	6. 00
瑞典	724, 482, 287	818, 947, 017	848, 369, 681	878, 974, 338	3. 60
瑞士	640, 196, 667	713, 485, 258	753, 234, 157	795, 177, 475	5. 57
土耳其	210, 549, 470	232, 847, 754	244, 867, 183	257, 495, 064	5. 16
英国	10, 834, 834, 215	10, 980, 072, 303	11, 453, 867, 211	12, 196, 478, 387	5. 39
亚太地区					
澳大利亚	1, 450, 742, 552	1, 640, 502, 400	1, 731, 296, 466	1, 817, 654, 316	5. 26
中国内地/中国香港特别行政区	1, 010, 878, 840	1, 348, 108, 600	1, 491, 745, 761	1, 669, 049, 790	11. 27
中国台湾	795, 192, 437	885, 198, 507	1, 007, 138, 354	1, 138, 329, 671	13. 40
斐济	12, 201, 466	16, 201, 292	19, 171, 238	22, 385, 563	17. 55
印度	860, 127, 275	1, 059, 156, 048	1, 129, 078, 202	1, 212, 690, 535	7. 00
印度尼西亚	128, 587, 938	158, 125, 310	167, 860, 548	177, 712, 989	6. 01
伊朗	13, 291, 194	16, 126, 482	16, 465, 620	17, 178, 806	3. 21

表 7.18　美国——2007 ~2009 年来自主要客源市场的旅游收入预测（单位：美元）（续）

市场	2005	2007	2008	2009	2007 ~2009 AAGR(%)
以色列	708, 971, 738	748, 920, 130	769, 717, 232	786, 125, 498	2. 45
日本	9, 685, 130, 973	10, 191, 577, 831	10, 339, 701, 081	10, 513, 758, 368	1. 57
约旦	36, 547, 043	42, 058, 026	44, 746, 189	46, 963, 050	5. 67
韩国	1, 758, 260, 383	2, 008, 092, 438	2, 146, 041, 566	2, 293, 441, 656	6. 87
科威特	45, 801, 006	52, 384, 261	56, 022, 507	59, 413, 881	6. 50
黎巴嫩	38, 758, 917	41, 207, 689	42, 489, 429	43, 863, 434	3. 17
马来西亚	128, 278, 724	166, 157, 380	173, 234, 380	180, 291, 431	4. 17
新西兰	348, 563, 433	364, 605, 131	374, 667, 038	383, 813, 774	2. 60
巴基斯坦	82, 874, 210	88, 973, 696	90, 494, 827	92, 514, 690	1. 97
菲律宾	383, 576, 876	405, 942, 490	417, 587, 870	429, 607, 298	2. 87
沙特阿拉伯	62, 638, 180	80, 919, 183	88, 983, 671	94, 270, 225	7. 93
新加坡	289, 112, 146	312, 505, 146	324, 998, 370	337, 990, 325	4. 00
叙利亚共和国	10, 012, 034	10, 525, 728	12, 139, 124	13, 006, 917	11. 16
泰国	166, 658, 606	183, 079, 340	191, 622, 610	197, 717, 109	3. 92
俄罗斯联邦	211, 412, 275	245, 029, 271	262, 332, 759	298, 293, 793	10. 33

注：AAGR 代表年均增长率。

平均	年均增长率（%）
非洲	6. 22
美洲	6. 26
欧洲	6. 95
亚太地区	6. 12

图 7.18　美国——2007 ~2009 年旅游收入前五名客源市场预测（单位：美元）

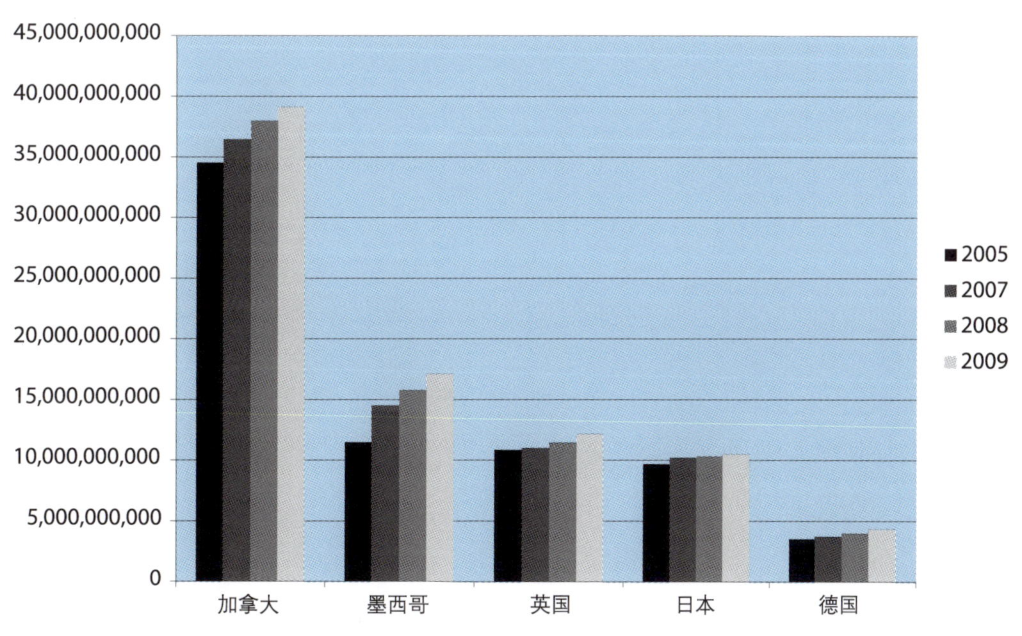

第八章

2007 年、2008 年和 2009 年出境旅游预测

出境旅游预测

虽然少数亚太地区国家可提供其出境旅游数据，但官方提供的出境旅游人次和入境旅游接待量数据经过一段时间的精确审核后，发现这两种数据并不一致。前往主要目的地的出境旅游人次是根据客源市场的出游人次来估测的。但是旅游者前往的目的地常常不止一个，在目的地之间的停留天数可能根本没有什么变化，或者变化不超过一至两天，就旅游者所选择的目的地而言，这种统计的准确性就很不可靠，而且目的地数量根本没有计算在内。

因此，某些主要客源市场的出境旅游人次，可以通过对目的地入境旅游接待量的预测结果反向推算得出。例如，从中国内地进入澳大利亚的入境旅游接待量预测数字，也就等同于中国内地前往澳大利亚的出境旅游人次。但是用这种方法计算出的出境旅游人次的总和没有什么意义，因为许多入境旅游者都是从同一个客源地前往多个旅游目的地，用这种方法合计的出境旅游人次必然会过高地估计出境旅游人次总量（假设每一次入境旅游是一次独立旅行，仅前往一个目的地，之后返回）。所以，本章的图表未提供出境旅游人次总和，而且也不应当用这样的方法来计算出境旅游人次总量。

本章中出境旅游人次图表的价值在于，对每一个国家和地区前往各旅游目的地的出境旅游人次进行了预测。这种预测有助于衡量每个主要客源市场对每个主要目的地的需求，并且也有助于测量这一需求在 2007 ~ 2009 年的年增长率。

本书的重点是第四章和第五章的入境旅游接待量预测。虽然本章中的图表未能提供出境旅游人次总量，但这些经过转换的图表对出境旅游的格局进行了有效分析。这种分析方法的另一个优点在于，本章出境旅游图表不仅限于少数提供了出境旅游人次数据的国家和地区，而且通过对第四章入境旅游数据的转换，可以列出所有国家和地区的出境旅游图表。

本章中对有关图表的选列主要基于两个概念：第一，在亚太地区仅少数国家和地区是主要的旅游客源市场。传统的客源市场主要是澳大利亚、加拿大、中国台湾、中国香港特别行政区、日本、韩国、新加坡和美国；第二，人们对“新”市场的兴趣日益增长，这些新市场被视为巨大的潜在客源市场，中国内地和印度就属于这类市场。中国内地市场已经在迅速扩张，但是在发展为成熟市场前还有一段路要走。因此，预测中国内地出境旅游需求是相当有意义的。另一方面，近些年来，印度一直被认为是一个巨大的潜在市场，也表现出明显的增长。因此，对印度出境旅游需求的趋势和增长进行预测也深具意义。最后，泰国和新西兰也被列入上述市场，因为泰国是未来的一个新兴市场，目前已经显现产生大量出境旅游者的迹象；而新西兰则是大洋洲的重要客源市场，向大量的太平洋岛屿旅游目的地输送客源。

澳大利亚

表 8.1　澳大利亚——2007 ~ 2009 年前往亚太地区出境旅游人次预测

目的地	2005	2007	2008	2009	2005 ~ 2009 AAGR(%)
孟加拉国	3, 686	4, 242	4, 800	5, 303	9. 52
柬埔寨	47, 465	60, 029	66, 366	71, 021	10. 60
加拿大	201, 939	208, 568	217, 238	225, 683	2. 82
智利	31, 121	36, 477	39, 821	42, 755	8. 26
中国内地	482, 968	598, 640	681, 490	777, 820	12. 65
中国台湾	46, 394	46, 176	48, 341	51, 825	2. 81
中国香港特别行政区	525, 577	599, 070	640, 540	682, 650	6. 76
库克群岛	11, 312	11, 440	11, 915	12, 542	2. 61
斐济	184, 996	169, 790	186, 841	203, 672	2. 43
印度	96, 000	118, 321	122, 614	126, 911	7. 23
印度尼西亚	407, 193	385, 644	394, 530	401, 802	0. 33
日本	206, 178	208, 435	212, 434	218, 175	1. 42
韩国	63, 464	74, 604	80, 303	87, 372	8. 32
老挝	20, 323	25, 615	28, 317	32, 341	12. 32
中国澳门特别行政区*	61, 695	83, 287	98, 452	110, 420	15. 66
马来西亚	265, 346	283, 410	297, 270	311, 830	4. 12
马尔代夫	5, 087	8, 952	9, 655	10, 077	18. 64
缅甸	6, 342	6, 827	7, 017	7, 246	3. 39
尼泊尔	7, 035	8, 518	8, 820	9, 076	6. 58
法属新喀里多尼亚	16, 062	16, 598	16, 990	17, 502	2. 17
新西兰	874, 738	908, 180	936, 390	961, 150	2. 38
纽埃	304	428	466	502	13. 36
巴基斯坦	9, 632	10, 810	11, 509	12, 264	6. 23
帕劳	818	827	916	984	4. 73
巴布亚新几内亚	36, 662	39, 262	40, 841	42, 730	3. 90
菲律宾	96, 465	110, 323	117, 510	122, 900	6. 24
萨摩亚群岛	17, 724	24, 774	28, 556	33, 257	17. 04
新加坡	620, 255	718, 740	741, 250	775, 180	5. 73
斯里兰卡	25, 986	27, 552	29, 515	31, 608	5. 02
塔希提岛	9, 609	12, 513	14, 644	16, 876	15. 12
泰国	428, 521	700, 720	825, 950	951, 640	22. 07
汤加	8, 854	9, 260	10, 785	11, 678	7. 17
美国	581, 773	657, 870	694, 280	728, 911	5. 80
瓦努阿图	38, 073	41, 763	44, 178	47, 642	5. 77
越南	145, 359	182, 580	199, 560	213, 020	10. 03

注：* 来自于澳大利亚、新西兰和太平洋地区出境旅游人次。

AAGR 代表年均增长率。

图 8.1　澳大利亚——2007～2009 年前 5 名出境旅游目的地预测

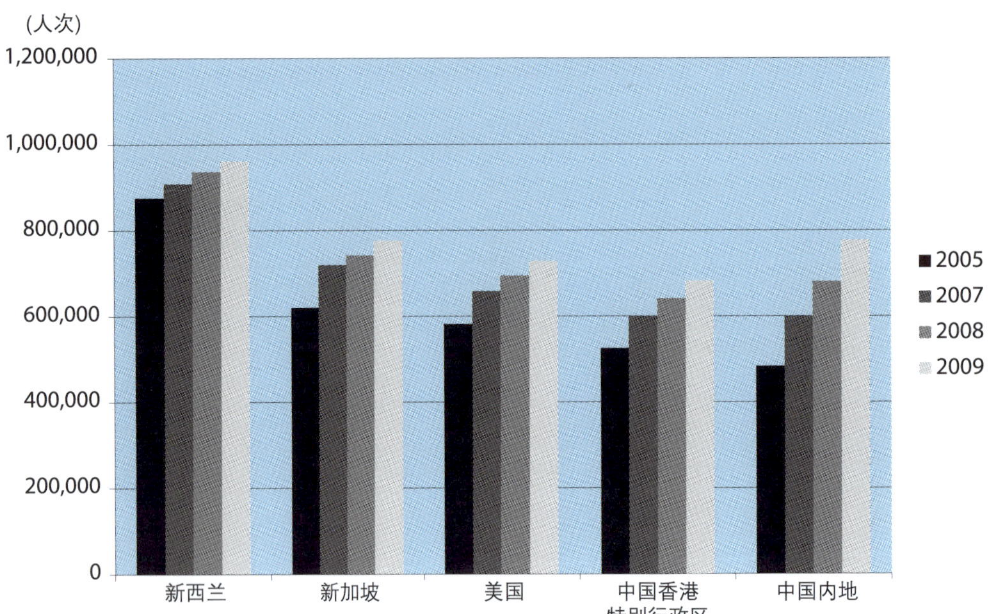

澳大利亚是全世界第十六位国际旅游消费大国，年消费额约为 75 亿美元。其中 60% 以上是到亚太地区的旅行，到欧洲旅行的约占 18% 左右，到北美地区的占 16%。

新西兰、新加坡、美国、英国、中国香港特别行政区、中国内地和新加坡位居前列，印度尼西亚已被中国内地取代，这是恐怖威胁造成的结果。到新加坡旅游的许多人继续前往欧洲和亚洲。

2004 年，位居亚太地区前 5 名的目的地是：新西兰、新加坡、美国、中国香港特别行政区和印度尼西亚。

由于国与国之间的客流量差异很大，因此解释表 8.1 中的出境旅游人次平均增长率比较困难。在许多增长率高的太平洋岛国，那里的客流量小，客流量变化能产生大幅度的增长率。无论怎么说，柬埔寨、中国内地、中国澳门特别行政区、老挝、马尔代夫、泰国和越南也是显而易见的增长目的地。重要的是，中国内地和中国澳门特别行政区是稳步增长的新贸易伙伴。老挝和越南是新的旅游目的地，吸引着越来越多的注意力，并且可能威胁作为传统目的地的泰国，在印度尼西亚市场第一次开始下滑之后，泰国市场曾一度繁荣。

在其他较大的出境旅游目的地中，韩国在预测期内预计增长强劲，同时，巨大的加拿大市场有望稳步增长。

加拿大

表 8.2　加拿大——2007 ~ 2009 年前往亚太地区出境旅游人次预测

目的地	2005	2007	2008	2009	2005 ~ 2009 AAGR(%)
澳大利亚	102, 500	116, 136	123, 808	129, 885	6. 10
孟加拉国	4, 519	5, 477	6, 691	7, 595	13. 86
柬埔寨	24, 110	32, 311	36, 345	39, 911	13. 43
智利	33, 618	46, 582	54, 833	64, 545	17. 71
中国内地	429, 784	564, 900	635, 090	711, 662	13. 44
中国台湾	54, 464	56, 329	59, 855	62, 596	3. 54
中国香港特别行政区	308, 842	356, 343	373, 939	399, 120	6. 62
中国澳门特别行政区*	46, 467	62, 186	70, 886	80, 804	14. 83
库克群岛	2, 036	2, 682	2, 913	3, 315	12. 96
斐济	13, 564	15, 561	16, 269	17, 091	5. 95
印度	156, 000	184, 162	201, 327	217, 442	8. 66
印度尼西亚	30, 172	32, 254	33, 168	33, 947	2. 99
日本	150, 012	155, 206	162, 597	170, 419	3. 24
韩国	86, 399	101, 795	111, 516	122, 209	9. 06
老挝	11, 447	15, 325	18, 185	21, 335	16. 84
马来西亚	31, 167	37, 080	40, 850	43, 610	8. 76
马尔代夫	1, 426	3, 112	3, 762	4, 325	31. 97
缅甸	2, 911	3, 250	3, 423	3, 605	5. 49
尼泊尔	4, 314	4, 949	5, 793	6, 477	10. 69
法属新喀里多尼亚	609	1041	1237	1470	24. 65
新西兰	42, 182	46, 410	48, 400	50, 476	4. 59
纽埃	45	68	75	83	16. 54
巴基斯坦	22, 953	25, 638	27, 106	29, 163	6. 17
巴布亚新几内亚	660	1387	1621	1886	30. 02
菲律宾	72, 853	84, 617	89, 527	95, 634	7. 04
萨摩亚群岛	445	451	479	500	2. 96
新加坡	76, 924	89, 343	92, 858	98, 401	6. 35
斯里兰卡	21, 185	20, 551	22, 223	24, 136	3. 31
塔希提岛	5, 554	8, 642	9, 813	10, 968	18. 54
泰国	156, 618	176, 080	181, 877	186, 284	4. 43
汤加	286	315	348	366	6. 36
美国	13, 849, 488	14, 634, 213	15, 241, 781	15, 711, 857	3. 20
越南	63, 431	78, 906	87, 362	99, 521	11. 92

注：* 来自于澳大利亚、新西兰和太平洋地区出境旅游人次。
AAGR 代表年均增长率。

图 8.2　加拿大——2007～2009 年前 5 名出境旅游目的地预测

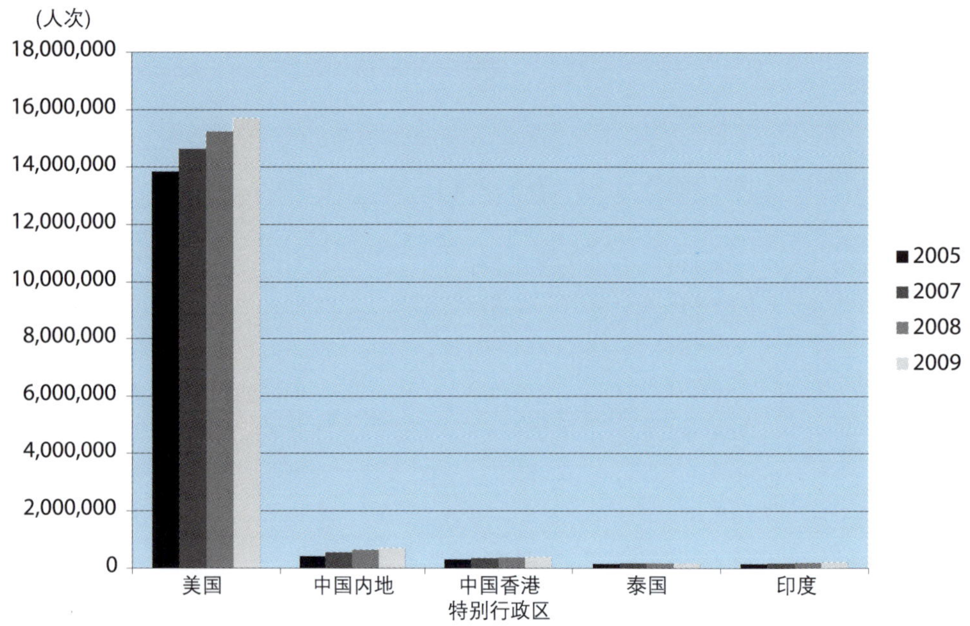

加拿大重点出境旅游目的地不断变化，欧洲已被亚太地区所取代。就客流量而言，除美国外，名列前几位的是中国内地、中国香港特别行政区、泰国和印度。

从图 8.2 中可以看出，美国在排名中居于主导地位，这是因为到美国旅游的客流量巨大。

图 8.2 显示，客流量的变化很大，因此无法直接对增长率进行解释。一些最高增长率是前往太平洋小岛屿客流量。在较大的客流量中（参见图 8.2 前 5 位），能够看出中国内地、中国香港特别行政区和印度增长率最高。美国的增长率为 3%，在给出的基数仍然较大的同时，最近有部分下降。

在 2005 年旅游人次超过 10 万的其他目的地中，澳大利亚引人注目，预计有 6% 的稳定增长率，印度是 9%。

中国内地

表 8.3　中国内地——2007～2009 年前往亚太地区出境旅游人次预测

目的地	2005	2007	2008	2009	2005～2009 AAGR(%)
澳大利亚	284, 900	358, 362	390, 417	427, 000	10. 65
孟加拉国	6, 982	7, 879	8, 206	9, 550	8. 14
柬埔寨	59, 153	101, 926	124, 725	145, 018	25. 13
加拿大	117, 490	173, 855	200, 440	237, 935	19. 29
智利	6, 397	6, 588	6, 712	6, 937	2. 05
中国香港特别行政区	12, 541, 400	14, 620, 600	15, 829, 200	16, 889, 700	7. 73
中国澳门特别行政区	10, 462, 974	12, 841, 000	13, 518, 300	14, 714, 200	8. 90
印度尼西亚	52, 796	70, 468	76, 343	81, 134	11. 34
日本	652, 820	907, 900	1, 060, 640	1, 239, 080	17. 38
韩国	709, 836	1, 130, 560	1, 293, 500	1, 482, 210	20. 21
老挝	39, 210	48, 414	54, 562	60, 741	11. 56
马来西亚	352, 089	471, 560	534, 490	573, 760	12. 98
马尔代夫	11, 609	32, 341	37, 742	45, 072	40. 37
缅甸	19, 596	23, 599	25, 897	28, 419	9. 74
新西兰	87, 850	137, 709	167, 495	203, 723	23. 40
北马里亚纳群岛(美国)	32, 920	43, 053	50, 766	58, 432	15. 42
巴基斯坦	29, 601	42, 416	48, 211	56, 642	17. 61
帕劳	336	363	393	421	5. 80
巴布亚新几内亚	1, 267	3, 140	3, 727	4, 333	35. 99
菲律宾	107, 456	165, 700	190, 440	216, 600	19. 15
新加坡	857, 814	1, 217, 270	1, 361, 737	1, 544, 932	15. 85
斯里兰卡	9, 668	20, 878	26, 071	31, 867	34. 74
泰国	776, 792	954, 470	1, 023, 190	1, 103, 452	9. 17
美国*	405, 380	540, 615	598, 216	669, 318	13. 36
越南	752, 576	612, 689	648, 183	683, 994	2. 36

注：＊美国的数据中包括来自中国香港特别行政区的入境旅游者。
AAGR 代表年均增长率。

图 8.3　中国内地——2007～2009 年前 5 名出境旅游目的地预测

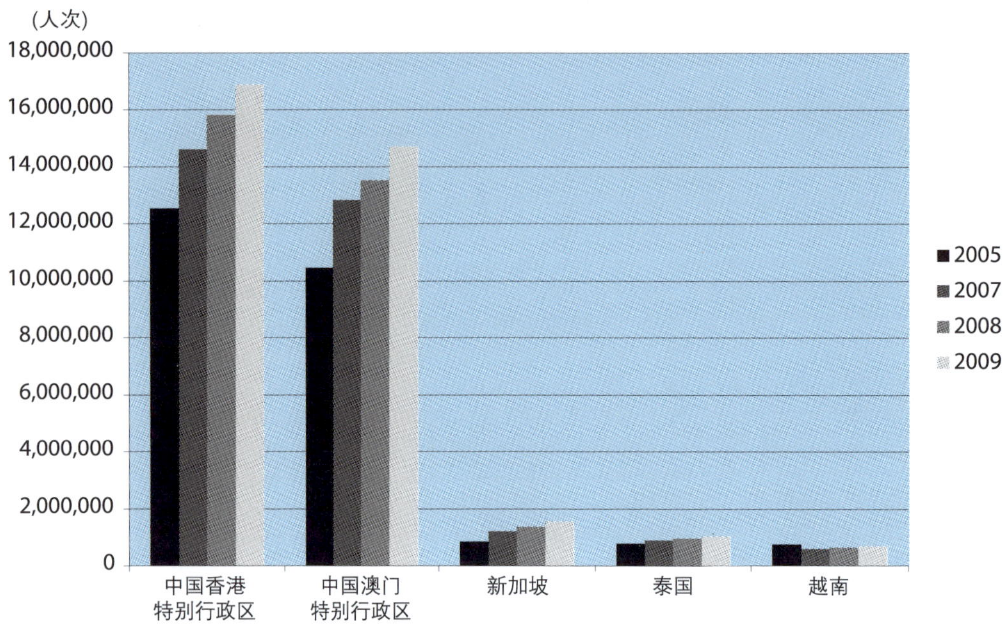

中国内地日益成为主要的旅游客源国，其出境旅游人次增长率是亚太地区旅游业突出方面之一。中国内地一些高增长率的新兴出境旅游目的地，包括柬埔寨（25%）、老挝（12%）、马来西亚（13%）、马尔代夫（40%）、北马里亚纳群岛（15%）、巴基斯坦（18%）、巴布亚新几内亚（36%）、菲律宾（19%）和斯里兰卡（35%）。就客流量而言，2004 年在亚太地区排名前 5 位的出游目的地首先是中国香港特别行政区和中国澳门特别行政区，其次是新加坡、泰国和越南。

预测增长率最高的是前往马尔代夫旅游的客流量，在中期是很明显的，由于海啸后马尔代夫市场的潜在变化。澳大利亚（11%）、加拿大（19%）、印度尼西亚（11%）、日本（17%）、韩国（20%）、新西兰（23%）、新加坡（16%）和美国（13%）也是增长强劲的市场。

中国台湾

表 8.4　中国台湾——2007 ~ 2009 年前往亚太地区出境旅游人次预测

目的地	2005	2007	2008	2009	2005 ~ 2009 AAGR(%)
澳大利亚	110, 700	12, 920	119, 504	126, 690	3. 43
孟加拉国	2, 127	2, 563	2, 991	3, 490	13. 18
柬埔寨	54, 771	84, 418	97, 167	109, 540	18. 92
加拿大	98, 238	103, 076	106, 566	109, 117	2. 66
中国内地	4, 109, 187	4, 661, 900	4, 998, 600	5, 376, 900	6. 95
中国香港特别行政区	2, 130, 565	2, 184, 920	2, 224, 620	2, 265, 040	1. 54
中国澳门特别行政区	1, 482, 441	1, 551, 950	1, 684, 730	1, 807, 720	5. 08
印度尼西亚	356, 263	351, 490	349, 216	347, 308	0. 63
日本	1, 274, 609	1, 339, 080	1, 468, 370	1, 585, 860	5. 61
韩国	337, 772	361, 298	388, 650	419, 870	5. 59
老挝	4, 739	3, 575	4, 488	5, 621	4. 36
马来西亚	172, 456	197, 870	209, 547	222, 321	6. 56
马尔代夫	17, 600	19, 834	20, 644	21, 386	4. 99
新西兰	28, 455	29, 781	30, 819	31, 700	2. 74
北马里亚纳群岛(美国)	2, 588	527	550	581	31. 17
帕劳	34, 101	30, 562	31, 984	33, 464	0. 47
菲律宾	122, 496	128, 810	133, 310	136, 860	2. 81
新加坡	213, 959	218, 754	238, 389	251, 423	4. 12
斯里兰卡	2, 720	3, 025	3, 386	3, 704	8. 03
塔希提岛	153	164	189	213	8. 62
泰国	365, 664	376, 357	366, 033	368, 214	0. 17
美国	318, 886	354, 980	403, 880	456, 490	9. 38
越南	286, 324	295, 651	316, 387	331, 773	3. 75

注：AAGR 代表年均增长率。

图 8.4　中国台湾——2007～2009 年前 5 名出境旅游目的地预测

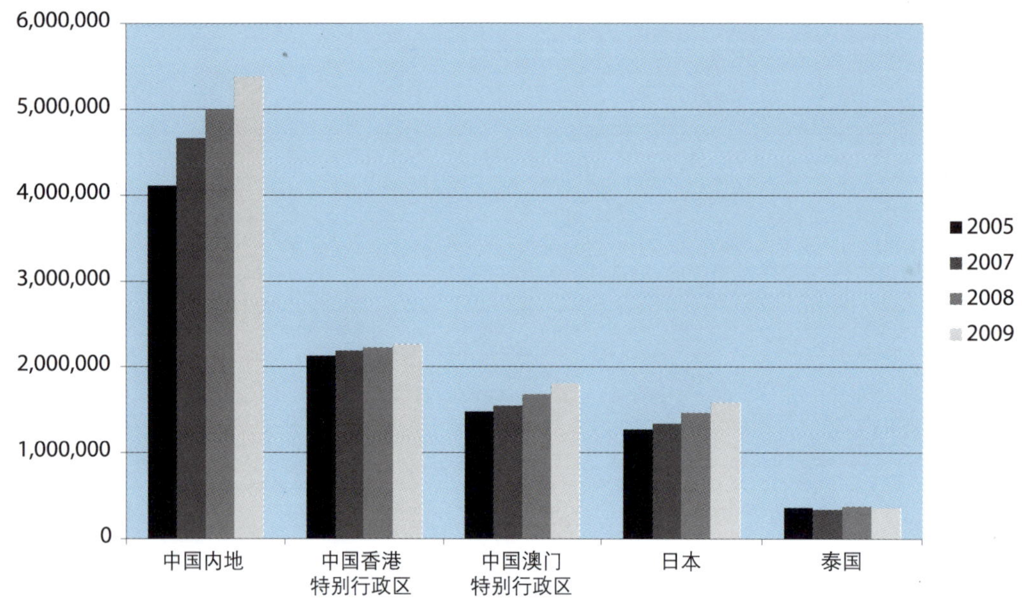

中国台湾是一个主要的出境旅游市场。相对于其人口规模而言，中国台湾是世界上出境客流量最大的市场之一。传统的出游目的地是中国内地、中国香港特别行政区和中国澳门特别行政区。

在亚太地区排名前 5 位的出游目的地是中国内地、中国香港特别行政区、中国澳门特别行政区、日本和泰国。从图 8.4 中可以看出，预测期内排名顺序将保持稳定。

中国台湾的增长率不是明显强劲，只有一些市场变化。柬埔寨（19%）和孟加拉国（13%）有望增长显著，印度尼西亚（1%）和北马里亚纳群岛（31%）作为出境市场预计下降，在其他一些大的市场中，中国内地（7%）、日本（6%）、韩国（6%）、中国澳门特别行政区（5%）、马来西亚（7%）和美国（9%）在来自中国台湾出境旅游者数量上有望获得明显增长。

中国香港特别行政区

表 8.5 中国香港特别行政区——2007 ~2009 年前往亚太地区出境旅游人次预测

目的地	2005	2007	2008	2009	2005 ~2009 AAGR(%)
澳大利亚	159, 500	164, 792	169, 293	175, 425	2. 41
孟加拉国	103	137	147	156	10. 94
柬埔寨	3, 421	4, 621	5, 368	5, 794	14. 08
加拿大	111, 415	10, 673	116, 923	124, 420	2. 80
中国内地	70, 193, 786	75, 236, 000	78, 335, 000	82, 569, 000	4. 14
中国台湾	432, 718	460, 550	487, 750	516, 530	4. 53
中国澳门特别行政区	5, 614, 126	7, 221, 200	7, 834, 800	8, 500, 400	10. 93
印度尼西亚	79, 095	80, 446	83, 961	86, 505	2. 26
日本	298, 808	449, 740	511, 314	552, 596	16. 61
韩国	179, 853	167, 471	175, 841	183, 323	0. 48
马来西亚	77, 528	105, 998	117, 707	127, 451	13. 23
缅甸	2, 593	3, 377	3, 896	4, 495	14. 74
新西兰	26, 289	26, 307	26, 823	27, 512	1. 14
北马里亚纳群岛(美国)	2, 810	1, 612	1, 872	2, 188	-6. 06
帕劳	1, 387	521	539	545	-20. 83
菲律宾	107, 195	109, 650	114, 897	119, 642	2. 78
新加坡	313, 831	313, 319	318, 843	327, 038	1. 04
斯里兰卡	1, 069	1, 391	1, 716	2, 005	17. 03
塔希提岛	267	321	346	368	8. 35
泰国	274, 402	515, 924	590, 650	648, 540	23. 99

注：AAGR 代表年均增长率。

图 8.5　中国香港特别行政区——2007 ~ 2009 年前 5 名出境旅游目的地预测

中国香港特别行政区一直是世界上主要的旅游客源市场，其现在前往中国内地和中国澳门特别行政区的客流量增长居主导地位。

在亚太地区排名前 5 位的出游目的地是中国内地、中国澳门特别行政区、中国台湾、新加坡和日本。在因海啸引起的下降之后，2007 年泰国有望再次位居第三，产生 24% 的最高增长率，日本也有望增长迅速（17%）。在其他的大市场，如中国澳门特别行政区（11%）和马来西亚（13%）预计有强劲增长。

其他高增长率是较小的市场。而北马里亚纳群岛（ -6%）和帕劳（ -21%）是负增长情况。

印度

表 8.6　印度——2007～2009 年前往亚太地区出境旅游人次预测

目的地	2005	2007	2008	2009	2005～2009 AAGR(％)
澳大利亚	68, 000	95, 925	106, 386	118, 086	14. 79
孟加拉国	86, 232	88, 200	90, 990	93, 186	1. 96
柬埔寨	6, 938	9, 458	10, 813	12, 137	15. 01
加拿大	77, 849	96, 816	108, 923	117, 680	10. 88
智利	3, 474	3, 682	3, 947	4, 251	5. 18
中国内地	356, 460	460, 010	530, 130	616, 650	14. 69
中国台湾	17, 512	19, 252	20, 343	21, 496	5. 26
中国香港特别行政区	273, 487	340, 864	377, 420	421, 958	11. 45
中国澳门特别行政区	20, 889	39, 725	52, 273	62, 908	31. 73
印度尼西亚	35, 354	41, 665	44, 955	49, 429	8. 74
日本	58, 572	63, 522	69, 004	76, 345	6. 85
韩国	58, 545	65, 992	70, 404	74, 234	6. 12
老挝	2, 096	2, 482	2, 651	2, 833	7. 82
马来西亚	225, 789	319, 510	368, 220	408, 270	15. 96
马尔代夫	10, 260	12, 889	13, 431	14, 200	8. 46
缅甸	7, 679	8, 346	8, 701	9, 071	4. 25
尼泊尔	96, 434	101, 390	104, 370	107, 440	2. 74
巴基斯坦	59, 560	65, 662	68, 944	72, 390	5. 00
巴布亚新几内亚	736	1, 195	1, 416	1, 657	22. 49
菲律宾	21, 034	24, 803	26, 637	28, 611	7. 99
新加坡	583, 543	751, 270	842, 960	945, 840	12. 83
斯里兰卡	113, 323	142, 850	156, 150	168, 150	10. 37
泰国	381, 471	457, 287	473, 790	487, 058	6. 30
美国	344, 926	424, 740	452, 780	486, 310	8. 97

注：AAGR 代表年均增长率。

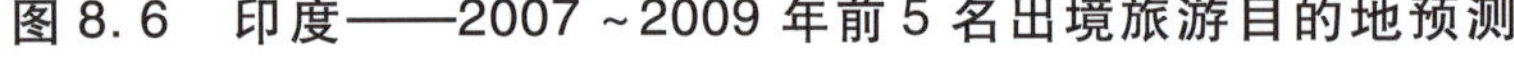

图 8.6　印度——2007～2009 年前 5 名出境旅游目的地预测

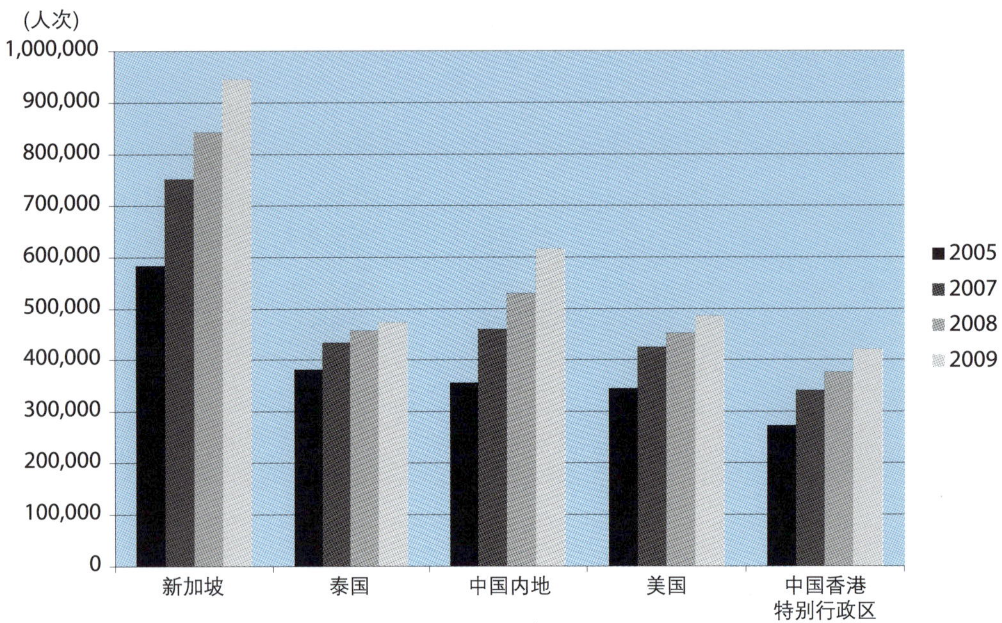

印度被认为是一个潜力巨大的出境旅游市场，这在很大程度上是因为印度的人口规模与中国内地相当，并且印度中产阶级的数量在不断扩张。印度的出境旅游客流量继续增长，预计 2007～2009 年会多次出现高增长率。

图 8.6 显示，排名前 5 位的出境旅游目的地是新加坡、泰国、中国内地、美国和中国香港特别行政区，泰国已经迅速成为名列第二的目的地。

在其他较大的市场，澳大利亚（15%）、马来西亚（16%）和新加坡（13%）增幅明显。前往中国澳门特别行政区（32%）和巴布亚新几内亚（22%）旅游的高增长或许令人吃惊，但它们是建立在少量的入境旅游人次基础之上。

日本

表8.7　日本——2007～2009年前往亚太地区出境旅游人次预测

目的地	2005	2007	2008	2009	2005～2009 AAGR(%)
澳大利亚	685, 400	695, 640	708, 572	722, 283	1. 32
孟加拉国	6, 269	5, 886	5, 963	6, 040	0. 93
柬埔寨	137, 849	171, 220	192, 341	209, 506	11. 03
加拿大	423, 881	436, 754	466, 047	489, 305	3. 65
智利	13, 882	14, 561	14, 847	15, 108	2. 14
中国内地	3, 389, 976	4, 091, 550	4, 376, 796	4, 771, 120	8. 92
中国台湾	1, 124, 334	1, 204, 220	1, 238, 790	1, 274, 360	3. 18
中国香港特别行政区	1, 210, 848	1, 390, 156	1, 448, 985	1, 525, 999	5. 95
中国澳门特别行政区	169, 196	237, 873	273, 389	314, 210	16. 74
斐济	27, 380	20, 036	22, 912	28, 655	1. 14
印度	102, 000	123, 644	135, 014	141, 720	8. 57
印度尼西亚	622, 315	597, 810	607, 550	617, 440	0. 20
韩国	2, 439, 809	2, 523, 700	2, 686, 390	2, 810, 310	3. 60
老挝	22, 601	26, 501	28, 967	31, 663	8. 79
马来西亚	340, 027	379, 210	400, 470	422, 920	5. 61
马尔代夫	23, 269	48, 887	54, 292	57, 873	25. 58
缅甸	19, 584	19, 453	20, 909	21, 846	2. 77
法属新喀里多尼亚	31, 486	32, 325	33, 515	34, 751	2. 50
新西兰	154, 925	152, 549	154, 388	158, 457	0. 57
纽埃	8	12	14	16	18. 92
北马里亚纳群岛(美国)	351, 739	268, 564	289, 872	294, 884	4. 31
巴基斯坦	14, 136	16, 279	18, 444	20, 610	9. 88
帕劳	26, 281	27, 663	29, 480	31, 318	4. 48
巴布亚新几内亚	5, 401	5, 521	6, 102	6, 743	5. 70
菲律宾	415, 456	444, 690	463, 710	483, 550	3. 87
萨摩亚群岛	661	857	928	990	10. 63
新加坡	588, 535	604, 660	629, 294	643, 616	2. 26
斯里兰卡	17, 148	17, 537	19, 266	21, 054	5. 26
塔希提岛	21, 986	22, 880	24, 039	24, 868	3. 13
泰国	1, 196, 654	1, 401, 910	1, 461, 500	1, 511, 219	6. 01
汤加	661	516	647	792	4. 62
美国	3, 883, 906	4, 087, 000	4, 146, 400	4, 216, 200	2. 07
瓦努阿图	583	740	805	870	10. 53
越南	320, 605	418, 462	445, 314	482, 468	10. 76

注：AAGR代表年均增长率。

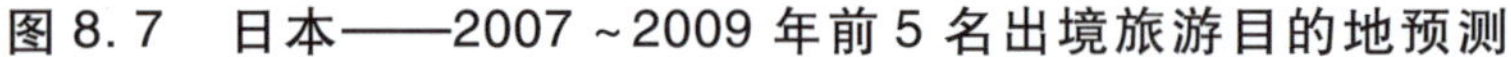

图 8.7 日本——2007 ~2009 年前 5 名出境旅游目的地预测

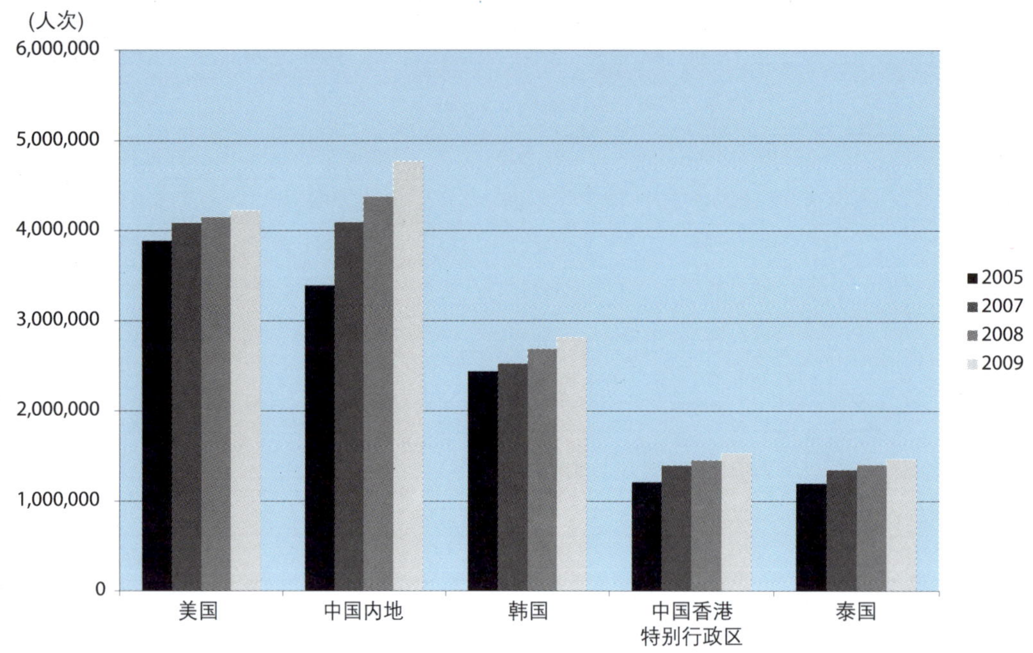

最受日本游客欢迎的目的地是美国，但是预计 2007 年将会发生重大变化，因为前往中国内地的出境旅游客流量会出现大幅增长，从而使中国内地名列美国之前。2005 年，韩国、中国香港特别行政区和泰国是其他主要目的地。

预计增长率最高的国家和地区是一些小型旅游目的地，包括马尔代夫（26%）和纽埃岛（19%）。预计前往印度尼西亚的出境旅游有较大下降，但基数很高。北马里亚纳群岛也预计下降（-4%），然而中国澳门特别行政区（17%）和柬埔寨、萨摩亚群岛、瓦努阿图和越南（都为 11%）有望增长强劲。

韩国

表 8.8　韩国——2007～2009 年前往亚太地区出境旅游人次预测

目的地	2005	2007	2008	2009	2005～2009 AAGR（%）
澳大利亚	250, 400	254, 218	262, 806	268, 531	1. 76
孟加拉国	5, 332	5, 109	5, 423	5, 758	1. 94
柬埔寨	216, 584	293, 621	329, 500	351, 312	12. 85
加拿大	179, 961	207, 510	221, 996	237, 493	7. 18
智利	5, 951	6, 433	6, 714	6, 831	3. 51
中国内地	3, 545, 341	4, 127, 100	4, 505, 800	4, 953, 800	8. 72
中国台湾	182, 517	219, 735	245, 482	279, 958	11. 29
中国香港特别行政区	642, 480	750, 820	807, 860	866, 860	7. 78
中国澳门特别行政区	120, 767	206, 718	253, 135	309, 975	26. 57
斐济	10, 339	9, 266	10, 587	12, 373	4. 59
印度	49, 895	69, 211	75, 479	83, 266	13. 66
印度尼西亚	262, 622	280, 880	300, 190	320, 840	5. 13
日本	1, 747, 171	2, 253, 520	2, 551, 220	2, 765, 500	12. 17
老挝	9, 189	13, 216	15, 410	17, 266	17. 08
马来西亚	158, 177	218, 200	266, 620	303, 230	17. 67
马尔代夫	6, 543	16, 916	19, 027	21, 519	34. 67
缅甸	10, 934	22, 435	26, 849	31, 303	30. 08
新西兰	112, 005	131, 324	141, 316	152, 282	7. 98
北马里亚纳群岛（美国）	69, 952	104, 008	112, 486	119, 993	14. 44
巴基斯坦	5, 765	6, 922	7, 433	7, 986	8. 49
帕劳	2, 169	13, 890	15, 575	17, 424	68. 35
菲律宾	489, 465	605, 210	717, 010	810, 190	13. 43
新加坡	364, 206	505, 068	522, 654	539, 101	10. 30
斯里兰卡	6, 056	6, 726	7, 388	8, 115	7. 59
塔希提岛	581	512	602	689	4. 35
泰国	816, 407	1, 004, 610	1, 059, 030	1, 113, 102	8. 06
美国	705, 093	805, 280	860, 600	919, 710	6. 87
越南	317, 213	464, 489	512, 624	566, 104	15. 58

注：AAGR 代表年均增长率。

图 8.8　韩国——2007～2009 年前 5 名出境旅游目的地预测

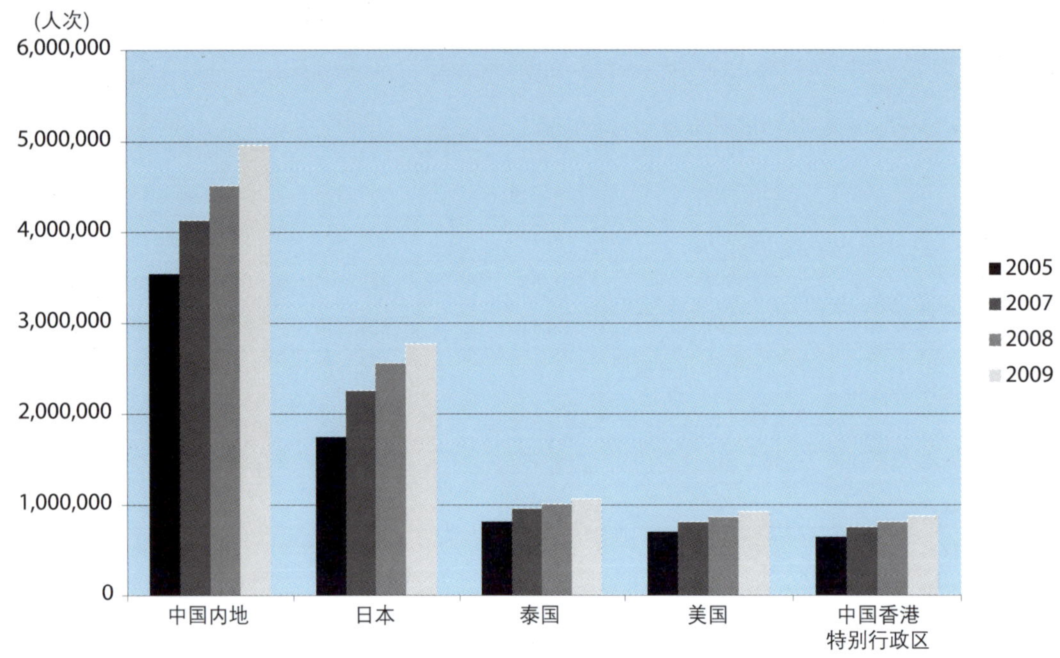

作为亚太地区各类目的地的主要客源市场，韩国出境旅游正在继续增长。

在亚太地区前 5 位的目的地（参见图 8.8）是中国内地、日本、泰国、美国和中国香港特别行政区。欧洲是另外一个主要的国际旅游目的地。

最高出境旅游增长率是对帕劳（68%）、马尔代夫（35%）、缅甸（30%）和中国澳门特别行政区（27%）的预测。多数市场仍然预计增长 10% 以上。

新西兰

表8.9　新西兰——2007～2009年前往亚太地区出境旅游人次预测

目的地	2005	2007	2008	2009	2005～2009 AAGR(%)
澳大利亚	1,098,600	1,126,330	1,152,030	1,189,901	2.02
孟加拉国	1,480	1,618	2,031	2,052	8.51
柬埔寨	9,484	11,670	12,824	13,077	8.36
加拿大	38,868	39,401	40,464	41,392	1.59
智利	6,979	7,842	8,122	8,568	5.26
中国内地	78,365	100,995	115,372	131,793	13.88
中国台湾	8,174	8,959	9,472	10,011	5.20
中国香港特别行政区	89,522	101,887	110,589	117,886	7.12
中国澳门特别行政区	9,104	11,648	12,839	14,153	11.66
库克群岛	49,067	53,773	55,471	57,653	4.11
斐济	117,991	89,638	102,765	117,124	-0.18
印度	20,463	25,842	27,651	29,322	9.41
印度尼西亚	23,064	20,991	19,609	18,317	-5.60
日本	34,981	33,660	34,361	35,075	0.07
韩国	16,418	18,539	20,574	21,771	7.31
老挝	3,778	4,351	5,369	6,480	14.44
马来西亚	33,846	40,778	44,337	47,963	9.11
马尔代夫	697	1,304	1,509	1,725	25.43
缅甸	922	997	1,037	1,089	4.25
尼泊尔	1,231	1,680	1,843	2,009	13.03
法属新喀里多尼亚	6,328	7,775	8,235	8,700	8.28
纽埃	1,529	1,648	1,692	1,733	3.18
巴基斯坦	1,324	1,414	1,458	1,472	2.68
巴布亚新几内亚	2,386	2,695	2,806	3,009	5.97
菲律宾	8,798	10,262	10,819	11,508	6.94
萨摩亚群岛	36,179	40,436	43,856	46,567	6.51
新加坡	119,489	127,212	132,115	139,202	3.89
斯里兰卡	3,617	3,996	4,380	4,739	6.99
塔希提岛	7,587	9,547	10,521	11,968	12.07
泰国	85,726	103,824	114,445	125,826	10.07
汤加	17,495	17,261	19,117	23,908	8.12
美国	139,780	146,213	150,248	153,916	2.44
瓦努阿图	7,651	10,563	11,831	13,008	14.19
越南	13,867	15,921	18,608	20,713	10.55

注：AAGR代表年均增长率。

图 8.9　新西兰——2007 ~ 2009 年前 5 名出境旅游目的地预测

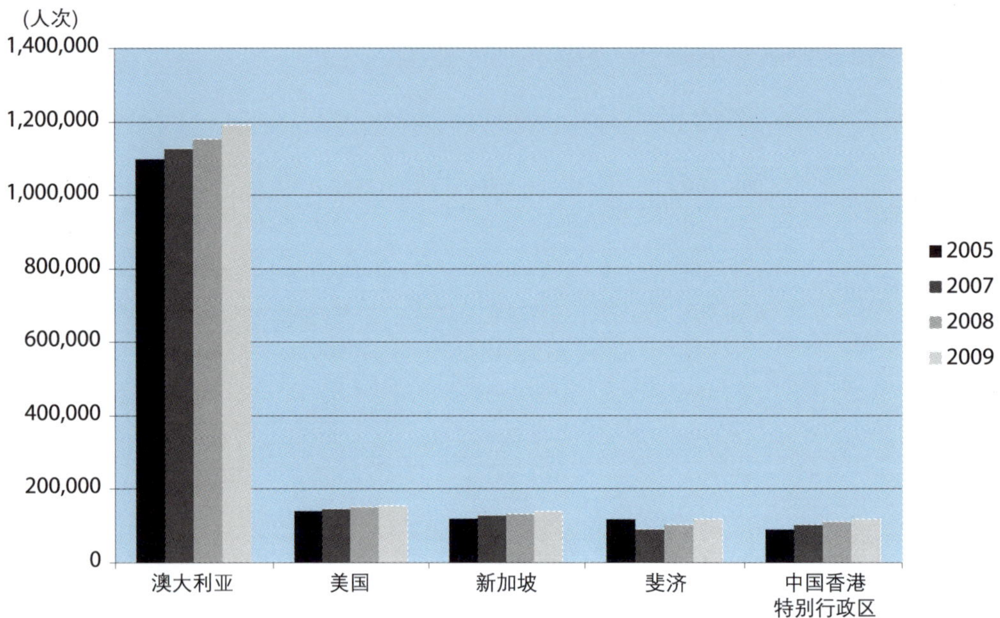

尽管来自新西兰的客流量相对较小，但对于大洋洲地区很重要。5 个最具重要意义的目的地（参见图 8.9）澳大利亚、美国、新加坡、斐济和中国香港特别行政区，2005 年，新加坡位居斐济之前。

最高增长率预计为海啸恢复后的马尔代夫（25%），有着较高客流量的中国内地（14%）增长率显著。被预测为负增长的是斐济（-0.2%）和印度尼西亚（-6%），前者是因为政变，后者是因为安全问题。

新加坡

表 8.10　新加坡——2007～2009 年前往亚太地区出境旅游人次预测

目的地	2005	2007	2008	2009	2005～2009 AAGR(%)
澳大利亚	265, 200	267, 839	272, 925	279, 264	1. 30
孟加拉国	1, 562	1, 950	2, 173	2, 400	11. 34
柬埔寨	18, 966	36, 020	41, 622	46, 844	25. 36
加拿大	24, 570	25, 135	25, 876	27, 107	2. 49
中国内地	755, 883	836, 620	892, 630	955, 170	6. 02
中国台湾	166, 179	199, 097	224, 664	253, 517	11. 14
中国香港特别行政区	573, 330	612, 650	647, 260	683, 810	4. 50
中国澳门特别行政区	82, 304	155, 087	187, 145	216, 087	27. 29
印度尼西亚	1, 359, 755	1, 489, 300	1, 526, 311	1, 587, 692	3. 95
日本	94, 161	125, 170	134, 405	141, 963	10. 81
韩国	81, 751	94, 844	99, 959	105, 349	6. 55
老挝	3, 868	4, 336	5, 113	5, 836	10. 83
马来西亚	9, 634, 506	9, 974, 000	10, 964, 000	11, 025, 000	3. 43
马尔代夫	3, 258	4, 879	5, 308	5, 777	15. 40
缅甸	9, 674	10, 720	11, 388	11, 966	5. 46
新西兰	29, 735	29, 722	30, 050	30, 383	0. 54
巴基斯坦	3, 811	4, 742	5, 316	5, 584	10. 02
菲律宾	69, 435	82, 782	90, 538	97, 720	8. 92
斯里兰卡	11, 156	9, 166	10, 215	11, 588	0. 95
塔希提岛	210	229	238	245	3. 93
泰国	650, 559	851, 720	911, 950	973, 246	10. 59
美国	115, 939	125, 320	130, 330	135, 540	3. 98
越南	77, 676	99, 392	112, 024	121, 415	11. 81

注：AAGR 代表年均增长率。

图 8.10　新加坡——2007～2009 年前 5 名出境旅游目的地预测

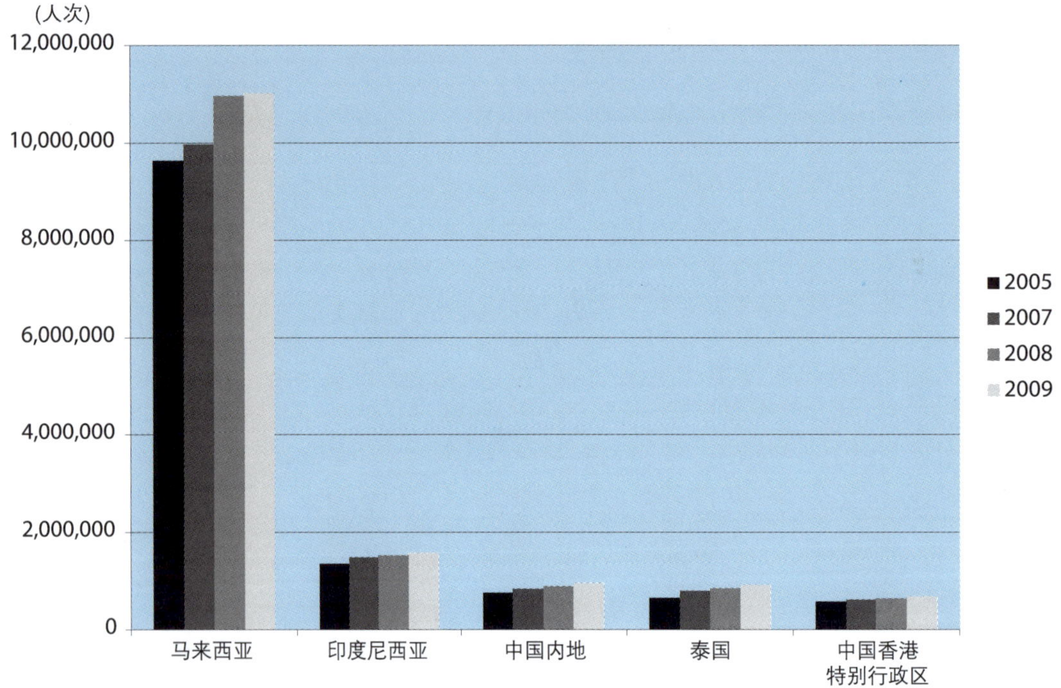

就人口而言，新加坡是一个相对较小的国家，但是由于它所处的中心区位、稳固的经济以及毗邻国家众多，都使新加坡成为区域范围内重要的旅游客源市场。

在亚太地区名列前 5 名的目的地（参见图 8.10）是马来西亚、印度尼西亚、中国内地、泰国和中国香港特别行政区。

从新加坡前往中国澳门特别行政区的出境旅游增长率预计最高，增长率为 27%。在其他较大的客源市场，中国台湾（11%）、日本（11%）、泰国（11%）和越南（12%）增长显著。

泰国

表 8.11　泰国——2007～2009 年前往亚太地区出境旅游人次预测

目的地	2005	2007	2008	2009	2005～2009 AAGR(%)
澳大利亚	77,200	77,853	79,056	80,971	1.20
孟加拉国	2,955	3,408	3,716	4,053	8.22
柬埔寨	63,631	85,428	96,091	107,537	14.02
加拿大	13,048	15,496	17,392	19,050	9.92
中国内地	586,267	615,290	654,640	688,861	4.11
中国台湾	93,568	110,772	116,194	129,227	8.41
中国香港特别行政区	380,412	427,287	456,018	486,670	6.35
中国澳门特别行政区	57,920	99,702	116,244	127,479	21.80
印度	41,978	60,271	68,391	71,073	14.07
印度尼西亚	46,563	59,106	62,842	65,604	8.95
日本	120,238	130,499	142,509	155,546	6.65
韩国	112,724	143,950	154,320	167,097	10.34
老挝	603,189	703,870	768,120	828,060	8.24
马来西亚	1,900,839	2,083,900	2,269,700	2,489,800	6.98
马尔代夫	1,114	3,401	3,789	4,241	39.68
缅甸	27,199	37,971	42,872	48,406	15.50
新西兰	19,122	18,218	18,704	19,260	0.18
巴基斯坦	3,562	4,461	4,971	5,542	11.68
菲律宾	26,934	30,678	32,504	34,447	6.34
新加坡	379,040	381,066	393,995	407,363	1.82
斯里兰卡	5,424	5,832	6,263	6,521	4.71
美国	66,833	73,418	76,844	79,288	4.36
越南	84,100	107,327	118,643	126,291	10.70

注：AAGR 代表年均增长率。

图 8.11　泰国——2007～2009 年前 5 名出境旅游目的地预测

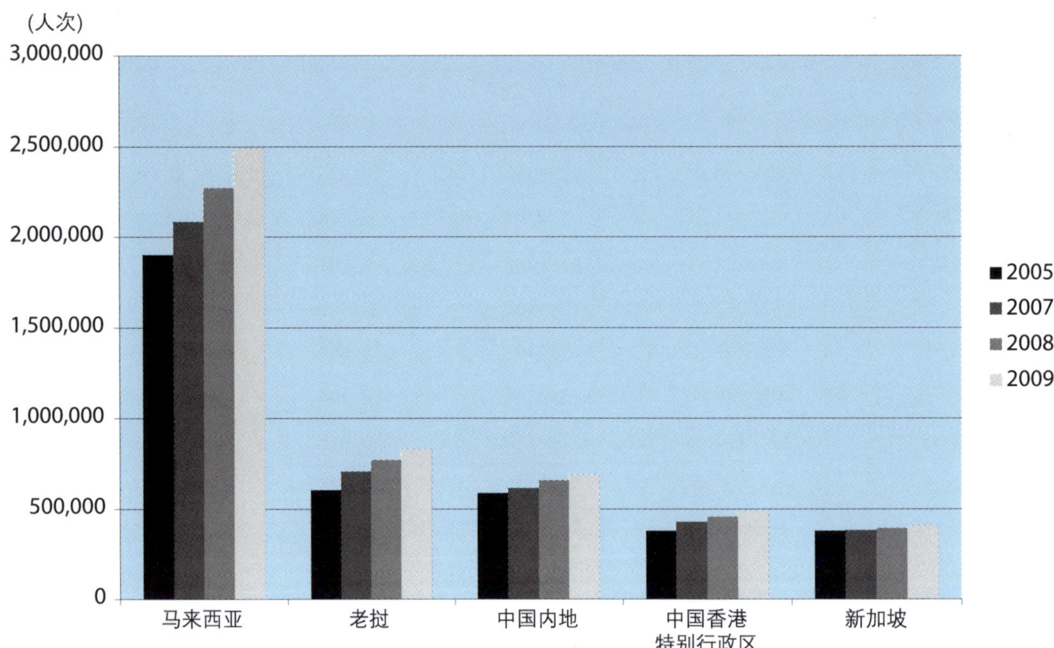

将泰国列入进来是由于泰国日益显现的在不久的将来会成为重要的国际旅游客源市场的迹象，其出境旅游图表也被列入本报告。

在亚太地区的前 5 位目的地（参见图 8.11）是马来西亚、老挝、中国内地、中国香港特别行政区和新加坡。

泰国前往马尔代夫的出境旅游增长率最高，增长率预计为 40%。在其他比较重要的目的地，柬埔寨（14%）、加拿大（10%）、韩国（10%）、印度（14%）、中国澳门特别行政区（22%）、缅甸（16%）和越南（11%）预计会有显著的增长。

美国

表 8.12　美国——2007～2009 年前往亚太地区出境旅游人次预测

目的地	2005	2007	2008	2009	2005～2009 AAGR(%)
澳大利亚	446, 100	462, 380	469, 354	478, 327	1. 76
孟加拉国	13, 422	15, 857	17, 205	18, 650	8. 57
柬埔寨	109, 419	132, 320	144, 647	157, 774	9. 58
加拿大	14, 379, 608	14, 563, 120	14, 887, 624	15, 223, 462	1. 44
智利	183, 833	211, 730	227, 230	243, 870	7. 32
中国内地	1, 555, 450	1, 966, 170	2, 215, 090	2, 495, 530	12. 55
中国台湾	390, 929	403, 897	415, 653	427, 760	2. 28
中国香港特别行政区	1, 143, 089	1, 265, 462	1, 362, 890	1, 491, 330	6. 87
中国澳门特别行政区	121, 930	157, 669	174, 472	193, 067	12. 18
库克群岛	4, 437	6, 774	7, 946	9, 149	19. 83
斐济	71, 972	65, 442	78, 275	84, 521	4. 10
印度	618, 000	824, 311	870, 216	901, 602	9. 90
印度尼西亚	160, 760	170, 630	173, 120	175, 896	2. 28
日本	822, 033	832, 980	850, 040	865, 430	1. 29
韩国	530, 629	580, 490	605, 410	630, 110	4. 39
老挝	47, 427	56, 362	62, 740	71, 190	10. 69
马来西亚	151, 354	197, 470	226, 130	255, 240	13. 96
马尔代夫	4, 833	8, 492	9, 511	9, 964	19. 83
缅甸	16, 598	16, 037	17, 184	18, 413	2. 63
尼泊尔	18, 539	22, 957	24, 688	25, 781	8. 59
法属新喀里多尼亚	807	891	960	1, 030	6. 29
新西兰	214, 507	239, 675	248, 714	258, 095	4. 73
纽埃	136	172	184	190	8. 72
北马里亚纳群岛(美国)	14, 821	12, 739	13, 289	13, 458	2. 38
巴基斯坦	121, 557	149, 200	183, 120	220, 600	16. 07
帕劳	5, 532	6, 197	6, 380	6, 511	4. 16
巴布亚新几内亚	5, 709	6, 426	6, 790	7, 207	6. 00
菲律宾	528, 493	598, 270	638, 540	670, 420	6. 13
萨摩亚群岛	9, 237	9, 345	9, 641	9, 950	1. 88
新加坡	371, 440	418, 097	443, 618	465, 391	5. 80
斯里兰卡	25, 272	26, 619	29, 948	32, 121	6. 18
塔希提岛	68, 326	75, 321	80, 985	85, 366	5. 72
泰国	639, 658	739, 950	796, 710	846, 814	7. 27
汤加	7, 861	8, 106	9, 061	9, 430	4. 65
越南	333, 566	399, 956	438, 292	455, 510	8. 10

注：AAGR 代表年均增长率。

图 8.12 美国——2007～2009 年前 5 名出境旅游目的地预测

美国是世界主要的客源市场和亚太地区最重要的市场。

在亚太地区前5位的目的地（参见图8.12）是加拿大、中国内地、中国香港特别行政区、日本和泰国。欧洲是仅次于亚洲的主要目的地地区，且游客大量流向中美洲和南美洲。

最高的出境旅游增长率预计为入境旅游恢复后的马尔代夫和游客流量显著增加的库克群岛，增长率均为20%。在多数情况下，出境旅游总量大，使得增长率比例相对小。例如：澳大利亚的增长率只有2%，但这表明在出境旅游数量上有明显增长。

出境旅游增长总体上是相当强劲的，平均增长率为7%，这表明出境旅游市场在美国复苏。

第三部分

补充阅读

第九章

参考文献

相关参考文献

以下列出的学术出版物是本书两位作者和其他作者所发表的学术成果，可供读者进一步了解预测方法的现状和本书中所使用的分析方法。

期刊论文

Du Preez, J. and Witt, S. F., "Univariate Versus Multivariate Time Series Forecasting: An Application to International Tourism Demand", *International Journal of Forecasting*, 19, No. 3, 2003, pp. 435 ~ 451.

Guo, W., Turner, L. W. and King, B., "The Emerging Golden Age of Chinese Tourism and its Historical Antecedents: A Thematic Investigation", *Tourism, Culture and Communication*, 3, No. 3, 2002, pp. 131 ~ 146.

Kon, S. C. and Turner, L. W., "Neural Network Forecasting of Tourism Demand", *Tourism Economics*, 11, No. 3, 2005, pp. 301 ~ 328.

Kulendran, N. and Witt, S. F., "Cointegration versus Least Squares Regression", *Annals of Tourism Research*, 28, No. 2, 2001, pp. 291 ~ 311.

Kulendran, N. and Witt, S. F., "Forecasting the Demand for International Business Tourism", *Journal of Travel Research*, 41, No. 3, 2003, pp. 265 ~ 271.

Kulendran, N. and Witt, S. F., "Leading Indicator Tourism Forecasts", *Tourism Management*, 24, No. 5, 2003, pp. 503 ~ 510.

Li, G., Song, H. and Witt, S. F., "Modeling Tourism Demand: A Dynamic Linear AIDS Approach", *Journal of Travel Research*, 43, No. 2, 2004, pp. 141 ~ 150.

Li, G., Song, H. and Witt, S. F., "Recent Developments in Econometric Modeling and Forecasting", *Journal of Travel Research*, 44, No. 2, 2005, pp. 82 ~ 99.

Li, G., Song, H. and Witt, S. F., "Time Varying Parameter and Fixed Parameter Linear AIDS: An Application to Tourism Demand Forecasting", *International Journal of Forecasting*, 22, No. 1, 2006, pp. 57 ~ 71.

Li, G., Wong, K. K. F., Song, H. and Witt, S. F., "Tourism Demand Forecasting: A Time Varying Parameter Error Correction Model", *Journal of Travel Research*, 45, No. 2, 2006, pp. 175 ~ 185.

Smeral, E. and Witt, S. F., "Econometric Forecasts of Tourism Demand to 2005", *Annals of Tourism Research*, 23, No. 4, 1996, pp. 891 ~ 907.

Song, H. and Witt, S. F., "Tourism Forecasting: The General-to-Specific Approach", *Journal of Travel Research*, 42, No. 1, 2003, pp. 65 ~ 74.

Song, H., Witt, S. F. and Jensen, T. C., "Tourism Forecasting: Accuracy of Alternative Econometric Models", *International Journal of Forecasting*, 19, No. 1, 2003, pp. 123 ~ 141.

Song, H., Witt, S. F. and Li, G., "Modelling and Forecasting the Demand for Thai Tourism", *Tourism Economics*, 9, No. 4, 2003, pp. 363 ~ 387.

Song, H. and Witt, S. F., "Forecasting International Tourist Flows to Macau", *Tourism*

Management, 27, No. 2, 2006, pp. 214 ~ 224.

Stroud, T. W. F., Sykes, A. M. and Witt, S. F., "Forecasting a Collection of Binomial Proportions in the Presence of Covariates", *International Journal of Forecasting*, 14, No. 1, 1998, pp. 5 ~ 15.

Turner, L. W., Kulendran, N. and Fernando, H., "The Use of Composite National Indicators for Tourism Forecasting", *Tourism Economics*, 3, 1997, pp. 309 ~ 317.

Turner, L. W., Kulendran, N. and Pergat, V., "Forecasting New Zealand Tourism Demand with Disaggregated Data", *Tourism Economics*, 1, No. 1, 1995, pp. 51 ~ 70.

Turner, L. W., Kulendran, N. and Fernando, H., "Univariate Modelling Using Periodic and Non-periodic Analysis: Inbound Tourism to Japan, Australia and New Zealand compared", *Tourism Economics*, 3, No. 1, 1997, pp. 39 ~ 56.

Turner, L. W. and Kijagulu, A., "Univariate Periodic and Non-periodic Modelling of Tourism Time-series Compared", *Tourism Analysis*, 3, No. 3/4, 1998, pp. 143 ~ 158.

Turner, L. W. and Reisinger, Y., "Importance and Expectations of Destination Attributes for Japanese Tourists to Hawaii and the Gold Coast Compared", *Asia Pacific Journal of Tourism Research*, 4, No. 2, 1999, pp. 1 ~ 18.

Turner, L. W. and Witt, S. F., "Factors Influencing the Demand for International Tourism: Tourism Demand Analysis Using Structural Equation Modelling, Revisited", *Tourism Economics*, 7, No. 1, 2001, pp. 21 ~ 38.

Turner, L. W. and Witt, S. F., "Forecasting Tourism Using Univariate and Multivariate Structural Time Series Models", *Tourism Economics*, 7, No. 2, 2001, pp. 135 ~ 147.

Vu, C. J. and Turner L. W., "Data Disaggregation in Demand Forecasting", *Tourism and Hospitality Research*, 6, No. 1, 2005, pp. 38 ~ 52.

Vu, C. J. and Turner L. W., "Regional Data Forecasting Accuracy: the Case of Thailand", *Journal of Travel Research*, Vol. 45, No. 2, 2006, pp. 186 ~ 193.

Vu, C. J. and Turner L. W., "Europe versus Asia—Future of Tourism Trade", *Oxford Journal*, Vol. 5, No. 1, 2006, pp. 67 ~ 72.

Vu, C. J. and Turner L. W., "Asia versus Oceania: net shifts in tourist arrivals," *Tourism Economics*, 12, No. 4, 2006, pp. 519 ~ 529.

Wang, Z. H., Evans, M. and Turner, L. W., "Effects of Strategic Airline Alliances on Air Transport Market Competition: an Empirical Analysis", *Tourism Economics*, 10, No. 1, 2004, pp. 23 ~ 43.

Winklhofer, H., Diamantopoulos, A. and Witt, S. F., "Forecasting Practice: A Review of the Empirical Literature and an Agenda for Future Research", *International Journal of Forecasting*, 12, No. 2, 1996, pp. 193 ~ 221.

Witt, S. F., Song, H. and Louvieris, P., "Statistical Testing in Forecasting Model Selection", *Journal of Travel Research*, 42, No. 2, 2003, pp. 151 ~ 158.

Witt, S. F., Song, H. and Wanhill, S., "Forecasting Tourism Generated Employment: The Case of Denmark", *Tourism Economics*, 10, No. 2, 2004, pp. 167 ~ 176.

Witt, S. F. and Turner, L. W., "Trends and Forecasts for Inbound Tourism to China", *Journal of Travel and Tourism Marketing*, 13, Nos. 1/2, 2003, pp. 99 ~ 109. (Reprinted in Wong, K. and Song, H. (eds.), Tourism Demand Forecasting: New Perspectives, Haworth Press, New York, 2003.)

Witt, S. F. and Witt, C. A., "Forecasting Tourism Demand: A Review of Empirical Research", *International Journal of Forecasting*, 11, No. 3, 1995, pp. 447 ~ 475.

Wong, K. K. F., Song, G., H., Witt, S. F. and Wu, D. C., "Tourism Forecasting: To Combine or Not to Combine?", *Tourism Management*, Vol. 28, No. 4, 2007, pp. 1068 ~ 1078.

Zhou, L., King, B. and Turner L. W., "The China Outbound Market", *Journal of Vacation Marketing*, 4, No. 2, Spring, 1998, pp. 109 ~ 119.

学术著作

Reisinger, Y. and Turner, L. W., *Cross-Cultural Tourism Behaviour: Concepts and Analysis*, Butterworth-Heinemann, London, 2002, 337 pp.

Song, H. and Witt, S. F., *Tourism Demand Modelling and Forecasting: Modern Econometric Approaches*, Pergamon, Oxford, 2000, 178 pp.

Turner, L. W. and Witt, S. F., *Asia Pacific Tourism Forecasts 2000 ~ 2004*, Travel and Tourism Intelligence, London, 2000, 238 pp.

Turner, L. W. and Witt, S. F., *Pacific Asia Tourism Forecasts 2002 ~ 2004*, Pacific Asia Travel Association, Bangkok, 2002, 261 pp.

Turner, L. W. and Witt, S. F., *Pacific Asia Tourism Forecasts 2003 ~ 2005*, Pacific Asia Travel Association, Bangkok, 2003, 261 pp.

Turner, L. W. and Witt, S. F., *Pacific Asia Tourism Forecasts 2004 ~ 2006*, Pacific Asia Travel Association, Bangkok, 2004, 301 pp.

Turner, L. W. and Witt, S. F., *Asia Pacific Tourism Forecasts 2005 ~ 2007*, Pacific Asia Travel Association, Bangkok, 2005, 301 pp.

Turner, L. W. and Witt, S. F., *Asia Pacific Tourism Forecasts 2006 ~ 2008*, Pacific Asia Travel Association, Bangkok, 2006, 314 pp.

Turner, L. W. and Witt, S. F., *Asia Pacific Tourism Forecasts 2006 ~ 2008*, China Travel and Tourism Press, Beijing, 2006, 294 pp. (Chinese translation: Asia Pacific Tourism Forecasts 2006 ~ 2008.)

Turner, L. W. and Witt, S. F., *Tourism Forecasts for Europe 2001 ~ 2005*, Pacific Asia Travel Association, Bangkok, 2001, 291 pp.

Witt, S. F., Brooke, M. Z. and Buckley, P. J., *The Management of International Tourism*, Second Edition, Routledge, London, 1995, 226 pp.

Witt, S. F. and Moutinho, L. (eds.), *Tourism Marketing and Management Handbook*, Second Edition, Prentice Hall, Hemel Hempstead, 1994, 617 pp.

Witt, S. F. and Witt, C. A., *Modeling and Forecasting Demand in Tourism*, Academic Press, London, 1992, 195 pp.

著作中的章节

L. Turner, C. J. Vu and S. F. Witt, "Recovery Marketing after Tourism Shocks", AIEST, International Tourism Research and Concepts, Keller, P. and Bieger, T., (eds.), ESV, 2006, pp. 35 ~ 49.

H. Song and L. W. Turner, "Tourism Demand Forecasting", in: Dwyer, L. and Forsyth, P. (eds.) International Handbook on the Economics of Tourism, Edgar, Mas. USA, 2006, pp. 89 ~ 114.

其他参阅文献

下列推荐的其他参阅文献不仅仅局限于近期出版物，这些文献可以帮助读者更深入地了解目前旅游预测方法的发展状况，以及本书中所讨论的问题的背景资料。一些文献专业性较强，而且大部分的文献需要读者具备本科层次的计量经济学基础。

Almon, C., *The Craft of Economic Modelling*, 2nd edition, Ginn Press, 1989, 307 pp.

Armstrong, J. S., (Ed.), *Principles of Forecasting. A Handbook for Researchers and Practitioners*, Kluwer Academic Publishers, Netherlands, 2001.

Banerjee, A., Lumsdaine, R. L. and Stock, J. H., "Recursive and Sequential Tests of the Unit Root and Trend Break Hypothesis", *Journal of Business and Economic Statistics*, 10, 1992, pp. 271 ~ 287.

Box, G. E. P. and Tiao, G. C., "Intervention Analysis with Applications to Economic and Environmental Problems", *Journal of the American Statistical Association*, 70, 1975, pp. 70 ~ 79.

Brady, J. and Widdows, R., "The Impact of World Events on Travel to Europe during the Summer of 1986", *Journal of Travel Research*, XXVI, No. 3, 1988, pp. 8 ~ 10.

Breusch, T. S., "Testing for Autocorrelation in Dynamic Linear Models", *Australian Economic Papers*, 17, 1978, pp. 334 ~ 355.

Charemza, W. W. and Deadman, D. F., *New Directions in Econometric Practice*, Edward Elgar, London, 1992.

Clements, M. P., "The Estimation and Testing of Cointegrating Vectors", *Applied Economics Discussion Paper*, No. 79, 1989, Institute of Economics and Statistics, University of Oxford.

Clifton, P., Nguyen, H. and Nutt, S., *Market Research: Using Forecasting in Business*, Butterworth-Heinemann Ltd., 1992, 266 pp.

Engle, R. F. and Granger, C. W. J., "Cointegration and Error Correction: Representation, Estimation and Testing", *Econometrica*, 55, 1987, pp. 251 ~ 276.

Faulkner, B. and Valerio, P., "An Integrative Approach to Tourism Demand Forecasting", *Tourism Management*, 16, No. 1, 1995, pp. 29 ~ 37.

Granger, C. W. J. and Newbold, P., "Spurious Regressions in Econometrics", *Journal of Econometrics*, 14, 1974, pp. 111 ~ 120.

Guo, W. and Turner, L. W., "Entry Strategies into China for Foreign Travel Companies", *Journal of Vacation Marketing*, 8, No. 1, 2001, pp. 49 ~ 63.

Harvey, A. C., *The Econometric Analysis of Time Series*, Philip Allan, Oxford, 1981.

Hendry, D. F., *Dynamic Econometrics: Advanced Text in Econometrics*, Oxford University Press, Oxford, 1995.

Hylleberg, S. (ed.), *Modelling Seasonality*, Oxford University Press, Oxford, 1992.

Hylleberg, S., Engle, R. F., Granger, C. W. J. and Yoo, B. S., "Seasonal Integration and Cointegration", *Journal of Econometrics*, 44, 1990, pp. 215 ~ 218.

Johansen, S., *Likelihood Based Inference on Cointegration in the Vector Autoregressive Model*, Oxford University Press, Oxford, 1995.

Johansen, S. and Lutkepohl, H., *Introduction to Multiple Time Series Analysis*, Springer-Verlag,

Berlin, 1991.

Kaynak, E., Bloom, J. and Leibold, M., "Using the Delphi Technique to Predict Future Tourism Potential", *Marketing Intelligence & Planning*, 12, No. 7, 1994, pp. 18 ~ 29.

Kulendran, N., "Modelling Quarterly Tourism Flows to Australia Using Cointegration Analysis", *Tourism Economics*, 2, 1996, pp. 203 ~ 222.

Kulendran, N. and King, M. L., "Forecasting International Quarterly Tourist Flows Using Error Correction and Time Series Models", *International Journal of Forecasting*, 13, 1997, pp. 319 ~ 327.

Levenbach, H. and Cleary, J. P., *The Beginning Forecaster: The Forecasting Process Through Data Analysis*, Lifetime Learning Publications, 1981, 372 pp.

MacKinnon, J. G., "Critical Values for Cointegration Tests", in Engle, R. F. and Granger, C. W. J. (eds.), *Long-Run Economic Relationships: Readings in Cointegration*, Oxford University Press, Oxford, 1991.

Makridakis, Spyros G., *Forecasting, Planning and Strategy for the 21st Century*, The Free Press, 1990, 293 pp.

Morley, C. L., "The Use of CPI for Tourism Prices in Demand Modelling", *Tourism Management*, 15, No. 5, 1994, pp. 342 ~ 346.

Perron, P., "Testing for a Unit Root in a Time Series with a Changing Mean", *Journal of Business and Economic Statistics*, 8, 1990, pp. 153 ~ 162.

Perron, P., "Trend, Unit Root and Structural Change: A Multi-Country Study with Historical Data", *Proceedings of the American Statistical Association, Business and Economic Statistics Section*, 1992, pp. 144 ~ 149.

Qiu, L. L., Hall, J. and Turner, L. W., "A Study of Foreign Companies' Entry Strategies in China", *Journal of International Marketing and Exporting*, 5, No. 1, 2000, pp. 59 ~ 71.

Reisinger, Y. and Turner, L. W., "Cultural Differences between Asian Tourist Markets and Australian Hosts, Part 1", *Journal of Travel Research*, 40, No. 3, 2002, pp. 295 ~ 315.

Romilly, P., Song, H. and Liu, X., "Modelling and Forecasting Car Ownership in Britain: Cointegration and General to Specific Approach", *Journal of Transport Economics and Policy*, 32, No. 2, 1998, pp. 165 ~ 185.

Sheldon, P., "Forecasting Tourism: Expenditures Versus Arrivals", *Journal of Travel Research*, XXII, No. 1, 1993, pp. 13 ~ 20.

Smeral, E., Witt, S. F. and Witt, C. A., "Econometric Forecasts: Tourism Trends to 2000", *Annals of Tourism Research*, 19, 1992, pp. 450 ~ 466.

Thomas, R. L., *Modern Econometrics: An Introduction*, Addison-Wesley, Harlow, 1997.

Uysal, M. and Crompton, J. L., "An Overview of Approaches Used to Forecast Tourism Demand", *Journal of Travel Research*, XXIII, No. 4, 1985, pp. 8 ~ 13.

Vandaele, W., *Applied Time Series and Box-Jenkins Models*, Academic Press, NY, 1983, 417 pp.

Witt, S. F. and Martin, C. A., "Measuring the Impacts of Mega-Events on Tourism Flows", *The Role and Impact of Mega-Events and Attractions on Regional and National Tourism Development: Proceedings of International Association of Scientific Experts in Tourism (AIEST) 37th Congress*, AIEST, St Gallen, Switzerland, 1987, pp. 213 ~ 221.

译 后 记

入境旅游是中国旅游业的重要组成部分。当前，中国经济持续发展，改革开放稳步推进，对外经济文化交流日益增加，综合国力不断提升，和平、安全、发展的国际形象愈益突显，为大力发展入境旅游带来了新的机遇。与此同时，中国入境旅游的发展也面临着市场环境复杂多变、外部竞争日益加剧等新情况和新挑战。

亚太地区一直是中国入境旅游重要的客源市场之一。为了进一步加强对该地区旅游市场的调查研究，及时了解、准确把握主要客源市场、新兴市场和潜在市场的需求特征、变化规律和发展趋势，经亚太旅游协会（PATA）授权，中国旅游出版社自2006年起独家翻译出版年度出版物——《亚洲太平洋地区旅游业发展预测》。

本书有助于相关部门和业内人士制定入境旅游发展中长期规划和市场开发战略，增强市场开发的主动性和针对性，做到有的放矢；同时，本书亦可作为教学和科研的参考书。中国旅游出版社、亚太旅游协会（PATA）每年还将共同举办本书中文版首发式暨专题报告会，邀请本书作者及中外学者同台讲学，为指导和促进中国入境旅游蓬勃发展献计献策。

担任本书翻译工作的是南开大学商学院旅游学系副教授姚延波博士和中国旅游出版社社长助理王春峰先生，全书由姚延波博士负责统稿。要特别感谢亚太旅游协会中国代表常红女士在本书引进、翻译及其他方面给予的支持和帮助。

作为中国国家旅游局和中国旅游协会直属的中央级图书、音像出版单位和中国最大的旅游专业出版社，中国旅游出版社致力于促进中国旅游业发展的大计，服务全行业和海内外读者是我们的经营宗旨。

如本书翻译中有不尽如人意之处，欢迎专家和广大读者批评指正。

祝中国旅游业健康、稳定、持续发展，早日实现建设世界旅游强国的宏伟目标。

中国旅游出版社

2007年10月

总 策 划： 何　力

责任编辑： 沈　奕　毛宏宇

责任印制： 冯冬青

图书在版编目（CIP）数据

亚洲太平洋地区旅游业发展预测 2007～2009/（澳）特纳（Turner，L. W.），（英）维特（Witt，S. F.）著；姚延波，王春峰译. －北京：中国旅游出版社，2007. 10

ISBN 978－7－5032－3283－1

Ⅰ. 亚…　Ⅱ. ①特…②维…③姚…④王…　Ⅲ. 旅游业－经济预测－亚太地区－2007～2009　Ⅳ. F593

中国版本图书馆 CIP 数据核字（2007）第 152330 号

北京市版权局著作权合同登记号：图字 01－2007－4444 号

书　　名： 亚洲太平洋地区旅游业发展预测 2007～2009
ASIA PACIFIC TOURISM FORECASTS 2007～2009

作　　者： 林赛・W. 特纳（Lindsay W. Turner）（澳）
史蒂芬・F. 维特（Stephen F. Witt）（英）

译　　者： 姚延波　王春峰

出版发行： 中国旅游出版社
（北京建国门内大街甲 9 号　邮编：100005）
http：//www. cttp. net. cn　E-mail：cttp@ cnta. gov. cn
发行部电话：010－85166507　85166517

排　　版： 北京中文天地文化艺术有限公司

经　　销： 新华书店北京发行所

印　　刷： 北京金吉士印刷有限责任公司

版　　次： 2007 年 10 月第 1 版　2007 年 10 月第 1 次印刷

开　　本： 889 毫米×1194 毫米　1/16

印　　张： 21.5

印　　数： 1－2000 册

字　　数： 280 千

定　　价： 220. 00 元

I S B N 978－7－5032－3283－1